外 语 教 材 研 究 与 开

语言教学材料研发（第二版）

Developing Materials for Language Teaching

(Second Edition)

布莱恩·汤姆林森　主编

陶友兰　崔燕　王珍珍　杨星君　译

上海外语教育出版社
SHANGHAI FOREIGN LANGUAGE EDUCATION PRESS

图书在版编目（CIP）数据

语言教学材料研发：第二版 /（英）布莱恩·汤姆林森（Brian Tomlinson）主编；陶友兰等译. -- 上海：上海外语教育出版社，2022
　　（外语教材研究与开发译丛）
　　ISBN 978-7-5446-7308-2

Ⅰ.①语… Ⅱ.①布… ②陶… Ⅲ.①语言教学－教学研究 Ⅳ.①H09

中国版本图书馆CIP数据核字(2022)第119205号

图字：09-2-19-710号

出版发行：**上海外语教育出版社**
　　　　　（上海外国语大学内）　邮编：200083
电　　话：021-65425300 (总机)
电子邮箱：bookinfo@sflep.com.cn
网　　址：http://www.sflep.com
责任编辑：梁晓莉

印　　刷：江苏扬中印刷有限公司
开　　本：635×965　1/16　印张 39.25　字数 545 千字
版　　次：2023 年 11 月第 1 版　　2023 年 11 月第 1 次印刷
书　　号：ISBN 978-7-5446-7308-2
定　　价：128.00 元

本版图书如有印装质量问题，可向本社调换
质量服务热线：4008-213-263

译丛前言

　　教材是教学内容的载体,也是开展教学的工具,因而教材的研发直接关系到人才培养的成效,关系到国家和民族的未来。新中国成立之后,党和国家高度重视教材工作,组织编写了各类统编教材,覆盖义务教育、职业教育、高等教育等各个层面。党的十八大以来,以习近平同志为核心的党中央明确提出教材建设是国家事权,成立了国家教材委员会,组织首届全国教材建设奖评选,教材的研究和开发迎来新的发展契机。

　　外语教材有两个值得重视的特点。第一是使用面广。在基础教育阶段,按照国家课程教学要求,各地从小学阶段开始就陆续开设英语课程;在职业教育和高等教育阶段,如中职、高职、本科以及研究生教育阶段,外语也都是必修基础课。第二是外语教材同样承担着传承知识和文化的使命。外语教材中的选文既有语言的要求,也有内容的要求,它和语文、历史等科目的教材一样,一方面传授学科知识,另一方面也在文化价值的传承和塑造中起到不可忽视的作用。

　　尽管外语教材如此重要,我们在外语教材编写的理论研究和实践探索方面离新时代要求还有比较大的差距,一些基础性的、重大的问题还没有很好解决。比如,外语教材和语文教材有哪些异同? 语言教育如何结合价值教育? 数字教材和智慧教学的边界在哪里?

　　要解决好这些问题,需从两个方向用力。首先,要改变教材研究和开发的业余性质,培养一支专门的队伍。从我国外语教材编写的历史看,一般是从事外语教学的教师,在有教材编写的需求时,根据课程教学要求,组织编写所需的外语教材。研究方面也是如此。可喜的是,近几年来,随着党和国家对教材工作的重视,各院校、研究机构都将教材编写、选用和研究列入工作目标，成立学校教材委员会及研究机构，设立教材建设和考核目标。教材开发和研究成果的数量、质量都有明显的提升。

其次，要借鉴国外外语教材编写的成果。国外英语作为外语的教材开发（materials development）有着特定的历史，如英国的英语教育教材主要面向国外外语学习者，为巩固和提升英语在国际化发展中的地位服务，而美国的英语教材主要面向外来移民，主要目的是让移民快速融入本国的社会生活。因此在开发教材的过程中，教材编写作者或机构除了善于融合使用先进的教学方法和科学技术之外，也都非常注重将特定的文化和理念等融入课程内容中，并在推广英语语言和文化的同时，逐渐累积并总结出一套较为完整的教材研发理论和实践体系。

作为外语教育出版者，我们长期关注并梳理国外教材的出版以及相关研究成果，希望能够筛选一批精品译介到国内，一方面可以作为外语教材开发的参考，另一方面也可为汉语国际教育提供借鉴。"外语教材研究与开发译丛"就是我们从搜集到的约20种教材研发专著中精选出的6种，全部译成汉语出版，希望语言教材和其他学科教材的编写者和研究者都能从中受益，更期待能繁荣并助力具有中国特色的外语教材研究与开发事业。

上海外语教育出版社

孙　玉

2023 年 8 月

目　录

第一部分　教材评估与改编

第二部分　教材研发的原则与程序

第三部分 针对目标群体的教材研发

第四部分 特定类型教材的研发

第五部分　教材研发与教师培训

撰稿人名单

Dat Bao 墨尔本蒙纳士大学
Rosa-Maria Cives-Enriquez 摩蒂华语言与培训专家有限公司
Vivian Cook 纽卡斯尔大学
Helen Emery 马斯喀特苏丹卡布斯大学
Irma-Kaarina Ghosn 比布鲁斯黎巴嫩美国大学
Naeema Hann 利兹都市大学
David A. Hill 布达佩斯自由职业
Ken Hyland 香港大学
Thom Kiddle 诺维奇语言教育学院（NILE）
Alan Maley 利兹都市大学
Hitomi Masuhara 利物浦大学
Freda Mishan 利默里克大学
Paul Nation 威灵顿维多利亚大学
Alan Pulverness 诺维奇语言教育学院（NILE）
Shelagh Rixon 华威大学
Claudia Saraceni 贝德福德大学
Jeff Stranks 自由职业
Duriya Aziz Singapore Wala 学乐集团新加坡分公司
Ivor Timmis 利兹都市大学
Brian Tomlinson 利兹都市大学、阿纳海姆大学

前　言

Brian Tomlinson

　　2003年本书的第一版出版，当时是源于这样一个认识，即语言教学材料研发无论是"作为一项研究工作，或是一项实践的事业"（Tomlinson, 2001）近来引起了人们极大的兴趣，然而有关教材研发的文献却未得到充分的发展。有些著作涉及了教材研发的重要方面，提出了对语言学习材料的研发人员和教材使用者来说颇为重要的问题（例如，Sheldon, 1987; McDonough 和 Shaw, 1993; Byrd, 1995; Hidalgo et al., 1995; Cunningsworth, 1996; Tomlinson, 1998; Richards, 2001; McGrath, 2002），但是没有一本书能全面覆盖语言学习教材研发的主要方面及问题，也没有一本书尝试从全球范围内教材研发人员和教材使用者的眼光出发来看待当前的教材研发实践。这正是《语言教学材料研发》一书编著的主要目的。本书由来自11个不同国家/地区的英语本族语者和非英语本族语者设计和编写，既可以概述语言教学材料研发领域的现状，也可以促进该领域的进一步发展和创新。本书涵盖的语言教学不仅包括英语的教学，还包括其他一些语言（如意大利语、西班牙语、日语）的教学，对该领域现存的问题提出客观的、批判性的看法，并就今后教材研发的原则性发展提出了建议。希望本书可以作为教师课程和应用语言学研究生课程的教材使用，也希望本书可以为该领域的教师、出版商和应用语言学家提供灵感和创意。自本书第一版出版以来，我们看到了更多的关注教材研发不同方面的著作。例如：

　　• Johnson（2003）报告了一项关于教材研发新手和专家如何分

别为教材的某个单元编写任务的研究；

- Tomlinson、Masuhara（2004）为从事教材研发的教师提供了实用指南；
- Tomlinson（2008）对不同类型的教材以及世界不同地区的教材开展了批判性考察；
- Harwood（2010）专注于教材研发的原则和程序，尤其是学术英语（EAP）；
- Tomlinson、Masuhara（2010）报告了来自世界各地的教材研发的研究；
- Gray（2010）阐述了文化和意识形态对全球教材研发的影响；
- Tomlinson（2011）汇编了多位著名教材研发者的文章，他们都在教材研发协会（MATSDA）会议上做过讲演；
- McDonough、Shaw 和 Masuhara（2013）专注于教材改编和教师发展；
- Tomlinson（2013）对应用语言学理论和教材研发之间的关联进行了调研。

然而，目前还没有一本出版物能够像《语言教学材料研发》这样可以全面涵盖教材研发中的各个方面和问题。因此本书第二版旨在为教师和研究生课程的参与者提供各方位的信息覆盖，同时为教师、学者和教材研发者提供灵感和创意。第一版中的许多章节在本书中得以保留并进行了更新，同时加入了新的章节，介绍混合学习、内容与语言融合式学习（CLIL）、语料库指导的教材、母语非英语的英语（ESOL）教程、少儿学习教材和写作教材的最新发展。

　　归根结底，在将语言学和心理语言学理论应用于语言教学的过程中，"语言教师是验证或驳斥具体建议的主体"（Chomsky, 1996: 46），同时语言教师还须承担验证或驳斥语言课堂教材的任务。因此，Widdowson（2000: 31）将"应用语言学家"视为"中介"，认为他们提出的"见解须易于理解，且能够证明其有用性"。但是，Tomlinson（2013）也质疑：应用语言学应当如何兼顾"易于理解"和"有用性"

呢？在本书中，我们提出：应当由从业实践者作为我们理想的"中介"来替代应用语言学家，因为他们信息丰富且具有反思精神，能够在理论和实践之间游刃有余。本书的部分作者可能会被贴上教师、教材研发者、应用语言学家、教师培训者或者出版商的标签，但他们都拥有四个共同点，即他们都有第二语言或外语教师的经验，都为二语教材研发做出过贡献，他们持续关注语言学、社会语言学和心理语言学理论的发展，且尊重教师，认为教师有权掌控真实的语言课堂。

谨以本书献给课堂上的教师和受训教师，希望能够帮助他们对教材做出判断，为教材研发做出贡献，从而对学生的二语习得有所裨益。本书力图将应用语言学、教材研发和课堂实践中所获得的真知灼见贯穿始终。

参考文献

Byrd, P. (1995), *Material Writer's Guide*. New York: Heinle and Heinle.

Chomsky, N. (1996), *Powers and Prospects: Reflections on Human Nature and the Social Order*. London: Pluto.

Cunningsworth, A. (1995), *ChoosingYour Coursebook*. Oxford: Heinemann.

Gray, J. (2010), *The Construction of English: Culture, Consumerism and Promotion in the ELT Coursebook*. Basingstoke: Palgrave Macmillan.

Harwood, N. (ed.) (2010), *Materials in ELT: Theory and Practice*. Cambridge: Cambridge University Press.

Hidalgo, A. C., Hall, D. and Jacobs, G. M. (eds) (1995), *Getting Started: Materials Writers on Materials Writing*. Singapore: RELC.

Johnson, K. (2003), *Designing Language Teaching Tasks*. Basingstoke: Palgrave Macmillan.

McDonough, J. and Shaw, C. (1993), *Materials and Methods in ELT: A Teacher's Guide*. London: Blackwell.

McDonough, J., Shaw, C. and Masuhara, H. (2013), *Materials and Methods in ELT: A Teacher's Guide* (3rd edn). London: Blackwell.

McGrath, I. (2002), *Materials Evaluation and Design for Language Teaching*. Edinburgh: Edinburgh University Press.

Richards, J. (2001), *Curriculum Development in Language Education*. Cambridge: Cambridge University Press.

Sheldon, L. E. (ed.) (1987), *ELT Textbooks and Materials: Problems in Evaluation and Development.* ELT Documents 126. London: Modern English Publications/The British Council.

Tomlinson, B. (ed.) (1998), *Materials Development in Language Teaching.* Cambridge: Cambridge University Press.

Tomlinson, B. (2001), 'Materials development', in R. Carter and D. Nunan (eds), *The Cambridge Guide to Teaching English to Speakers of Other Languages.* Cambridge: Cambridge University Press, pp. 66−71.

Tomlinson, B. (ed.) (2008), *English Language Teaching Materials: A Critical Review.* London: Continuum.

— (ed.) (2011), *Materials Development in Language Teaching.* Cambridge: Cambridge University Press.

— (ed.) (2013), *Applied Linguistics and Materials Development.* London: Bloomsbury.

Tomlinson, B. and Masuhara, H. (eds) (2004), *Developing Language Course Materials.* Singapore: RELC Portfolio Series.

— (eds) (2010), *Research for Materials Development in Language Learning: Evidence for Best Practice.* London: Continuum.

Widdowson, H. G. (2000), 'On the limitations of linguistics applied', *Applied Linguistics*, 21 (1), 3−25.

引言：教材是不断发展的吗？

Brian Tomlinson

什么是教材研发？

教材研发既是一项研究工作，也是一项实践的事业。作为研究工作，它研究外语教学教材的设计、实施以及评估的原则和过程；作为一项事业，它指的是教师根据自己课堂的特点对外语教学教材的制作、评估和改编，也包括教材作者为了销售或发行的需要而做出的上述活动。比较理想的状态是教材研发中涉及的两个领域充分互动，即教材研发理论为教材的课堂实践和发展提供指导，而教材在课堂中的使用和发展也补充和完善了教材研发理论。

（Tomlinson, 2001: 66）

本书研究的范围涉及教材研发的上述两个方面。例如，在理论方面，第四章（Tomlinson）和第十七章（Nation）讨论了教材研发的原则和过程，第一章（Tomlinson）和第二章（Saraceni）则分别探讨了教材评估和改编中的原则和过程。在实践方面，第五章（Singapore Wala）和第二十六章（Emery）侧重编写教材的实践过程。本书亦讨论了教材研发的第三个方面，即利用教材研发来促进和深化教师个人和职业的发展，如第二十四章（Tomlinson）、第二十五章（Tomlinson and Masuhara）以及第二十六章（Emery）。

越来越多的教师培训课程涵盖了教材研发的主题。例如，首尔的国际英语研究生院（IGSE）开设了语言教学材料研发硕士课程,而且全球范围内的TESOL应用语言学硕士课程现在都包括了教材研发的模块。这主要是因为人们逐渐认识到,"每一位教师都是教材研发人员"(English Language Centre, 1997),他们需要评估、改编和制作教材,以确保学习者与自己使用的教材相匹配。也正是因为认识到"帮助教师理解和应用语言学习理论、实现教师个人和职业发展"的最有效途径之一,"就是提供教材研发过程的监测性经验"(Tomlinson, 2001: 67)。这种将教材研发作为反思性观察和概念实施的具体经验指导,能够帮助教师将实践理论化(Schon, 1987)。

教材研发的第四个方面关注英语教学(ELT)中运用教材来实施新的教学法或内容教学法。这方面的例子请参考第二十六章(Emery)关于内容与语言融合学习的教材,第九章(Kiddle)关于利用数字辅助工具研发教材,第十五章(Hann)关于母语非英语的英语(ESOL)教材的介绍,以及第二十三章(Timmis)关于语料库指导的教材的介绍。

尽管本书选取的每个章节重点关注了教材研发的上述四个方面之一,但是许多章节同时涉及其中的两个甚至三个方面。例如,第十章(Mishan)考察了推动混合式学习的理论及其实施,第十六章(Stranks)考察了语法教材研发的理论和实例,第十八章(Masuhara)考察了阅读研究及理论在阅读课本研发中的应用,第二十五章(Tomlinson and Masuhara)研究了模拟学习的理论原则,概述了研发和使用模拟学习的程序,并就教师在教材研发课程中使用模拟的实例进行了反思。此外,一些章节,如第二十六章(Emery)和第二十二章(Pulverness and Tomlinson),特别关注与教材内容相关以及理论应用于实践等问题。

什么是教材?

本书中的"教材""包括所有可以促进语言学习的材料,可以是语言的、视觉的、听觉的或者动觉的,也可以是印刷的、现场表演或展示的,甚至是盒式磁带、CD、DVD或是互联网上的材料"(Tomlinson, 2001: 66)。这些教材可以是指导性的、体验性的、启发性的或探索性的,告知学习者关于语言的信息,提供使用中的语言经验,刺激语言的使用,或者帮助学习者自己发现语言的奥秘。关于教材的定义,另见Richards(2001: 251)。

尽管近年来电子教材处于"爆炸式"增长,但是语言学习的教材大多仍是纸质的书籍,本书大部分章节所讨论的也是这种纸质的教材。不过,第七章(Hill)关注了视觉方面的教材,第二十一章(Hill and Tomlinson)关注了听觉方面的教材,第九章(Kiddle)讨论了计算机和互联网上的材料,第十章(Mishan)研究了混合式学习的教材,第十三章(Cives-Enriquez)关注了"活教材",第十八章(Masuhara)关注了多维的方法。大多数教材都具备指导性——"指导性教材通常是学习者所接收的大部分语言输入和课堂上所发生的语言实践的基础"(Richards, 2001: 251)——而本书的大部分章节正是着重探讨了教材的指导性功能。不过,也有一些章节主张提高对体验性教材——如第二章(Saraceni)和第二十一章(Hill and Tomlinson),以及启发性材料——如第十四章(Cook)和第四章(Tomlinson)研究能够激发学习者发现潜能的教材——的关注。

教材研发中有哪些问题?

教材研发的驱动力是什么?

显而易见,教材研发的驱动力就是:学习者的需求和愿望。但是,教师也有需求和愿望,也希望得到满足(Masuhara, 2011)。同样,管理者也有需求,他们关注的是标准化以及与譬如教学大纲、语言学习理论、考试要求和政府的语言政策的一致性,参见本书第五章(Singapore Wala)对国家和机构教材多重要求的讨论。在我看来,这些需求并非不可调和,可以通过本地化的项目得到最大满足，因为这些项目在编写教材之前、之中和之后，都会咨询学习者、教师和管理者。这正是我为纳米比亚的中学生编写一部教材过程中所发生的事情，这部教材是目前为止我所参与编写的最令人满意的教材——《目标追击》(*On Target*, 1996)。在编写这本书之前，我就需求问题咨询了纳米比亚各地的学生和教师。在编撰过程中，教育部官员每天都会到场。在此期间，30名教师共同编写教材，经常参考教学大纲、课程安排和考试文件。这本书完成后，进行了广泛的试验，并根据学生、教师和官员的反馈修订。土耳其比尔肯特大学(Bilkent University)和马斯喀特卡布斯苏丹大学(Sultan Qaboos University)在为各自的英语课程编写新教材的过程中，也采取了相似的做法。这些项目的描述参见Tomlinson(1995, 2001, 2012b)、Lyons(2003)以及Al-Busaidi和Tindle(2010)。上面提到的许多项目都决定采用文本驱动，而非教学大纲驱动、语法驱动、功能驱动、技能驱动、主题驱动或是主旨驱动的方法。也就是说，他们从一开始就决定：无论是书面或口头的文本，其编写都需要能激发情感参与和认知参与，然后在灵活的框架原则下构建与这些文本相关的活动。之后，他们就教学大纲和考试要求进行反复核对，确保教材能良好覆盖。有关这种方法的描述和理由，参见本书第四章(Tomlinson)。

出版商出于商业发行的需要研发教材，这种情况就较为复杂。"教材作者通常关心编写的文本是否让教师感到与众不同、足够创新，是否与学习者的需求相关，能否让教师从中收获教学的乐趣……然而出版商主要以经济效益为驱动"(Richards, 2001: 257)。显然出版商的目的是生产出满足使用者需求和愿望的优秀书籍，但同时也需要利润最大化，这就使得他们十分谨慎，甚至趋于保守。任何与编写者的妥协事实上还是向市场需求倾斜，而并非真正考虑了学习者的实际需求和愿望。关于教材(尤其是全球性教材)因商业化生产所需而不得不采用折中方案的讨论，参见Ariew(1982)，Richards(2001)，Gray(2010)，Bell和Gower(2011)以及本书中第五章(Singapore Wala)和第十六章(Stranks)。

谁来研发教材?

如今,大多数市场上流通的教材都是由专业的教材作者编著的,参考了出版商对市场需求的分析(参见 Amrani, 2011)。这些编者通常经验丰富、能力出众,熟悉出版现状,通晓新技术的潜能,以全职写作为生。他们编写的教材系统性强、设计严谨、对教师友好,且思虑周全,但是往往缺乏活力和想象力(怎么能要求作者在每一天,甚至每时每刻都充满想象力呢?),因此难免对教材实际使用者来说不够相关、缺乏吸引力(参见 Tomlinson et al., 2001; Masuhara et al., 2008; Tomlinson, 2010; Tomlinson 和 Masuhara, 2013)。Dudley Evans 和 St John(1998: 173)指出,"只有一小部分优秀教师同时也是课程教材的优秀设计师"。这个结论与我的经验刚好相反,因为我发现,全世界的教师只需要稍加培训,积累经验,加以指导,都能够成为教材专家,编写出富有想象力的教材,既与学习者密切相关,又能引起他们的兴趣。我在比利时、巴西、博茨瓦纳、印度尼西亚、日本、卢森堡、马来西亚、毛里求斯、阿曼、塞舌尔、瓦努阿图和越南发起的教材研发课程,以及我在埃塞俄比亚、保加利亚、中国、土耳其和纳米比亚担任顾问的教材项目中所遇到的所有教师,都证明了这一点(Tomlinson, 2001)。

这一问题在本书的许多章节中都有论述,如第四章(Tomlinson)、第二十四章(Tomlinson)和第二十六章(Emery)。

如何研发教材?

通常情况下,市场上的教材由两位或者一小组作者用较长一段时间内编写完成,例如,2010年出版的《大声说》(中级)(*speakout*, Clare and Wilson)、《全局英语教程》(初级)(*The Big Picture*, Bradfield and Lethaby)以及《全球英语》(*Global*, Clanfield, Robb-Benne and Jeffries)。教材研发通常时间较长,主要因为多数出版的教材都是课程内容（通常来说补充性教材盈利甚微），而大多数课程涵盖多个组成部分，如Bradfield和Lethaby（2011）一书中每个级别各分为七个部分，再加上关键的审查过程耗时颇多，尽管不少出版商为了节省时间，会放弃教材试用环节（Amrani, 2011）。根据我的经验，结果往往是：随着创作过程的拖延，创作热情逐渐下降，最终出版的教材权且合格，但毫无感染力可言。

我个人倾向于以大型团队合作的方式来写作教材，目的就是众人合作快速完成初稿，然后由一小组专家进行完善。这也是上述纳米比亚和土耳其比尔肯特大学项目遵循的程序。在编写纳米比亚教材《目标追击》（1996）时，我们挑选了30名不同年龄的教师，教学经验各异，专业不同，将他们从全国各地集中到纳米比亚首都温得和克。第一天，我展示了一些创新的方法来拓展教师们的活动形式，激发他们对语言学习原则的思考和讨论。第二天，我们共同制定了灵活的教材编写框架，并就插图、音乐、磁带等的使用做出决策。在接下来的四天时间，教师们分小组进行教材编写和检查工作，同时还有一个小组的引导员协助他们工作，并根据教学大纲反复核对。按照这种模式，我们在一周内完成了整本书的初稿，然后在一年时间内进行了试用、修订、编辑，并最终出版。在土耳其比尔肯特大学，我们遵循了类似的程序，20名教师分几个团队在一周内编写并审核了60个单元，再由一组四位"作者"进行选择、修改和试用。

在上述两个案例中，教师们彼此激励，灵感不断，保持了旺盛的创造力。在编写的过程中，他们充分考虑目标学习者的需求，并对彼此的教材写作提供了有益的改进方案。这种合作方式所取得的成果，远远超过个人的"单打独斗"，也胜过与一个同伴或小型团队远程合作所能达成的目标。正是由这群充满激情的教师在短时间内的通力合作，教材编写任务圆满完成。

如何评估教材？

教材评估通常以特殊的方式凭印象进行，这种评估标准倾向于对表面上有效的教材（即符合人们对教材看上去应该是什么样子的期待）以及视觉上有吸引力的教材有利。为了确保教材的设计、修改、选择和改编是可靠有效的，我们需要确保教材评估的程序严格、周密、系统而有原则。这个过程需要花费大量时间和精力，却可以杜绝因作者、出版商、教师、机构甚至官方失误而犯下的错误。这些错误很可能会影响学习者课程学习的效果。关于教材评估的实现方法，参见本书第一章（Tomlinson）和第二章（Saraceni），以及McGrath（2002），Mukundan 和 Ahour（2010），Tomlinson（2012b），McDonough、Shaw 和 Masuhara（2013）。

教材文本需要真实的语料吗？

以外显学习为目的的教材在设计语言例题时，会将重点放在所教语言的特征上。这些例子经常以简单短小、特意撰写或简化的文本或者对话的形式呈现。有支持者称，这种文本可以帮助学习者将注意力集中到特定的语言特征上来。反对的观点则认为，这种对学习者的过度保护反而剥夺了他们从内涵丰富的文本中习得知识的机会，因此无法帮助他们适应真实的语言使用环境，只有真实的文本（即不是为了语言教学专门编写的文本）才能使学习者接触到日常使用中的语言。关于阅读、听力技能教材与泛读、泛听教材的素材选取也存在类似的争论。赞同方认为：为了教学的需要，简化和特别设计的语言可以提高学习效果；反对方则认为：非真实的语言例子会导致错误的学习，从而剥夺学习者非正式学习和自尊心发展的机会。

大多数研究者主张保持教材的真实性，强调其对学习者的激励作用（例如，Bacon 和 Finneman, 1990; Kuo, 1993; Little et al., 1994; Mishan, 2005; Gilmore, 2007; Rilling 和 Dantas-Whitney, 2009）。然而 Widdowson（1984: 218）认为"语言的教学表现……必然会涉及将语言特征与语言使用的自然环境相分离的方法论设计"。Day 和 Bamford（1998: 54–62）批判了"对真实性的崇拜"，提倡具有"真实性自然属性"的简化阅读文本。Ellis（1999: 68）主张"丰富的输入"，即在以意义为中心的活动中，为学习者提供目标结构丰富的文本范例输入。Day（2003）声称没有证据表明文本的真实性有助于语言习得，但是确有足够证据表明学习者认为真实的文本难度太大。

　　一些研究者对传统意义上的真实性提出了质疑，并对其进行了重新定义，例如从学习者文化（Prodromou, 1992; Trabelsi, 2010），从学习者与文本或任务的互动（Widdowson, 1978），从"学习者自我诠释的真实性"（Breen, 1985: 61）以及从学习者的个人参与（van Lier, 1996）视角进行重新定义。关于上述问题的讨论，参见 Widdowson（2000）、Mishan（2005）、Trabelsi（2010）、Tomlinson（2012b: 161–162）以及本书第二章（Saraceni）、第十六章（Stranks）和第十八章（Masuhara）。

　　在我看来，真实文本最实用的定义是"为了交流，而不是为了教学而生产出来的"（Tomlinson, 2012b: 162），而真实任务最实用的定义是"让学习者参与交流，收获成果，而并非训练语言的使用"（同上）。我相信所有的文本和任务从这些角度来说都应当是真实的，否则学习者就无法应对语言使用的真实情况。我还相信与真实文本充分互动是培养交际能力和策略能力的前提，除了直接将真实的文本呈现给学习者，还可以通过学习者与文本的互动性商讨进行创作，参见 Breen 和 Littlejohn（2000）以及本书第二章（Saraceni）、第四章（Tomlinson）和第十三章（Cives-Enriquez）。不过我也相信，对于学习者来说，如果有时能特意关注他们之前接触到的文本的语言特征或语篇特征，也是颇有裨益的，参见 Tomlinson（1994, 2007）、Bolitho 等人（2003）以及本书第四章（Tomlinson）。

其他问题

　　文献中关注到且在本书中出现的其他一些主要问题包括：

- 学习者需要教材吗？　20世纪80年代，Allwright（1981）提出了反对教科书提供学习素材的观点，而 O'Neil 则为教材进行了辩护。从那时起，关于学习者是否能从教材中受益的争论就一直没有间断过。反对者称，教材只对管理者和教师有益，对学习者的需求和期望不管不问（Tomlinson, 2010），认为教材主要是便于管理和发号施令（Mukundan, 2009），并认为"在涵盖要点和提供语言使用经验方面，教材就是肤浅的简化主义者……它规定了教学大纲和教学方法的统一，剥夺了教师的主动性和权力"（Tomlinson, 2001: 67）。支持者（如Torres 和 Hutchinson, 1994）反驳说，教材为学习者提供了保障、系统性和循序渐进性，且错误能得到及时纠正，是一种经济有效的途径；教材还可以节省教师时间，提供基础保障，并且帮助管理者树立公信力、达成标准化管理。关于这一问题的讨论，参见 Mishan（2005）、Tomlinson（2013）以及本书第二章（Saraceni）和第十三章（Cives-Enriquez）。

- 学习者到底需不需要出版的教材？近年来，世界各地的教育机构逐渐不再使用已出版的教材，而是专注研发本地化的教材（例如，Al Busaidi 和 Tindle, 2010; Mason, 2010; Park, 2010）。Meddings 和 Thornbury（2009）提出了以学习者为中心、摆脱教材束缚的 Dogme 英语教育运动（Dogme ELT）。然而，英国文化协会（2008）和 Tomlinson（2010）的调查显示，大多数教师仍在继续使用市场上出版的教材（尽管许多教师被迫或是不情愿使用这些教材）。有关此问题的讨论，参见 Tomlinson（2012b）。

- 教材应该关注语言学习还是关注语言习得呢？多数已出版的教材关注有意识的语言点学习。然而许多研究者认为，应该多为学习者提供接触生活中语言的机会，以非正式的形式习得语言。有关此问题的讨论，参见 Tomlinson（2008, 2010, 2011, 2012a）以及本书第四章（Tomlinson）、第十八章（Masuhara）、第十七章（Nation）和第二十章（Dat）。

- 出版的教材需要审查吗？一般来说，出版商会审查教材，以免出现不妥或尴尬。常有教材作者抱怨说如今的教材平淡无奇、毫无吸引力，就是由于出版商的过分谨小慎微，例如，Wajnryb（1996）、Tomlinson（2001）以及本书第二章（Saraceni）所提及的原因。同时，他们也抱怨 EFL 教学领域的现状："安全、干净、和谐、仁慈且不受干扰"（Wajnryb, 1996），名利双收又振奋人心（Gray, 2010）。Tomlinson（2001）对出版商的谨慎表示理解，但也强调情感的参与在语言习得中的重要性，因此他很关注有争议的话题和引人深思的文本。

- 教材应是理论驱动还是实践驱动呢？对英语教学领域教材的回顾（Tomlinson et al., 2001; Masuhara et al., 2008; Tomlinson and Masuhara, 2013）表明，与语言教学理论或是课堂研究相比，教材作者更容易受传统做法的影响。在某种程度上，这是一个恶性循环，因为出版商会继续出售那些看上去有用的课程，因为他们知道这些课程卖得好。Tomlinson（2010, 2011, 2012a, 2013）清楚出版商不愿做出改变，他认为二语习得（SLA）理论是学习者接触使用中的语言以及运用语言进行交际的过程中必不可少的理论基础，教材的作者如未能将二语习得的基本理论应用到教材编写之中，将对学习者不利。关于这个问题的讨论，参见Bell和Gower（2001）、Harwood（2010）、Prowse（2011）以及本书第四章（Tomlinson）和第八章（Maley）。

- 教材受何种需求驱动，是教学大纲、学习者需求，还是市场需求呢？大多数出版的教材不可避免地受到市场需求的驱动，但是许多大型机构也开始出版自己的教材，因为现有课程与机构对课程的本地化需求不匹配（Tomlinson, 2012b）。许多研究人员认为，学习者在使用教材的过程中之所以痛苦，是因为课程的设计主要是为了吸引负责购买课程的管理者和教师的注意力。有关此问题的讨论，参见Amrani（2011）、Masuhara（2011）以及本书第四章（Tomlinson）和第五章（Singapore Wala）。

- 教材应该迎合学习者的期望，还是试图改变他们的期望？一直以来人们认为，教材要为学习者提供他们所期望的东西，这一点非常重要，否则就会面临被淘汰的风险。不过近年来，研究人员（如Tomlinson, 2005）曾指出，其实拒绝变化的是教师，而非学习者，因为后者往往欢迎并愿意接触新事物。关于这部分的讨论,参见本书第六章(Tomlinson)、第十三章(Cives-Enriquez)以及第十四章(Cook)。

- 教材是否只应关注语言发展,还是同时关注个人和教育的规划? 许多语言教师认为,帮助学习者习得语言是自己的工作,但是学习者的教育规划与自己无关。也有一些人认为,如果语言学习者身处教育机构,那么老师的主要职责就是帮助他们规划学习路径。还有人认为,任何语言课程的主要目标不仅是个人和教育的规划,事实上这些规划目标的实现也有助于语言的习得。有关此问题的讨论,参见Banegas(2011)以及本书第二章(Saraceni)和第六章(Tomlinson)。

- 教材除了帮助语言学习,是否还应帮助教师发展? 无论哪位教师,只要不想"固步自封",都需要不断的刺激和鼓励。多数教师个人发展和职业发展的机会并不多,因此许多研究人员认为出版的教材应该让教师参与编写,从而帮助教师自我提升,比如可以就一些原则性问题做出决策:哪些文本或任务可以使用? 如何使用可以最大程度提高学习者的效率? 关于这个问题的讨论,参见Tomlinson(1995)和本书第一章(Tomlinson)。

教材研发的趋势是什么?

在本书的第一版(Tomlinson, 2003)中,我曾说过,教材研发领域没有太多新的进展,市场上的教材甚至有某种原则性的倒退,这种观点是有争议的。出版商通过一项针对学习者和教师需求开展的非公开研究证明了这一点(例如,Tomlinson等人强调语法中心地位的回归,参见Tomlinson et al., 2001: 84)。但是在我看来,几乎可以肯定的是,这些都受制于经济因素的驱动,市场上五颜六色、形式多样的教材近年来似乎销路甚好,但其生产中与日俱增的成本亦限制了教材的研发。这就解释了为什么出版商不敢冒险出版完全不同于传统类型的教材,他们害怕亏损巨额资金,因此选择安全、中庸、全球通行的教材。这些教材复制了《新航线英语教程》(*Headway*)等畅销教材的特征,而且他们还砍掉了非营利性的补充材料。不幸的是,这种做法对非商业化教材产生了反拨效应:教师和课程研发人员会认为畅销教材中的方法是学习者和教师所需要的,因此倾向于模仿(尽管真实的情况很可能是:这些畅销的教材正是出版商以最昂贵的价格和最成功的手段所推销的书籍)。

即便十年之后,我想上述论断仍然真实存在。虽然也有一些次要发展,如内容与语言融合学习材料(如Coyle et al., 2010)、任务型教学材料(如Van den Branden, 2006)以及语料库指导的教材(如McCarthy et al., 2006),但其实变化并不显著。

不过在下面列举的当前发展趋势中,仍可以从一些积极的发展态势中看到些许希望:

积极的方面

- 有些教材需要学习者进行深挖,分析使用中的语言样本从而发现更多的信息(参见McCarthy et al., 2006; Bradfield和Letharby, 2011; Clare和Wilson, 2011)。可惜的是,尽管现在大多数教材都鼓励学习者进一步探索,但却都止步于找到预先确定的答案,而非发现他们意想不到的信息。

- 更多教材利用了真实使用的语言所组成的语料库(如McCarthy et al., 2006)。然而,正如Timmis(2013)所指出的,还有许多教材故意不使用任何语料库(如Dellar和Walkley, 2005)。

- 还有更多正在编写中的泛读系列读本,语言限制更少,内容却更具挑战性(如Maley, 2008; Maley和Prowse, 2013),但正如Maley和Prowse(2013)所指出的那样,出版界目前有一种让人反感的趋势,那就是给这些泛读系列读本增加理解性的问题,从而讽刺性地促进了精读的发展。

- 让学习者将主题和文本与自己的生活、观点和感受联系起来,从而构建个性化的学习过程,这种尝试明显增加,也颇受欢迎

（如Clanfield和Benn, 2010; Bradfield和Letharby, 2011; Clare
和Wilson, 2011）。

- 让学习者通过参与鼓励表达个人情感的任务来获得学习者
  情感参与的尝试有所增加（Tomlinson, 2010, 2011），但是能够
  刺激情感参与的文本数量有一定的下降（参见Tomlinson和
  Masuhara, 2013）。

- 越来越多的人使用互联网获取最新的相关文本。有关这一趋
  势的信息和示例，参见Kervin和Derewianka（2011），Motteram
  （2011），Levy（2012），Reinders（2012），McDonough、Shaw和
  Masuhara（2013），Tomlinson和Whittaker（2013）以及本书第四
  章（Tomlinson），第九章（Kiddle）和第十章（Mishan）。

- 有证据表明目前有从书面语法的口语练习转向使用口语语法
  经验的趋势（如Dellar和Walkley, 2005; McCarthy et al., 2006）。

- 有越来越多的国家的教育部（如白俄罗斯、保加利亚、哥伦比
  亚、埃塞俄比亚、印度、伊朗、摩洛哥、纳米比亚、罗马尼亚、俄
  罗斯和乌兹别克斯坦）和教育机构（如土耳其首都安卡拉的
  比尔肯特大学、越南的顺化大学、马斯喀特的卡布斯苏丹大
  学）决定自主编订本地化教材（参见Busaidi和Tindle, 2010;
  Tomlinson, 2012b）。

消极的方面

- "语法在语言课程中的中心地位"（Soars and Soars, 1996）回
  归更为明显，这与我为一家英国出版商开展的非公开研究中
  所揭示的学习者和教师的需求和期望是矛盾的，与二语习
  得研究的许多发现（Ellis, 2010; Tomlinson, 2010, 2011, 2013;
  Tomlinson and Masuhara, 2013）背道而驰。

- 教材中，听、说的比重远比读、写更突出（Tomlinson et al.,
  2001; Masuhara et al., 2008）。

- 教材中惯用的假设是：多数学习者的注意力集中时间很短，只
  能处理很短的阅读、写作文本，且参与相关活动的时间很短。

- 似乎还有假设认为学习者在语言学习时，不希望也不会从智力要求严苛的活动中获益。
- 尽管文学作品有可能带来更多启发性的、吸引人的文本信息，本书中方法论者也对文学的潜在价值和吸引力予以推介，如第二章（Saraceni）、第四章（Tomlinson）、第六章（Tomlinson）和第八章（Maley），但是教材对文学作品的重视仍然不够（或者有时是滥用）。
- 分析性活动仍然占据主导地位，反而忽略了偏好其他学习风格的学习者的活动（Masuhara et al., 2008; Tomlinson and Masuhara, 2013）。
- 仍然"缺乏有争议的问题来激发思想、交流意见，让主题内容更有意义"（Tomlinson et al., 2001），内容因此变得琐碎。参见 Tomlinson 和 Masuhara（2013）以及本书第二章（Saraceni）和第十八章（Masuhara）。
- 在语言、智力和情感上都有低估学习者的倾向。
- 虽然反映国际英语作为通用语言这一主要用途的出版物不断增加，绝大多数教材仍然侧重于本族语者所使用的英语，培养学习者与本族语者之间的互动（参见 Tomlinson 和 Masuhara, 2013）。

显然，我对上述趋势的评述是主观的，与我个人的原则、期望和信念有关，其他持有不同的原则、期望和信念的教材研发人员可能会得出完全不同的结论。

教材研发的未来走向是什么？

本书各章的作者分别给出了他们希望看到的教材研发的未来。现实的情况是出版商很可能继续打保险牌，坚守传统的教材营销。但是我们希望顾客满意度的下降，以及教材研发本土化项目的增加，将会有助于以下一些领域教材的发展：

- 更具个性化、本土化；
- 应用更加灵活、富有创造性；
- 更尊重学习者的智力、经验和交际能力；
- 内容更亲和、富有情感；
- 更注重多元文化的观点和意识；
- 为偏好体验式学习体验（尤其是动觉体验）的学习者提供更多机会；
- 更鼓励学习者将自身经验、学习所得和个人兴趣融入语言学习的过程；
- 更多尝试使用多维的方法来学习语言（Tomlinson, 2010）。

教材研发协会

MATSDA（教材研发协会）由 Brian Tomlinson 于 1993 年组织成立，致力于改善教材研发的现状。该协会举办有关教材研发的大会和讲习班，会刊 *Folio* 每年出版两次，为教材研发问题的讨论提供平台，为新思想和新教材的传播提供渠道。例如，最近 MATSDA 在爱尔兰利默里克大学召开了关于"应用语言学与教材研发"的大会，并在利物浦大学召开了以"语言教材与享受学习的新想法：习得语言的最佳方式？"为主题的大会。近年来，MATSDA 还在贝尔法斯特、都柏林、日本、新加坡、南非、美国和约克举行了数场会议。

任何有兴趣加入 MATSDA 的朋友都可以联系协会秘书 Hitomi Masuhara（hitomi.masuhara@gmail.com），任何想了解 MATSDA 活动更多信息的朋友都可以联系协会主席 Brian Tomlinson（brianjohntomlinson@gmail.com）。

参考文献

Al-Busaidi, S. and Tindle, K. (2010), 'Evaluating the impact of in-house materials on language learning', in B. Tomlinson and H. Masuhara (eds), *Research for Materials Development for Language Teaching: Evidence for Best Practice*. London: Continuum, pp. 137-149.

Amrani, F. (2011), 'The process of evaluation: a publisher's view', in B. Tomlinson (ed.), *Materials Development in Language Teaching* (2nd edn). Cambridge: Cambridge University Press, pp. 267-295.

Ariew, R. (1982), 'The textbook as curriculum', in T. Higgs (ed.), *Curriculum Competence and the Foreign Language Teacher*. Lincolnwood, IL: National Textbook Company, pp. 11-34.

Bacon, S. M. and Finneman, M. D. (1990), 'A study of the attitudes, motives and strategies of university foreign language students and their disposition to authentic oral and written input', *Modern Language Journal*, 74 (4), 459-473.

Banegas, D. L. (2011), 'Teaching more than English in secondary education', *ELT Journal*, 65 (1), 80-82.

Bell, J. and Gower, R. (2011), 'Writing course materials for the world: a great compromise', in B. Tomlinson (ed.), *Materials Development in Language Teaching* (2nd edn). Cambridge: Cambridge University Press, pp. 135-150.

Bolitho, R. (2008), 'Materials used in Central and Eastern Europe and the former Soviet Union', in B. Tomlinson (ed.), *English Language Learning Materials: A Critical Review*. London: Continuum, pp. 213-222.

Bolitho, R. and Tomlinson, B. (2005), *Discover English* (2nd edn). Oxford: Macmillan.

Bolitho, R., Carter, R., Hughes, R., Ivanic, R., Masuhara, H. and Tomlinson, B. (2003), 'Ten questions about language awareness', *ELT Journal*, 57 (2), 251-259.

Bradfield, B. and Lethaby, C. (2010), *The Big Picture*. Oxford: Richmond.

Breen, M. P. and Littlejohn, A. (eds) (2000), *Classroom Decision-Making: Negotiation and Process Syllabuses in Practice*. Cambridge: Cambridge University Press.

British Council (2008), *Teaching English: Course Books*. London: British Council.

Carter, R. A. and McCarthy, M. J. (1997), *Exploring Spoken English*. Cambridge: Cambridge University Press.

Clanfield, L. and Robb-Benne, R. with Jeffries, A. (2010), *Global*. Oxford: Macmillan.

Clare, A. and Wilson, J. J. (2010), S*peakout Intermediate.* Harlow: Pearson.

Coyle, D., Hood, P. and Marsh, D. (2010), *Content and Language Integrated Learning.* Cambridge: Cambridge University Press.

Day, R. (2003), 'Authenticity in the design and development of materials', in W. A. Renandya (ed.), *Methodology and Materials Design in Language Teaching: Current Perceptions and Practices and their Implication.* Singapore: RELC, pp. 1–11.

Day, R. and Bamford, J. (1998), *Extensive Reading in the Second Language Classroom.* Cambridge: Cambridge University Press.

Dellar, H. and Walkley, A. (2005), *Innovations.* London: Thomson/Heinle.

Dudley-Evans, T. and St John, M. (1998), *Developments in English for Specific Purposes.* New York: Cambridge University Press.

Duff, A. and Maley, A. (1990), *Literature.* Oxford: Oxford University Press.

Ellis, R. (1999), 'Input-based approaches to teaching grammar: a review of classroom oriented research', *Annual Review of Applied Linguistics,* 19, 64–80.

English Language Centre (1997), Unpublished handout from the English Language Centre, Durban, South Africa.

Fox, G. (1998), 'Using corpus data in the classroom', in B. Tomlinson (ed.), *Materials Development in Language Teaching.* Cambridge: Cambridge University Press, pp. 25–43.

Gilmour, A. (2007), 'Authentic materials and authenticity in foreign language learning', *Language Teaching,* 40, 97–118.

Gray, J. (2010), *The Construction of English: Culture, Consumerism and Promotion in the ELT Coursebook.* Basingstoke: Palgrave Macmillan.

Greenall, S. (1995), *Reward.* Oxford: Heinemann.

Haines, S. and Stewart, B. (2000), Landmark. Oxford: Oxford University Press.

Hutchinson, T. and Torres, E. (1994), 'The textbook as an agent of change', *ELT Journal,* 48 (4), 315–328.

Islam, C. and Mares, C. (2003), 'Adapting classroom materials', in B. Tomlinson (ed.), *Developing Materials for Language Teaching.* London: Continuum, pp. 86–100.

Joseph, F. and Travers, T. (1996), *Candidate for CAE.* London: Phoenix ELT.

Kay, S. and Jones, V. (2000), *Inside Out.* Oxford: Macmillan/Heinemann.

Kervin, L. and Derewianka, B. (2011), 'New technologies to support language learning', in B. Tomlinson (ed.), *Materials Development for Language Teaching* (2nd edn), pp. 328–351.

Kuo, C. H. (1993), 'Problematic issues in EST materials development', *English for Specific Purposes,* 12, 171–181.

Lazar, G. (1993), *Literature and Language Teaching: A Guide for Teachers and*

Trainers. Cambridge: Cambridge University Press.

Little, B. L., Devitt, S. and Singleton, S. (1994), 'Authentic texts, pedagogical grammar and language awareness in foreign language learning', in C. James and P. Garrett (eds), *Language Awareness in the Classroom.* London: Longman, pp. 123–132.

Lyons, P. (2003), 'A practical experience of institutional textbook writing: product/process implications for materials development', in B. Tomlinson (ed.), *Developing Materials for Language Teaching.* London: Continuum, pp. 490–504.

Maley, A. (2001), 'Literature in the language classroom', in R. Carter and D. Nunan (eds), *The Cambridge Guide to Teaching English to Speakers of Other Languages.* Cambridge: Cambridge University Press, pp. 180–185.

Mason, J. (2010), 'The effects of different types of materials on the intercultural competence of Tunisian university students', in B. Tomlinson and H. Masuhara (eds), *Research for Materials Development for Language Teaching: Evidence for Best Practice.* London: Continuum, pp. 67–82.

Masuhara, H. (2011), 'What do teachers really want from coursebooks?', in B. Tomlinson (ed.), *Materials Development in Language Teaching.* Cambridge: Cambridge University Press, pp. 236–266.

Masuhara, H., Hann, M., Yi, Y. and Tomlinson, B. (2008), 'Adult EFL courses', *ELT Journal*, 62 (3), 294–312.

McCarthy, M. J., McCarten, J. and Sandiford, H. (2006), *Touchstone.* Student's Book 3. Cambridge: Cambridge University Press.

McDonough, J., Shaw, C. and Masuhara, H. (2013), *Materials and Methods in ELT: A Teacher's Guide* (3rd edn). London: Blackwell.

McGowen, B., Richardson, V., Forsyth, W. and Naunton, J. (2000), *Clockwise.* Oxford: Oxford University Press.

McGrath, I. (2002), *Materials Evaluation and Design for Language Teaching.* Edinburgh: Edinburgh University Press.

Meddings, L. and Thornbury, S. (2009), *Teaching Unplugged: Dogme in English Language Teaching.* Peaslake: Delta.

Mishan, F. (2005), *Designing Authenticity into Language Learning Materials.* Bristol: Intellect. Motteram, G. (2011), 'Developing language-learning materials with technology', in B. Tomlinson (ed.), *Materials Development for Language Teaching* (2nd edn), pp. 303–327.

Mukundan, J. (2009), 'Are there really good reasons as to why textbooks should exist?' in J. Mukundan (ed.), *Readings on ELT Materials III.* Petaling Jaya: Pearson Malaysia, pp. 92–100.

Mukundan, J. and Ahour, T. (2010), 'A review of textbook evaluation checklists across four decades (1970–2008)', in B. Tomlinson and H. Masuhara (eds),

Research for Materials Development in Language Learning: Evidence for Best Practice. London: Continuum, pp. 336–352.

On Target (1996), Windhoek: Gamsberg Macmillan.

Parish, J. (1995), 'Multi-media and language learning', *Folio,* 2 (1), 4–6.

Park, H. (2010), 'Process drama in the Korean EFL secondary classroom: A case study of Korean middle-school classrooms', in B. Tomlinson and H. Masuhara (eds), *Research for Materials Development for Language Teaching: Evidence for Best Practice.* London: Continuum, pp. 155–171.

Prowse, P. (1998), 'How writers write: testimony from authors', in B. Tomlinson (ed.), *Materials Development in Language Teaching.* Cambridge: Cambridge University Press, pp. 130–145.

— (2011), 'How writers write: testimony from authors', in B. Tomlinson (ed.), *Materials Development in Language Teaching.* Cambridge: Cambridge University Press, pp. 151–173.

Reinders, H. and White, C. (2010), 'The theory and practice of technology in materials development and task design', in N. Harwood (ed.), *English Language Teaching Materials: Theory and Practice.* Cambridge: Cambridge University Press, pp. 58–80.

Richards, R. (2001), *Curriculum Development in Language Teaching.* Cambridge: Cambridge University Press.

Rilling, S. and Dantas-Whitney, M. (eds) (2009), *Authenticity in the Language Classroom and Beyond: Adult Learners.* Alexandria, VA: TESOL.

Schon, D. (1987), *Educating the Reflective Practitioner.* San Francisco, CA: Jossey-Bass.

Soars, L. and Soars, J. (1996), *Headway.* Oxford: Oxford University Press.

Tomlinson, B. (1994), *Openings. Language through Literature: An Activities Book* (new edn). London: Penguin.

— (1995), 'Work in progress: textbook projects', *Folio,* 2 (2), 26–31.

— (1998a), 'Affect and the coursebook', *IATEFL Issues,* 145, 20–21.

— (1998b), 'And now for something not completely different', *Reading in a Foreign Language,* 11 (2), 177–189.

— (1998c), 'Introduction', in B. Tomlinson (ed.), *Materials Development in Language Teaching.* Cambridge: Cambridge University Press, pp. 1–24.

Tomlinson, B. (ed.) (1998d), *Materials Development in Language Teaching.* Cambridge: Cambridge University Press.

Tomlinson, B. (1999), 'Developing criteria for materials evaluation', *IATEFL Issues,* 147, 10–13.

— (2001), 'Materials development', in R. Carter and D. Nunan (eds), *The Cambridge Guide to Teaching English to Speakers of Other Languages.* Cambridge: Cambridge University Press, pp. 66–71.

— (2007), 'Teachers' responses to form-focused discovery approaches', in S. Fotos and H. Nassaji (eds), *Form Focused Instruction and Teacher Education: Studies in Honour of Rod Ellis*. Oxford: Oxford University Press, pp. 179–194.

— (2008), *English Language Learning Materials: A Critical Review*. London: Continuum.

— (2010), 'What do teachers think about EFL coursebooks?', *Modern English Teacher*, 19 (4), 5–9.

— (2011), 'Principled procedures in materials development', in B. Tomlinson (ed.), *Materials Development in Language Teaching* (2nd edn). Cambridge: Cambridge University Press.

— (2012a), 'Materials development', in A. Burns and J. C. Richards (eds), *The Cambridge Guide to Pedagogy and Practice in Second Language Teaching*. Cambridge: Cambridge University Press, pp. 269–278.

— (2012b), 'Materials development for language learning and teaching', *Language Teaching: Surveys and Studies*, 45 (2), 143–179.

Tomlinson, B. (ed.) (2013), *Applied Linguistics and Materials Development*. Cambridge: Cambridge University Press.

Tomlinson, B. and Masuhara, H. (2013), 'Review of adult EFL published courses', *ELT Journal*, 67 (2), 233–249.

Tomlinson, B. and Whittaker, C. (2013), *Blended Learning in ELT: Course Design and Implementation*. London: British Council.

Tomlinson, B., Dat, B., Masuhara, H. and Rubdy, R. (2001), 'EFL courses for adults', *ELT Journal*, 55 (1), 80–101.

Trabelsi, S. (2010), 'Developing and trialling authentic material for business English students at a Tunisian university', in B. Tomlinson and H. Masuhara (eds), *Research for Materials Development in Language Learning: Evidence for Best Practice*. London: Continuum, pp. 103–120.

Van den Branden, K. (2006), *Task-Based Education: From Theory to Practice*. Cambridge: Cambridge University Press.

Wajnryb, R. (1996), 'Death, taxes and jeopardy: systematic omissions in EFL texts, or life was never meant to be an adjacency pair'. Paper presented at the Ninth Educational Conference, Sydney.

Widdowson, H. G. (1984), *Explorations in Applied Linguistics 2*. Oxford: Oxford University Press.

— (2000), 'On the limitations of linguistics applied', *Applied Linguistics*, 21 (1), 3–25.

Willis, J. (1998), 'Concordances in the classroom without a computer', in B. Tomlinson (ed.), *Materials Development in Language Teaching*. Cambridge: Cambridge University Press, pp. 44–66.

第一部分
教材评估与改编

第一章　教材评估

Brian Tomlinson

什么是教材评估？

　　教材评估是对一系列学习材料的价值（或潜在价值）进行衡量的过程，它包含对教材在其使用者身上所产生效果的判断，并尝试衡量以下部分或全部内容：

- 教材对学习者的吸引力；
- 教材对于学习者、教师和管理人员的可信度；
- 教材的有效性（即所教的东西值得教吗？）；
- 教材的可靠性（即同样教材是否能在目标学习者的不同群体中产生同样效果？）；
- 教材对学习者和教师兴趣的调动力；
- 教材激发学习者学习动力的能力；
- 教材在短期学习方面的价值（例如，对提高测试和考试成绩来说很重要）；
- 教材在长期学习方面的价值（语言和沟通技巧方面）；
- 学习者对教材价值的认知；
- 教师对教材价值的认知；
- 为教师备课、授课和测评所提供的帮助；
- 教材的灵活性（例如，是否方便教师调整教材以适应特定的情境）；

- 教材对教师发展的贡献；
- 对教学管理要求的满足（例如，跨班级操作的标准化、对教学大纲的覆盖、对考试的应对）。

考虑到以上各种影响因素，可以明显看出，没有哪两个教材评估活动会完全相同，原因是参与者的需求、目标、背景和偏好风格在不同情境下都会有所不同。对于同一本教材，使用者是南非准备参加教育部考试的16岁学生，还是牛津一所语言学校里正在准备剑桥第一证书考试的青少年和年轻人，评估标准显然会有所不同。同样的，在1月为一所大学参加基础水平考试的学习者提供的一套教材，与在7月为同一所大学同类型学习者提供的教材，评估起来也不尽相同。关键在于，评价的对象不是教材本身，而是教材对其接触者（当然也包括评估者）的影响。

教材评估与教材分析不同。教材评估可以包含教材分析，或是教材分析的后续工作，但两者的目标和程序是不同的。教材评估重点关注教材的使用者，并对教材的使用效果做出判断。无论评估的结构设计、参考标准和严格程度做得多么严谨，它本质上都是主观的。而教材分析则关注教材本身，目的是对教材进行客观的分析，它"关注教材包含什么内容、预期达到什么样的目标以及要求学习者做什么"（Tomlinson, 1999: 10）。例如，"是否提供了听力文本的文字稿"就是一个分析性问题，可以用"是"或"否"来回答。"学习者读完一篇课文后，需要立即做些什么"也是一个分析性问题，可以根据事实来回答。通过回答许多此类问题，便可以对教材包含或不包含的内容进行具体说明。而另一方面，"听力教材能否吸引学习者？"则是一个评价性问题，可以在"非常不可能"到"非常可能"的梯度区间进行选择。我们可以为选项赋上数值（例如，"不可能"对应2分），围绕教材，提出多个这样的问题，计算出总分及各分项的小计分数，就可以评估教材及其各部分的潜在价值。例如，一本教材的总得分为百分制下的75分或以上，那么它很可能是一本整体有效的教材。但是，如果它的听力部分小计分数仅为百分制下的55分时，那么，对于主要想提高听力技能的学习者来说，就不太可能有效了。参见 Littlejohn（2011）对教材分析的示例和讨论，Tomlinson 等人（2001）、Masuhara 等人（2008）以及 Tomlinson 和 Masuhara（2013）关于教材评估的示例。

对一套教材的详细分析，可以帮助我们确定初稿中是否遗漏了重要的内容，或教材是否与特定课程的要求相匹配，并为后续教材评估提供支撑。理想情况下，分析是客观的，但分析者往往受到自己思想意识的影响，他们提出的问题也会相应地带有偏见。例如，"教材是否提供了很多指导性的练习"这个问题中，"很多"这一措辞暗示了必须这么做，而这可能会影响对教材的客观分析。分析者在设计分析工具时也常常有隐藏的动机。例如，分析者可能会问"这些对话是否真实"，目的是想利用数据来论证中级教材不能帮助学习者应对现实中的对话。如果分析问题是描述性的，并且随后提供的数据可供评价性解释，则是合理的。例如，我对十本低阶教材进行了分析（Tomlinson, 1999: 10），用数据来论证这些教材过于强调语言形式、语言操练，而不是语言的使用以及初级的解码技能。我的数据显示，十本书中有九本都只关注形式和操练，在这些书中，涉及使用低水平技能（如发音）活动是涉及使用高水平技能（如推理）活动的五倍。那么，我就能够使用我的数据来论证，低阶教材需要更加全面、更注重意义，并在学习者发展高水平技能方面提供更多帮助。但另一个不同的分析也可以使用同样的工具、同样的数据来论证，低阶教材能够帮助学习者打好低水平技能的基础，让他们自信地发展。

许多关于教材评估的论著将分析和评价混为一谈，因此，建议的标准难以被采纳。例如，利用数值进行教材评估时，大多数分析性问题的结果都是 5 分制的 1 或 5 分，而评价性问题的结果往往是 2、3 或 4 分。因此，当两类问题结合在一起时，其分值权重将不成比例。举例说明，Mariani（1983: 28-29）在设计关于"教材评估"的问题时，将分析性问题，如"是否有教师参考注解""是否有磁带录音"与评价性问题，如"教学单元中的各个阶段是否设计精细"，混在了一起。Cunningsworth（1984: 74-79）的"评估标准清单"中既包含了分析性问题，也包含了评价性问题。Cunningsworth确实认识到了将这些不同类型的问题混为一谈是有问题的，他说："有些问题可以用'是'或'否'来回答，但也可以是'或多或少'的、从1到5的等级判断"(1984: 74)。Littlejohn(2011)与我持有相同看法，认为应该将分析与评价分开，他提出了一个教材分析的大体框架(182-198)，建议在评估和行动之前可以使用该框架，具体步骤如下：

- 目标使用情境分析，
- 教材分析，
- 匹配度与评估(确定教材对目标使用情境的适用性)，
- 采取行动。

教材评估的原则

许多评估都基于主观印象，或者充其量是在一个临时拼凑起来的非常主观的标准框架下进行。我认为评估(即使是最不正式的评估)应该基于一套原则，且评估人员在评估前应阐明这些原则，这是非常重要的。只有通过这种方式，才能使教材达到更好的效度和信度，并且减少错误的发生。在制定原则时，应考虑以下因素。

评估者的学习与教学理论

所有教师都拓展了他们在课堂上所应用的学习与教学理论(即使他们经常并未意识到自己这样做了)。许多研究者(如Schon,1983)认为，通过反思教学实践，有助于教师阐述自己的教学理论。例如，Edge和Wharton(1998: 297)认为，反思性实践不仅有助于"感知实践中的提高，更重要的是，能够加深对所研究领域的认识"。同样的，我也认为任何评估的出发点都应该基于评估者的实践反思，并以激发评估者学习与教学理论阐发为目标。通过这种方式，评估者可以弄清楚自己的评价倾向，然后根据评价倾向构建评价标准，且不让这些倾向过度地影响评价，从而导致评价带有个人偏见。同时，评价者可以对其自身以及学习和教学过程有更多了解。

以下是我通过反思自己和其他教师的实践总结出来的一些理论想法：

- 如果学习过程是一个积极、轻松且愉快的体验，那么语言学习者会获得最大的成功。
- 如果语言教师能够享受自己的角色，并且能够从他们所使用的教材中获得乐趣，那么他们的教学往往也是最成功的。
- 如果学习者怀疑教师不重视学习教材，那么学习者便会对教材失去信任。
- 每个学习者的个性、动机、态度、能力、先前的经验、兴趣、需求、愿望和学习风格偏好都不同于班上其他学习者。
- 每个学习者的动机、态度、情绪、感知的需求和愿望、热情和精力每天都不尽相同。
- 不同国家的学习者之间存在外在的文化差异（要尊重和照顾到这些差异），但成功的语言教学和学习的背后也有强大的普遍决定因素。
- 在课堂上（特别是在大班里），成功的语言学习依赖于创造和保持高水平的课堂活力。
- 一节课中，课堂的活力最初由教师来创造；而好的教材可以保持甚至增加课堂活力。
- 学习者只会学他们真正需要或想学习的东西。
- 学习者经常说他们想要的是专项的语言练习，但似乎那些能够激励他们使用目标语言表达内心想法的活动，往往让他们获得更多乐趣，学到更多东西。
- 如果给学习者提供一个事件或一个文本，让他们做出回应，要比凭空询问他们的看法、观点和兴趣更能促进他们的思考、表达和学习。
- 学习材料最重要的作用是帮助学习者将课堂上的学习经验与

课外的生活联系起来。

- 学习经历越新颖（最好也很"奇特"），产生的影响就越大，也越有助于长期的学习。
- 学习材料所能达到的最重要的效果是激发学习者的情感参与。欢笑、愉悦、兴奋、悲伤和愤怒这些情感都能促进学习，而中立、麻木和虚无则不行。

我可以用好几页的篇幅来阐述自己不知不觉中坚信的理论。这些理论对我来说是有效的，因为这来自我7年的课堂语言学习和47年间在8个不同国家教授语言的经验。当我构建自己的教材评估标准时，这些理论给了我莫大帮助。然而，根据我的经验总结出的东西对我个人有用，对其他评估者和教材使用者却未必适用，因此不能因此认定我的标准就是正确的标准。比如，如果你快速浏览一下上面的理论总结，可以看到显然我赞成的是整体而非离散的语言学习方法，灵活性和选择性非常重要，我也重视为学习者和教师提供情感互动的教材。因此，不能要求所有的学习材料都符合我的要求。

学习理论

有关学习的研究是具有争议的，因为涉及太多的变量，而且从具体情境中总结出的结论又往往不可靠。然而，重要的是，教材评估者要思考通过学习研究得出的结论，判断哪些是令人信服和可应用的。我认为可信的结论有：

- 如果要进行有效且持久的学习，就需要对吸收的知识进行深层的加工（Craik and Lockhart, 1972）。这是一种语义层面的加工，学习者的注意力集中在摄入知识的意义上，特别是它与学习者的关联性上。
- 情感参与对于有效和持久的学习也是必不可少的。对学习的经历持积极态度并且在学习中培养自尊是成功学习的重要决定因素，情感参与也是如此。情绪必须被"视为学习的一个重要部分"（Williams and Burden, 1997: 28），因为它们"是人类精神生活的核心……（它们）把对我们重要的东西与世界上的人、事、物联系在一起"（Oatley and Jenkins, 1996: 122）。

- 在学习过程中建立心理连接至关重要。为了使学习取得成功，需要在新事物和已经熟悉的事物之间、正在学习的东西和学习者的生活之间、学习经历和其未来的潜在价值之间建立联系。

- 经验学习是必要的（虽然不是充分条件），学习者尤其应该在理解知识之前先对其有体验性的认识（Kolb, 1984; Kelly, 1997; Tomlinson and Masuhara, 2000; Kolb and Kolb, 2009）。

- 学习者只有在他们需要和想要学习时，只有在他们愿意在此过程中投入时间和精力时才会学习。换句话说，工具性动机和融合性动机都是学习成功的关键因素（Dornyei and Ushioda, 2009）。

- 对摄入的知识进行多维加工是成功学习的重要因素，学习者通过感觉成像（尤其是可视化）、情感连接和使用内心声音等心理过程对摄入知识进行心理再现（Masuhara, 1998, 2005; Tomlinson, 2000a, 2000b, 2001a, 2001c, 2003, 2011b; de Guerro, 2005; Wiley, 2006; Tomlinson and Avila, 2007）。正如Berman（1999: 2）所言："当我们将事物视为已识别模式的一部分，当我们的想象力被激发，当我们将一个想法与另一个想法自然地联系起来，当信息诉诸我们的感官时，我们的学习效果最好。"在学习中实现多维再现的最佳方法之一似乎就是全人教学法，它帮助学习者用情绪、态度、观点和想法对学习经验做出反应（Jacobs and Schumann, 1992; Schumann, 1997, 1999; Arnold, 1999）。

- 教材使用非正式的、亲切的语气来称呼学习者比用那些疏远的、正式的语气更容易促进学习（Beck et al., 1995; Tomlinson, 2001b）。成功的、具有亲和力的语气在语言表达方面具有如下特征：

○ 非正式话语特征（如缩略形式、省略、非正式词汇），

○ 主动语态而非被动语态，

○ 具体性（如事例、轶事），

○ 包容性（如不表现出智力、语言或文化程度优于学习者的语气），

○ 分享经验和观点，

○ 偶然出现一些冗余的表达，而不总是刻意简洁（Tomlinson,2001b）。

作为一个教材评估者，我会把上述主张转化为学习材料的评价标准。例如，我会构建这样的标准：

• 这些教材在多大程度上与学习者的需求相关？

• 这些教材在多大程度上可能帮助学习者实现与自己生活的连接？

• 这些教材在多大程度上可能促进学习者的情感参与？

• 这些教材在多大程度上可能促进学习者的视觉成像？

二语习得研究

迄今为止，二语习得的研究尚无定论，且引发了许多分歧和争论（例如，关于分散语言点的显性教学价值）。然而，对于某些能够促进语言学习的特点，大家现在已经有了充分的共识，这些特点有助于建立教材评估的基本原则。在 Tomlinson（2011a: 6-23）一书中，我论述了二语习得研究者们应该会认同的一些原则，这些原则与语言教学材料研发有关。其中一些原则总结如下：

• 教材应该具有一定的冲击力（通过新颖、多样、惊喜、新奇、有趣的呈现和引人入胜的内容来实现）；

- 教材应该让学习者感到轻松（例如，留出空白以避免排版过于紧凑，使用与学习者文化相关的文本和插图，使用支持性的而非频繁测试的教学方法，使用个人化的语气）；
- 教材应该帮助学习者培养自信（例如，让他们参与有挑战性但可及的任务，从而"推动"他们实现对现有水平的小小超越）；
- 应让学习者感受到教材所教授的内容是相关的、有用的（Stevick, 1976; Krashen, 1982; Wenden and Rubin, 1987）；
- 教材应该要求和推动学习者的亲身投入（例如，让学习者承担做决定的责任，鼓励他们自己去探索语言）（Rutherford and Sharwood-Smith, 1988; Tomlinson, 1994, 2007; Bolitho et al., 2003）；
- 学习者必须在语言发展和心理发展方面有所收获（Meisel et al., 1981; Pienemann, 1985, 2005）；
- 教材应该让学习者接触到真实使用的语言（最好是丰富多样的语言输入，包括能刺激心理反应的无计划的、半计划的和有计划的话语），参见Mishan（2005）, Rilling 和 Dantas-Whitney（2009）以及Tomlinson（2012）；
- 应将学习者的注意力引向输入语言的特征上（以便在今后的语言输入中，能够意识到后续实例中出现的同样特征）（Seliger, 1979; White, 1990; Schmidt, 1992; Ortega, 2009）；
- 教材应该为学习者提供使用目标语言的机会，以达到交际目的，以使学习者现有的程序性知识自动化，检查他们现有假设的有效性（Swain, 1985, 2005），并培养他们的语言策略能力（Canale and Swain, 1980）；
- 教材应该考虑到，教学的积极效果通常是延迟的（因此不应该期望在最初的演示之后立即产生有效的成果，而应保证讲授的语言特征循环不断地、充分地出现在交际使用中）；
- 教材应考虑到学习者在学习风格上的差异（Oxford and Anderson, 1995; Oxford, 2002; Anderson, 2005）（因此，它们应

该确保照顾到以不同学习风格为主的学习者,如视觉型、听觉型、动觉型、学习型、经验型、分析型、整体型、依赖型或独立型的学习风格);

- 教材应考虑到学习者在情感态度上的差异(Wenden and Rubin, 1987)(因此教材应具有多样性和选择性);
- 教材应该鼓励智力、审美和情感的参与,以使学习潜力最大化,从而刺激学习者的左右脑活动(提供一些利用不同加工类型来完成的非琐碎的活动);
- 教材应能提供结果反馈的机会(即对学习者是否有效地实现了交际目标的反馈,而不仅仅是对语言输出准确性的反馈)。

除了Tomlinson(2011a)列出的要求,这里还要补充的是,教材应该:

- 帮助学习者培养文化意识和敏感性(Tomlinson, 2000b; Byram and Masuhara, 2013);
- 反映语言使用的现实;
- 帮助学习者在语言将要使用的相似情境下进行学习;
- 帮助学习者做好学习准备(例如,帮助学习者留意自己对某一交际特点的运用与语言精通者在运用该特点上的差距,或让学习者参与一项需要掌握新知识才能完成的任务);
- 实现学习者的情感参与(Tomlinson, 2010)。

Richards(2001: 264)罗列了一份清单,列出"教材中每个单元应具有的特性",相对简短且与众不同:

- 学习者应能从课程中获取一些东西;
- 教给学习者一些他们觉得可以使用的东西;
- 让学习者有成就感;
- 以有趣和新颖的方式练习学习内容;
- 提供愉快的学习体验;

- 提供个人实践的机会；
- 提供个性化的机会；
- 提供自我评估学习的机会。

重要的是,教材评估者要自己决定使用二语习得研究中的哪些发现来建立他们的评估原则。归根结底,评估是有原则的,评估者的原则是公开的,并且评估者在决定和执行评估程序时要参照这些原则。否则,评估就可能是临时开展的,出现错误也在所难免。选择教材时,如果只看外观是否吸引人,有可能学习者使用起来会感到枯燥;过分强调教材中令人不快的方面(如视频课程中的某一个人物),会使人对教材的价值产生扭曲的印象;如果一本教材被教育部选中为全国性教材,只是因为它的价格是最低廉的,或者它是由著名作者撰写并由著名出版商出版的,其后果可能会是一场代价高昂的灾难。

教材评估的类型

教材评估有许多不同的类型。教材评估的基本原则可以应用于所有类型的评估,但总结一套适用所有类型评估的程序却不可能,因为评估的目的、人员、形式和时间等各不相同。你开展评估可能是为了帮助出版商做出是否出版的决定,或为自己研发出版教材,或为选择一本教材,或为期刊撰写评论,抑或是作为项目研究的一部分。作为评估者,你可能是学习者、教师、编辑、研究员、研究主管或英语检查员。你可能是在书店里做一项心理评估,在课堂上填写一份简短的问卷调查,或者是对大量教材使用者反馈的数据进行严格的实证分析。你可能是在教材使用前、使用中或使用后进行评估。为了进行有效的评估,你需要将自己的评价原则应用到相应的评价环境中,以确定最可靠和最有效的评价程序。

用前评估

　　用前评估包括预测教材对使用者的潜在价值。它可以是与情境无关的，如为期刊撰写的教材评论；也可以是受特定情境影响的，如为出版商针对目标使用者进行的教材初稿的审查；或依赖于特定情境的，如教师为其班级选择教材。通常使用前的评估基于个人印象，就像一位老师翻看一本书，对教材的潜在价值形成大概印象（出版商非常清楚这个过程，所以有时会把引人注意的插图放在右边页面的右上角，以便对翻阅者产生积极的影响）。即使是为出版商或期刊写的评论，或为教育部进行的评估，通常"基本上都是主观的经验法则"（Sheldon, 1988: 245），而且常常出错。让评估有标准可循，可以减少（但不能消除）评估的主观性，让评估更有原则、更严格、更系统、更可靠。如果有两名以上人员独立进行评估，然后综合他们的结论，这样做则更为可靠。例如，在Tomlinson等人（2001）对八门EFL成人课程的评估中，四位评估者一起制定了133项标准，他们分别使用这些标准对八门课程进行独立评估，然后汇总数据并取平均分数。但即便如此，评估人员也承认，"同样的评审，如果由不同的评审团队进行，几乎可以肯定会产生不同的结果"（82）。

　　在教材评估中使用标准清单已经是常见做法了，现有文献中的某些清单也经常被应用于教材评估，如Cunningsworth（1984, 1995）、Skierso（1991）、Brown（1997）以及Gearing（1999）。但问题是，没有一套标准适用于所有情况，正如Byrd（2001）所说，在教材与课程、学生与教师之间找到适用的标准是很重要的。Matthews（1985）、Cunningsworth（1995）和Tomlinson（2012）也强调了联系评估标准与学习环境的重要性，Makundan和Ahour（2010）在针对48份评估清单的评论中，对大多数清单持批评意见，原因是这些清单过于依赖情境而不具普遍适用性。他们提出，制定一个灵活的标准框架将比详细而死板的清单更有用，Ellis（2011）也提出了这个建议，Tomlinson（2003b）进行了强调和论证。其他提出并举例说明制定评估标准框架的研究者包括：

- McGrath（2002）提出了一套程序，包括教材分析，然后是初步阅览评价、用户反馈，以及基于特定情境的评估清单；
- Riazi（2003）提出要调查教学/学习情况，开展中立的分析，进行信念驱动的评估；
- Rubdy（2003）提出了一种心理效度、教学效度、过程和内容效度相互作用的动态评估模型；
- Mukundan（2006）描述了一种综合框架的使用，该框架结合了清单、反思日志和计算机软件对马来西亚的英语教材进行评价；
- McDonough 等人（2013）关注制定用以评估教材可用性、通用性、适应性和灵活性的标准。

Tomlinson 和 Masuhara（2004: 7）提出了以下评判评估标准的标准：

a. 每个问题都是评估性问题吗？
b. 每个问题只包含一个疑问吗？
c. 每个问题都是可回答的吗？
d. 每个问题都不是教条化的吗？
e. 每个问题是否可靠，不会让其他评估者有不同的理解？

Tomlinson（2012）提出了这些标准，并从有关评估标准的文献中找到了许多清单例证，指出了这些清单标准在具体性、明确性、可答性、有效性和普遍性方面的缺陷。

用中评估

用中评估是指使用教材时或观察教材被使用时，对教材的价值进行评估。用中评估会比前评估更为客观和可靠，因为它采用了实时测评而不是提前预测。然而，它仅限于衡量可观察到的内容（例如，"教材中的这些指令对学习者来说是清晰的吗？"），而且无法衡量学习者大脑中正在思考的事情。用中评估可以通过观察学习者在练习中的表现来测评他们的短期记忆,但由于教学效果的延迟效应,它不能用于测评学习的持久性和有效性。因此,这个方法非常有用,但也存在风险,因为教师和观察者可能会被误导,并不知道活动是否真正有效。在使用中进行评估时,到底什么是可测的,尚存在争议,但我认为可测内容包括以下几点:

- 指令的清晰性
- 布局的清晰性
- 文本的可理解性
- 任务的可信度
- 任务的可达成度
- 学习目标的实现
- 本地化的潜力
- 教材的实用性
- 教材的可教性
- 教材的灵活性
- 教材的吸引力
- 教材的推动力
- 教材的影响力
- 促进短期学习的有效性

在对使用的教材进行开放式、印象式的观察时,以上大部分内容都可直接预估,但如果一次关注一条标准,并在评估前提前准备好测量工具,则可以使评估更为可靠。例如,通过记录每个学生在口语活动中的时长贡献,来衡量其口语参与度;通过观察教师和学生将所用教材和所处情境相结合的次数,来测得教材本地化的潜力;甚至还可以通过观察学生的视线焦点、与教材的接近程度、在某项任务上花费的时间和面部表情等特征,来衡量他们的动机。使用中的评估在有关文献中很少受到关注,但Jolly和Bolitho(2011)描述了有趣的研究案例,说明了学生在课程学习期间的评论和反馈如何提供有用的教材评估信息,从而帮助老师在课中和课后对教材进行改进。此外,Tomlinson 和 Masuhara(2010)还展示了一些教材研发项目,其中用到了用中评估。

用后评估

用后评估可能是最有价值(但使用最少)的评估类型,因为它可以衡量教材对使用者的实际影响。它既可以测评动机、影响、可实现性、即时学习等方面的短期效果,也可以测评持久学习和应用方面的长期效果。用后评估可以回答下列重要问题:

- 学习者知道了哪些使用教材之前所不知道的东西?
- 尽管学习者使用了教材,哪些是他们仍然不知道的?
- 学习者能够做到哪些使用教材之前做不到的事情?
- 尽管学习者使用了教材,哪些是他们仍然做不到的?
- 教材能在多大程度上帮助学习者应对考试?
- 教材能在多大程度上为学习者在课后使用目标语言做了准备?
- 教材对学习者的自信心有什么影响?
- 教材对学习者的学习动机有什么影响?
- 教材能在多大程度上帮助学习者独立学习?
- 教师是否认为教材便于使用?
- 教材是否帮助教师覆盖了教学大纲的规定内容?
- 管理人员是否认为教材有助于他们规范所在机构的教学?

换句话说,用后评估可以衡量教材使用的实际结果,从而提供数据,并据此作出关于教材使用、调整或替换的可靠决定。衡量教材用后效果的方法有:

- 测试教材所"教"内容
- 检验学生能做什么
- 考试

- 访谈
- 问卷调查
- 使用者开展有标准可依的评估活动
- 课后日志
- 学习者的课后"跟踪"
- 由雇主、学科导师等提供的有关学习者课后报告

当然,主要的问题在于,可靠的用后效果测评需要时间和专业知识的投入(特别是为了得到真正的测评结果,评估者应该对学习者使用前的态度和能力进行测评,以便提供数据进行用后对比)。出版商和政府部门确实有时间、有能力进行专业的投入,也可以帮助教师设计、管理和分析用后的测评工具。这样我们就能获得更多有用的信息,不仅知道特定课程教材的使用效果,还可以知道不同类型教材的相对有效性。不过,即使如此,我们仍须小心谨慎,因为在评估教材时我们很难将教师的影响、家长的支持、课堂外的语言接触、内在的动机等变量的影响分离。

关于试用教材用后评估过程说明,参见Donovan(1998);关于出版商如何使用焦点小组进行教材用后评估,参见Amrani(2011);关于教师对教材进行用后微观评估的建议,参见Ellis(1998, 2011);关于在不同国家对教材进行用后评估的项目报告,参见Tomlinson和Masuhara(2010)。

教材评估的标准方法

在很多国家进行教材评估的经历让我觉得情况不容乐观。我曾加入多个国家课程委员会,这些委员会纯粹根据其成员对教材的集体印象来决定哪些书应该在学校使用。我为出版商写过教材初稿的评论,但并没有依据任何特定的标准,他们也没有要求我提供任何标准。在没有参考任何标准的情况下,我的书已被教育部官员考虑采

用。我读过无数篇已发表的评论（甚至我自己也写过几篇），写的都是评论人在阅读教材时的一些即时反应。我曾经帮助出版商和软件公司进行重要的教材评估，他们也没有给我提供任何标准或要求我提供任何标准。我不知道我造成了多少错误。但另一方面，一家来自英国的大型出版商鼓励我，在为他们开展评估之前，先制定一套全面的原则性标准。然后我带领一个评估小组制定了一套包含133项具体条例的标准，用来为《英语教学杂志》(ELT Journal) 开展针对八门成人EFL课程的评估 (Tomlinson et al., 2001)。

迄今为止，大多数关于教材研发的文献都集中在教材评估上，关于开展教材评估的有用建议可以参考以下文献：Brown (1997)、Byrd (1995)、Candlin 和 Breen (1980)、Cunningsworth (1984, 1995)、Donovan (1998)、Daoud 和 Celce-Murcia (1979)、Ellis (1995, 1998)、Grant (1987)、Hidalgo 等人 (1995)、Jolly 和 Bolitho (1998)、Littlejohn (2011)、McDonough (1998)、McDonough 等人 (2013)、Mariani (1983)、Richards (2001)、Roxburgh (1997)、Sheldon (1987, 1988)、Skierso (1991)、Tomlinson (1999)、Tomlinson 等人 (2001) 以及 Williams (1983)。这些文献中提出的许多检查清单和标准清单为开展评估提供了很好的起点，但其中一些是带有主观印象或存在偏见的，例如，Brown (1997) 认为教材中包含测试是好的做法，Daoud 和 Celce-Murcia (1979: 305) 的研究中包含这样的教条标准，如："词汇题目是否加以控制，以确保从简单到复杂的系统分级？"。有一些标准清单缺乏覆盖面、系统性和/或原则性的基础，也有一些清单给人的印象是它们可用于所有的教材评估，"教材评估不可能只有一个模式框架；评估时所使用的框架必须根据评估的原因、目标和具体情况来确定" (Tomlinson, 1999: 11)。上述文献中的大多数清单在某种程度上来说是主观的，因为它们是适用于用前评估的清单，而用前评估涉及对教材的选择和对教材效果的预测。例如，Tomlinson 等人 (2001: 81) 曾说：

> 我们在教材评估程序上非常全面和系统，并尽可能做到公平、严格和客观。然而，在开始报告我们的评估前，我们必须首

先承认，在某种程度上，我们的评估结果仍然不可避免地带有主观色彩。这是因为任何使用前的评估，无论是选择评估标准，还是评估人员做出的判断，都是主观性的。

对任何编写或评估语言教材的人来说，对照以下标准来评价上述文献中的检查清单和标准列表将会是一个有用的方法：

- 这份清单是基于一套合乎逻辑的语言学习原则的吗？
- 所有的标准究竟是评价性标准还是分析性标准？
- 这些标准是否足以帮助评估者得出有用的结论？
- 这些标准是否系统性地组织在一起（例如，分为类别和子类别，以便评估者进行单独和全面的判断及决定）？
- 这些标准是否足够中立以便具有不同意识形态的评估者利用这些标准？
- 评价清单是否足够灵活以允许不同的评估人员在不同的情况下使用？

对于教材评价者而言，相较于那些标准清单模型（可能不符合特定评估的情境因素），更为实用的是，提供一个适用于特定评估具体情况的标准制定步骤。在本章的最后，我想提出如下步骤。

教材评估标准制定

根据我个人以及其他学生和教师的经验，制定一套用于特定评估的正式标准是很实用的，然后可以以这套标准为基础，开发后续一系列具体情境下的标准。这项工作起初一定非常耗时耗力，但它不仅有助于评估者明确自己的语言学习和教学原则，还确保了未来对教材的评估（无论是正式的还是非正式的）是系统的、严格的，最重要的是，是有原则的。制定这样一套标准的可选方法如下所述。

1 开展头脑风暴，列出通用标准的清单

通用标准是可以用于任何地方、任何学习者的任何语言学习教材的评估标准。举例来说，通用标准既适用于评估阿根廷十岁儿童的视频课程，也可用于评估泰国本科生的学术英语教材。通用标准源于语言学习的原则和课堂观察的结果，并为所有的教材评估提供了基本依据。开展头脑风暴，随机列出这些标准的清单（最好与其他同事一起），这是开展评估之初一种非常有用的方式，并且最有用的方法是把这些评估标准用具体的问题表达出来，而不是把它们列成普通的标题。

通用标准的例子如下：

- 这些教材是否为学习者提供了有用的独立思考的机会？
- 目标学习者是否能够按照教材中的说明进行操作？
- 这些教材是否适合具有不同学习风格的学习者？
- 这些教材是否能够实现学习者的情感投入？

以下是Tomlinson和Masuhara（2013）用于评估当前六本国际教材的通用标准。

教材在多大程度上能够：
- 给学习者提供机会去广泛接触使用中的英语？
- 让学习者做到情感投入？
- 让学习者做到认知参与？
- 提供一个可达到的挑战？
- 帮助学习者达到个性化的学习？
- 帮助学习者发现英语的常见用法？
- 提供使用目标语言进行交流的机会？
- 帮助学习者培养文化意识？
- 帮助学习者利用课堂外的英语语言环境？

- 满足所有学习者的需求?
- 提供有效本地化所需的灵活性?
- 帮助学习者在课程结束后继续学习英语?
- 帮助学习者将英语作为一种通用语言?
- 帮助学习者成为有效的英语交际者?
- 实现其既定目标?

2 细分一些标准

如果对教材的评估将被用作其修订或改编的依据,或者如果该评估是一项正式评估,并为重要决策提供信息,那么把一些标准细分为更具体的问题则是十分有益的。例如,教材中的这些指令:

- 是否简洁?
- 是否充分?
- 是否站得住脚?
- 是否符合标准?
- 是否各自独立?
- 是否有序排列?
- 是否按部就班?

这样的细分可以帮助评估者确定教材的各个方面,从而在修订或调整教材时获益。

3 监测和修订通用标准清单

监测清单列表并根据以下标准对其进行重新编定:

每个问题都是评价性问题吗?

如果一个问题是分析性问题(如"每个单元都有测试吗?"),那么在5分制下你只能给1或5分的回答,这一做法将在后面的步骤中进行推荐。但如果是评价性问题(如"测试能在多大程度上提

供有用的学习经验？"），那么评估者可以选择量表的任何分值进行
打分。

每个问题只涉及一个疑问吗？

很多已公布的标准清单中的每一条可能涉及两个或多个问题，
因此不能用于给教材进行数值打分。例如，Grant（1987: 122）提了
这样一个问题："1. 该教材具有吸引力吗？考虑学生的平均年龄，他
们会喜欢使用该教材吗？"这个问题的答案可以是"是；不是"或者
"不是；是"。这个问题可以改写为：

1. 该教材对你的学生有吸引力吗？
2. 该教材适合该年龄段的学生吗？
3. 你的学生是否会喜欢使用该教材？

其他包含多个疑问的问题示例还有：

- 教材中的插图是否通过描绘现实主义和行动为阅读和拼写练
  习创造了有利氛围？（Daoud and Celce-Murcia, 1979: 304）
- 该教材是否提供了吸引人的、有趣的（也许是令人兴奋的）语言
  作品，且能促进语言体系的稳定、系统发展？（Mariani, 1983: 29）

每个问题都是可回答的吗？

这似乎是一个显而易见的问题，但在许多已公布的标准清单
中，有些问题太大、太模糊，以致无法得到有效回答，或者有时不
参照其他标准就无法作答，又或者对评估者提出了专家级的要求。
例如：

人们在文化上可以接受这些教材吗？（Grant, 1987: 122）
该教材是否在语言知识和语言实践之间达到了可接受的平衡？
（同上）

作者的行文是否使用了当前的日常语言，遵循正常语序的句子结构？（Daoud and Celce-Murcia, 1979: 304）

每个问题都确保免于教条化吗？

提出的问题应反映评估者的语言学习原则，但不应用僵化的方法论来要求教材。如果过于僵化，那么教材的潜在价值就可能因没有得到有效评估而被忽视。

例如，下面的例子对教材的教学过程做了一些假设，但并不是所有教材都遵循这些假设：

- 每个教学单元的各个阶段（也许你可能称之为展示、练习和产出，即 PPP 教学法）是否设计充分？（Mariani, 1983: 29）
- 教材中的句子复杂性是否随着学生不断增强的阅读能力而增加？（Daoud and Celce-Murcia, 1979: 304）

每个问题是否可靠，不会让其他评估者有不同的理解？

在应用语言学中，常用的一些术语和概念会有不同的解释，在衡量教材的效果时，最好避免使用或做好注解。例如，以下每个问题都可以有不同的理解：

- 教材是否足够真实？
- 教材在平衡各项技能方面是否可接受？
- 教材中的活动是否起了作用？
- 教材中的每个单元是否逻辑清晰？

我们可以有许多方法来改写以上每个问题，让它们变得更可靠、有用。例如：

- 教材是否有助于学习者将所学语言应用于课后可能遇到的情况？

- 用于培养阅读技能的教材,其材料比例设计是否适合您的学习者?
- 交际任务能否为学习者提供有用的学习机会?
- 每个单元的活动是否互相关联,促进学习者的学习?

4 将清单进行分类

将随机列出的通用标准清单重新分类非常有用,有助于评估者将研究聚焦并进行提炼概括。还有一个好处是,在进行分类练习时,你经常会想到与各类别相关的其他标准。

普遍标准的大致分类如下:

- 学习原则
- 文化角度
- 主题内容
- 教学重点
- 课文内容
- 活动安排
- 学习方法
- 教材指令
- 设计布局

5 制定媒介相关标准

这些标准是针对被评估教材借助的媒介提出的相关问题(例如,针对书籍、录音带、录像等提出的标准)。举例如下:

- 是否清楚录像与哪部分相关?
- 活动顺序是否清晰标注?
- 不同声音是否容易区分?
- 演员的手势是否有助于表达语言的现实意义?

显然，我们也可以对这些标准进行有效地分类（例如，分为插图、布局、音效、图像移动）。

6　制定内容相关标准

这些标准与所评估教材的主题和/或教学要点有关。"应有一套与主题相关的标准，这套标准只适用于商务英语教材的评估，而不适用于一般的英语教材；也应有一套评价阅读技巧书籍的相关标准，与评估语法练习书无关，反之亦然"（Tomlinson, 1999: 11）。

内容相关评估标准的例子如下：

- 商业文本的例子（如信件、发票等）是否再现了现实生活中商业实践的特征？
- 阅读文本是否代表了广泛而典型的体裁样本？

7　制定年龄相关标准

这些评价标准与目标学习者的年龄有关。需要制定出适用于5岁、10岁、青少年、青年及成年人的标准。这些标准会与学习者的认知和情感发展、过往经验、个人兴趣以及愿望和需求有关。

年龄相关标准的例子有：

- 教材中是否有简短多样的活动能与学习者的注意力跨度相匹配？
- 教材内容是否能提供与学习者的成熟度相匹配的、可企及的挑战？

8　制定本地化标准

这些标准与实际或潜在的使用环境有关。这些问题不是为了确定教材本身的价值，而是衡量教材在特定环境下对特定学习者的价值。这套标准对正在进行的具体评估而言是独一无二的，并且最终决定教材的采用、修订或调整。

决定一组教材的典型环境特征有：

- 学校或机构的类型，
- 学校或机构的资源，
- 班级规模，
- 学习者的背景、需求和愿望，
- 教师的背景、需求和愿望，
- 现行的语言政策，
- 教学大纲，
- 课程目标，
- 可用教学时间的强度和范围，
- 目标考核，
- 课外的目标语言接触量。

本地化标准的例子有：

- 这些故事能在多大程度上引起土耳其15岁男孩的兴趣？
- 阅读活动能在多大程度上帮助新加坡学生应对小学毕业考试的阅读问题？
- 这些话题能在多大程度上被伊朗的学生家长所接受？

9　制定其他标准

其他可能有必要制定的标准包括与教师、行政人员、性别、文化或母语相关的标准，特别是为期刊撰写评论，评估实际教材与出版商的宣传是否相匹配的标准。

10　试行标准

对制定的标准进行试用（甚至在进行小规模、非常不正式的教材评估之前）是很重要的，这样可以确保这些标准是充分的、可答的、可靠的且有用的。然后，可以在实际评估开始之前再对这些标准进行修订。

11　开展评估

根据经验,我发现开展评估最有效的方法是:

- 确保有不止一个评估者;
- 讨论评估标准,确保理解一致;
- 评估者之间保持距离,独立回答问题;
- 在大规模的评估中,关注不同层次的典型内容(然后与其他内容进行对比,检验其典型性);
- 根据标准,逐条打分(有些标准权重比其他标准更大);
- 在每个评价类别后进行评论;
- 在评估结束时,汇总每个评估者每条评价的得分、每个评价标准类别下的总分,以及整套标准下的评价总分,然后算出平均分;
- 记录评估人员分享的评语;
- 写一份联合报告。

参见Tomlinson等人(2001)的一项大规模评估报告,四位来自不同文化背景的评估者,使用133条相同的标准,分别对八门成人EFL课程进行独立评估(加权值:0—20表示出版者的主张,0—10表示灵活性,0—5表示其他类别的标准)。另见Masuhara等人(2008)、Tomlinson(2008)以及Tomlinson和Masuhara(2013)的其他评估案例。

以上推荐的是一个非常严格、系统但耗时的教材评估方法,我认为这对影响重要决策的重大评估来说十分必要。然而,对于不太正式的评估(或在时间有限的情况下),我建议采用以下步骤:

1. 集思广益,提出想法;
2. 达成一致想法;
3. 将共同的想法转化为通用的标准;

4. 为教材的目标学习环境写一份说明;

5. 根据说明,制定本地化的评估标准;

6. 评价和修订通用标准和本地化标准;

7. 开展教材评估。

结　语

教材评估是一项耗时且困难的工作。以上述基于原则的、系统且严格的方式开展评估,不仅有助于评估者对被评估教材做出重要发现并加以记录,而且还有助于评估者更好地了解教材、了解学习和教学、了解他们自己。我在安卡拉、利兹、卢顿、诺维奇和新加坡攻读硕士课程的学生,以及我在世界各地举办教材评估讲习班的教师同仁们,都深有体会。

正式且严格的教材评估,最终还有助于提高评估者自身的能力,以便在必要时,迅速且有效地进行有原则的非正式评价(例如,当被要求对新书发表意见时;当要决定购买书店的哪些教材时;当编辑他人的教材时)。教材评估的要求很高,但很有价值。当然,每次进行教材评估的时候,不论是为一家英国出版商对一本教材进行全球范围的评估,还是为一家美国公司对计算机软件进行评估,我都学到了很多东西。即使是为 *ELT Journal* 撰写评论,或是每次去剑桥看望女儿时在书店里翻阅新教材,我都获益匪浅。最重要的是,我希望自己已经学会了让思想变得更加开放,在撰写自己的畅销教材时,我知道需要满足什么样的标准。

参考文献

Amrani, F. (2011), 'The process of evaluation: a publisher's view', in B. Tomlinson (ed.), *Materials Development in Language Teaching*. Cambridge: Cambridge University Press, pp. 267–295.

Anderson, N. J. (2005), 'L2 learning strategies', in E. Hinkel (ed.), *Handbook of Research in Second Language Learning.* Mahwah, NJ: Erlbaum, pp. 757–772.

Arnold, J. (ed.) (1999), *Affect in Language Learning.* Cambridge: Cambridge University Press.

Beck, I. L., McKeown, M. G. and Worthy, J. (1995), 'Giving a text voice can improve students' understanding', *Research Reading Quarterly*, 30 (2), 220–238.

Berman, M. (1999), 'The teacher and the wounded healer', *IATEFL Issues*, 152, 2–5.

Bolitho, R., Carter, R., Hughes, R., Ivanic, R., Masuhara, H. and Tomlinson, B. (2003), 'Ten questions about language awareness', *ELT Journal*, 57 (2), 251–259.

Brown, J. B. (1997), 'Textbook evaluation form', *The Language Teacher*, 21 (10), 15–21.

Byram, M. and Masuhara, H. (2013), 'Intercultural competence', in B. Tomlinson (ed.), *Applied Linguistics and Materials Development*. London: Bloomsbury, pp. 143–160.

Byrd, P. (1995), *Material Writer's Guide.* New York: Heinle and Heinle.

— (2001), 'Textbooks: evaluation for selection and analysis for implementation', in M. Celce-Murcia (ed.), *Teaching English as a Second or Foreign Language* (3rd edn). Boston, MA: Heinle and Heinle, pp. 415–427.

Canale, M. and Swain, M. (1980), 'Theoretical bases of communicative approaches to second language teaching and testing', *Applied Linguistics*, 1 (1), 11–47.

Candlin, C. N. and Breen, M. (1980), 'Evaluating and designing language teaching materials', *Practical Papers in English Language Education Vol. 2.* Lancaster: Institute for English Language Education, University of Lancaster.

Craik, F. I. M. and Lockhart, R. S. (1972), 'Levels of processing: a framework for memory research', *Journal of Verbal Learning and Verbal Behaviour*, 11, 671–684.

Cunningsworth, A. (1984), *Evaluating and Selecting EFL Teaching Material.* London: Heinemann.

— (1995), *Choosing Your Coursebook.* Oxford: Heinemann.

Daoud, A. and Celce-Murcia, M. (1979) 'Selecting and evaluating textbooks', in M. Celce- Murcia and L. McIntosh (eds), *Teaching English as a Second or Foreign Language.* New York: Newbury House, pp. 302–307.

Donovan, P. (1998), 'Piloting — a publisher's view', in B. Tomlinson (ed.), *Materials Development for Language Teaching.* Cambridge: Cambridge University Press, pp. 149–189.

Dornyei, Z. and Ushioda, E. (eds) (2009), *Motivation, Language Identity and the L2 Self.* Bristol: Multilingual Matters.

Edge, J. and Wharton, S. (1998), 'Autonomy and development: living in the material world', in B. Tomlinson (ed.), *Materials Development for Language Teaching.* Cambridge: Cambridge University Press, pp. 295−310.

Ellis, R. (1995), 'Does it "work"?' *Folio*, 2 (1), 19−21.

— (1998), 'The evaluation of communicative tasks', in B. Tomlinson (ed.), *Materials Development for Language Teaching.* Cambridge: Cambridge University Press, pp. 217−238.

— (2011), 'Macro- and micro-evaluations of task-based teaching', in B. Tomlinson (ed.), *Materials Development in Language Teaching* (2nd edn). Cambridge: Cambridge University Press, pp. 21−35.

Gearing, K. (1999), 'Helping less experienced teachers of English to evaluate teacher's guides', *ELT Journal*, 53 (2), 122−127.

Grant, N. (1987), *Making the Most of Your Textbook.* Harlow: Longman.

De Guerro, M. C. M. (2005), *Inner Speech — Thinking Words in a Second Language.* New York: Springer-Verlag.

Hidalgo, A. C., Hall, D. and Jacobs, G. M. (1995), *Getting Started: Materials Writers on Materials Writing.* Singapore: RELC.

Jacobs, B. and Schumann, J. A. (1992), 'Language acquisition and the neurosciences: towards a more integrative perspective', *Applied Linguistics*, 13 (3), 282−301.

Jolly, D. and Bolitho, R. (2011), 'A framework for materials development', in B. Tomlinson (ed.), *Materials Development in Language Teaching.* Cambridge: Cambridge University Press, pp. 107−134.

Kelly, C. (1997), 'David Kolb, the theory of experiential learning and ESL', *The Internet TESL Journal*, III (9), http://iteslj.org/Articles/Kelly-Experiential/.

Kolb, A. Y. and Kolb, D. A. (2009), 'The learning way: meta-cognitive aspects of experiential learning', *Simulation and Gaming: An Interdisciplinary Journal of Theory, Practice and Research*, 40 (3), 297−327.

Kolb, D. (1984), *Experiential Learning: Experience as the Source of Learning and Development.* Englewood Cliffs, NJ: Prentice Hall.

Krashen, S. (1982), *Principles and Practice in Second Language Acquisition.* Oxford: Pergamon.

Littlejohn, A. P. (2011), 'The analysis of language teaching materials: inside the Trojan Horse', in B. Tomlinson (ed.), *Materials Development for Language Teaching* (2nd edn). Cambridge: Cambridge University Press, pp. 179−211.

Mariani, L. (1983), 'Evaluating and supplementing coursebooks', in S. Holden (ed.), *Second Selections from Modern English Teacher.* Harlow: Longman.

Masuhara, H. (1998), 'Factors influencing the reading difficulties of advanced learners of English as a foreign language when reading authentic texts'. Unpublished PhD thesis, University of Luton.

— (2005), 'Helping learners to achieve multi-dimensional mental representation in L2 reading', *Folio*, 9 (2), 6–9.

Masuhara, H., Hann, M., Yi, Y. and Tomlinson, B. (2008), 'Adult EFL courses', *ELT Journal*, 62 (3), 294–312.

Mathews, A. (1985), 'Choosing the best available textbook', in A. Mathews, M. Spratt and L. Dangerfield (eds), *At the Chalkface*. London: Edward Arnold, pp. 202–206.

McDonough, J., Shaw, C. and Masuhara, H. (2013), *Materials and Methods in ELT: A Teacher's Guide* (3rd edn). New York: Wiley.

McGrath, I. (2002), *Materials Evaluation and Design for Language Teaching*. Edinburgh: Edinburgh University Press.

Meisel, J., Clahsen, H. and Pienemann, M. (1981), 'On determining developmental stages in natural second language acquisition', *Studies in Second Language Acquisition*, 3, 109–135.

Mishan, F. (2005), *Designing Authenticity into Language Learning Materials*. Bristol: Intellect.

Mukundan, J. (2006), 'Are there new ways of evaluating ELT coursebooks?', in J. Mukundan (ed.), *Readings on ELT Material II*. Petaling Jaya: Pearson Malaysia, pp. 170–179.

Mukundan, J. and Ahour, T. (2010), 'A review of textbook evaluation checklists across four decades (1970–2008)', in B. Tomlinson and H. Masuhara (eds), *Research for Materials Development in Language Learning: Evidence for Best Practice*. London: Continuum, pp. 336–352.

Oatley, K. and Jenkins, J. (1996), *Understanding Emotions*. Cambridge, MA: Blackwell.

Ortega, L. (2009), *Understanding Second Language Acquisition*. London: Hodder Education.

Oxford, R. L. (2002), 'Sources of variation in language learning', in R. B. Kaplan (ed.), *The Oxford Handbook of Applied Linguistics*. New York: Oxford University Press, pp. 245–252.

Oxford, R. L. and Anderson, N. J. (1995), 'A crosscultural view of learning styles', *Language Teaching*, 28, 201–215.

Pienemann, M. (1985), 'Learnability and syllabus construction', in K. Hyltenstam and M. Pienemann (eds), *Modelling and Assessing Second Language Acquisition*. Clevedon, Avon: Multilingual Matters.

Pienemann, M. (ed.) (2005), *Cross-Linguistic Aspects of Processability Theory*. Amsterdam: John Benjamins.

Riazi, A. M. (2003), 'What do textbook evaluation schemes tell us? A study of the textbook evaluation schemes of three decades', in W. A. Renandya (ed.), *Methodology and Materials Design in Language Teaching: Current Perceptions and Practises and their Implications*. Singapore: RELC, pp. 52–68.

Richards, J. (2001), *Curriculum Development in Language Education*. Cambridge: Cambridge University Press.

Rilling, S. and Dantas-Whitney, M. (eds) (2009), *Authenticity in the Language Classroom and Beyond: Adult Learners*. Alexandria, VA: TESOL.

Roxburgh, J. (1997), 'Procedures for the evaluation of in-house EAP textbooks', *Folio*, 4 (1), 15–18.

Rubdy, R. (2003), 'Selection of materials', in B. Tomlinson (ed.), *Developing Materials for Language Teaching*. London: Continuum, pp. 72–85.

Rutherford, W. and Sharwood-Smith, M. (eds) (1988), *Grammar and Second Language Teaching*. Rowley, MA: Newbury House.

Schmidt, R. (1992), 'Psychological mechanisms underlying second language fluency', *Studies in Second Language Acquisition*, 14, 357–385.

Schon, D. (1983), *The Reflective Practitioner*. London: Temple Smith.

Schumann, J. A. (1997), *The Neurobiology of Affect in Language*. Boston: Blackwell.

— (1999), 'A neurobiological perspective on affect', in J. Arnold (ed.), *Affect in Language Learning*. Cambridge: Cambridge University Press, pp. 28–42.

Seliger, H. (1979), 'On the nature and function of language rules in language teaching', *TESOL Quarterly*, 13, 359–69.

Sheldon, L. E. (ed.) (1987), *ELT Textbooks and Materials: Problems in Evaluation and Development. ELT Documents 126*. London: Modern English Publications/The British Council.

Sheldon, L. E. (1988), 'Evaluating ELT textbooks and materials', *ELT Journal*, 42 (4), 237–246.

Skierso, A. (1991), 'Textbook selection and evaluation', in M. Celce-Murcia and L. McIntosh (eds), *Teaching English as a Second or Foreign Language*. Boston: Heinle and Heinle, pp. 432–453.

Stevick, E. (1976), *Memory, Meaning and Method*. Rowley, MA: Newbury House.

Swain, M. (1985), 'Communicative competence: some roles of comprehensible input and comprehensible output in its development', in S. Gass and C. Madden (eds), *Input in Second Language Acquisition*. Rowley, MA: Newbury House, pp. 235–253.

— (2005), 'The output hypothesis; theory and research', in E. Hinkel (ed.), *Handbook of Research in Second Language Learning*. Mahwah, NJ: Erlbaum, pp. 471–485.

Tomlinson, B. (1994), 'Pragmatic awareness activities', *Language Awareness*, 3 (3), 119−129.

— (1999), 'Developing criteria for materials evaluation', *IATEFL Issues*, 147, 10−13.

— (2000b), 'Materials for cultural awareness: combining language, literature and culture in the mind', *The Language Teacher*, 24 (2), 19−21.

— (2000c), 'Talking to yourself: the role of the inner voice in language learning', *Applied Language Learning*, 11 (1), 123−54.

— (2001a), 'Connecting the mind: a multi-dimensional approach to teaching language through literature', *The English Teacher*, 4 (2), 104−115.

— (2001b) 'Humanising the coursebook', *Humanising Language Teaching*, 5 (3), Canterbury: Pilgrims.

— (2003), 'The role of the inner voice in language learning: a personal view', *RELC Journal*, August, 178−194.

— (2007), 'Teachers' responses to form-focused discovery approaches', in S. Fotos and H. Nassaji (eds), *Form Focused Instruction and Teacher Education: Studies in Honour of Rod Ellis*. Oxford: Oxford University Press, pp. 179−194.

Tomlinson, B. (ed.) (2008), *English Language Teaching Materials: A Critical Review*. London: Continuum.

Tomlinson, B. (2010), 'Principles and procedures of materials development', in N. Harwood (ed.), *Materials in ELT: Theory and Practice*. Cambridge: Cambridge University Press, pp. 81−108.

— (2011a), 'Principled procedures in materials development', in B. Tomlinson (ed.), *Materials Development in Language Teaching* (2nd edn). Cambridge: Cambridge University Press, pp. 1−31.

— (2011b), 'Seeing what they mean: helping L2 readers to visualise', in B. Tomlinson (ed.), *Materials Development in Language Teaching* (2nd edn). Cambridge: Cambridge University Press, pp. 359−380.

— (2012), 'Materials development for language learning and teaching', *Language Teaching: Surveys and Studies*, 45 (2), 143−179.

Tomlinson, B. (ed.) (2013), *Applied Linguistics and Materials Development*. Cambridge: Cambridge University Press.

Tomlinson, B. and Avila, J. (2007), 'Seeing and saying for yourself: the roles of audio-visual mental aids in language learning and use', in B. Tomlinson (ed.), *Language Acquisition and Development: Studies of First and Other Languages*. London: Continuum, pp. 61−81.

Tomlinson, B. and Masuhara, H. (2000), 'Using simulations on materials development courses', *Simulation & Gaming: An Interdisciplinary Journal of Theory, Practice and Research*, 31 (2), 152−168.

— (2004), *Developing Language Course Materials*. Singapore: RELC.

Tomlinson, B. and Masuhara, H. (eds) (2010), *Research for Materials Development in Language Teaching: Evidence for Best Practice*. London: Continuum.

Tomlinson, B. and Masuhara, H. (2013), 'Review of adult EFL published courses', *ELT Journal*, 67 (2), 233–249.

Tomlinson, B., Dat, B., Masuhara, H. and Rubdy, R. (2001), 'EFL courses for adults', *ELT Journal*, 55 (1), 80–101.

Wenden, A. and Rubin, J. (1987), *Learner Strategies in Language Learning*. Hemel Hempstead: Prentice Hall.

White, L. (1990), 'Implications of learnability theories for second language learning and teaching', in M. Halliday, J. Gibbons and H. Nicholas (eds), *Learning, Keeping and Using Language, 1*. Amsterdam: John Benjamins.

Wiley, N. (2006), 'Inner speech as a language: a Saussurean enquiry', *Journal for the Theory of Social Behaviour*, 36 (3), 319–341.

Williams, D. (1983), 'Developing criteria for textbook evaluation', *ELT Journal*, 37 (3), 251–255.

Williams, M. and Burden, R. L. (1997), *Psychology for Language Teachers*. Cambridge: Cambridge University Press.

第二章　课程改编：一家之言

Claudia Saraceni

引　言

多年以来，第二语言教材研发在学科发展中起到了相当重要的作用。然而，二语习得（SLA）研究的理论成果与众多教材和已出版的教材实践之间，似乎存在着差距。"很多人认为，现在教材中的一些教学程序与二语习得研究者在二语或外语学习过程中的发现存在偏差"（Tomlinson, 1998: 265）。

此外，用于语言教学中的许多教材例子似乎都遵循非常相似的格式：它们只是形式和视觉效果不同，但往往基于相似的主题和活动，因此目标是相似的。以下是一些常见特征：

活动　主要以语言操作为基础，如练习、理解测试、替换表等；

话题　通常很琐碎，而且往往与学习者的需求和兴趣无关；

目标　通常是建立在展示、练习和产出（PPP）这一主要教学法基础上的，这在为数众多的语言教学教材中处于压倒式的存在，但是研究基础却很薄弱。

而且这些话题似乎再次反复出现在许多低级别的教材中，经常是层次越低，内容的争议性和挑战性就越小。例如，在为初学者出版的教材中，以下内容似乎很常见：

介绍

数字

食品和饮料

时间表达式

数量表达 / 购物表达

未来

交通

这种类型的语言教材可能存在一些潜在的局限性：

- 倾向于破坏和消减学习者的积极性；
- 话题过于琐碎；
- 非原创或创新；
- 倾向于为目标语言提供模式化形象；
- 未考虑到教材的主要使用者，特别是学习者和教师。

正是在这种情况下，课程改编至关重要，因为它可能涉及不断变化的活动、主题以及目标。为了使教材对教材使用者更相关、有用，传统的教材改编方法通常涉及对教材的一些更改，如删除、重新排序或添加的过程。本章试图进一步推进这一过程，并提出关于教材改编的、更为激进的观点，以期为改编提供理论依据，缩小上文提及的二语习得研究原则与课堂实践之间的差距。因此，本章提出课程改编正是缩小这一差距目标实现的关键。

教 材 改 编

尽管这似乎是一门相对缺乏研究的学科，但是教材改编在很多方面都是一个不可避免的过程，因为它一直作为课堂实践的一部分开展。使用教学材料这一简单的事实必然意味着要适应特定教学场景的特殊需求。在语言教学实践中,这一点很久以前就被接受了(Madsen and Bowen, 1978)。

以下部分将从不同的角度概述教材改编的过程。

以教师为中心的改编方法

我们提出,教材改编作为语言课堂现实与二语习得研究成果之间密切相关且有用的纽带,地位举足轻重,显然十分有必要促进这一过程的发展,并以更系统的方式将其付诸实践。然而,在绝大多数情况下,教材改编仍然由教师自己掌握,而且在很大程度上基于教师的直觉和经验。一方面,几十年来,研究一直强调学习者的重要性及其在语言课堂中的作用;自20世纪七八十年代以来,许多研究领域都广泛探讨和描述了学习者参与课程设计、课程方法、教材选择和改编的优势(Nunan, 1988; Clarke, 1989)。另一方面,特别是在改编课程方面,学习者在传统方式下仍然处于相当被动的地位。

以学习者为中心的改编方法

Clarke(1989)提供了以学习者为中心进行改编的典型例子:他承认学习者参与改编过程的重要性,并且区分了"外部强加的大纲"与他所说的"协商而成的教学大纲"。协商而成的教学大纲是内在生成的,是教师与学生之间协商的产物;而外部强加的大纲是由外部机构(如教师、机构或者任何其他行政当局)所制定的教学大纲。然而两者之间的界限非常细微,因为协商而成的大纲最终往往也成了强加的大纲,原因如下。

如果我们描述了学习者在改编过程中更积极的角色以及他/她与老师的协商,我们便是在假设教学大纲是教师和学习者合作的产物。然而通常在这种情况下,教师的输入往往成为主导,被学习者视为"正确的"和"应该遵循的",而学习者对改编教材的看法如果与教师的不同,往往就被视作"错误的"。这仍然来自传统的、以教师为中心的观念,即教师向课堂灌输知识;因此学习者在这一过程中的作用仍然相当有限,这也并不是真正以学习者为中心。

作为批判意识发展的改编

本章主张在改编的过程中更积极地发挥学习者作用，为学习者提供与教师共同掌控课堂的机会和操作课堂所用教学材料的权利。因此，学习者参与改编过程，同时也提供课堂输入。这样，他们就可以逐渐与教师共同掌控课堂上发生的事情，从而掌控自己的学习。在这种情况下，课程改编就可以用来作为发展意识的活动（Tomlinson, 2003a, 2003b），就有可能促进学习者的参与，并最终增强学习者的批判性思维能力。因此，这种方法促进了教材改编的运用，进一步贯彻意识发展原则，并将其应用于教师发展（Wright and Bolitho, 1993; Bolitho, 2003; Bolitho et al., 2003）。

上述调整课程的方法作为培养批判意识的工具，可以与至少两种教学情景相关：

1 语言教室
2 教师发展课程

以下为中级水平的多语种学习者设计的教材示例，供读者参考。

活动

阅读前

1 你要读一首 Elizabeth Jennings 的诗《敌人》（"The Enemies"）。在阅读之前，以两人一对或三四人一小组为单位，简要讨论以下内容：

    你认为这首诗是关于谁的？讲的是什么？

2 仅就标题而言，你希望在这首诗中找到怎样的信息？思考并写出以下内容：

    在读这首诗之前问自己的一系列问题。
    可以在本诗中找到的针对以上问题的可能答案。

阅读中

3 读这首诗时,记下以下内容:

> 看是否能找到你之前提出问题的答案;找到后,请在文中做笔记;

> 在发现你未曾想到的要点时,也要记下来;

> 如果不再感兴趣,就停止阅读,并记下停止阅读的原因。

教师可将以下内容作为上述活动的刺激点和/或起点,在必要时使用。请记住让学生为自己的回答提供适当的理由:

> 你认为诗中的敌人是谁?

> 他们让你想起了认识的人吗?

> 你认为诗中的人是什么感受?

> 你认为他们在想什么/在说什么?

4 再读一遍这首诗,并在两人或小组中决定以下内容,并在有助于回答这些问题的部分划线:

> 这首诗让你感觉如何? 为什么?

> 哪一行、哪句话或哪一句话引起了这样的反应?

> 你认为哪一行、哪个词或哪一句诗最能代表整首诗? 为什么?

与你的搭档讨论以上几点,并试着解释你对上述问题的答案。试着从诗中找出能够解释你的答案的语言特征(考虑所用的词汇、时态系统、语法结构)。

阅读后

5 你准备改写这首短诗,创造出一个不同的文本。可以选择一篇你了解的文本以联想到这首诗,也可以按自己的想法创作一篇;

请考虑以下列表作为可能的示例/建议:

一张图,

一幅画,

一段音乐,

一出戏,

一部电影,

一段镇上居民和来到镇上的陌生人之间的对话。

与你的搭档一起,讨论并记下你将要做出的改变,以及你将如何表达对这首诗的理解。

现在,向其他同学描述你的文本并对你的回答做出解释:

  它与原诗有什么关系?

原诗

The Enemies

Last night they came across the river and

Entered the city. Women were awake

With lights and food. They entertained the band,

Not asking what the men had come to take

Or what strange tongue they spoke

Or why they came so suddenly through the land.

Now in the morning all the town is filled

With stories of the swift and dark invasion;

The women say that not one stranger told

A reason for his coming. The intrusion

Was not for devastation:

Peace is apparent still on hearth and field.

Yet all the city is a haunted place.

Man meeting man speaks cautiously. Old friends

Close up the candid looks upon their face.

There is no warmth in hands accepting hands;

Each ponders, 'Better hide myself in case

Those strangers have set up their homes in minds

I used to walk in. Better draw the blinds

Even if the strangers haunt in my own house.'

(Elizabeth Jennings, 1979)

对未来发展和可能调整的建议：

以上是一些活动的例子，这些活动可以激发讨论，且为潜在使用者对教材进行改编和后期延伸进行了针对性设计。在这里有两个主要的学习群体：语言学习者和受训教师。

以下是改编和进一步发展的可能想法：

给语言学习者

A 现在，你可以和小组共同选择以下项目之一：

  a 找到一篇不同的文本，讲述如今在你所在国家被视作"敌人"的人（例如，一篇报纸文章、一篇短篇小说、一首歌、一部电影片段），

  b 找到其他相似主题的诗，

  c 在上述第4个活动中寻找语言特征相似的其他诗歌；

B 在下一次课中，向班上其他同学展示并讨论你的所选文本。在小组中记录笔记并准备一份简短的报告。可以使用任何需要的音频和／或视觉辅助工具；

C 准备并聚焦至少三点你想跟同学介绍并讨论的要点。

给受训教师

A 考虑上述活动（1至5）及其相关文本。你将在下一节教学实践课中使用这些文本。以小组为单位，决定你认为应该保留什么、改变什么，如扩展、替换、增加、缩减、补充；

B 在小组中，讨论并记录你做上述改编的背后理据；

C 在规划上述变化时，可以更具体地考虑以下与学习者需求相

关的要素：

指导说明，

文本，

活动的顺序，

实践展示，

视/听辅助教具的潜在使用，

目标；

D 准备下一次课堂。先和小组讨论，然后和班级其他同学一起，决定如何利用已选文本和任务进行活动的调整和发展以及教材的补充；

E 将准备好的课程教给学生；

F 在课堂实践已选教材后，可以在用后评估的反思中记下一些注意事项；

G 做好用后评估的笔记，将你的发现展示给所在的教师培训班的其他学员。

以上活动只是本章所述教学材料类型的一个简单例子，用以培养批判性意识。在上面的例子中，改编的过程留给学习者和受训教师共同完成。在前一种情况下，学习者首先受到诗歌的影响和启发，然后在学习中逐渐变得更加自主，能够遵循自己的方式和所选择的活动类型。在后一种情况下，受训教师的目的是发展课堂实践进而改进和完善现有教材。然而，在这两种情况下，教材改编都是作为增强批判性意识培养的工具。

可以说，这些活动非常开放，学习者可能因此而困惑于该做什么和如何执行任务。然而，这种意识的发展过程只能缓慢而渐进地实现，让学习者习惯与教师共同掌控课堂，而教师在这个过程中扮演的是协调者和促进者的角色。

这首诗本身可以接受不同的解释；它提供了各种不同的讨论观点，所用的语言也相当简单易懂。同时，鼓励学习者思考自己的阅读过程和读者反应（活动1、2、3）。为了进一步加强他们的意识，教师/

教材还可以选择要求学习者将刚刚参加的任务与更为传统的活动相比较,而后者多为他们所选的已出版教材中的典型案例。

课程改编的模式

从上述例证可以看出,课程改编的过程必然是建立在最初的评估基础上。此外,如果一方面,课程改编成为学习者的责任,另一方面,本章认为教材研发人员制作的教材应该能够满足促进评估和必要改编过程等具体的目标:专门设计便于日后使用者改编的教材。

在传统的教材写作方法中,整个结构都是按照规定设计的,学习者和教师必须以一种特定的受控方式来开展活动,以实现其目标和目的。然而,本章提出了一种基于两点的改编方法。第一,上述受控方法应该被打破,取而代之的是一套更加灵活的教材,具有不同的解释和改编可能性。第二,通常应该先于审美体验,对于所提供的信息输入批判性意识发展的要素对所提供的输入信息进行审美体验,本节稍后将进一步解释。这种课程改编的替代模式也可以使教材适合更广泛的学习群体,以免变得肤浅、琐碎。

教材改编中的关键特征列表

以下是评估和改编课程时要考虑的一些基本要点。然而,这些都可以仅仅作为建议,需进一步发展以适应不同的课堂情况。

学习者为中心和批判性意识发展

以学习者为中心的方法和原则(Nunan, 1988)的相关文献非常多。然而,在我看来,真正以学习者为中心的语言教学与学习材料很少,因为它们的目的是培养学习者的批判性意识,增强语言能力,从而提高学习者的自主性。教材应该将学习者放在学习过程的中心,让他们成为输入者(因此学习者也是教材改编过程的一部分),而教师应该是促进者和协调者,应该为语言接触和不同的学习方法提供刺激和起点。因此,教材改编应为教材研发者、教师和学习者所共享。

灵活性和选择性

教材应该是灵活的,从这个意义上说,应该为学习者提供选择不同活动、任务、项目和方法,从而使教材适应学习者学习需要的可能性。但同时,鉴于大多数学习者并不习惯这种学习方式,他们也应该接触到各种不同的活动和方法,这样,在经历了不同的学习方法之后,自己也会变成更加灵活的学习者。因此,一方面教材应为学习者提供选择,另一方面,还应通过鼓励学习者体验各种各样的任务和方法,使他们能够发展各种技能、培养独特的学习风格,从而成为更加独立的学习者。教材可以涵盖多种可选任务,从分析性任务(如基于语法意识的任务)到更具创造性的任务(如基于创意写作的任务)。我们可以鼓励学习者在某个时间点来体验所有这些任务,然后在后面的阶段中做出自己的选择。

开放性和审美体验

如果教材只允许一种可能的正确答案,也就没有了解释和改编的空间,而如果是开放式的,就可以与学习者更相关。这在许多方面都与审美体验的概念有关,审美体验起源于Rosenblatt(1995)提出的审美反应理论。审美反应是指阅读文学文本时自发的反应过程,涉及读者、语言和文本之间的互动(Iser, 1978; Hirvela, 1996)。这种体验式反应的一些主要因素,如叙述者的声音、读者的声音以及文学输入的接受者和生产者的角色,变得相互重叠、相互交错。因此,审美体验通常代表着接受者和生产者对语言和文学的直接反应以及他们后来的解释和反应。文学和审美体验不可避免地成为主观过程的一部分,在每次阅读或写作文本时产生。阅读和解读总是有差异的:每当我们对一首诗、一部小说等进行审美体验时,都会有不同的感受(Saraceni, 2010)。

在审美体验和教材改编之间应该存在一个平行点。审美体验(Rosenblatt, 1994, 1995; Saraceni, 2010)促进了文本及各种解释的主观性。同样,以教和学为目的的教材也应促进审美体验,也就是说不仅要基于对/错测试和实践,而且还应关注开放式任务和文本。例如,就文本而言,教材还应包括存在许多不同观点和视角可能性的任务,鼓励对文本做多种解读。因此,课文和任务应该以促进主观反应为主要目的,无论是与阅读文本有关,还是与听力文本相关。如果教材呈现出开放的空间或空白(Eco, 1993, 1995),就可以让学习者形成自己的解释和想法,从而掌控改编的过程。在这种情况下,教材的目的从理解测试(只允许相当肤浅的输入),转向对语言接触的更深入理解和意识,也更强调个体的差异。

相关性

为了在改编过程和阅读之间建立联系,如上所述,开放式教材更有潜力与学习者建立相关性,因为学习者可以用自己的想法、解释和讨论填补开放式教材中的空白。只有在这个层次上,教材才获得了意义,才能为学习者带来潜在的好处。事实上,正是由于这些贡献,教材才能得到进一步改编,才能更深入地发展。因此,要使教材更具相关性并可能对学习发展更有效,教材改编必不可少。

普遍性

教材应以具有普遍吸引力的主题为基础,这些主题在文化领域是发人深省的,因为涉及具体的文化,但同时,这些主题又存在于所有文化之中。这类主题的丰富来源可以是文学,通常涉及基于生活经历、情感、关系等主题。这些都存在于所有文化之中,但可以从不同的视角来看,以不同的方式来体验。话题的普遍性为讨论提供了动力,让学习者能够集中精力,更好地理解文化差异和文化共性(Jiang, 2000)。

真实和非真实输入

教材应以真实的文本为基础,也就是并非为了语言教学目的而编写文本。同时,还应根据真实的场景,结合真实和非真实任务,让学习者接触到现实中的输入。在我看来,在真实文本中使用非真实任务有着重要的作用。例如,任务的目的是吸引学习者注意输入的某些语言特征,并基于从真实来源中选择的文本开展活动,这些任务都有助于学习者语言意识的发展。

具有争议性的话题和任务

教材应涵盖能引起反响,进而获得个人的、主观的审美体验(无论是积极的还是消极的)的主题和活动。这都可以使学习更具吸引力,或许也更人性化。

在我看来,主题本身并不具有争议性,但与之相关的活动可能会让教材或多或少具有争议性,从而或多或少地吸引学习者。然而根据我的经验,某些与**个人生活**、**家庭**、**父母**、**关系**、**情感**、**内在自我**等相关的话题能更有效地实现这一目标,而不是那些经常与**政治**、**战争**、**种族主义**、**毒品**等相关的话题。

然而,尽管通常情况下学生们在接触争议性话题时会很投入,但一开始会有少数学生对深度讨论个人隐私表现出一些抵触情绪。一般来说,学生们更习惯于传统的教学方式;一直以来,他们并未准备好接受挑战,也不愿意跳出通常所说的安全话题。在某些情况下,他们习惯于以教师为中心的教学,认为这种教学更让人安心,也更可信。然而,这进一步表明他们需要逐渐接触不同类型的输入,才能表达自己的观点,发展自己的解释和视角,从而提高作为学习者的灵活性。

结　　语

"随着教师和方法论者对二语习得研究的意识越来越强,教学方法也做出改变,将二语习得研究纳入考虑范围,涵盖了更广泛的学习范围。许多二语学习隐藏在诸如'交流'这样的宽泛性术语中,或诸如体验式/分析型的双向对立情境之中。……为了改进教学,我们需要学会欣赏学习的复杂性"（Cook, 2001: 233-4）。

　　以上陈述强调了语言教学中的多种观点，同样的观点也反映在二语教材研发上，更具体地说，也是关于教材的改编。不过，由于课堂实践和二语教材大多由不同的趋势所决定，这些趋势往往会从一个极端转向另一个极端，因此有原则的、基于标准的教材的研发还需要投入更多的研究。然而，现在也有研究驱动的教材（Tomlinson, 1994）和教材研发相关的研究驱动项目及假设（Tomlinson and Masuhara, 2010）。

　　某些替代性和创新性的方法和想法，如本章中提出的方法和想法，其价值并不是基于经验证据，而是基于其能够引发的讨论，以便最终打破一些接受度更广泛的、以教师为中心的做法。本章的最终目的不是提供答案，而是打开可能性并展开讨论，在超越表层理解的基础上促进改编过程的研究。

　　此外，二语教材可以被视作静态的，本质上取得的效果甚微，但其价值体现在使用的方式，也在于其改编过程，以及其在促进学习者语言和教师发展课程中的批判性意识方面的潜力（Tomlinson, 2003a, 2003b; Tomlinson and Masuhara, 2010）。因此，作为制作创新的、有效的、最重要的是以学习者/课堂为中心的教材的关键一步，改编的重要性便显而易见了。

　　本章还试图提出，教材需要促进学习者的能力，使学习者能够用外语表达自己而不是简单地交流，并最终使学习者能够像使用本族语一样使用目标语言。这主要涉及不同层次上批判性意识的培养。

　　一方面，如果本章中提出的观点可能或不可能被视为研究驱动型教材改编模式的基础，那么另一方面，它们肯定代表着一种不同的课程改编途径以及用于语言教学/学习目的的教材研发的途径。在这种模式下，改编过程可以从两个层面考虑：

- 改编教材，使之与特定的课堂相关、对其有效；
- 为了改变目标而改编教材，以缩小研究与课堂实践之间的距离。

前者指的是更传统地看待改编过程的方法,即教师和学习者在适应特定环境时,为提升教材的价值而做出的贡献。后者代表了本章最重要的一点,因为它可能会使改编过程朝着提高教材研发和增强学习者能力意识方面迈进了一步。

因此,本章主张在二语教材研发的框架内,学习者和教师扮演不同的角色。教与学的语境应被视为一个整体,因此我们讨论的是学习者赋权(Maley, 1998),而不是学习者的低参与度(Allwright, 1978, 1981)。培养学与教领域的批判性意识是改编和评估课程的主要目标;学习者可以逐渐成为主要的输入提供者,而教师的角色仅仅是促进者、协调者和监督者。在这种情况下,课程改编旨在更好地了解语言学习、教师发展和教材设计的原则。

参考文献

Allwright, D. R. (1978), 'Abdication and responsibility in language teaching', *Studies in Second Language Acquisition*, 2 (1), 105–121.

— (1981), 'What do we want teaching materials for?' *ELT Journal*, 36 (1), 5–18.

Bolitho, R. (2003), 'Materials for language awareness', in B. Tomlinson (ed.), *Developing Materials for Language Teaching.* London, New York: Continuum, pp. 422–425.

Bolitho, R., Carter, R., Hughes, R., Ivanic, R., Masuhara, H. and Tomlinson, B. (2003), 'Ten questions about language awareness', *ELT Journal*, 57 (3), 251–9.

Clarke, D. F. (1989), 'Materials adaptation: why leave it all to the teacher?', *ELT Journal*, 43 (2), 133–141.

Cook, V. (2001), *Second Language Learning and Language Teaching* (3rd edn). London: Hodder Arnold.

Eco, U. ([1979] 1993), *Lector in Fabula*. Milano: Bompiani.

— ([1994] 1995), *Sei Passeggiate Nei Boschi Narrativi*. Milano: Bompiani.

Hirvela, A. (1996), 'Reader-response theory and ELT', *ELT Journal*, 50 (2), 127–134.

Iser, W. (1978), *The Act of Reading, A Theory of Aesthetic Response*. Baltimore: Johns Hopkins University Press.

Jiang, W. (2000), 'The relationship between culture and language', *ELT*

Journal, 54 (4), 328–334.

Madsen, K. S. and Bowen, J. D. (1978), *Adaptation in Language Teaching*. Boston: Newbury House.

Maley, A. (1998), 'Squaring the Circle — reconciling materials as constraints with materials as empowerment', in B. Tomlinson (ed.), *Materials Development in Language Teaching*, Cambridge: Cambridge University Press, pp. 279–294.

Nunan, D. (1988), *The Learner-Centred Curriculum: A Study in Second Language Teaching*. Cambridge: Cambridge University Press.

Rosenblatt, L. ([1938] 1995), *Literature as Exploration*. New York: Appleton-Century.

— ([1978] 1994), *The Reader, the Text, the Poem: The Transactional Theory of the Literary Work*. Carbondale, IL: Southern Illinois Press.

Saraceni, C. (2010), *Readings. An Investigation of the Role of Aesthetic Response in the Reading of Narrative Literary Texts*. Unpublished PhD Thesis, Leeds: Leeds Metropolitan University.

Tomlinson, B. (1994), *Openings: An Introduction to Literature*. London: Penguin English.

Tomlinson, B. (ed.) (1998), *Materials Development in Language Teaching*. Cambridge: Cambridge University Press.

— (ed.) (2003a), *Developing Materials for Language Teaching*. London, New York: Continuum.

Tomlinson, B. (2003b), 'Developing materials to develop yourself', *Humanising Language Teaching*. www.hltmag.co.uk, Year 5, Issue 4, July 2003.

Tomlinson, B. and Masuhara, H. (eds) (2010), *Research for Materials Development in Language Learning. Evidence for Best Practice*. London, New York: Continuum.

Wright, T. and Bolitho, R. (1993), 'Language awareness: a missing link in language teacher education?' *ELT Journal*, 47 (4), 249–304.

诗歌 "The Enemies" 选自：
Jennings, E. (1979), *Selected Poems*. Manchester: Carcanet Press Ltd.

第三章　教材出版：反馈的作用

Duriya Aziz Singapore Wala

引　言

　　教材研发通常是一个多阶段的过程，多个利益相关者处在课程研发框架的不同位点，对研发过程及产品产生不同水平及程度的影响。为了将语言教学路径转化为原则性方法论，设计一个教学体系很有必要。该体系应考虑（a）教学大纲，（b）体系中学习者的角色，（c）体系中教师的角色，以及（d）教学材料的类型及功能（Richards and Rodgers, 1997）。因此，教学大纲设计者或课程专家、教师以及学习者是教材研发人员获取反馈的三大来源。

　　由于认识到人类思维不是以线性方式工作的，Jolly 和 Bolitho（2011）提出，教材研发过程除了作为基本组成部分的评估之外，还必须包括各种可选的路径及反馈回路以使整个过程具有动态性及自我调节性。在理论上，Richards 和 Rodgers 提出的角色分工似乎完全合情合理。然而，在现实中，特别是在中心审批机构的介入下，情况可能并非如此。例如，当教学大纲发布机构及教学材料审批机构为同一机构时，该中心机构仍能够对教学材料的性质、形式甚至内容产生相当大的影响。在这种情况下，影响是单向的——中心机构可以影响教材研发人员，反之则不然。

教材研发路径及回路性质

根据Jolly和Bolitho将可选路径及反馈回路结合起来的提议,本章建议必须在教材研发过程中细致地构建这些回路及路径以使其保持动态性及自我调节性。Jolly和Bolitho试图纳入终端使用者的反馈以评估教材在课堂的有效性,但本章从更宽泛、宏观的角度来看待语言教学中的教材研发,考虑如何在教材研发过程中创建反馈回路以整合来自教师和学生、课程研发人员和其他可能对教材感兴趣的中心机构的反馈。在语言教学材料研发过程中的各个里程碑时刻,必须为这些利益相关者开放一个反馈渠道以便将他们的反馈纳入考量并及时将有意义的反馈融入教材(Ibe, 1976; Yalden, 1987)。

Abu Samah(1988)指出,"课程规划者与教材作者之间的开放讨论似乎有一个长期存在的问题"。课程研发人员、教材研发人员与教师之间的开放对话会产生反馈,可能有助于处理课堂上学生不同的能力水平及需求。

> 对于Richards和Rodgers来说,教学材料的作用体现或必须体现……教材的主要目标……教材的形式……教材与其他输入性材料的关系……以及教师的能力等方面的决定……教学体系的特定设计可能隐含着教学材料在支持教学大纲、教师与学习者方面一套特定的作用。(Richards and Rodgers, 1997: 25)

因此,教材不仅要考虑到教学大纲规定的学习结果、目标和目的,还要考虑到教师的需要和能力、学习者自身的需要、兴趣和能力以及课堂教学环境。

因此,Richards和Rodgers在课程框架和教材设计的理解中所暗示的影响教材研发的利益相关者指的是制定课程的管理或监管机构,如教育部、教师、学习者以及根据各学校特定情况参与决定的决策者。此外，当然还有教材的作者及教材的出版商。然而，就其在教材研发过程中所能行使的权力或控制权而言，或就其对正在研发内容的范围或性质的影响能力而言，利益相关者之间并不平等。

在很大程度上，教材研发过程的设计本身决定了哪些利益相关者可以接触及影响这些正在进行研发的教材。正如Masuhara（2011: 236）所指出的，教材制作者与使用者之间的角色分工正在日益扩大。她认为，在大多数商业化研发的教材中，课程设计的关键阶段已经从教师和管理者的手中转移到教材制作者的手中。然而，正如新加坡中一教材研发所示，出版商没有参与需求分析、目标及目的说明、教学大纲设计的过程——该部分工作是由教育部完成的。

Hopkins（1995）认识到，如果教材试图成为推进自上而下改革的媒介，它们很可能遭遇商业和教育上的双重失败。他明确指出，

> 作者应将读者纳入考量，这是著书的基本原则……教材作者必须认真看待教师当前的观点和技能；认识到任何创新对学习者、教师和教育机构的现实机遇和不利条件；通过逐渐转向语言新观来预测变化。（Hopkins, 1995: 14）

教材研发人员需要在教师知识、才干、能力、接受创新的能力和动机等方面与课堂实际保持联系。

Yalden（1987）提出了编写教学材料框架应遵循的普遍原则。他开门见山地建议"应就框架的设计及其最终产品，即语言课程，尽可能与所有相关人员进行协商"（Yalden, 1987）。

"隐性课程"是教材中未阐明、未公开的部分，它"直接或间接地传达了其构成中所固有的各种社会与文化价值观……课程设置（教材构成其中的一部分）不能是中立的，因为它必须反映社会秩序的观点，并含蓄或明确地表达一种价值体系"（Cunningsworth, 1995: 90）。Cunningsworth的观点是：由于意识形态方面的影响并不会即刻表现

出来,因此需要对教材进行详细的评估,以便将来可能使用教材的审稿人及教师能够发掘出其中一些未阐明的价值观。虽然该层面的教材评估采取了不同于评价语言内容或方法论的角度,但仍然至关重要。因为一本教材所负载的价值体系会影响学习者的看法和态度,尤其是对学习英语的看法和态度。

　　教材研发人员立足于自身作为作者、编辑、出版商、评论家、试用者或使用者的有利身份及其观察事物的有利位置,必须认识到教材中各种不同的且时时变化的观点,而且必须将这些信息体现在教材研发过程及产品中。同时,教材研发人员、审批人员及使用者的角色和代表性必须清晰、透明且公平,不同利益相关者根据他们所期望扮演的角色及其将对最终结果所造成的影响而必须具备一定水平的知识、经验和能力。

　　大多数教材研发人员都认识到为满足特定教师和学习者需求而进行教材编写很重要(Hopkins, 1995; Harmer, 1997; Donovan, 1998; Amrani, 2011; Bell and Gower, 2011)。为了有效做到这一点,他们必须了解课堂实际情况,并测试他们对教师和学习者所做的假设。同时,教材研发人员必须做好将教材不断地置于课堂情境中进行测试的准备(Halim, 1976; Yalden, 1987; Gonzales, 1995),教材研发过程必须设计得灵活,允许修订。

　　不可避免的是,由于时间、资源和其他因素的限制,教材的审查、反馈和使用经常需要妥协(Ibe, 1976; Bell and Gower, 2011)。Donovan(1998)指出,是否开展试点、试点什么内容及试点多长时间对进度安排及成本都有影响,因为进行一整年的教材试用显然会影响研发进度。首先必须留出时间编写完一整个级别,并准备好试点,这些工作可能需要一年或更长时间。除此之外,还需要一年的试点时间,随后是一个修订期,总共至少两年,甚至可能三年——正如Amrani(2011)所言,大多数出版商都认为这段时间漫长得难以承受。然而,了解各利益相关者在每个阶段所期望反馈的意义、性质和程度,或许可以对必须妥协的内容及妥协到何种程度提供一定程度的控制。

教材研发中的反馈回路

教师在教材研发和课程改革过程中的作用常有提及,并有充分记录。Gonzales(1995)回顾他在菲律宾31年的语言教学材料制作经验时评论说,"语言教学的范式转换反映在体现范式变化的教材上"(Gonzales, 1995: 4)。Gonzales说,人们越来越认识到

> 菲律宾教师和菲律宾语言专家最了解菲律宾需要什么……鉴定好的语言材料的新标准是学生感兴趣并能在课堂上使用;最终的测试是以终端使用者(教师和学生)作为材料教学适用性的最佳评判者。(同上,4)

以教学适用性为标准,教师必然是最好的评判者(除学生之外)。因此,在研发过程中频繁地寻求教师反馈似乎是有道理的——当然是在校样定稿和书籍批量生产之前。现今这种反馈通常是通过焦点小组而非试点来实现的(Amrani, 2011)。

Gonzales认识到教师反馈在提高教材有效性方面所起的重要作用。他报告说,菲律宾教材研发的过程和进度安排现在涉及更多的规划,因为"……在实际印刷和分销教材之前,每本书都要经过一批学生和老师的实际试用并提供反馈意见"(Gonzales, 1995: 5)。在菲律宾,正如Gonzales所报告的那样,教材研发过程已经发生改变,纳入了教师的有效反馈。

Masuhara(2011: 236)将遵循连贯线性顺序的理想课程设计步骤与现实进行了比较。现实中,她认为的"课程设计的关键阶段"已从教师和管理者手中转移到教材制作者手中。她提出,只要在教材中反映出教师的需求和愿望,并且制作者仍然追求"理论有效性",那么"逆转现象和角色分工"就可以接受。然而,正如她本人在本章开头所承认的那样,这方面缺乏大量的研究,而且,出版商可能没有

动机投入于此。此外，在某些情况下，例如在新加坡，他们可能无法获得这些资料，因此最后会由教育部承担此项研究，并向出版商提供资料。

Pascasio（1995）描述了由于菲律宾的一项全新教育政策而编写的教材研发项目中关于试验和反馈的规定。她写道，她的团队在最终版本出版之前开展了五次试验，力求确保课程范围和顺序的有效性、插图的正确性、说明的准确性以及内容与年龄组的相关性。

Villamin（1988）概述了为菲律宾学习者编写三套教材的四个阶段：设计、研发、评估与分发。Villamin的团队在研发过程的每个阶段都会寻求反馈和验证。Villamin报告说，在设计阶段确立的概念框架和在开发阶段研发的实验材料都经过了专家的审查和验证。评估阶段包括对目标人群进行试点试验，并根据反馈意见对样本教材进行修订。在分发阶段，制作教材定稿以供现场测试。

Tickoo（1995）回顾了印度近40年来的教材制作情况，阐述了试点、审查、评估和反馈在英语教材制作中的作用。他概述了其团队在为印度海得拉巴的一项国家级体系教材研发时所采取的评估/反馈措施：

- 同事们发表评论；
- 作者在某学校教授第一本教材中的材料，由班级教师进行观察并评论；
- 由远离城市的一所学校的教师对教材进行评估。这一阶段从教师那里得到的反馈促使编写者们重新思考课程草案；
- 基于反馈意见对教材进行重大修改和再试验。

Tickoo写道，对草稿反馈的审核、评估与合并引发了对教材的结构以及教材中文化和意识形态表征的再思考。在为一个多语种和多文化的发展中社会的国家级体系编写文本教材时，必须满足不同的标准，而这些标准在某些情况下确实存在相互矛盾的要求。部分源于社会需要传授它想要弘扬的价值观，部分源于希望教育成为经济进步和社会重建的助手(Tickoo, 1995: 39)。

显然Tickoo已经认识到,正在研发的教材中存在不同的利益相关者,他们的工作议程和优先事项各不相同,所有这些都必须考虑在内。Tickoo补充说,教材编写者必须接受这个事实,即完美的教材只是理想,实现这一理想的最佳手段是使教材始终保持印刷状态,这意味着好的教材必须定期进行修订,并吸收终端使用者的反馈意见。

Richards(1995)叙述了一套由商业出版商委托编写的面向全球的教材的演变过程,在他的叙述中概括了为确定教材适用性而采取的步骤:

- 在开始实际写作之前,Richards和他的出版商一起对课程的潜在用户可能需要的内容做了一些研究。项目编辑采访了课堂教师。出版商的营销代表也是重要的反馈来源,因为他们每天都与学校、教师保持联系;
- 确定了一群可能会使用该课程的经验丰富的各类机构教师作为顾问,为项目提供输入,并通过顾问向学生征询信息;
- 研发编写了一个教材示例单元,在东京一所私立大学中进行试点。Richards和项目编辑向教学主管解释了该项目,并观察了两位老师教授教材的情况;
- 在单元试点之后,Richards和编辑约见了授课教师讨论授课单元,与学生讨论了教材,并约见了来自同一机构焦点小组的教师们以了解他们对授课单元的反应;
- Richards根据反馈完成了第一本书的初稿;
- 给出版商指定的评审人员寄送初稿;
- 在撰写第二稿前,考虑了评审人员与编辑的反馈;
- Richards说,第二稿也会进行实地测试,并将根据教师和学生的反馈做出进一步修订。

比尔肯特大学英语语言学院教材组的成员Roxburgh(1997)说:"我们发现试点对于改进教材至关重要。我们修改了主题、课文、活动和教师笔记。试点让我们对目标用户有了更多的认识,包括学生和教师"(Roxburgh, 1997: 17)。当反思评估在教材设计中的作用时,Roxburgh评论道,评估迫使她的编写团队考虑学生的年龄和文化教育背景。他们必须在教材上做出调整,使教材更契合学生的期望、现有的学习策略和学习风格,也更适应教学机构的教学风格和方法。迄今为止,Roxburgh和其他大多数教材作者纷纷报告试点的重要性。但有趣的是,Amrani(2011)认为试点是"昂贵……复杂而费时的设置"(276)。她说,虽然试点"仍然是评估教材的方式之一,但它已不再是出版商开展评估的主要方式"(267)。

　　Tomlinson(1995)报告他在纳米比亚、摩洛哥和保加利亚参与的三个教材项目的进展情况时,谈到了近年来教材研发的趋势,一些国家的教育部开始组织编写本国自己的新英语教材,以满足中学生变化了的特殊需求。Tomlinson指出,这三个项目的共同点是,对这些教材的需求源于各部委希望制作符合其需求和课程的教材,并促使教师更多地参与这些项目,包括教材编写、审查和试点以及提供反馈。Tomlinson描述了纳米比亚教材项目的以下阶段:

1　师生咨询,通过问卷调查的方式向全国师生征询反馈意见及愿望清单;

2　分析反馈,在此期间考量所收到的问卷反馈;

3　召集30位教师共同设计并编写这本书。初稿由教师们经过八天的工作坊编写完成;

4　初稿教材在纳米比亚各地学校试行;

5　根据学校的反馈,编辑小组对初稿进行修订以便出版;

6　最后由纳米比亚出版商进行编辑加工、最终设计和出版。

Gower和Bell(1997)以他们自己的经验为例,从作者的角度,讨论了在编写"全球化"课程系列过程中出现的一些关键问题。他们将教材的审查和试点列为教材研发过程必不可少的阶段。Gower和Bell承认,"如果要使教材适用,我们必须将其纳入项目的不同阶段,那么两个世界（教师与学生的世界和教材编写者的世界）之间就需要有各种交汇点"(Gower and Bell, 1997: 10)。这些"交汇点"可以通过不同的工具和程序来实现，如问卷、访谈、焦点小组等，通过这些工具和程序，在一个"世界"——教师与学生的世界（尽管教师和学习者的需求不同，应该区别对待）中——不同的声音可以在另一个"世界"（教材研发者的世界）中听到。

Tomlinson（1999）讲述了他在参与编写的两门课程中接受和整合反馈的经验，思考了每门课程在研发的某个阶段都必须面对不可避免的两难境地——满足出版商、编辑、作家和反馈者之间经常相互矛盾的需求和目标。

> 随着教材的研发，提供反馈意见的人们试图对它们进行变革……这些反馈来自各部委的检查员、出版商委托的审稿人、比最初委托出版这本书的出版商更为保守的编辑，以及没有参与这本书最初概念研发的编辑团队的新人（这种情况经常发生）。最大的问题是：你能在多大程度上相信这些反馈者的经验？他们的意见有多大代表性？他们对这本书的终端使用者的偏好有多了解？为了一本有利可图却毫无原则的书，教材作者们应该做出多大的妥协呢？（Tomlinson, 1999: 3）

Tomlinson的担忧凸显出教材研发中存在的紧张关系。作为教材研发人员，他认为自己拥有教材的把控权，并希望根据他或他的团队关于语言教学的信念及原则来研发教材。然而，他的出版商才是投入资源和资金研发、营销产品的人，希望获得市场份额和盈利回报的保证。还有一个事实是，编者们总会坚守自己的思想意识和信念——尽管是无意的——并且会抵制任何试图篡改它们的力量。那么，出版者如何确保编写者提出的内容确实是教师和学习者想要的呢？

这就提出了一些问题，诸如应向谁寻求反馈，由谁寻求反馈，在哪个阶段寻求反馈，通过什么过程寻求反馈等。Tomlinson质疑反馈者提供有意义反馈的可信度和能力。而他提出的问题引发了更多的问题——在语言教学和教育领域,反馈者位于何处? 反馈是在什么阶段提供的? 应就教材的哪些方面寻求及提供反馈? 应该给予反馈多少注意? 谁来决定这些问题? 反馈如何影响教材最终的形态和形式、所采用的意义生成体系及所生成的意义?

与 Tomlinson 一样, Gower 和 Bell(1997)认识到反馈和教材试点的必要性。他们列出了他们在做出重要决定时所利用的各种资源,如课程的组成、单元的数目和结构等——他们多年来积累的经验和信念、对竞赛的调查、与教师的非正式讨论及焦点小组形式的讨论。他们还进行了一些课堂教学来"提醒(自己)注意课堂现实"(Gower and Bell, 1997: 10)。此外,他们还发放了问卷以了解教师的意见。Gower 和 Bell 报告说,他们与出版商密切合作,做了很多"基础工作"。

Gower 和 Bell 还说到了不得不解决有关路径和方法等不可避免的问题以及"一个基本问题"——"我们究竟在多大程度上试图将自己的原则强加给潜在的教材使用者,以期改变他们现有的做法? 我们又给了教师和学生多少自由来实现他们口中想要的东西?"(同上,11)。

除了讨论教材研发过程中妥协的必要性及程度之外, Gower 和 Bell(1997)还提出了许多与试点相关的问题:

1　这个过程到底向你展示了什么? 在其特定环境中的少数个体是否喜欢这些教材,是否可以使用这些活动? 你怎么知道成功/失败的是教材,而不是老师、学生或他们所处的环境呢?

2　一些学生和教师因他们正在试验的试点教材的质量感到不快,例如缺少色彩,这会影响反馈。

3　由于大多数试点都是自愿的,通常那些最热情的老师会同意去开展试验,而且往往为了取悦出版商,他们会给出过度积极的反馈——即使他们没有得到报酬。

4 在教育学原理、教学大纲和单元结构这些关键问题上,编写者往往得不到任何真正有价值的反馈,不管你是否发出问卷来激发这些方面的回应。教师更倾向于关注活动是否有效。

5 我们在第一次试点后就对教材做了很大改动,而且只是部分基于试点人员的反馈,如果我们彻底执行试点步骤的话,重新起草的教材也应接受试点测试。那么,这样的双重试点能经常发生?

6 完成试点试验全程所需的时间会显著增加整个项目的时间长度。(Gower and Bell, 1997: 11−12)

Gower 和 Bell 提出的问题非常有趣,因为他们不仅提出了关于试点有用性的问题,而且还提出了其他相关问题——这些干预措施如何改变意义?是谁的意义?表示什么意思?这些干预措施及其背后的目标是如何改变承载意义的容器(文本)的?它们是如何反映权力运用和主导的意识形态的?

除了对试点的讨论之外,Gower 和 Bell(1997: 12)还评论了他们归类为"内部密室"读者和"外部密室"读者反馈的有用性。他们所指的内部密室读者是他们认识的、尊敬的、可以面对面讨论事情的教师和培训师。外部密室读者代表了潜在多样的使用者。这些读者的任务是"仔细阅读教材,想象在他们的语境中使用教材,并就教材的适用性写一份报告"(Gower and Bell, 1997: 12)。Gower 和 Bell 在认识到这些评审人员所起的重要作用的同时,也向评审人员提出了与他们在试验教材时所提出的同样的问题。

对于 Jolly 和 Bolitho(1998, 2011)来说,教材的成功在于它们在课堂上进行测试时达到目标的能力。他们认为,未能达到目标可能与最初需求的确认和最终使用之间的任一步骤或所有中间步骤有关。然而,就像 Tomlinson、Gower 和 Bell 一样,他们认识到教材的失败可能归因于"不当或不充分使用本身很完备的教材,但这就变成了课堂管理问题,而不是教材评估问题,除非使用不当与制作错误直接相关"(Jolly and Bolitho, 1998: 97)。

Tomlinson（1993: 3）呼吁教材研发人员研发出满足学习者需求的教材，而不是让这些教材服从于其他要求，他认为"管理者利用他们的权力地位来确保学习材料符合他们的要求是可以理解的。毕竟这是他们的工作"，同时他还指出，"教材研发者、教师和学习者没有理由只做他们被要求做的事情"。"墨守成规的管理者和激进的研发者之间的动态紧张关系"会保护学习者的利益，因为对大多数学习者来说，过于从众的代价会是浅层学习。同时，教材的流动性及灵活性过大也会导致混乱。

在教材研发过程中，我们会在不同的时间点寻求反馈——在开始写作之前确定教师的需要，在完成各种草稿之后获得一些初步反应，在定下最后一稿之后对教材进行试用以观察它们在课堂上的接受情况，以及在教材使用一段时间之后观察它们在课堂上的接受情况。

到目前为止的讨论已经确定反馈是重要的、有用的，也是我们常常诉诸的方式。反馈还涉及另外两个相关问题：一是已知的反馈作用于教材而带来的变化具有什么性质，二是所有反馈都有用吗？教材研发人员应该对试点测试或评审人员的知识和能力做出哪些假设？

上面提到的第一个问题——教师反馈所能提示的那种变化——已经有所解释。Tickoo报告了教师的反馈如何影响他的团队对教材结构的调整，以及对文本的选择和嵌入教材中的意识形态和文化表征的改变。Donovan（1998）肯定了通过试点获得的教师反馈的价值，因为它可以确认（或不确认）教材对目标受众的适当性，并能消除个别任务的缺陷等。它还提供了一种依据——教师如何能接受一种新的路径，等等，这些信息将有助于规划教材的营销策略。

然而，第二组问题是关于试点有效性和试点人员可信度的问题，与Bell和Gower及Tomlinson提出的问题相呼应，但尚未得到最终回答。

不同的利益相关者在教材研发过程中具有不同的影响和权力，并会以不同的方式影响最终输出——从教材的表现形式到实际选择的文本和插图，再到实际涵盖的主题。向教材研发人员提供的具有建构意义的资源和体系实际上是以不同的方式使用和塑造的——是基于所寻求的与给予的反馈以及纳入该反馈的动力与动机而做出的选择。在教材研发项目集中编排的情况下,尽管学习者受到的影响最大,但往往拥有的权力却最小。教材是情境语境和文化语境的反映,情境语境和文化语境正是在教材中可以得以创造并运作。

新加坡案例

由于知识在知识经济中角色的不断演变,教育的范围与功能得以重新界定,导致世界各国对教育制度、课程及课程材料的广泛审查。新加坡也不例外。自90年代中期以来,新加坡教育部采取了几项新的举措以确保教育体系保持有效性、相关性及现代性。

1996年10月,教育部任命了一个外部审查小组对课程和评估制度进行审查,并提出一个能够满足未来需要的课程设置。1998年2月4日,教育部宣布,从2000年起教材及其他教学指导用书的出版将移交给私营部门(新闻稿编号: EDUN 25-02-008)。此举背后的理由是:"利用教育出版商的专业知识和创造力制作更多可供选择的、有趣而有激发性的教学材料"。教育部将继续为所有科目制定教学大纲,但不再参与课程设置中大多数科目教学材料的编写和制作。

为了保证教材的质量,教育部宣布将实施新的"教材授权程序"。商业教育出版商将根据教育部印发的新教学大纲编写教学材料。教育部要在材料编制过程中指导出版商。教材授权程序把教材研发与审查工作计划纳入了拟议的新教学大纲实施工作计划。这些教材需要接受由教育部委托进行的审查,只有在获得批准后,这些教材才能被承认适合在学校使用并列入获批的教材清单。此后,出版商会在学校推广这些教材,而教师则决定在他们的学校采用哪些教材。

根据Toh等人(1997)的报道,当非中心化的倡议在中心化的框架内运作时,课程改革的任务就变得更加困难。在这种情况下,教材开发工作被分散到商业出版商手中；然而，在制定研发计划、教学大纲以及审查进程方面，该倡议又被架设在一个中心化的框架内。下面简单介绍一下教材授权程序中某个级别教材的研发情况。

规划

继教育部于1998年2月宣布新的教材倡议（即教材授权程序）之后，出版商决定利用这一机会研发一套中学英语教学材料，因为这个群体人数众多，如果采用情况良好，就有大量印刷的需要。

出版商鉴于过去与课程规划与发展部门（CPDD）合作出版的经验，决定研发团队应具有与CPDD小组类似的架构。这意味着将形成一个由项目主管（作者）领导的研发团队。

出版商考虑过各种选择——聘请多位全职作者，聘请多位签约作者，或者只聘请一位全职作者——最后决定聘请一位作者利用空闲时间编写这些材料，因为他已经有一份全职工作。当然，一个理想的情况是团队中有更多的作者密切合作，但事实证明这很难实现——写作风格要统一，要有一个连贯的、原则性的路径和方法，并且每个单元的推进要有一个明显的研发进度和连续性。如果有一个更大的编写团队，这一切都会更好地实现。然而，具有讽刺意味的是，在非常紧迫的时间框架和日程安排下，这是不可能的。没有足够的时间跨单元交叉引用，因此，如果只有一位作者同时处理处于不同研发阶段的不同单元，则效果会更好。

对于顾问的需求依然存在，因为他们认为这些顾问会从自己的角度审查材料并提供反馈意见，从而增加材料的价值。

1998年底，研发团队在一次教师网络活动中发放了一份市场调查问卷以收集教师们对现有教材的反馈意见，并收集有关教师需求的数据。团队对调查表中反馈的数据进行了分析和非正式讨论。通过问卷收集的数据支持了Nisbet的观点，即教师应该参与到规划和决策中，因为他们知道他们所面临的确切问题，如果他们参与到创新中来，他们就能够对"真正的"问题给出"真正的"解决方案（Nisbet，1975，引自Suvarnis，1991）。

根据对这份问卷的答复,团队确定了教材包的组成部分及其特点以及课程活动和任务的范围与性质。

研发概念框架及示例单元

1998年11月,教育部举办了第一次教学大纲简报会,并下发了一份简短的《出版商须知》。合同文件也一并提供给希望研发这些教材的出版商。不久之后,又向出版商下发了一份教学大纲草稿。出版商手头的紧迫任务是完成合同文件,提供所需的详细信息,并向CPDD的英语小组提交一个概念框架。

在接下来的几个月里,出版商就教材的编制方法、教材包的实际组成部分、所需团队的规模以及这些因素对预算和人力资源及其可用性的影响进行了激烈的规划和讨论。教育部对教材的价格限制意味着组成一支人数理想、具有理想资质与经验的成员的"梦之队"将不再可能。是时候该妥协了(Ibe, 1986; Gower and Bell, 1998, 2011)。价格限制还削减了可以研发的教材种类、教材包中的内容物以及教材的规格。然而,自相矛盾的是,尽管有价格限制,出版商仍必须使其教材包尽可能具有吸引力以便在开放的市场中与近七家其他出版商竞争,争夺同一块蛋糕。显然,如果要让出版商有理由研发这些教材,必须要确定优先次序,还必须做出妥协。

出版商决定与教师们举行一些焦点小组会议。然而,由于工作量大,要他们同意参加这些会议并非易事。焦点小组的参与者非常直言不讳,对他们希望在教材项目中看到的内容发表了评论和回应。在制定教材框架及确定整套教材的组成部分时,焦点小组第一次会议提出的反馈意见被讨论并纳入考量。

焦点小组第一次会议的反馈有助于团队证实他们自从将问卷反馈纳入考量后一直在完善的想法。更重要的是,它有助于为研发人员澄清教学材料在课程中的作用,即"教学体系的特定设计可能隐含着教学材料在支持教学大纲及教师与学习者方面的一系列特定作用"(Richards, 1995: 25)。焦点小组的第一次反馈以及随后的反馈都清楚地表明,教师对教材以及他们期待教材在帮助他们教学中发挥的作用有一定的期望。

教师期望教材在教学体系中占据特定的位置并以特定的方式发挥作用。因此,成功的教材必须满足这些期望。同样地,引入创新教材方式必须使教师能够与这些教材一起参与到教学体系中。教师也必须做好准备,接受这种创新,并改变自己作为教师的角色,因为 "……教师必须有新的见解、态度、技能和习惯才能创新"(Miel,1971: 159)。在教材研发方面,教材研发人员面临双重挑战——教育部作为审批机构是把关人——需要得到教育部的批准才能使教材供学校采用。然而,决策者是教师——他们决定学校将使用哪本教材。通常,这两个利益相关者之间的标准是不同的。教育部希望推出能促进新教学大纲实施的教材,新的教学大纲包含了新的方向和倡议,教师则希望教材能够满足他们自己和学生的需要。教材研发人员必须确保满足两方利益相关者的需求以便获得批准和采用。教育部会通过审查和批准程序以确保其需求在教材中得以满足,出版商以召开焦点小组会议的方式确保他们了解教师的观点和需求。

在新的教学大纲下,教师对教材研发的反馈和参与将有助于教师逐渐进入一个全新的或调整过的体系或角色,因为教材研发的方式使他们觉得这像是为他们量身定制的。根据焦点小组第一次会议的反馈,团队做出以下决定:

i　　为满足教师对考试练习材料的需求,教材每个单元都会提供一个 "普通水平考试"(O Level)形式的理解练习;

ii　　语法教学将在教材中占有突出地位,具有丰富的语境化学习和实践机会;

iii　　更多地使用本地及该地区作者的文本,也包括使用新加坡及本地区的文本;

iv　　更多地使用真实的文本;

v　　根据学生需要执行的各种任务定制图像组织图;

vi　　单元围绕文本类型进行组织,并由特定文本驱动;

vii　　单元中的一些活动将致力于提高学生对课文的批判性认识;

viii 教材不再是单独的一本书，而是分为 A 和 B 两部分；

ix 练习册采取可撕式活页的形式；

x 教材将是全彩的，并会有一个"有趣"的外观吸引青少年；

xi 出版商计划为教师举办培训讲习班和研讨会。

上文所列表明，这些教材因利益相关者的输入而成型——不仅仅是内容方面，还有形式表达、单元的教学设计以及任务的设计。教育部有一个特殊的立场，教师也表达了特殊的需求和立场——需要直接针对考试的教材等。

在制定教材的概念框架时，团队将教师的反馈意见纳入考量，并于 1999 年 2 月提交给 CPDD 英语部进行审批，与此同时，开始研发一个示例单元。团队与 CPDD 干事会面，听取概念框架的反馈意见。

根据以上的反馈意见及来自调查问卷和焦点小组第一次会议中教师的反馈，团队继续研发示例单元。当第一单元的草稿准备就绪后，团队在另一次专题小组会议上把它和概念框架一起展示给教师。

焦点小组第二次会议的参与者与第一次会议的参会者相同。会上首先向他们介绍概念框架，其次向他们解释教材包的原则、路径和方法。接着，参会者拿到一份概念框架、一份教材的示例单元和相应单元的练习册复印件，同时要求思考这些问题，并在所附的反馈表上提出反馈意见。截至此时，参加焦点小组会议的教师还没有看到新教学大纲的草稿。因此，他们的反馈是基于他们对现有教学大纲的理解，以及他们对在课堂环境和当前课程目标下什么有效和什么无效的信念与经验。

焦点小组第二次会议的反馈有助于团队确认并进一步发展自早期反馈实施以来他们一直在思考的想法。这有助于他们更具体地了解教师在教材中所寻找的东西，即参考概念框架和示例单元。参与焦点小组讨论的教师能够就示例单元给出具体的例子和细节，指出他们认为对学习者有效和无效的内容。

从焦点小组第二次会议参与者那里得到的反馈强调了教师评

价的价值,Nisbet(1975)提出了这一点。他认为,有必要向创新团队提供重要的关于优劣势信息的反馈,因为这为讨论和改进提供了基础。另一个值得注意的要点是,必须及时获得反馈以便改写教材,否则,正如Ibe(1976)所说的,"这将是无用的"。教师的反馈引导了对示例单元的集中讨论和修改。创新团队根据在焦点小组第二次会议上收到的反馈意见审查示例单元,并对其做出大量修改,然后提交给CPDD英语部进行评审。根据教师的反馈意见做出的一些较为重要的改变包括:

i 该单元使用的文本有了变化,加入了一位新加坡作家的小说片段,小说的主人公是女性。这一变化以及下文(ii)中提到的变化是由对"隐性课程"(Cunningsworth, 1995: 90)以及在文本中和通过文本所做的意识形态、社会和文化表征的关注引起的;

ii 删除一些专题小组参与者认为过于英式和过时的文本;

iii 加入摘要写作活动(同样,为了满足教师对以考试为中心的教材的需求);

iv 原来的课文B移到了活页练习题中,增加了"普通水平考试"类型的理解练习和摘要写作活动(这也是为了满足教师对以考试为中心的教材的需求);

v 教材中活动的语境化程度更高(根据教师反馈对教学设计进行了修改);

vi 指示性语言变得更简单、更友好;

vii 增加了学习技能部分(根据教师反馈对教材范围进行了修改);

viii 增加了活页练习题、语法项目和习题的数量。

新的示例单元已经提交给CPDD英语部进行评审。《尤里卡!》(Eureka!)研发团队的成员——项目总监和编辑于1999年6月初与来自英语部的课程专家会面,听取了他们对示例单元的反馈。作者实际上并没有直接收到教育部的反馈——而是一直通过编辑团队接收反馈。

编写教材

与此同时，教材和练习册的编写工作正如火如荼地进行。团队每两周举行一次会议，就已经分发的各单元草稿提供反馈，提出修改或调整建议，并为之后的单元做出规划。

由于教材的激光校样必须在1999年11月30日之前提交，因此，小组总共有六个月的时间来编写和重写教材及单元练习册、确认资料及照片来源、明确授权许可、决定版面和设计，以及为一整年的教材制作插图和图解。由于教材中有重要的音频和视频片段，因此必须安排录音和拍摄，必须安排摄影环节。这些工作不能拖延到以后完成，因为这些设计的活动和任务是文本驱动的，取决于文本本身，其中许多文本是真实的、未经修改的文本。

除此之外，编写者还必须在编写各单元时做大量的笔记并将其纳入教师用书，以免随着时间的推移，忘记教学目标和结果。

鉴于在如此短的时间内需要完成大量的工作，许多本来应该接续完成的任务不得不同时完成。同样的，由于同一时间段几个单元的进展阶段不同，在所有单元最终定稿之前，任何一个单元都不能说是真正定稿，因为对一个单元的修改可能导致或需要其他单元也进行修改。所以，所有的单元一直处于不断变化的状态。

鉴于最后期限极为紧迫，任务繁重，不可能按照以前的方式对教材进行更多的教师反馈收集，小组依靠的是他们在之前的反馈实践中收到的反馈以及教师的非正式反馈。这种非正式的反馈包括向不同的教师展示各单元在其不同研发阶段的校样，并通过即时反应等途径获取反馈。这些教师往往是《尤里卡！》研发团队成员的朋友、同事或伙伴，也就是Bell和Gower（1997）所谓的"内部密室"读者。

1999年12月中旬，教材、练习册连同每一单元所附的视频、音频片段的录音都一起提交给了CPDD英语部。根据教材授权程序，"商业出版商研发的教材（将）由来自学校和高等教育机构等的独立专业评审员组成的小组进行评审"（www1.moe.edu.sg/cpdd/faq.htm）。

研发教学辅助材料

将教材与练习册材料提交CPDD审批后，《尤里卡！》研发团队于1月开始为该套教材包规划教师辅助教材以及IT资源。

正如Ibe（1976）所指出的，项目的规划者必须考虑到进行审查和评估所需的时间和资源，因为如果要将其用于决策，则必须在尽可能短的时间内获得结果。同时，必须在工作计划上预先安排需将反馈意见纳入下次教材草稿或校样的变动。

预试

CPDD需要将近四至五个月的时间才会发布对教材的评审意见，团队认为这段时间是在一些学校试行这些教材的好时机。然而，除了课本和活页练习册外，还要准备好这些单元的教师笔记。为了有效地教授这些教材，教师需要时间给新教材制定教案。此外，由于教师仍在按照旧的大纲进行教学，而这些试行教材是根据新大纲编写的，因此教师必须将新教材的目标和结果与工作计划中已经具体规定的目标和结果相协调。

考虑到所有这些意外情况，最实际的做法是只试用教材中的一个单元及其相关的活页练习。

五所学校试用了这些教学材料。学校为学生提供了该单元复印材料和活页练习册以便使用。学校不允许出版商旁听观察课堂上教授教材的情况，因为他们认为这会损害学校的安全。

虽然团队知道按照试点的时间安排不可能对教材和活页练习做出真正的改变，但这项工作还是很有价值的，因为反馈意见有助于支持该项目的辅助材料的研发。

批准和出版

2000年5月CPDD通知出版商，《尤里卡！》这套教材已获得临时批准,可供学校使用。《尤里卡!》团队与英语部的课程专家会面,专家除告知教材已获得临时批准,还特别强调了在最终准许付印并列入获批的教科书清单之前所需要进行的修改。

为了最终审批通过并纳入获批的教材清单,必须根据CPDD的建议对教材和练习册进行修改。修改内容包括增加和删除任务及活动、改变活动的教学设计以及改变用来传达内容的语言表达。

试点实施反馈

与此同时,《尤里卡!》研发团队与试点学校取得了联系。在五所试点学校中,仅有三所学校的教师在6月下旬至7月上旬间填写并返回了试点反馈表。其中一所学校提供了口头反馈,而第五所学校则完全没有提供反馈。经过对反馈表中数据的仔细考虑,团队做出以下决定:

i 虽然在课文、任务、设计和版面等方面对教材和活页练习题收到了许多非常有用的反馈,但这些反馈不能适用于其所依据的教材级别,但在编写其他级别的教材时必须加以考虑;

ii 对第六单元教师笔记的反馈将有助于编写教师用书的其余部分;

iii 对CD-ROM的反馈意见是设计和开始界面对用户不太友好,必须重新设计。在课堂上投影文本时,文本界面大小——这方面会进行放大。

反馈在案例研究中的作用和效果

Bell和Gower(1997)提出的关于试行有效性和正当性的许多问题也适用于这种情况。在教材的试点过程中涉及许多变量——所选单元、试点范围、教师的能力、知识和动机、复印件的质量及试点单元其他部分的不可用性等。Bell和Gower的问题——"这个过程究竟向你展示了什么"当然值得深思。Tomlinson（1999）也提出了关于反馈者可信度的问题。试用教材的教师并不熟悉新的教学大纲，因为新的教学大纲尚未发布。

然而，Donovan（1998）指出，教材试点的利大于弊。但是，他也补充道，试点的决定，试点什么以及试点时长都会对成本和工作计划产生影响。政策制定者和部委官员在规划一个具有某些"集中化"特质的"分散"的研发进程时必须仔细考虑这一点，教材研发商，特别是出版商在开始此类项目之前也必须考虑成本和工作计划的问题。

编辑团队必须与CPDD团队反复沟通，以便在获得CPDD最终批准之前完成其所要求的所有修改。为了确保教材能及时得到最终批准，并列入获批的教材清单进入学校推广，这样的时间安排意味着在大多数情况下，编辑团队等不及作者就CPDD列出的修改意见进行处理，只能自行判断进行修改。

教材研发过程中的反馈回路整合

征询反馈的决定、措施以及持续的时间都会对工作计划和成本产生影响，因为这明显会影响到研发进度。在工作计划中，必须为教材编写、教材评估与反馈的准备工作、基于反馈的教材修订以及对教材修改的反馈预留时间。任何教材研发过程的规划者要心中有数，必须在研发和实施规划中考虑到这一点，并适当考虑对资金、投资回报和出版时间的影响。

试点和其他反馈征询活动显然需要有意愿的机构、教师和学生来配合，正如Donovan（1997）所指出的，研发团队也发现，这些群体可能不那么容易找到。"需要努力在（反馈者）和出版商之间建立善意、信任和建设性关系"（Donovan, 1997）。教育部参与教材研发项目（Villamin, 1988; Gonzales, 1995; Pascasio, 1995; Tickoo, 1995; Tomlinson, 1995）大大便利了审查、反馈、试点和评估流程，更容易争取学校和教师的参与。有政府支持的项目会得到广泛的支持，得到更多的信息，也能获取基础设施方面的支持。虽然政府机构可能放弃其作为教材研发者的角色，但为了满足学习者的需要，通过抵消试点教材全部或部分成本，它们可以而且应该继续资助教材研发的研究和发展。

教师需要认识到他们在研发有用、有效的英语教材方面所能发挥的重要作用和所能做出的贡献。教师可以采取积极主动的，甚至是创造性的态度，提出一些方法和途径，以便在尽量减少对教学工作干扰的情况下提供他们的反馈。教师反馈在教材研发中所起的作用及其所能给教材带来的变化也将取决于他们提供有效的、深思熟虑的、有价值的反馈的可信度和可执行力。

为了有意义地参与教材研发，教师需要了解教学大纲、测评的变化、任何新的创意或举措以及语言教学方法论和教学法的变化或发展。当然，他们必须充分了解学习者的优点和缺点、兴趣和动机。教师也必须愿意花时间和精力提供详细的反馈，并处理在试用教材时对课堂造成的一些干扰。教育部官员和出版商需要共同努力，探索如何激励教师忍受这些不便。

教材研发人员——包括作者和编辑——需要了解教材在教学体系中的作用，并且需要在研发教材时考量教师的反馈。教材研发人员必须在教材研发过程中做到心中有教师和学习者。他们必须意识到他们对教师和学习者所做的假设，不断质疑这些假设，并通过试用教材来检验这些假设。如果要做到这一点，就要在教材实际出版、采纳和使用之前，通过在工作计划中分配充足的时间，在预算中拨出足够的资源用于研究和开发，特别是教师反馈，让研发人员具有审查与试行教材的方法和机会。

在此之前，出版商也需要在预算中考虑成本和资源分配，以及审查机制和程序与教师反馈对工作计划的影响。商业出版商需要认识到，出版教育类材料的利润来自信誉。这就需要有研发的传统和诚意，而这又需要长期的投资。当然，这不是一项容易的任务，但是正如 Yaw（1999）指出的，"挑战和问题将是采取此种行动方案的商业理由"。这将取决于各个出版商的商业目标和承诺。

课程规划者需要考虑进行有意义的审查和反馈所花费的时间，并且要在教材开发过程中将这些以及反馈、审查和修订的过程及其文档记录在案。

结　语

很有必要认识到语言教学中与教材研发密切相关的或相互依存的各个过程，有必要确定课程研发的不同方面和参与这些过程的参与者相互作用或相互依赖的间隙空间（Singapore Wala, 2001, 2010）。教学大纲设计者和课程规划者定位于未来，因为他们的工作是为创造未来构建一个框架。他们心怀构想与理念而工作。他们怀抱目标和结果而工作。他们还会依据这些标准衡量与评估教材，而教师却囿于当下。

他们必须在现行的课程设置、体系和学校环境下，在当下的课堂中，教授当下的学习者。对教师来说，教学大纲是理论，教材是实践的指南。教师们手里拿着几年前编写的教材，却面对着目前的现实。这就是教师评估教材时的立场。教材研发人员处于一个朦胧地带，教材必须着眼于实现未来教育目标，符合现在教师对未来课堂的需求。鉴于这些不同的立场，教材研发过程要允许这些参与者通过几个"交汇点"（Gower and Bell, 1997），在他们的"世界"之间进行对话，这一点很重要。

此外，教材研发是一个过程，可能要到课程创新和改革（教学大纲重新设计、新的方法论等）整体结束时才能完成。因此，在过程规划时，将事情的因果链可视化很重要，牢记所有这些事情的影响，它们可以在多大程度上同时进行以及其中哪些事情必须连续进行、以何种顺序进行。语言教育政策规划者制定好一个过程的政策和计划之后必须提出并回答以下问题：相对于这项工作的目标，对于此过程中的不同参与者所做的假设是什么？它们是否合理和现实？实施的程序是否能在过程中实现目标?

　　由此看来,鉴于课程研发的复杂性,要进行细致的数据收集和记录、规划、实验、监测、咨询、评估和反馈整合工作。这需要有充足的空间、资源、动机及责任,否则只能得到"只针对过程一个维度的……简单的解决方案"(Richards, 1990)。

参考文献

Abu Samah, A. (1988), 'Materials for language learning and teaching: new trends and developments on the Malaysian scene', in B. K. Das (ed.), *Materials for Language Learning and Teaching*. Singapore: SEAMEO Regional Language Centre.

Amrani, F. (2011), 'The process of evaluation: a publisher's view', in B. Tomlinson (ed.), *Materials Development in Language Teaching*. Cambridge: Cambridge University Press, pp. 267–295.

Bell, J. and Gower, R. (1998), 'Writing course materials for the world: a great compromise', in B. Tomlinson (ed.), *Materials Development in Language Teaching*. Cambridge: Cambridge University Press, pp. 116–129.

— (2011), 'Writing course materials for the world: a great compromise', in B. Tomlinson (ed.), *Materials Development in Language Teaching* (2nd edn). Cambridge: Cambridge University Press, pp. 135–150.

Chan, P. (1987), *Curriculum Innovation: A Study of the CLUE Programme with Reference to Teachers' Attitudes and Concerns*. MA dissertation, National University of Singapore.

Cunningsworth, A. (1995), *Choosing your Coursebook*. Oxford: Heinemann.

Donovan, P. (1997), 'Piloting course materials for publication', *Folio*, 4 (1), 13–15.

— (1998), 'Piloting — a publisher's view', in B. Tomlinson (ed.), *Materials Development in Language Teaching*. Cambridge: Cambridge University Press, pp. 149–189.

Gonzales, A. B. (1995), 'ESL materials for Philippine use in primary and secondary schools: across three paradigmatic generations', in A. C. Hidalgo, D. Hall and G. M. Jacobs (eds), *Getting Started: Materials Writers on Materials Writing*. Singapore: SEAMEO Regional Language Centre, pp. 1–7.

Gower, R. and Bell, J. (1997), 'From teaching to writing — principles and process', *Folio*, 4 (1), 10–13.

Halim, A. (1976), 'Decision-making in language course design', in G. H.

Wilson (ed.), *Curriculum Development and Syllabus Design for English Teaching*. Singapore: SEAMEO English Language Teaching Centre.

Harmer, J. (1997), 'Classrooms in my mind', *Folio*, 4 (1), 33–35.

Hopkins, A. (1995), 'Revolutions in ELT materials?' *Modern English Teacher*, 4 (3).

Ibe, M. D. (1976), 'Evaluation: ideals and realities', in G. H. Wilson (ed.), *Curriculum Development and Syllabus Design for English Teaching*. Singapore: SEAMEO English Language Teaching Centre.

Jolly, D. and Bolitho, R. (1998a), 'A framework for materials writing', in B. Tomlinson (ed.), *Materials Development in Language Teaching*. Cambridge: Cambridge University Press, pp. 90–115.

— (1998b), 'A framework for materials writing', in B. Tomlinson (ed.), *Materials Development in Language Teaching* (2nd edn). Cambridge: Cambridge University Press, pp. 107–134.

Lacey, C. (1976), 'Problems of sociological fieldwork: a review of the methodology of "Hightown Grammar" ', in M. Shipman (ed.), *The Organization and Impact of Social Research*. London: Routledge & Kegan Paul.

Masuhara, H. (1998), 'What do teachers really want from coursebooks?', in B. Tomlinson (ed.), *Materials Development in Language Teaching*. Cambridge: Cambridge University Press, pp. 90–115.

— (1998), 'What do teachers really want from coursebooks?', in B. Tomlinson (ed.), *Materials Development in Language Teaching* (2nd edn). Cambridge: Cambridge University Press, pp. 236–266.

Miel, A. (1971). 'The world house: building a qualitative environment for all the world's children', *Childhood Education*. 47 (8), 159.

Nair, S. (1995a), 'Monitoring the implementation of the English language syllabus (1991) secondary level' . Paper presented at symposium, *The Implementation of the English Language Curriculum in Singapore*, February 1995. SEAMEO RELC — Australia Institutional Links Project, pp. 16–18.

— (1995b), 'Monitoring the implementation of the EL syllabuses' (1991). Day 1, Group Discussion 1 at symposium, *The Implementation of the English Language Curriculum in Singapore*, February 1995. SEAMEO RELC — Australia Institutional Links Project. Report, pp. 32–36.

Nisbet, J. D. (1975), 'Innovation: bandwagon or hearse', in A. Harris et al. (eds), *Curriculum Innovations*. Buckingham: The Open University Press.

Nisbet, J. D. and Watt, J. (1980), 'Case study', *Rediguide* 26. Nottingham: University of Nottingham School of Education.

Nunan, D. (1988), *Syllabus Design*. Oxford: Oxford University Press.

Pascasio, E. M. (1995), 'The English series — experiencing language: a response to the Philippine Bilingual Policy', in A. C. Hidalgo, D. Hall and G. M. Jacobs (eds), *Getting Started: Materials Writers on Materials Writing*. Singapore: SEAMEO Regional Language Centre, pp. 82–94.

Penaflorida, A. H. (1995), 'The process of materials development: a personal experience', in A. C. Hidalgo, D. Hall and G. M. Jacobs (eds), *Getting Started: Materials Writers on Materials Writing*. Singapore: SEAMEO Regional Language Centre, pp. 172–186.

Richards, J. C. (1985), *The Context of Language Teaching*. Cambridge: Cambridge University Press.

— (1990), *The Language Teaching Matrix*. Cambridge: Cambridge University Press.

— (1995). 'Easier said than done: an insider' account of a textbook project', in A. C. Hidalgo, D. Hall and G. M. Jacobs (eds), *Getting Started: Materials Writers on Materials Writing*. Singapore: SEAMEO Regional Language Centre, pp. 95–135.

Richards, J. C. and Rodgers, T. S. (1986), *Approaches and Methods in Language Teaching*. Cambridge: Cambridge University Press.

Roxburgh, J. (1997), 'Procedures for evaluation of in-house EAP textbooks', *Folio*, 4 (1), 15–18.

Singapore Wala, D. A. (2001), *The Role of Teacher Feedback in Developing Instructional Materials for Teaching English for Secondary One*. Unpublished MA thesis, National University of Singapore.

— (2003a), 'A course book is as it is because of what it has to do: an editor's perspective', in B. Tomlinson (ed.), *Developing Materials for Language Teaching*. London: Continuum Press, pp. 58–71.

— (2003b), 'Publishing a coursebook: completing the materials development circle', in B. Tomlinson (ed.), *Developing Materials for Language Teaching*. London: Continuum Press, pp. 141–161.

— (2010), *A Systemic Functional Analysis of ESL Course Books*. Unpublished PhD thesis. Leeds Metropolitan University.

Suvarnis, S. (1991), 'A study of the new English language syllabus for lower secondary classes'. Project for Dip in Applied Linguistics. Singapore: SEAMEO Regional Language Centre.

Tickoo, M. L. (1995), 'Materials for a state-level system: a retrospective record', in A. C. Hidalgo, D. Hall and G. M. Jacobs (eds), *Getting Started: Materials Writers on Materials Writing*. Singapore: SEAMEO Regional Language Centre, pp. 31–45.

Toh, K. A. (1994), 'Teacher-centred learning is alive and well', *Teaching and Learning*, 15 (1), 12–17.

Toh, K. A., Yap, K.-C., Springham, S. V., Pee, S. and China, P. (1997),

'Developing curriculum in Singapore: teacher-academic partnerships', in J. Tan, S. Gopinathan and H. W. Kam (eds), *Education in Singapore: A Book of Readings*. Singapore: Simon and Schuster.

Tomlinson, B. (1995), 'Work in progress: textbook projects', *Folio*, 2 (2), 26-30.

Tomlinson, B. (ed.) (1998), *Materials Development in Language Teaching*. Cambridge: Cambridge University Press.

Tomlinson, B. (1999), 'What do you think? Issues in materials development', *Folio*, 5 (1), 3-4.

Villamin, A. M. (1988), 'Multi-level skills and values-oriented reading materials for K-10', Paper presented at regional seminar on Materials for Language Learning and Teaching: New Trends and Developments, 11-15 April 1988.

Yalden, J. (1987), *Principles of Course Design for Language Teaching*. Cambridge: Cambridge University Press.

Yaw, C. (1999), 'Educational challenges in the new millennium: a publisher's perspective', Paper presented at MERA-ERA Conference 1999.

Yeoh, O. C. (1984), *Curriculum Innovations and the Curriculum*. Singapore: Institute of Education.

引用官方文件

Curriculum Planning and Development Division, Ministry of Education (2001), 'English Language Syllabus 2001 — For Primary and Secondary Schools'.

对第一部分的评论

Brian Tomlinson

第一部分表达了一些不同于常规的观点,如第1章(Tomlinson)建议评估人员制定自己的通用标准和本地标准,第2章(Saraceni)坚持认为学生应该为教材的改编做出贡献,第3章(Singapore Wala)提醒我们在编写语言教学材料时,不仅要考虑作者和教师的意见,而且还要考虑出版商、部委、学校甚至家长的意见。然而,虽然作者的背景和所处地区不同,但是第一部分中所表达的观点有许多共同之处,这着实令人惊讶,这其中似乎还存在一个相当强烈的共识:

- 教材的评估和改编对学习过程至关重要,不应任由教师在时间和体制的压力下凭直觉即兴进行。相反,教材的评估和改编应该是任何教材研发过程中的一个组成部分,应该给教材的使用者提供时间和培训,使他们能够进行有原则和有效的评估和改编。
- 我们应该承认教材的使用者包括学习者、教师、管理者和出版商,我们还要认识到在教材的研发、评估和改编过程中,应以原则性的方式协调他们(有时相互冲突)的需求。
- 我们应该认识到教材潜在使用者的要求与需求应得到关注,对于学习者和教师来说尤其如此,如果这些教材在使用时与他们的兴趣和生活毫不相关,他们就不会有效地使用这些教材。对于管理者和出版商来说也是如此,他们不会有效地推广他们不相信或不理解的教材。
- 我们不仅在设计学习材料方面需要灵活性,在评估和改编材料的方式上也需要灵活性。最重要的是在制定评估和改编框架时，这种灵活性应成为主要目标之一。要实现这种灵活性，就应确保教材、目标学习者和具体学习环境之间有原则的联系。实现这一目标的方法之一，就是确保整体框架始终为地方标准留出空间，之二是让教材的使用者参与评估和改编过程。每当我进行教材研发/改编项目，我都会强烈建议在项目开始之前制定评估的通用标准和本地标准，并在项目进展期间及之后加以应用。我还建议教材的典型使用者参与教材的研发、评估和改编。例如，马斯喀特卡布斯苏丹大学的一个项目遵循了这两条建议，在该项目中，教师参与了机构内部新的写作技能教学材料的研发、试行、修订和出版。(参见Al-Busaidi和Tindle, 2010)

我个人的观点是，关于教材评估和改编，最重要的一点是需要做更多的研究，研究教材对持久学习的影响，以及教材对学习者在课后生活中运用从教材所学知识的能力的影响。目前，关于教材是否"奏效"的讨论太多，而对"奏效"的含义却没有明确的定义。对于出版商来说，"奏效"意味着畅销；对于管理者来说，"奏效"通常意味着易于标准化；对于机构来说，"奏效"意味着考试成功；对于教师来说，"奏效"通常意味着易于备课，并且符合教学大纲和工作计划；对于学习者来说，"奏效"可能意味着有趣的以及可实现的或符合预期的。但当然，对所有这些使用者来说，"奏效"应当也意味着这些教材能够实现他们的短期和长期学习目标。要衡量教材在这方面是否"奏效"是非常困难的。衡量必须是纵向的，可能很昂贵，而且很难控制诸如教学技能、课堂关系、内在动机和课程外语言接触等变量。令人惊讶的是，出版商、作者、教师或研究人员很少尝试这种用后评估。现在已经有这么多的硕士课程鼓励撰写关于教材研发的学位论文，而且现在很多学生实际上正在读教材研发方向的博士(参见Tomlinson和Masuhara, 2010)，也许有更多的机会进行这样重要的研究。对一套教材(或一套教材的改编)进行用后评估的方法应该是：

1 明确一套教材的短期和长期学习目标；

2 在大约四个不同机构建立对照班级，在每个机构请不同的老师教授两个不同的平行班以控制这些教材的使用。控制的内容包括教材每个部分所需花费时间的具体说明、哪些部分设置为家庭作业以及哪些部分进行本地化等；

3 在课程一开始进行测试，对照短期和长期学习目标评估学习者的课程前能力；

4 要求教师记教学日记，记录他们与商定程序的分歧以及他们对教材价值的评论；

5 在课程中向学习者发放问卷，询问他们对所用教材的态度；

6 在课程中间进行测试，对照短期学习目标评估学习者的进展（例如，词汇使用中的迂回、阅读中的意义演绎、泛听中的可视化运用等引导技能）；

7 在课程结束后进行测试，对照短期和长期学习目标评估学习者的进展；

8 课程结束后向学习者发放问卷，询问学习者是否对该语言有其他额外的接触，以及他们认为除了教材之外影响他们进步的因素；

9 课程结束后向学习者发放问卷，要求他们对所使用的教材进行评估；

10 课程结束后向教师发放问卷，要求他们对所使用的教材进行评估；

11 大约三个月后，把每个机构的学习者重新聚集起来，(a) 进行测试，对照长期学习目标及应用能力评估学习者的进展；(b) 对学习者进行问卷调查，询问学习者自课程结束以来有没有额外接触过该语言，以及他们认为除了教材之外还有哪些因素影响了他们的学习进展；

12 整理与分析数据；

13 决定教材各组成部分的价值及教材整体的价值；

14 对教材修改提出建议。显然，这项研究计划对专业知识、时间和资源方面的要求都十分苛刻，但对于大型商业出版商来说，进行这项研究肯定不是不可能的，而这正是利兹都市大学语言研究中心的教材评估和研发部门想要实施的项目。这类研究不能用于证明教材的有效性，但它将给我们提供目前无法从用前和用中评估中获得的指示。

参考文献

Al-Busaidi, S. and Tindle, K. (2010), 'Evaluating the effect of in-house materials on language learning', in B. Tomlinson and H. Masuhara (eds), *Research for Materials Development in Language Learning: Evidence for Best Practice*. London: Continuum, pp. 137–149.

Tomlinson, B. and Masuhara, H. (eds) (2010), *Research for Materials Development in Language Teaching: Evidence for Best Practice*. London: Continuum.

第二部分

教材研发的原则与程序

第四章　教材研发原则性框架构建

Brian Tomlinson

引　言

教材研发中的创造性直觉

在许多文献中都有教材研发人员对整个研发过程的记录。令人惊讶的是,不少人描述了一些临时安排的、自发的过程,甚至建立在一些可能"有效"活动的直觉之上。Prowse(1998)报告了"来自世界各地的英语教材编写者们"的反馈,他们"于1994年4月在牛津与英国作者和出版商们一起参加了英国文化协会的专业课程"(130)。当被问及如何编写教材时,很多人都强调编写过程的创作性。例如,"写作很有趣,因为它富有创造性";"如果没了创意,写作可能会让人十分沮丧";"写作很吸引人——最好的素材都是在'恍惚'中写成的"(136)。Prowse由此得出结论说,"这里提及的大多数作者似乎非常依赖自己的直觉,将教材的编写视作小说的写作,同时注重教学大纲的约束。其中隐含的假设就是:教学大纲先于创作活动"(137)。大多数编者很重视使他们开始并保持写作的动力,他们说,"写作带来快乐,一旦灵感降临,你书写的速度甚至会跟不上思想的速度"(136),"教材编写过程中的情绪——安宁、光照等所带来的情绪——特别重要"(137)。不过,他们很少谈及指导教材编撰的学习原则和教学原则,也很少涉及增进教材连贯性和一致性的任何框架结构。无独有偶,在Philip Prowse(2011)、Hidalgo等人(1995)、Tomlinson(1998c)、Richards(2001)论及教材编写者的写作过程,其至Johnson（2003）谈到一些有经验的教材编撰者被问及如何开展语言教学任务时，都提到了上述观点。例如，在Hidalgo等人（1995）的论文中，Cochingo-Ballesteros（1995: 54）曾提及"其中一些（练习）充分表达了我个人的理念，给我带来审美上的成就感"。Maley（1995: 221）说，编写教学素材"最应该被视作一种操作性的隐性知识形式"，其中就包括"相信自己的直觉和理念，假如某个单元的素材'感觉'不对劲，那么再多的理性论证也不会改变我的看法"。然而Richards（1995: 105）在谈到自己一边撰写教材一边听当地古典音乐电台时，他得出结论：教材编写的过程就是"10%的灵感加上90%的汗水"。Johnson（2003: 57-65）也曾提到一位经验丰富的教材编写者在设计任务的同时进行口头的表达。例如，他为特定的学习对象设计了一种"新型"活动，使用现有主题库中的观点，还要预测并解决实际问题（譬如语言内容可能太难；任务可能太容易）。他研发出了一套框架，但是该框架并非由语言习得的原则所驱动，而是受到学习者实际可能采取的行动的制约。

教材研发框架

除了对创造力的关注，上文提到的书中很多编写者认为有必要建立单元大纲和框架，并在此驱动下进行教材研发。例如，Rozul（1995: 213）汇报的课程模式（基于Hutchinson和Waters, 1984）中就涵盖了以下关键部分：

- 开篇
- 输入
- 概要信息
- 语言点
- 活动任务

Fortez（1995: 74）描述的教材体系（同样基于Hutchinson和Waters, 1994）中涵盖了八个连续性"特征"。Richards（1995: 102-103）描

述了"教材中单元设计或框架"的设计过程，该"设计或框架"可以"作为编写者在编写教材时参照的公式"。Flores（1995: 60–62）概述的课程模式则包括了以下基本阶段：

- 听力理解
- 口语交际中语法的运用
- 阅读理解
- 写作
- 文学作品

Prowse（2011: 159–161）曾提及一位教材编写者所概述的"一套常见的教材撰写过程其实包含了研究……市场的缺口／其他教材的不足"，然后才能起草涵盖"整书和单元结构以及语法大纲草案"的"基本原理"。

虽然我赞同在编写之前建立框架的做法，但我更希望这个框架比教材研发文献中所提及的众多结构更具原则性、连贯性和灵活性，后者中的大部分都未能对其内容呈现或排列提供有力的理论依据，一个与众不同的例子就是Ribe（2000: 66–77），他为一个谈判项目框架进行了原则性任务序列的概述，并予以论证。

Jolly和Bolitho（2011: 113）对教材体系进行了另外一种有趣的研究。他们不再关注每个单元的结构，而是把重点放在教材研发的整体框架上，涵盖以下步骤：

- 对教材需求的判定
- 对需求的探究
- 对教材的语境实施
- 对教材的教学实施
- 教材的生产
- 学生对教材的使用
- 依据既定目标评估教材

教材研发的原则

大多数正从事教材研发的作者都将需求分析作为他们的出发点(例如, Rozul, 1995: 210; Luzares, 1995: 26-27; Fortez, 1995: 69-70)。然而, 也有一些作者从阐述研发的原则开始进行教材编写。例如, Bell 和 Gower(2011: 142-146)一开始就阐述了指导他们写作的如下原则:

- 灵活性
- 从文本到语言
- 引人入胜的内容
- 自然的语言
- 分析性方法
- 强调复习
- 个性化练习
- 综合性技能
- 平衡各种方法
- 学会学习
- 职业尊重

Flores(1995: 58-59)列出了五种假设和原则, 这些假设和原则是在编写菲律宾教材之前的第一次头脑风暴会议后提出的。Tomlinson(1998c: 5-22)提出了15条教材研发的原则, 这些原则源自二语习得(SLA)的研究和理论。Tomlinson(1999b)还描述了一个具有原则性和灵活性的框架, 旨在帮助教师高效并有效地研发教材。Penaflorida(1995: 172-179)报告了她对 Nunan(1988)确定的教材设计六项原则的使用情况:

1）教材与其所服务的课程应有明确的联系，
2）教材在文本和任务方面应是真实的，
3）教材应能促进互动，
4）教材应促使学习者关注语言的形式方面，
5）教材应鼓励学习者培养学习方法和学习中的各项技能，
6）教材应鼓励学习者将学习到的技能应用于课堂之外的学习。

最重要的是，正如 Hall（参见 Hidalgo et al., 1995: 8）所强调的：

> 在规划或编写语言类教材之前，我们要问自己一个至关重要的问题，这个问题应该是第一次筹备会议议程上的第一条，那就是：在我们看来，语言是如何学习的呢？

Hall 接着讨论了以下一些理论性原则，他认为这些原则应该是"我们在规划和编写教材时所做的一切工作的基础"（8）：

- 沟通的需要
- 长期目标的需要
- 对真实性的需求
- 以学生为中心的必要性

最近，Ellis（2010: 33）讨论了"二语习得研究如何渗透于语言教材中"，尤其是在任务设计方面。Tomlinson（2010）从语言习得的六条原则和语言教学的四条原则出发，设计了教材研发的 30 条原则，他认为（2013）二语习得受益于：

- 接触到丰富而有意义的使用中的语言，
- 情感投入和认知投入，
- 利用母语交际中常用的心理资源，
- 观察二语是如何使用的，

- 有机会参与语境化的、有目的的二语交流，
- 鼓励参与互动，
- 对意义的关注。

Tomlinson 利用这些原则制定了教材研发和评估的标准，利用这些标准来评估六本目前在世界各地使用的教材。类似的原则性评估在 Tomlinson 等人（2001）、Masuhara 等人（2008）以及 Tomlinson 和 Masuhara（2013）的汇报中均有体现，他们得出的共同结论就是，教材的编写研发通常不是由原则性框架所驱动，而是由销量因素所决定。

　　在本章中，我将会就教材研发归纳出两种框架，旨在达成教材的原则性、灵活性和连贯性，也是我从对人们如何学习语言这个问题的回答中发展而来的。这两种体系，一种是文本驱动型，是研发教材和课堂补充教材的理想选择；另一种是任务驱动型，是课堂教材本地化、个性化以及自主学习的理想选择。

教材研发的文本驱动途径

教材研发框架

　　这是我在阿根廷、博茨瓦纳、巴西、日本、马来西亚、毛里求斯、塞舌尔、新加坡和越南等地的教材写作研讨会上所使用过的框架，我在中国、埃塞俄比亚、日本、纳米比亚、阿曼、新加坡和土耳其的教材项目中也使用过这种框架（如 Tomlinson，2001b）。在上述国家中，我发现这种框架不仅帮助作者（主要是那些缺乏教材研发经验的教师们）快速、有效、一致地遵循原则要求编写连贯的教材，同时还能帮助他们阐述并发展自己的语言学习理论和语言教学理论。

　　该框架遵循以下概述的八个阶段。

1　文本采集

　　在这个过程中，你会接触到和/或创作一些书面的或者口头的文

本,这些文本具有很强的参与性。所谓参与性,我指的是愿意投入精力和注意力去体验文本,从而实现文本与读者/听众的感官、情感、观点和直觉之间的互动。这样的文本帮助读者/听众达成个性化的多维表现,在这个过程中内在的言语、感官图像和情感刺激相结合,可以使文本更有意义(Tomlinson, 1998d, 2000c, 2010, 2011, 2013)。这些文本也可以帮助读者/听众达到Rosenblatt(1968, 1978)所描述的那种审美反应,最终让读者真正走入文本、在文本中生活。

这样的表现可以收获情感上的冲击和深层次的加工,有利于语言习得,还可以帮助学习者培养自信和发展技能,让他们在课程之外以及课程结束后也能收获有价值的信息输入(Tomlinson, 1999c: 62)。

首先,这种文本可以让我们通过上述方式参与其中,文本内容可以来自诸如文学、歌曲、报纸和杂志、非虚构作品、广播和电视节目以及电影等。显然,这样的文本不易被发现,也较难在短时间内收集以阐释教学知识点,Bell和Gower(2011)在努力搜集引人入胜的真实文本素材,用以阐释他们在中级教材中所预先设定的教学点时,就发现了这一问题。因此,建立一个具有潜在参与性的文本库,让最终选定的目标水平文本来决定需要实施哪些教学点,这样会更容易,也更有效。显然,教授那些在引人入胜的课文中使学习者获得初次体验的语言特征,要比仅仅因为这些语言特征验证了预设的教学点便将其强加给学习者要有效得多,因为后者多半只是些"不吸引人"的文本。这个文本库的研发是持续的,与语境无关,其目的就是创造一种资源,可为后续特定的学习语境提供相匹配的学习文本。

2 文本选择

在该阶段,你可以从文本库中进行选择(可以选择一个文本用于特定的课程,或者多个文本用于一套教材或课本)。由于教材将由文本所驱动,这个过程十分重要,也应有文本选择的标准参照。在最初的文本选择中,明确地应用标准是个不错的选择,但后期可以凭直觉完成。

我认为有助于有效选择文本的标准包括:

- 文本能否从认知上和情感上吸引我？
- 文本有无可能从认知上和情感上有效地吸引大多数目标学习者？
- 目标学习者有无可能将文本与他们的生活联系起来？
- 目标学习者有无可能将文本与他们对世界的了解联系起来？
- 大多数目标学习者有无可能获得文本的多维心理表征？
- 文本有无可能激发目标学习者的不同个人反应？
- 文本的语言水平有无可能给目标学习者带来可企及的挑战？
- 文本的认知水平有无可能给目标学习者带来可企及的挑战？
- 文本的情感水平是否适合目标学习者的年龄和成熟度？
- 文本是否有助于学习者的个人发展？
- 文本是否有助于学习者最终接触到各类体裁（如短篇小说、诗歌、长篇小说、歌曲、报纸文章、小册子、广告等）？
- 文本是否有助于学习者最终接触到各种类型文本（如叙述文本、描写文本、说服文本、信息文本、论证文本等）？

我将按5分制对每个文本进行评分，只有上述每条标准都至少达到4分的文本才能入选。

注：

1）以是否有利于某一特定语言特征的教学为标准是危险的，这样会导致作者所选的文本无法吸引学习者，对于实现持久学习的教学目标毫无益处。

2）显然，专门用途英语（ESP）或学术英语（EAP）课程中的许多教学文本都应与目标学习者学习该课程的目的相关，但如果所有文本都以此为明确的目标，教材会陷入枯燥乏味的困境，学习者的参与度也会大大降低。这是我从两组教学活动中总结的教训：一组是沙特阿拉伯飞行员，他们跟我抱怨，说他们读够了有关飞机和机场的阅读资料；还有一组是伊拉克外交官，说他们厌倦了关于政治和外交的学习材料。然而，两个小组对课程学习中加入诗歌却反响热烈。重点在于，情感在学习过程中至关重要，即使是在目标非常明确的课程中亦是如此（Tomlinson, 1999a）。没有了情感，语言学习"可能会将学习者从一个有观点、有态度、有情感的人类个体降级为一个大脑仅狭隘地关注语言层面的解码者……这就妨碍了学习者的二语世界多维表征的实现"（Tomlinson, 1998a: 20）。这就意味着学习者没有调动全部的思想，没有激发神经网络连接的多样性，因此也无法实现有意义的、持久的学习。

3）让学习者接触课堂以外和课程结束后可能遇到的各种体裁文本，这一点很重要，但是我发现实现情感投入的最好方法是将文学文本纳入教材。在这里，我指的不是文学经典，而是精心撰写的文本，或叙述、或描写、或论证、或呼吁。这些文本鼓励读者进行个性化、多维度的反馈，为读者提供思考的空间（参见本书 Saraceni; Tomlinson, 1994a, 1998b, 2000a, 2001a）。在理想情况下，这些文本（尤其是较低层次的文本）语言简单，但在认知和情感层面值得深思（参见下面的例子）。

4）一篇文本要吸引一个班里所有的学习者，实非易事。我们的目标是，让他们中的大多数人参与到某个特定的课堂之中，让所有的人参与到整个课程之中。我发现实现这一目标的最好方法，就是确保大部分文本（并不是全部文本）都与一些基本的普遍主题相关，如出生、成长、上学、开启职业生涯、坠入爱河、步入婚姻以及走向死亡（尽管在一些国家这是个禁忌话题）。

3　文本经验

在这个阶段，您将再次体验已选定的文本，也就是通过再次阅读或倾听来重新走入文本的世界，反省自我，将头脑中呈现的活动记录下来。这种再次体验和反思的过程是必不可少的，因为唯有如此，设计出的活动才能帮助目标学习者同样参与进来。如果缺少了这一步骤,你很可能仅仅将文本视作语言的样本来研究,最终设计活动也只能让学习者关注文本的语言特征而已。当然,如果你实在无法再次走入文本,最好慎重考虑还要不要选择其来驱动材料。

4　准备活动

　　文本体验完毕,你就可以着手活动的设计,帮助学习者通过同样多维的途径体验文本内容。首先需要设计一些准备活动,让学习者为阅读体验做好准备。你的目标是帮助学习者达到阅读母语文本时所拥有的心理准备,防止出现二语读者常犯的词语搭配问题、担心理解不了原文(Tomlinson, 2000b)。"这些活动通过激活相关链接、引起读者注意、生成相关的视觉图像以及让学习者使用自身内部言语与自我开展相关话题讨论等方式,旨在激发与文本内容相关的心理活动。重要的是,所有的学习者都要敞开心扉,激活自己的思维,而不是正确地回答问题"(Tomlinson, 1999c: 63)。这些活动与"热身活动"不同,重点不在于让学习者开口说,而是让他们动脑子想,因此活动可以要求学习者通过阅读将内容形象化、画图、思考联系、扮演哑剧、陈述观点、叙述生活中的片段、分享知识、做出预测。也就是说,在学习者体验文本的时候,任何能帮助激活他们头脑中相关联系的方式,都是有效的准备活动。

　　例如,如果文本讨论的是一个尴尬瞬间,可以要求学习者想象一下自己生活中的尴尬时刻,帮助他们对文本中的人物产生同理心。如果文本讨论的是游客,可以让学习者思考并以小组的形式扮演他们所处地区典型的旅游场景。如果文本讲的是孩子上学的第一天,可以让他们想一想并与同伴分享自己上学的第一天。由于以上活动的目的是让学习者做好心理准备,而并非做好语言训练,任何形式的沟通活动都可以母语在单语低水平组中开展。

　　重要的是,课程始于学习者的认知,而非文本语篇。我们设计准备活动的目的就是帮助学习者获得与生活相关的文本个人体验。

5 体验式活动

这类活动旨在帮助学习者在阅读或倾听的同时在大脑中再现文本内容,进行多维度的呈现,提高学习者的参与度。我们鼓励学习者在阅读、听力的同时加入个人体验,因此这些活动应涵盖一些有助于文本再现的心理活动设计,而非随意打断文本的加工处理,亦不增加任务的难度或复杂性。比如在读到关于政客的文章时想象一下他的形象,利用内部言语对文章中的挑战性观点做出回应,在大脑中建立地图,重建某次旅程的描述,或者通过回忆自己生活中的例子来证实或反驳文章中的观点。这些活动不应将书面回答或结对/组讨论纳入其中,因为上述活动会打断参与者的体验,增加再现的难度。活动需在学习者开始阅读或听力之前提供给他们,且应通过简单明了、易于记忆和应用的方式开展。例如:

> 你将要听一首关于孩子第一天上学的诗。请你将自己想象成那个孩子,那天一开始,你就一个人孤零零地站在操场上。当你听到这首诗时,试着想象假如你是那个孩子,你会在操场上看到什么。

体验活动可以如上例所示,与给定的文本相关,也可以是过程方法的一部分,使学习者参与文本的创作过程,如下例所示:

- 教师大声朗读文本,在要点处停顿,让学习者大声说出对下一个单词或短语的预测;
- 教师听写一篇文本,在要点处停顿,让学习者与同伴比较自己所写内容,然后记录下一行内容(这种方法对诗歌特别有效);
- 教师大声朗读文本,由学习者表演课文内容(如果每组学习者在故事中扮演不同角色,这种方法尤其有效);
- 教师大声朗读文本大部分内容,让不同组别的学习者分别写出自己的结尾;

- 教师向学习者展示文本草稿,上面有学习者作为"编辑"对措辞提出的修改建议,然后让学习者写出自己的最终版本。

6　吸收反应活动

　　这类活动有助于学习者将文中所学内容加以发挥和表达。活动关注学习者从文本的最初阅读中获得的心理表征,促使其反思这种心理表征,而不是重新返回文本阅读。与传统的阅读理解不同,活动不会测试学习者对文本的理解;相反,这些活动通过鼓励学习者与他人分享自己对文本的理解,给予读后/听后的反应积极的开始。在这个过程中,学习者不会有对错之分,因为没有人会就文本进行提问,所有的问题都是围绕对文本的个人再现展开。诚然,学习者的心理表征可能只是局部的(甚至是肤浅的),但是在与他人交流的过程中学习者可以拓宽并深化这种心理表征。吸收反馈活动可以要求学习者对文中所说/所做事件思考后发表意见、表达情感。

　　学习者可以将从文中记下的东西视觉化、图像化或者对其进行模仿,可以将文本内容概述给未读过的人听,也可以向老师或其他熟谙文本内容的人提出问题以求明解。

　　教师不应对这些活动进行等级评定或是批评指责,但可以通过提问、通过引导学习者回想课文的特定部分,或者从课文中摘取精华部分加以"灌输"以激发学习者进一步思考和讨论,从而帮助他们加深最初的反应。

7　发展活动

　　"这类活动基于学习者对文本的心理表征,为有意义的语言产出提供了机会"(Tomlinson, 1999c: 63),促使学习者(通常是两人一对或以小组形式)在产出新内容之前再次回归文本。例如,课文中有个"死刑判决"的故事,讲述的是利物浦的一名男子被告知只剩下四个小时的生命,在阅读完这篇文本后,小组的学习者把故事设定在自己的家乡重写了这个故事。譬如,在阅读了"他们来自大海:第一部分"的故事后,学习者围坐成圈,每人一句轮流讲述"他们来自大海：第二部分"接下来发生的故事。在阅读了一篇广告中C5车型的优缺点之后，他们自行设计了改良版的C6车型，重新撰写广告。关键在于，他们在理解原文的基础上结合个人的生活经历，运用语言进行产出表达。在交流和写作的过程中，他们获得了语言学习和技能培养的机会；如果能在情感上参与一个可实现的挑战，也将从同伴和老师那里学到很多（前提是在教室走动发现其他学习者寻求帮助时，能够给予协助）。

8　输入反应活动

这类活动将学习者带回文本，让他们参与到学习性阅读或听力任务之中，旨在帮助他们发现文本的目的和语言特色。

理解类任务

这种输入反应任务让学习者对文本进行更深层的思考，探究作者创作文本的动机所在。任务的设计旨在帮助学习者运用目标语言发展批判性和创造性思维技能，这类任务通常使用以下一些活动类型：

- 深层次的问题（例如，你认为作者在现代版的《小红帽》中对社会有什么看法？）
- 关于文本中事件的辩论
- 为期刊所著的针对本文的批判性评论
- 对人物的采访
- 对作者的采访

意识类任务

这种输入反应活动为学习者提供了从对文本的集中研究中获得某种意识的机会（所谓意识，我指的是一种逐渐发展的理解力，它不同于知识，因为它是内在的、个性的、动态的和多变的）。这种意识可以是语言使用的意识（Bolitho and Tomlinson, 1995, 2005）、交际策略的意识（Tomlinson, 1994b）、话语特征意识、体裁特征意识或者文本类型特征意识。意识类任务通常包括对文本某种特征的探索和"研究",包括分析在其他同等文本中出现的相同特征以检验所探究的特征的典型性。例如,可以让学习者从Roger McGough的诗篇《万一着火》("In Case of Fire")中归纳出"万一"(in case of)的形式和功能,然后让他们在各种通知和指导手册中找到使用"万一"的不同例子并进行比较。也可以要求学习者概括在小说场景中一位人物与父亲交谈时对祈使句的使用情况;或者要求他们通过总结杂志上的不同广告发现广告的典型文体特征。重要的是,线索都在文本中,应来自学习者已有整体体悟的文本,再在教师的帮助下聚焦文本的特征细节,从而有所发现。通过这种方式的学习,学习者在学习过程中投入了大量的认知能力、情感能量和关注,有望大幅提高语言习得的效果(Pienemann, 1985; Tomlinson, 1994b, 2013)。

我在使用这个框架时,经常让学习者利用他们在意识类活动中的发现,对发展类活动的输出进行修正。例如,学习者在对C5车型的真实广告(可能还有其他汽车广告)进行分析后会发现广告文本的语言特征和文体策略,以此为依据对他们之前设计的C6车型广告进行修正。

教材框架的使用

最好灵活使用以上框架。显然,不同阶段的开展有先后顺序(例如,准备活动要在体验性活动之前开展),目前已有强有力的证据证明一些阶段应先于其他阶段的活动开展(例如,吸收反应活动应先于输入反应活动,这样学习者从已理解的内容到还需认真思考的内容层层递进)。不过,也没有必要按部就班地遵循框架中的所有阶段(这取决于每个班级的参与度、需求、愿望,以及核心文本的重点所在),某些阶段的开展顺序也可能会不同(例如,发展活动可以在输入反应活动之前或之后进行)。有时出于学习者的需要,老师可能会决定专注于某一特定类型的活动(例如,在短暂的吸收反应活动之后,接下来老师可能会在剩余的课时关注文体意识类活动,因为文本所诠释的特定体裁(如科学报告)对这一特定班级来说是新颖且重要的部分)。对于教材研发人员来说,将所有阶段都包含在实际的课程材料之中是很有用的,这样教师(可能还有学习者)就可以根据实际情况决定使用哪些阶段以及使用的具体顺序。重要的一点是,担心看不懂原文,应该是在理解原文之前(Kolb, 1984),且应鼓励学习者对文本做出全面的、情感上的、多维的反馈,然后再帮助他们对文本内容进行更深入的思考,从中明确地学习到一些东西。

在上述框架指导下,为某个特定班级或课程研发出吸引学习者的规范性教材就变得轻松许多。我自己也用它来准备课程,哪怕是只有五分钟准备时间的临时课程也非常有效。我在比利时、日本、卢森堡、新加坡、土耳其和越南都实践过,教师在此指导下15分钟内即可产出行之有效的单元教学素材。

使用中的教材框架案例分析

下面是一个文本驱动的教材框架,用以编写一堂90分钟课程的教学素材:

《我是一位老老太太》("I'm an old, old lady")

1　让学习者想象一位自己认识的老太太,试着在脑海中勾勒出老人的照片,想象一下她在哪里,在做什么,穿着什么,然后让学习者跟自己说说他们对老人的感受;

2　学习者结成对子讲述他们想象中的老太太,描述自己脑海中的照片,谈谈他们的感受;

3　告诉学习者要给他们读一首关于老太太的诗,请他们听的时候把脑海中的画面从原来的人物切换成诗中的人物,同时自己说一说他们对诗中那位老人的感受;

4　给学习者朗读下面这首诗:

I'm an old, old lady

And I don't have long to live.

I am only strong enough to take

Not to give. No time left to give.

I want to drink, I want to eat,

I want my shoes taken off my feet

I want to talk but not to walk

Because if I walk, I have to know

Where it is I want to go.

I want to sleep but not to dream

I want to play and win every game

To live with love but not to love

The world to move but me not move

I want I want for ever and ever

The world to work, the world to be clever.

Leave me be, but don't leave me alone.

That's what I want. I'm a big round stone

Sitting in the middle of a thunderstorm.

There you are: that's true.

That's me. Now: you.

(John Arden, 1962)

5　学习者再读这首诗,想想自己头脑中的老人照片,然后决定
　　对她的看法;

6　学习者分组讨论他们对诗中人物的以下评价的反应:我不
　　喜欢这位女士。她很自私;

7　给学生这首诗和三张截然不同的老太太的照片,然后让小组
　　决定是哪位老太太写了这首诗;

8　每个小组加入另一个小组,继续讨论他们对第6和第7题的
　　回答;

9 学习者进行以下任一项,可以是单独的,也可以结对或小组进行:

 i 学着用老太太的声音朗诵这首诗;

 ii 就该诗画一幅图;

 iii 假设你就是主人公,请给你在澳大利亚的儿子写封信;

 iv 假设你就是主人公,请写下你今天的日记;

 v 假设主人公去公园,在公园长椅上遇到一位老先生,请写下他们之间的对话;

 vi 假设你是主人公的家人,请你召开家庭会议决定如何帮助她;

10 学习者分组讨论以下问题:

 i 你觉得老太太说 "I'm a big round stone/Sitting in the middle of a thunderstorm." 是什么意思?

 ii 你觉得你认识的老太太与诗中的主人公有何相似或不同之处?

 iii 你觉得这首诗展示了你们国家和英国的文化之间有何相似和不同之处?

11 在这首诗的结尾,老太太说:"There you are: that's true./That's me. Now: you.",请学习者写一首关于自己的短诗,从 "I'm a ..." 开始;

12 让学习者思考以下问题:

 i 诗中的老太太通篇使用的是什么时态?你觉得她为什么用这种时态?从其他文本中找到使用这种时态表达相同功能的例子;

 ii 老太太用了很多祈使句:

 a 列出诗中所有的祈使句,

 b 用诗中的例子概括说明祈使句的形式,

 c 概括一下诗中的老太太所使用祈使句的作用,

 d 从其他文本中寻找与诗歌中具有相同功能的祈使句;

13 请学习者利用第12题中的发现改进他们在第11题中所作的诗。

上述案例中可以有许多活动,显然教师没有必要开展所有的活动。具体选用哪些活动取决于学习者的能力和参与度,教师和/或学习者可以从活动菜单中做出原则性的选择。然而,这些活动的设计和先后顺序都应遵循基于语言习得原则的框架,这种原则的连贯性不应被打乱(表4.1)。

表4.1 文本驱动方式的推荐阶段

	阶 段	学习者活动	原 则
1	准备活动	回顾有助于学习者与核心文本内容相关联的个人相关经历。	1) 个人联系 2) 视觉想象 3) 使用内部言语
2	体验活动	初次体验文本时,将准备活动中产生的图像、想法与文本联系起来。	1) 个人联系 2) 视觉想象 3) 使用内部言语 4) 情感参与、认知参与 5) 高水平技巧的使用 6) 聚焦意义
3	吸收反应活动	培养并阐述对文本的个人反应	1) 个人联系 2) 视觉想象 3) 情感参与、认知参与 4) 使用内部言语 5) 互动
4	发展活动1	通过延续文本、重新定位文本、改变作者的观点、个性化文本、回应文本等途径来发展文本。	1) 个人联系 2) 视觉想象 3) 使用内部言语 4) 情感参与、认知参与 5) 高水平技巧的使用 6) 聚焦意义 7) 互动 8) 目的性交流

续　表

阶　段	学习者活动	原　则
5　输入反应活动	关注文本的特定语言、语用、语篇、体裁或文化特征以便在文本中有所发现。	1) 个人联系 2) 视觉想象 3) 使用内部言语 4) 情感参与、认知参与 5) 高水平技巧的使用 6) 互动 7) 注意
6　发展活动2	利用上述5中的发现对4中的初稿进行修正	同4

改编自Tomlinson, 2013: 24.

基于网络的框架调整

尽管上述框架主要是文本驱动,但仍可以调整为活动驱动的框架,活动的文本基础有两种来源,学习者可以从为他们提供的文本库中挑选,也可以从学习者在一段时间内自主建立的文本库中挑选。除此之外,教材还可以基于不同的文本体裁(如广告、报告、笑话、公告、故事等),要求学习者从互联网上查找合适的、参与性强的文本,如下例所示。

新闻报道

1　做好准备

构想新闻中的一个故事,然后:

- 在脑海中想象发生的事情;
- 将脑海中的故事看作一系列英文标题;
- 在脑海中预测故事接下来会发生什么;
- 在脑海中的图片下方设计一个英文说明;

● 在脑海中想象该故事刊登于新闻报纸上时的英文标题。

如果你和其他成员一起合作学习,那么请交流你的创作。

2　读新闻

试着从你能得到的任何英文报纸和以下一些报纸网站上查找与你的故事有关的文章、社论、信件和照片:

_ 路透社

_《国际先驱论坛报》

_《卫报》

_《星期日泰晤士报》

_《泰晤士报》

_《每日电讯报》

_《爱尔兰时报》

_《洛杉矶时报》

_《纽约时报》

_《澳大利亚人报》

_《悉尼先驱晨报》

_《日本时报》

_《海峡时报》—新加坡

_《每日邮报》和《卫报》—南非

3　做笔记

按照以下标题记录你所查找的与你的故事相关内容:

我(们)的反应

事实

观点

争论

我(们)的预测

如果你和组员一起合作,请对比彼此的笔记。如果你愿意的话也可以修改自己的笔记。

4 写文章

利用上述笔记为你自己国家的英文报纸或杂志写一篇这个故事的概要(如果你愿意,你可以编一篇)。在你的文章中请关注:

> 你对所发生事件的看法;

> 这个故事所引发的争论。

试着用新闻的写作惯例来为你的文章布局,如使用大标题、题目、粗体字、照片、说明等,你也可以查看其他报纸上的文章作为参考。

5 报道对比

回到你在活动2中所访问的网页,关注其中三个网页。

仔细阅读每一篇文章,按照以下题目记下文章间的差异:

> 如何突出故事

> 事实真相

> 主要重点

> 观点态度

> 文体风格

如果可以,请将你的笔记和其他组员的笔记进行比较。

6 语言工作

i 直接引语与间接引语

    a 结合你在上述文本(以及你可以获得的任何其他报纸文章)中的示例,完成以下陈述:

        当实际话语⋯⋯时,使用直接引语。(例如⋯⋯)

        当内容而非⋯⋯(例如⋯⋯)或当记者不想⋯⋯(例如⋯⋯)时,使用间接引语。

    b 再读一遍上述分析过的课文,思考一下它们是如何引用别人说的话,然后执行以下操作:

      • 文章主要使用的是直接引语还是直接引语?你觉得这是为什么?

      • 选择五个间接引语的例子,并说明在你看来为什么作者使用间接引语而不是直接引语。

- 选择五个直接引语的例子,并说明在你看来为什么作者使用直接引语而不是间接引语。

- 在新闻报道/文章中,你是否注意到间接语言的使用有什么特别之处?

- 在新闻报道/文章中,你是否注意到直接引语的使用有什么特别之处?

c 如果可以,把你上面的发现和其他人的发现进行比较。然后一起看看网络上的其他新闻故事来证实或延伸你的发现。

d 在你的英语用法笔记中记下关于直接引语和间接引语的用法。

ii 被动语态

a 在报纸文章中找到五个使用被动语态的例子(例如,"The gate was left open."),解释每一个例子中被动语态的功能。

b 看看报纸网站上的标题,预测一篇可能频繁使用被动语态的报道、一篇不太可能使用被动语态的报道。阅读这两份报道,看看你的预测是否正确。对于两份报道中每一种使用被动语态的情况都请说明它的功能。

c 完成以下关于被动语态在报纸报道中典型用法的概括,并将其记在你的英语用法文档中:

被动语态在报纸报道中通常用于:

- 避免直接⋯⋯(例如⋯⋯)

- 表明施动者其实是⋯⋯(例如⋯⋯)

- 表明是行动而不是⋯⋯(例如⋯⋯)

7 写文章

浏览上述新闻网站,找到你感兴趣的新闻。

选择一则故事,预测故事明天会发生什么。

想象一下现在就是"明天",而你正是一名新闻记者,请把刚刚发生的事写下来,尽量保持原文的体裁惯例和风格,但也尽量让你的故事具有吸引力和趣味性。

待第二天实际新闻刊出后,将你的报道和实际新闻报道就以下方面进行比较:

内容

风格

语言用法

8 后续

i 每天在网上阅读一篇新闻,持续一周。每个故事都要做到先阅读内容,然后自我讨论;再读一遍,思考语言的用法(尤其是直接引语、间接引语和被动语态)。

ii 修改和改进活动7中写的文章。

其他类型的原则性框架

自2003年本章首次发表以来,基于任务的语言教学材料研发方法得到了广泛关注。在这些方法中,学习者需要完成任务,任务的重点是意义而不是形式,他们的目标是成功完成任务,而不是语言的外显学习。理论上学习者可以从任务的完成中来习得语言、语言策略、学习策略和沟通技巧(例如,组织和召开会议来决定班级出游,为班级图书馆在线订购书籍,发明节约用水的装置等)。增强版侧重于任务的执行,教师是可利用的语言资源;也有版本在任务完成后会对学习者的语言使用设计"事后"反思的阶段。减弱版包括准备阶段,即在任务的执行过程中对有用的语言进行"教学"。

基于任务的教材研发方法的主要共同点就是任务:

- 指定非语言结果,
- 设定可实现的挑战,

- 需要使用语言才能达到指定的结果，
- 复制语言的真实使用情境，
- 具有学习者目标和教师目标。

我设计任务时会遵循以下原则性框架作为辅助：

1）准备活动（将学习者的先前体验与他们将要执行的任务之间建立联系），

2）任务相关体验，

3）对体验的个人反应，

4）任务说明，

5）任务执行1，

6）发现语言特征（从学习者和/或熟练的语言使用者对任务表现的"事后"分析中得出），

7）任务执行2（类似任务）。

对基于任务的方法的相关讨论、建议框架和示例参见Van den Branden（2006）、Willis和Willis（2007）、Ellis（2010, 2011）以及Tomlinson（2013: 21-23）。

目前受到教师，特别是学习者所欢迎的基于任务的方法之一就是问题解决法。在这种方法中，学习者面对的是问题，他们的任务目标就是解决这个问题。在应用这种方法时，我利用上述基于任务的原则性框架，配以"任务执行1"和"任务执行2"，包括提出问题解决方案的尝试。我提出的问题包括制定水资源短缺问题的解决方案，提出在阿曼引入鲑鱼捕捞的建议以及判定"他们把钱投资在哪里，可以引进鲑鱼"等。有关解决问题方法的详细讨论和示例，参见Mishan（2010）。

另一个广受欢迎的原则性方法就是内容与语言融合式学习（Content and Language Integrated Learning，即CLIL）。在这种方法中，学习者用正在学习的语言学习一门学科（如数学）、一个主题（如世界各地的足球）或一项技能（如如何吹小号）。

> CLIL教材将二语习得理论应用到实践中，它提供丰富而有意义的语言使用接触，激发情感和认知参与（如果内容是学习者所热衷的内容），提高学习者相互交流、产出较长口语文本和书面文本（如在演示和项目活动中）的意愿和目标。其中一些教材还包括提醒学习者注意语言使用情况的活动。(Tomlinson, 2013: 22)

我在研发CLIL教材时使用的是上述文本驱动或者基于任务的框架。有关不同版本CLIL原理和程序的讨论参见Snow（2005），有关CLIL教材的示例参见Coyle等人（2010）和Tomlinson（2013: 22−23）。

结　语

　　上述原则性框架的示例旨在说明在教材研发之前构建框架的意义。我的主要观点是，课程中的活动应该与学习者的需要和愿望相匹配，与语言学习的原则相匹配，并且这些活动的开展方式应能让学习者和教师灵活使用、保持连贯性。要做到这一点，最好的办法是既要考虑教材使用的目标语境，也要考虑作者的原则和经验，然后制定灵活的框架来指导每个单元的编写。后期可能需要根据管理和出版商的实际需求达成一定妥协，但至少整个编写过程是以学习者为中心，是遵循原则性框架的。

参考文献

Arden, J. (1962), 'The happy haven', *New English Dramatists 4*. London: Penguin.

Bell, J. and Gower, R. (2011), 'Writing course materials for the world: a great compromise', in B. Tomlinson (ed.), *Materials Development in Language*

Teaching. Cambridge: Cambridge University Press, pp. 135–150.

Bolitho, R. and Tomlinson, B. (1995, 2005), *Discover English* (new edn). Oxford: Heinemann.

Cochingo-Ballesteros, C. A. (1995), 'Spoken English handbooks and audio tapes for the elementary grades', in A. C. Hidalgo, D. Hall and G. M. Jacobs (eds), *Getting Started: Materials Writers on Materials Writing*. Singapore: SEAMEO Regional Language Centre, pp. 46–56.

Coyle, D., Hood, P. and Marsh, D. (2010), *Content and Language Integrated Learning*. Cambridge: Cambridge University Press.

Ellis, R. (2010), 'Second language acquisition research and language-teaching material', in N. Harwood (ed.), *English Language Teaching Materials: Theory and Practice*. Cambridge: Cambridge University Press, pp. 33–57.

— (2011), 'Macro- and micro-evaluations of task-based teaching', in B. Tomlinson (ed.), *Materials Development in Language Teaching*. Cambridge: Cambridge University Press, pp. 212–235.

Flores, M. M. (1995), 'Materials development: a creative process', in A. C. Hidalgo, D. Hall and G. M. Jacobs (eds), *Getting Started: Materials Writers on Materials Writing*. Singapore: SEAMEO Regional Language Centre, pp. 57–66.

Fortez, G. E. (1995), 'Developing materials for tertiary level expository writing', in A. C. Hidalgo, D. Hall and G. M. Jacobs (eds), *Getting Started: Materials Writers on Materials Writing*. Singapore: SEAMEO Regional Language Centre, pp. 67–81.

Hidalgo, A. C., Hall, D. and Jacobs, G. M. (eds) (1995), *Getting Started: Materials Writers on Materials Writing*. Singapore: SEAMEO Regional Language Centre.

Hutchinson, T. and Waters, A. (1984), *Interface: English for Technical Communication*. London: Longman.

Johnson, K. (2003), *Designing Language Teaching Tasks*. Basingstoke: Palgrave Macmillan.

Jolly, D. and Bolitho, R. (2011), 'A framework for materials writing', in B. Tomlinson (ed.), *Materials Development in Language Teaching* (2nd edn). Cambridge: Cambridge University Press, pp. 90–115.

Kolb, D. (1984), *Experiential Learning: Experience as the Source of Learning and Development*. Englewood Cliffs, NJ: Prentice Hall.

Luzares, C. E. (1995), 'Scientific writing: developing materials without reinventing the wheel', in A. C. Hidalgo, D. Hall and G. M. Jacobs (eds), *Getting Started: Materials Writers on Materials Writing*. Singapore: SEAMEO Regional Language Centre, pp. 25–30.

Maley, A. (1995), 'Materials writing and tacit knowledge', in A. C. Hidalgo, D.

Hall and G. M. Jacobs (eds), *Getting Started: Materials Writers on Materials Writing.* Singapore: SEAMEO Regional Language Centre, pp. 220–239.

Masuhara, H., Hann, M., Yi, Y. and Tomlinson, B. (2008), 'Adult EFL courses', *ELT Journal,* 62/3, 294–312.

Mishan, F. (2010), 'Withstanding washback thinking outside the box in materials development', in B. Tomlinson and H. Masuhara (eds), *Research for Materials Development in Language Learning: Evidence for Best Practice.* London: Continuum, pp. 353–368.

Nunan, D. (1988), 'Principles for designing language teaching materials', *Guidelines,* 10, 1–24.

Peinemann, M. (1985), 'Learnability and syllabus construction', in K. Hyltenstam and M. Peinemann (eds), *Modelling and Assessing Second Language Acquisition.* Clevedon, Avon: Multilingual Matters.

Penaflorida, A. H. (1995), 'The process of materials development: a personal experience', in A. C. Hidalgo, D. Hall and G. M. Jacobs (eds), *Getting Started: Materials Writers on Materials Writing.* Singapore: SEAMEO Regional Language Centre, pp. 172–186.

Prowse, P. (1998), 'How writers write: testimony from authors', in B. Tomlinson (ed.), *Materials Development in Language Teaching.* Cambridge: Cambridge University Press, pp. 130–145.

— (2011), 'How writers write: testimony from authors', in B. Tomlinson (ed.), *Materials Development in Language Teaching* (2nd edn). Cambridge: Cambridge University Press, pp. 151–173.

Ribe, R. (2000), 'Introducing negotiation processes: an experiment with creative project work', in M. P. Breen and A. Littlejohn (eds), *Classroom Decision Making: Negotiation and Process Syllabuses in Practice.* Cambridge: Cambridge University Press.

Richards, J. C. (1995), 'Easier said than done: an insider's account of a textbook project', in A. C. Hidalgo, D. Hall and G. M. Jacobs (eds), *Getting Started: Materials Writers on Materials Writing.* Singapore: SEAMEO Regional Language Centre, pp. 95–135.

— (2001), *Curriculum Development in Language Education.* Cambridge: Cambridge University Press.

Rosenblatt, M. L. (1968), *Literature as Exploration.* Oxford: Heinemann.

— (1978), *The Reader, the Text, the Poem.* Carbondale, IL: Southern Illinois University Press.

Rozul, R. H. (1995), 'ESP materials development: the writing process', in A. C. Hidalgo, D. Hall and G. M. Jacobs (eds), *Getting Started: Materials Writers on Materials Writing.* Singapore: SEAMEO Regional Language Centre, pp. 209–218.

Snow, M. A. (2005), 'A model of academic literacy for integrated language and content instruction', in E. Hinkel (ed.), *Handbook of Research in Second Language Teaching and Learning*. Mahwah, NJ: Lawrence Erlbaum, pp. 693-712.

Tomlinson, B. (1994a), *Openings*. London: Penguin.

— (1994b), 'Pragmatic awareness activities', *Language Awareness*, 3 (3), 119-129.

— (1998a), 'Affect and the coursebook', *IATEFL Issues*, 145, 20-21.

— (1998b), 'And now for something not completely different: an approach to language through literature', *Reading in a Foreign Language*, 11 (2), 177-189.

Tomlinson, B. (ed.) (1998c), *Materials Development in Language Teaching*. Cambridge: Cambridge University Press.

Tomlinson, B. (1998d), 'Seeing what they mean: helping L2 readers to visualise', in B. Tomlinson (ed.), *Materials Development in Language Teaching*. Cambridge: Cambridge University Press, pp. 265-278.

— (1999a), 'Adding affect to ESP (English for Special People)', *ESP SIG Newsletter*, 15, 26-34.

— (1999b), 'Developing materials for materials evaluation', *IATEFL Issues*, 147, 10-13.

— (1999c), 'Materials development for language teachers', *Modern English Teacher*, 8 (1), 62-64.

— (2000a), 'A multidimensional approach', *The Language Teacher Online*, 24/07.

— (2000b), 'Beginning to read forever', *Reading in a Foreign Language*, 13 (1), 523-538.

— (2000c), 'Talking to yourself: the role of the inner voice in language learning', *Applied Language Learning*, 11 (1), 123-154.

— (2001a), 'Connecting the mind: a multi-dimensional approach to teaching language through literature', *The English Teacher*, 4 (2), 104-115.

— (2001b) 'Humanising the coursebook', *Humanising Language Teaching*, 5 (3). Canterbury: Pilgrims.

— (2010), 'Principles of effective materials development', in N. Harwood (ed.), *English Language Teaching Materials: Theory and Practice*. Cambridge: Cambridge University Press, pp. 81-108.

— (2011) 'Introduction; principles and procedures of materials development', in B. Tomlinson (ed.), *Materials Development in Language Teaching* (2nd edn). Cambridge: Cambridge University Press, pp. 1-34.

— (2013), 'Second language acquisition and materials development', in B. Tomlinson (ed.), *Applied Linguistics and Materials Development*. London:

Bloomsbury, pp. 11−30.

Tomlinson, B. and Masuhara, H. (2013), 'Review of adult ELT textbooks', *ELT Journal*, 67 (2), 233−249.

Tomlinson, B., Dat, B., Masuhara, H. and Rubdy, R. (2001), 'EFL courses for adults', *ELT Journal*, 55 (1), 80−101.

Van den Branden, K. (2006), *Task-Based Language Education: From Theory to Practice*. Cambridge: Cambridge University Press.

Willis, D. and Willis, J. (2007), *Doing Task-Based Teaching*. Oxford: Oxford University Press.

第五章　教材的功能决定其教学设计

——系统功能理论的应用

Duriya Aziz Singapore Wala

引　言

　　本章由《语言教学材料研发》(Tomlinson, 2003)一书中的一个章节《教材之所以如此由其功能决定：编辑的视角》(Singapore Wala: 58-71)及其作者的部分博士研究和论文修改而成。本章探究了教材的教学设计，它是设计产生的语境(包括文化语境和情境语境)的产物，探讨了通过教学设计在语言教学教材中创造的各种意义，以及教材研发语境在这些意义创造中的作用。系统功能理论的概念和原则(参见 Halliday 和 Matthiessen, 2004)有助于构建一个框架，用以分析教材的教学设计如何在特定的文化语境和情境语境中，以符号系统的形式在多个层面同时创造意义、实现各利益相关者目标。

功能系统理论的几个概念

　　系统功能理论为我们提供了工具，帮助我们通过教材的教学设计来理解知识建构过程中使用及创造(有意或无意、自觉或不自觉)的各种选择体系和网络。这将成为我们理解教材的教学设计和思想基础，阐明教师和学习者、语言学习以及教材本身在教材中定位的框架。这样建构和呈现的知识不是单纯的，而是有动机的，它包含了一种将教材作为脚本或资源在课堂使用的倾向。最终的决定可能还是教师在课堂上做出的,但是教材本身可以影响教师的决定。

教材的教学设计不是教师个人的独白,而是涉及利益相关各方的合唱(甚至是杂音!)。即使在最简单的模型中,涉众至少也有出版商和作者。双方的选择都将影响教材的最终成果。教师和用户也是教材的利益相关方,他们是否会影响选入教材的内容取决于这些材料是否经过了试验或焦点测试(参见 Amrani, 2011)以及在教材研发和审查过程中在多大程度上征求了教师的意见。当然,教师对一本教材能否选入课堂使用影响更大,同时也会影响教材的选择和后续使用。通常情况下,当教材根据国家指示或教学大纲的变化而不断更新,中央审查机构(通常是教育部)在审核过程中起着至关重要的作用,而审核的影响范围和影响规模取决于这个过程本身以及审核方希望在多大程度上管控审批教材的内容质量。

系统功能理论对教材分析的主要吸引力在于,它将文本视为社会文化的产品,旨在实现三种主要功能(元功能),这种分析有助于我们发现文本体现的真正意义,这也是利益相关各方复杂的有意识和无意识互动的结果。最后,我们将结果与教材创作的初衷相对比就会得到一些启示,譬如关于教材是否有效实现了某些目标、关于教材研发过程本身以及作为社会、文化、政治产物的教材本身带给我们的启示。从这个意义上来看,系统功能理论有助于开发理论模型和分析方法,以评估基于“功能和意义”的教材教学设计(Baldry and Thibault, 2006: xvi)。

在教材研发过程设计的背景下进行教材评估,也很有必要,同时还要考虑教材利益相关各方的影响。不同的利益相关方从意识形态和功能驱动的角度进行操纵,这些观点可能存在冲突,一种观点会相较其他观点占据上风并在教材中得到明显体现。系统功能框架将有助于揭示这些含义,因为它将教材的教学设计视为“文本”,即“功能性语言”(Halliday and Hasan, 1985, 引自 Butt et al., 2009: 3),这是一种“社会互动的真实产物,与协商教材的社会和文化语境相关”(Eggins, 1994: 1)。

　　在拓展前述章节所提出的概念（Singapore Wala, 2003: 58-71）的基础上，本章将Halliday的观点，即"语言之所以如此，取决于其功能"（1978: 19），以及其内涵，即从现有的语言资源中选择的语言材料与语言使用的功能有关，应用到ESL教材分析。考虑到教材的教学设计正是由其功能所决定，本章试图研究以下问题：教学设计"是"怎样的？教材的教学设计必须要做什么？两者之间的关联是什么？

　　除了仅仅列出教材教学设计的各种特征、属性存在与否之外，还需考虑它们的存在或缺失意味着什么。因此教学设计被视为从各种待用选项中做出的选择集合，这些选择是有意义的，那么教学设计在有意或无意中使用了什么方法来传达这些意义？

　　教材的教学设计本身可以看作一种交际行为，但也是动态的产物，教材与参与各方在语言教学的语境中共同合作创造意义。正如语言一样，教材的教学设计本身并不是孤立存在的，它为了满足某种需求、实现某个目的、执行某项功能或是传达意义而存在。重要的是，教材研发人员要意识到上述需求、目的、功能和意义，才能运用恰当而充足的资源来处理素材、传达信息。作为符号系统，教材的教学设计按照不同水平的要求，从可选资源库中做出选择，从而创造意义，旨在特定语境中发挥特定功能。

　　我们赋予语言的意义是经过社会建构和协商的，或者用Halliday的话说，"语言的语法系统所采用的特定形式与语言所要服务的社会需求和个人需求密切相关"（Halliday, 1970: 142）。这就意味着语言以及——引申来说——教材，并不存在于真空——其存在是为了实现某一目的，在特定的使用情境、文化语境和基本原理（或意识形态）内，同时受到这些因素的影响，最终所有的文本都是"功能性"的（Halliday and Hasan, 1985），存在于特定的语境之中。例如，晚会邀请的语言和形式取决于晚会是正式的（如办公室聚会）还是非正式的（如生日聚会），以及被邀请者是商业伙伴还是普通朋友。其形式可以是印刷卡片、电子邮件、非正式的面对面交谈或电话等。在不同的场合下可以做出不同的选择，但是无论哪种情况下都需要包含日期、地点等重要信息。同样，一本教材需要有教学的功能，它有自己的一套教学目标,如教学大纲所列。不过教什么、什么时间教、怎么教,都需要做出选择。谁来做这些选择? 如何做出选择? 在所有待选项中为什么选择做出这些选择? 教材的教学设计就是上述种种的反映,因此它受其所产生的文化和情境的影响,也成为文化和情境的代言。

因此,功能语言学所确定的语言使用的三种语境——情境、文化和意识形态——也可以应用到教材的教学设计中。教学设计是对教学情境所构建的复杂社会需求的回应,而教学情境的主要组成部分就是学生对简化的知识概要(可以是关于“事实”的知识,也可以是诸如写作过程等问题的一般性建议)的需求,或感知的需求。构成这种需求的社会知识为教师和学生所共享,因为他们共同参与了其建构的社会环境,即课堂环境。

语域理论描述了语言事件情境的直接语境维度对语言使用方式的影响。这些维度也存在于教材教学设计的情境语境之中。情境的三个主要维度对语言的使用有着显著的影响。这三个维度,也就是语域的变量,即语式(反馈的数量和语言/教材的角色)、语旨(说话者/听者之间的权力、联合角色关系,在我们的例子中表现为教材和教师/学习者之间的角色关系)和语场(活动的主题或焦点),可以用来解释为什么语言/教材是这样的。

体裁的概念可以用来描述教材的文化语境,探索阶段性、循序渐进的结构将文化制度化为实现目标的方式。体裁不仅仅是一组可识别的形式特征。正如 Pare 和 Smart(1994: 146–154)所定义的那样,它是“跨越四个维度对规律性的独特概述: 一组文本、创作这些文本所涉及的写作过程、解释文本的阅读实践以及读者和作者所扮演的社会角色”。正是这些社会角色、写作和阅读的过程真正解释了教材是什么,而并非那些表面特征。体裁来源于情境,反之则不行。如果我们想更改教材的体裁,就必须先要改变再现体裁的情境要素,才能得以实现。课堂的主导模式是知识接受型还是知识生成型,将会影响到教材教学设计的最终体现。因此,从一本教材出发,我们就可以预测语言教学环境所运作的模式。

在语言课程体系中,教材的角色和功能的定义与教学内容(教学大纲)以及学习者和教师的角色有关(Richards and Rodgers, 1997: 25)。教学大纲从语言要素的角度定义了语言学习的内容,规定了要教授的特定语言要点的选择和顺序,这些语言要点代表了语言学习的要素,确定了语言学习的目标,"教学材料……规定了主题内容……定义或建议了特定教学大纲内容的覆盖强度……同时定义(或暗示)了日常学习目标,这些目标(应该)共同构成教学大纲的目标"(Richards and Rodgers, 1997: 25)。

　　教材的地位反映了或者必须反映其主要目标和形式的选择,反映了教材与其他输入信息资源的关系,反映了教师的能力。某个教学体系的特定设计可能意味着教学材料在支持教学大纲、教师和学习者方面的一组特定角色(同上)。因此,教材的教学设计不仅要考虑到教学大纲所规定的学习结果、学习目的和目标,还必须考虑到教师的需要、能力和课堂教学的语境。这种语境都将影响教材形式或体裁的塑造。

　　更高层面的语境是意识形态。无论涉及何种体裁,不管情境的语域怎样,我们对语言的使用都将受到意识形态的影响:譬如我们所持有的价值观(自觉和不自觉的),我们的偏见和观点。"隐性课程"(Cunningsworth, 1995: 90)存在于任何一种教育项目,但都是不公开的。教材会直接或间接地传达其构成中固有的社会、文化价值观。一门课程(这门课程的教材也是其中一部分)不可能是中立的,因为它必须反映一种社会秩序的观点,含蓄或明确地表达一种价值体系(同上)。虽然在这一点上,教材研发和评估与语言内容或方法论视角不同,却同等重要,因为教材中蕴含的价值体系会影响学习者整体的认知和态度,尤其是对英语学习的认知和态度。这些对隐性课程和教材设计中意识形态的关注对教材研发者来说有着重要的意义,因为语言教学的材料不仅要考虑内容和方法,而且要考虑文化因素和意识形态因素以及其表征,这一点同样重要。意识形态在被选择的文本中、文本的选择上、规定的任务中以及教师和学习者的定位中都是隐性的、相通的。

　　根据上述讨论,在规划和研发教科书或教材的过程中,教材研发人员必须提出并回答以下问题:

- 这本教材的教学设计是如何组织使用的?
- 教材的设计和结构体现了怎样的语境维度?是如何体现的? 为什么会体现这些维度?
- 教材的教学设计中,明确或含蓄地表达了怎样的世界观、英语 观、英语学习观、教师观和学习者观?

	语言	教材
内容	语义学 (意义)	教学大纲目标/成果
	词汇语法 (单词和结构)	教学范围、教学顺序、教学方法
表达	音系学/笔迹学 发音/字母	包含语言和视觉要素的多模态形式教学设计

图5.1　Eggins(1994: 21)在教材分析中的应用

来源:改编自 Singapore Wala (2003)中的 Eggins (1994: 21)。

正如在语言中一样,功能分析法揭示了意义是通过单词和结构来 实现的,而单词和结构又是通过发音和字母来实现的;在教材中,教学 大纲的目标是通过教学范围、教学顺序和教学方法来实现的,而这些 最终又是通过语言、视觉要素和任务设计等多模态形式来实现的。

正如在语言中一样,图5.1中所示的三个操作层面系统而全面地 相互关联,但每一个层面均在基于自身功能的规则所支配的结构化 体系内运行,因此教材的每一个层面都必须与另一个层面系统而全 面地相关联,且受到自身结构和功能规则的支配。

文化语境:教材的体裁

如前所述,体裁包括大家公认的常规阶段或步骤,这些构成了体裁的图式结构。例如，一篇叙述文本，最简单的形式可以有以下几个阶段或图式结构：背景、问题、复杂性、高潮、解决方案、结尾。对叙述及其惯例的了解让我们能够在阅读或听到叙述文本时做出辨识。同样地，语言教材也有一些典型的阶段，形成了一个图式结构。

语言教学书籍中的教学单元遵循了语言教材的体裁共同的基本模式，但也可从中观察到图式结构的变化。典型的图式结构如下：

标题^引言^学习任务^学习任务^（系列学习任务）^结束语

作为符号系统的一部分，语言和教材的教学设计所涵盖的资源足以实现三种广泛交际功能（即 Halliday 术语中的元功能），或同时产生三种主要意义，即概念性、人际性和语篇性。

概念元功能

第一个功能是"概念性"，它基于语言固有的信息属性，展示交际者所共享的价值观和知识。这是话语"语场"的实现，它限定了说话人"从事的活动"（Halliday, 1978: 222）。在教材的教学设计中，概念元功能是教材必须传达的实际内容，即话题、主题、语法规则和用法惯例等。课程研发人员希望内容涵盖教学大纲中列出的所有项目。教师希望内容足以开展有效而充分的语言教学，帮助学习者为考试做好准备。出版商希望话题、主题、项目的范围和其他所涵盖的内容能够得到课程研发者/评审机构以及教师的认可。作者则希望除了教学大纲规定内容外，还能在教材中加入自己喜欢的话题、主题或项目，至少是在他们看来对老师和学习者有用的内容。

人际元功能

"人际"元功能包括能够代表"社会关系和个人关系"的语言的使用（Halliday, 1973: 40），且与话语的"语旨"有关，而话语则是由话语双方所承担或被安排的角色决定。因此，报告声明可以通过陈述（的模式）以肯定的方式表达，假定设想可试探性地通过条件（的模式)表达,或者通过提问的方式来表达,即"语气"和"情态"的选择受到一定的影响(Halliday, 1978: 223)。

在一本教材的语境中,我们可以看到人际关系是通过活动的教学设计所决定的互动模式来实现的。学习者需要按照本单元的指示和已知信息对教材做出反馈。如果学习者没有任何反馈,那么课程和学习就无法开展。因此,教材中的互动性是隐含和假设的,而且与其他大多数种类的互动不同,这种互动是单向的,即只有学习者扮演反馈者角色。我们可以假设人际关系和意义在教材中传递,并提出以下问题:教材的创作者如何定位教师和学习者?他们向谁说话?如何向他们说话?教材的叙述声音是无所不知、无所不能的权威,抑或是鼓励探究、鼓励学习者积极参与意义创造的助推者?在我们分析教学设计的结构和组成时,这些角色和关系就变得显而易见了。我们想要探究互动的模式及其所代表的人际关系,原因如下:探究它们是否与所创造的概念意义一致或矛盾,从而判断它们是否促进或阻碍了有效的语言学习以及探索如何可以改进。

在一本教材的语境中,人际意义可以在以下问题的语境中讨论。教材是"告诉"老师和学习者要学什么、做什么,还是允许他们发现和运用选项而做出选择?教材是鼓励学习者平等地参与知识的创造,还是以被动的知识接受模式运作?教材中的任务和活动设计是直接使用祈使语句向学习者说话,还是使用第三人称?教材中有无插图设计会对学习者在教材中的定位有何差别?教材的设计和布局是如何定位学习者的?

语篇元功能

最后,"语篇"功能将"剩余的潜在意义链"整合到"语言结构"之中,以确保交际行为的有效性(Halliday, 1973: 42)。在"语境作为符号学建构"(Halliday, 1978: 189)的对应层面上,话语的"模式"代表"一种特定的修辞渠道",它是根据言语行为必须履行的功能而选择的,因此决定了语篇连贯性的实现(参见同上,223)。如果没有这样的衔接，Halliday声称"语义系统的其余部分根本不能被有效地激活"（Halliday, 1976: 27）。

关于教材的教学设计，我们可以提问：教材中意义的概念功能和人际功能应如何融合以形成连贯的整体。书的整体结构、组织框架以及各个单元，各种任务和文本之间的关系，书的设计、图标和其他符号的使用，均有助于教材内容的连贯，或者说是内容的融合。

教材的目的是教授新东西或者帮助学习者学习新东西，这一点在每个单元的目标中清晰地列出。假设新的信息不断出现，系统功能分析法就试图揭示新信息是如何建构和发展的。

从单个任务到教材中的整个单元，我们可以提问：教材单元如何相互关联构成一个连贯的整体？如何从一个任务转移到下一个任务？教材的每个部分中，如何在已有知识的基础上开展任务、发展新知识？单元的教学设计如何创造特定的文本意义，为语言学习提供框架？我们也可以提问：意义的概念功能和人际功能如何结合起来才能构成教材的完整和连贯？

教材的整体结构、组织，以及各个单元、任务和文本之间的关系、教材的设计，图标和各类语言符号的使用，都有助于教材的整合。语篇功能以语篇标记语和衔接手段的形式在教材和各个单元中运作，以确保人际功能和概念功能间的流动性，从而使教师和学习者基本了解该做什么、何时做、如何将教与学从一个任务推进到下一个任务以及任务之间、学习之间如何建立联系。

在观察教材单元中创造的文本意义时，我们试图了解教材如何就语言学习的组织与教师和学习者进行沟通，如何通过组织各个单元、各种活动来管理学习。教材中所使用的符号学手段既可用于教学设计，也可用于多模态教学。

我们把教材的教学设计视为一个符号体系，就是将它理解为由选择集所组成的系统，系统中的每一个选择都是在本可以做出其他选择的背景下获得其意义的。这种对教材教学设计"系统"的符号学诠释，让我们能够考虑不同的使用语境下教材中不同层次的资源选择是否恰当。

从理论到实践

首先，让我们用《生活英语》(*English for Life*)、《奥德赛》(*The Odyssey*)、《领先英语》(*Step Ahead*)、《尤里卡！》(*Eureka!*)和《英语表达》(*English Expressions*)等教材第一册中的例子来鉴定英语教学材料的使用语境。这些材料作为新加坡教育部的改革新举措于2001年出版。

通过对五本教材中单元的图式结构分析，我们发现它们遵循了语言类教材基本模式的共性，但同时也发现了图式结构的变化。典型的图式结构如下：**标题^引言^学习任务^学习任务^（学习任务系列）^结束语**。这一类型的各个阶段具有以下功能：

标题：此阶段对单元主题进行了标记，可以反映主题焦点（《生活英语》：新加坡的景点；《英语表达》：我和我的朋友；《尤里卡！》：链接），也可以突出该单元的文本类型焦点（《领先英语》：说明文；《奥德赛》：这是一个真实的故事）。

引言：引言部分是该章的开篇部分。在我们分析的教材中，在所有情况下都包含一个介绍性的活动（多个活动），以单元的主题或文本类型焦点为基础。另外，除了《生活英语》和《尤里卡！》，其他教材还包括本单元的学习目标清单。本阶段的目的是提醒大家注意本单元的学习目标和/或为本单元的学习设置阶段。

学习任务：这是一系列连续的学习任务。此阶段的目的是为学习者提供完成任务的机会，以实现本单元在教材中的学习目标。它包括关于语言学习的指导和知识陈述。学习任务可以是分散组织的，没有主题连接，但有文本类型的焦点（《领先英语》）；也可以是从早期任务和/或文本中产生的一系列连续的学习任务（《生活英语》《英语表达》《奥德赛》）；也可以是分组进行的学习任务（《尤里卡！》）。这就是教材存在的真正目的。

结束语：这似乎是图式结构中的可选阶段。《生活英语》和《奥德赛》跳过了这个阶段，其他三本教材均有一个结束阶段。在《英语表达》中，这个阶段的活动是为了享受学习；在《领先英语》和《尤里卡！》中，也有一些反思。这个阶段似乎是要对本单元进行总结，鼓励学生对自己的学习进行反思。

分析五个教材单元的图式结构，我们发现它们虽然有一些不同，但总体上符合语言教材的体裁惯例，这表明出版商/教材研发人员对教材单元的整体结构有普遍接受的规范。这反过来似乎也表明了对教材地位、对教师和学习者在课堂中的角色以及对教材在教学大纲实施中发挥作用的共同理解。

基于教材功能性运作的三个层面，我们将意义从内容层面迁移到表达层面，以《奥德赛》第一册中的一个单元为例，我们可以在图5.2中发现以下不同层次。

图5.2举例说明了一个教材单元结构的三个层次。从理论上来看，内容层面的第一个层次与课程大纲的目标和成果相关。针对图5.2中所分析的单元内容我们可以将其列为：

	教材	《奥德赛》（第一册第二单元）"这是……的故事"
内容	教学大纲目标/成果	预测故事 描述人物 描述场景
	范围与顺序	形容词 短语 直接引语 一般现在时和过去时 直接引语中的标点符号 明喻和"实际说的"话
表达	教学设计	单元课文、任务和练习

图5.2　作为符号系统的教材：一个单元中不同层次的系统性模型

预测故事、描述人物、描述场景,这些成果被转移到下一个层次,即教学范围和教学顺序,不过仍属于内容层面的范围。在上文分析的单元语境内,这里指的是为达到第一个层次所列成果而制定的目标范围。最后,在主题层面的两个层次内确定教学大纲的成果、教学范围和顺序,教材单元在表达层面上对这些内容进行表述,通过教学设计和教学方法来选择文本、制作活动、练习和项目以达成目标,实现在主题层面上表述的教学范围和顺序。因此,对于教师和学习者来说看得到的部分就是实际的表达层面——三层意义形成系统中的第三层。然而,位于主题层面的前两个层次是表达的基础。如果没有了前两层,那么位于表达层面的第三层不可能真正地存在或发挥意义。这意味着教材研发人员必须仔细考虑,明确要达成的教学大纲目标和成果,在单元编写之前需要围绕大纲制定教学范围和教学顺序。虽然在编写语言教学材料时,许多作者可能会先从想好文本开始,然后围绕文本展开任务和活动,但毫无疑问他们仍然需要对教学大纲有很好的理解,对随着单元发展而不断改进的教学范围和教学顺序有宏观的掌握。

图5.1所示为新加坡教育部颁布的2001年英语教学大纲,显示了所有五本教材的起点在第一个层次是相同的。然而,当我们沿着模型向下探究到表达层面时,教材之间就出现了分歧。

这五本教材都是根据新加坡教育部颁布的2001年英语教学大纲所编写的,因此,其内容旨在满足教学大纲中相同的大纲目标和成果,所有五本教材都经过教育部的审查和批准,在合适的层次下满足所有教学大纲的目标是这些教材能够获批的首要要求。

因此必须指出的是,在主题层面的第一个层次,教材研发人员使用教学大纲中预先确定的成果,并将其分为可能作为单元运行的潜在组。第二步是进入主题层面的第二个层次——根据第一个层次的分组制定教学范围和教学顺序。也有人认为,在某些情况下写作团队可能会首先选择文本,然后确定哪些成果和项目可以通过这些文本展开教学。虽然在这种情况下,教材研发的顺序似乎颠倒了,但事实并非如此,因为写作团队(就像《尤里卡!》和《生活英语》的做法那样)只是将选择文本的这一步几乎插到了主题层面的第一个层次中——但是，文本的选择也推动了教学大纲成果的聚集，随后推动了教学范围和教学顺序的制定。

表 达 层 面

在主题层面上，所有的教材都基于相同的教学大纲，因此在操作的第一个层次，成果都或多或少相似。不过随着图5.1中Singapore Wala提出的模型向下移动，走向第二个操作层次，即每部教材的教学范围和教学顺序时，差异开始显化。写作和编辑团队对成果和涉及内容进行排序，审查每个单元覆盖的主题范围，从而进行判断和选择。随着意义创造进入操作的第三层次，即表达层面，这种差异性进一步拓展和深化。表达层面就是操作的层面，教学大纲的成果、教学范围和教学顺序最终以单元的形式实际表现出来——单元的教学设计、段落的选择、任务和活动的创建、单元内对以上所有内容的展现，以及每一页的组成、以上每个要素，在它们最终被表达和接受时，创造了多少意义。

因此，在表达层面上，我们将教材单元本身视为意义的最终和实际表达。教材单元中的内容是如何表达的？教材的单元是什么意思？怎样的意义被同时或独立创造出来？

所有的教材都有类似的出发点——明确阐释的教学大纲目标和成果，以及对教师和学习者的角色及利益相关方议程的普遍理解。然而当我们沿着模型向下移动时，差异开始显现——在主题层面的第二个层次中，在将教学大纲中的项目聚集到某个教学范围之中、通过先后顺序体现出来的过程中，差异逐渐显现。最后当我们进入第三个层次，即表达层面时，利益相关方的议程变得更加明确，这些都是通过教学设计和页面设计的差异来体现的，这同时也体现了写作团队对语言教学与学习的基本信念体系、对教师和学习者需求和愿望的理解以及出版商对教材的定位。

五本教材中的每一本都对各单元进行了相当独特的教学设计。《生活英语》中的活动进程是直线性的, 活动之间以连贯的线索贯穿其中, 主要以单元的主题为中心。图5.3给出了《生活英语》单元设计的图示。

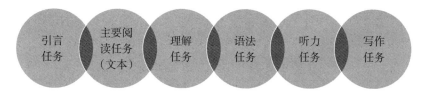

图5.3　《生活英语》单元设计

《领先英语》的单元核心是单一的文本类型, 围绕中心文本类型组织一系列的活动, 但是很明显, 一个活动不会直接引发下一个活动。图5.4给出了《领先英语》中单元设计的图示。

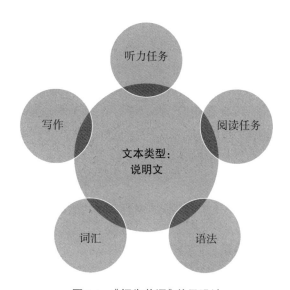

图5.4　《领先英语》单元设计

《尤里卡!》中的每一个单元都围绕一个中心隐喻主题(第一单元: 链接)。每个单元包含五组活动, 每一组都围绕一个单独的文本或一组文本开展, 这些文本或文本组作为该集合的启动平台——该集合中的活动遵循线性进程, 从集合开始的第一个文本/活动开始。图5.5给出了《尤里卡!》中单元设计的图示。

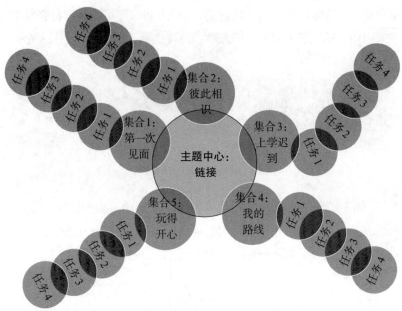

图5.5　《尤里卡!》单元设计

　　《奥德赛》从一个单元设计开始,在活动的直线性进程方面与《生活英语》的流程大致相似,然后随着第二篇课文的引入而发生改变。图5.6给出了《奥德赛》单元设计的图示。

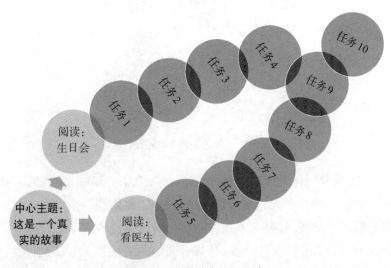

图5.6　《奥德赛》单元设计

最后,《英语表达》在其单元设计中并没有任务流的线性呈现,而是围绕一个中心主题(我和我的朋友们)组织任务,其中一些任务会引出下一个任务,但不一定总是如此。图5.7给出了《英语表达》单元设计的图示。

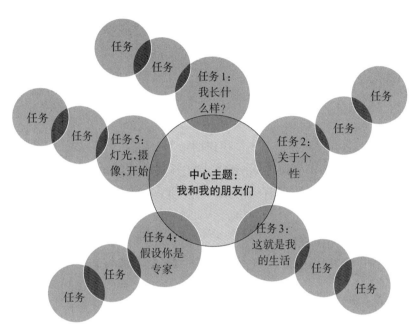

图5.7   《英语表达》的单元设计

此外,这五本教材的页面设计和布局也各不相同。单元设计以及页面组成和布局的这些差异都属于表达层面上,由此产生了不同的意义,或者更确切地说,可能是由于所传达的概念意义、人际意义和语篇意义的不同,单元设计和页面设计的表现形式也不尽相同。通常情况下,作者对页面设计没有什么输入,这可能会导致作者的意图和设计者的意图产生冲突。显然,尽管教学大纲在起点上有着相似性和一致性,但随着主题层面向表达层面发展,语场、语式和语旨在语境、文化、体裁和对话者的相互作用下,教学大纲可以创造出形式多样、复杂贯通的意义。

每本教材中各个单元的概念意义都由单元标题、章节地图或重点目标列表归纳概括。在《英语表达》中,章节地图以单元图的形式出现在每个单元的开头,如上图所示。在《领先英语》和《奥德赛》中,章节地图可以在书的开头教学范围和教学顺序或者每章开头的目标列表中找到。在《生活英语》中,章节地图出现在教材开头的教学范围和教学顺序中。只有《尤里卡!》中这篇关于概念意义的总结完全没有出现在教材中——但是可以在教师指南中找到,在学生的练习册中它以检查表的形式出现,要求学生在每个单元结束后完成。有趣的是,《尤里卡!》是唯一一本在单元末尾而不是开头提供此概要的教材。

　　情境语境中语旨维度的影响——教材与教师/学习者之间以及教师与学习者之间权力与团结协作的角色关系,以不同方式、不同程度在教材中呈现。其中一个例子就是不同教材中对阅读文本的介绍。《领先英语》(第一册,第37页)对阅读文本的介绍如下:

> ……以下段落摘自彭妮·波拉德(Penny Pollard)的书信,一个虚构的书信集,作者是一个名叫彭妮·波拉德的女孩。
>
> 彭妮在信中用了很多非正式的词语,她写的时候好像只是随意记录自己的想法。这种风格反映了她开朗的个性。
>
> 在下面的文章中,彭妮告诉她的朋友贝塔尼夫人,当她不得不照顾小丽莎一天的时候发生了什么。(Jones and Mann, 2001)

《英语表达》(第一册)引入如下阅读任务:

> 你有没有想过疯狂可以造福世界?
>
> 英国的一群喜剧演员有了这个想法,他们创办了"喜剧救济会",一个帮助全世界穷人的慈善机构。
>
> 在网上阅读他们为1999年红鼻子日做准备的呼吁。红鼻子日是由"喜剧救济会"组织的"疯狂"活动,每两年一次。看

看他们想了哪些办法说服人们参加这个活动。（Davis and Tup, 2001）

比较这两篇介绍，不难看出第一篇文章的作者希望继续掌控局面，他们准确地告诉读者应该期待什么（"……在下面的文章中，彭妮告诉她的朋友贝塔尼夫人，当她不得不照顾小丽莎一天的时候发生了什么……"）和要发现什么（"……彭妮在信中用了很多非正式的词语，她写的时候好像只是随意记录自己的想法"）。教师和学习者被定位为相对弱势的一方。而在第二个导言中，学习者通过寻求个人反应和过去经验参与文本互动（"……你有没有想过疯狂可以造福世界？"），让学习者参与到文本之中，做出自己的发现，开展独立的学习（"看看他们想了哪些办法说服人们参加这个活动"）。这本教材使得学习者和教师处于一种更为平等的关系，当然它也确定了阅读任务的参数（"……哪些办法说服人们参加……"）。

不同的教材利用不同的资源途径来创造和管理人际关系、引导学习体验。人际意义交流的主要方式是教材的叙事声音。在所分析的所有实例中，叙事语态是构建教材与学习者关系的正式且最有力的手段。信息的传递几乎都是由教材叙述者来完成的。此外，教材叙述者通过提供指导和命令督促学习者执行学习任务、采取行动。教材叙述者也会通过提出问题来获取信息——这种获取信息的目的正是为了帮助学习者实现学习的目标。

教材也可以利用各种多模态资源，如吉祥物、叙事声音的替代品，还可以利用特殊方式，如侧栏和插页，以及其他的类型工具共同作用来传达人际意义。

结　语

系统功能语言学原理在教材单元分析中的推广和应用，揭示了教材知识建构过程中（有意或无意、自愿或非自愿）参与和创造的选择系统和网络。这可以视作在教材范围内，理解教材的思想基础以及阐明教师和学习者、语言学习和教材本身定位的框架。这个过程中构建的和传递的知识已不再是单纯的知识，而是带有动机性的。教材不仅传递内容信息，还提出了如何教授内容、学习者与教师之间的权力关系、教材作为资源或教学脚本的观点，也反映了教师反馈的影响力度以及其他强有力的利益相关者的议程。

简而言之，系统功能理论提供了有用的检验工具，检验教材在语篇中所隐含的各种意义，提供了不同的视角来探索教材研发行为——一本教材是由它肩负的使命决定的。因此，一本教材无论是选择一种颜色还是两种颜色，采用主题教学法还是结构教学法，要看它最终"是否"反映了它需要完成的任务。在传递意义的时候，如果资源（语言的或其他的）使用不充分或不适当，语言就会变得不正常，交流就会中断；同样道理，如果没有运用足够的或恰当的教材资源，教学设计也无法传达意义并发挥功能。这就需要在特定的文化语境、情境语境和意识形态语境下，对教材的审查和评估提出功能性的视角。

参考文献

Amrani, F. (2011), 'The process of evaluation: a publisher's view', in B. Tomlinson (ed.), *Materials Development in Language Teaching*. Cambridge: Cambridge University Press, pp. 267–295.

Baldry, A. and Thibault, P. (2006), *Multimodal Transcription and Text Analysis*. United Kingdom: Equinox Publishing.

Blake, M. E. (2001), *Eureka! Interactive English for Secondary Levels*. Coursebook 1A. SNP Education Pte Ltd. Singapore.

Butt, D. et al. (2009), *Using Functional Grammar: An Explorer's Guide* (2nd edn). Melbourne: Macmillan Education Australia.

Chan, P., Kwa, N. and Khoo-Wang, S. (2001), *English for Secondary 1 — The Odyssey*. Singapore: Longman.

Cunningsworth, A. (1995), *Choosing your Coursebook*. Oxford: Heinemann.

Curriculum Planning and Development Division, Ministry of Education (2001), *English Language Syllabus 2001 — for Primary and Secondary Schools*.

Davis, C. W. and Tup, F. (2001), *English Expressions for Secondary 1.* Singapore: Oxford University Press.

Eggins, S. (1994), *An Introduction to Systemic Functional Linguistics.* London: Pinter.

Halliday, M. A. K. (1970), 'Language structure and language function', in J. Lyons (ed.), *New Horizons in Linguistics.* Harmondsworth, England: Penguin, pp. 140–164.

— (1973), *Explorations in the Functions of Language.* London: Edward Arnold.

— (1974a), 'Interview with MAK Halliday', in H. Parret (ed.), *Discussing Language.* The Hague: Mouton.

— (1974b), 'Some aspects of sociolinguistics', *Interactions between Linguistics and Mathematical Education Symposium.* Paris: UNESCO.

— (1975), *Learning How to Mean: Explorations in the Development of Language.* London: Edward Arnold.

— (1976), *Halliday: System and Function in Language.* G. Kress (ed.). London: Oxford University Press.

— (1977), 'Aims and perspectives in linguisitics', *Occasional Papers No. 1.* Sydney: Applied Linguistics Association of Australia.

— (1978), *Language as Social Semiotic: The Social Interpretation of Language and Meaning.* London: Edward Arnold.

— (1985), *An Introduction to Functional Grammar.* London: Edward Arnold.

— (1993), 'The analysis of scientific texts in English and Chinese', in M. A. K. Halliday and J. R. Martin (eds), *Writing Science: Literacy and Discursive Power.* London: Falmer, pp. 124–132.

— (1994), *An Introduction to Functional Grammar* (2nd edn). London and Melbourne: Edward Arnold.

— (1998), 'Things and relations: regrammaticising experience and technical knowledge', in J. R. Martin and R. Veel (eds), *Reading Science.* London: Routledge, pp. 185–235.

Halliday, M. A. K. and Hasan, R. (1976), *Cohesion in English.* London: Longman.

— (1989), *Language, Text and Context: Aspects of Language in a Social-Semiotic Perspective* (2nd edn). Oxford: Oxford University Press.

Halliday, M. A. K. and Matthiessen, C. M. I. M. (2004), *An Introduction to Functional Grammar.* London: Arnold.

Jones, H. and Mann, R. (2001), *Step Ahead.* Textbook for Secondary 1. Singapore: Pan Pacific Publications.

Paré, A. and Smart, G. (1994), 'Observing genres in action: towards a research methodology', in A. Freedman and P. Medway (eds), *Genre and the New Rhetoric.* Bristol: Taylor, pp. 146–154.

Richards, J. C. (1995a), *The Context of Language Teaching* (6th printing). Cambridge: Cambridge University Press.

— (1995b), 'Easier said than done: an insider's account of a textbook project', in A. C. Hidalgo, D. Hall and G. M. Jacobs (eds), *Getting Started: Materials Writers on Materials Writing.* Singapore: SEAMEO Regional Language Centre, pp. 95–135.

— (1995c), *The Language Teaching Matrix* (5th printing). Cambridge: Cambridge University Press.

Richards, J. C. and Rodgers, T. S. (1997), *Approaches and Methods in Language Teaching* (13th printing). Cambridge: Cambridge University Press.

Singapore Wala, D. A. (2001), *The Role of Teacher Feedback in Developing Instructional Materials for Teaching English for Secondary One.* Unpublished MA thesis. National University of Singapore.

— (2003a), 'A course book is as it is because of what it has to do: an editor's perspective', in B. Tomlinson (ed.), *Developing Materials for Language Teaching.* London: Continuum Press, pp. 58–71.

— (2003b), 'Publishing a coursebook: completing the materials development circle', in B. Tomlinson (ed.), *Developing Materials for Language Teaching.* London: Continuum Press, pp. 141–161.

— (2010), *A Systemic Functional Analysis of ESL Course Books.* Unpublished PhD thesis. Leeds Metropolitan University.

Tomlinson, B. (ed.) (1998), *Materials Development in Language Teaching.* Cambridge: Cambridge University Press.

Tomlinson, B., Hill, D. A. and Masuhara, H. (2001), *English for Life Coursebook for Secondary 1.* Singapore: Times Media Publishers.

第六章 教材的人性化

Brian Tomlinson

引　言

　　45年前,在利物浦一个寒冷的夜晚,那是我第一次也是最具戏剧性的人性化教材尝试。我当时还很年轻,在一所夜校教书。学生们生活贫困,个人资质也很平庸。有一天,我再也无法忍受这种单调乏味的教学,于是让全班学生沿着窗户排队,右手拿着这本为中产阶级编写的中立平庸的教材,然后打开窗户,当听到"扔"的一声令下,一起将课本从窗口扔了下去。这样,我们就不用再使用这本与我们的英语课堂毫无关联的教材了,实际上,我们没有任何教材了。于是,学生们带来了自己的东西,很快就有了许多漫画和杂志,甚至还有了一两本书。我们一起设计了很多有趣的活动,让大家参与到与他们生活相关的活动之中。

　　自从利物浦的那次经历以来,在我45年的英语教学生涯中,我"忍受"了无数的教材(也包括一些我自己编写的教材),这些教材无法让使用它们的学习者参与其中,也不能与学习者的生活联系起来,因此亟须进行人性化修正。有时候,这并不是教材的错;书内的材料可能是人文主义的(包括那些我自己写的教材,至少我这么希望),但它们并不符合特定学生群体的心理发展和社会现状。然而,这往往却又是教材的错误,因为它没有充分考虑到学习者作为一个人的全部资源。许多教材的关注点都集中在语言学习的语言学方面和语言分析领域,却未能挖掘人类在多维处理加工方面的潜力。也就是说,他们没有充分利用学习者的生理学习能力、情感学习能力和心灵体验能力。他们没有认识到,对人类来说学习中最重要的因素正是情感(Arnold, 1999; Schumann, 1999)。为了实现持久、有效的学习,语言学习者需要放松,感到自在,培养自信、自尊,培养对学习体验的积极态度,并在智力、审美和情感上全方位参与其中(Tomlinson, 2011)。他们还需要利用已有的生活经验、自身兴趣、热情、观点、态度和感受,最重要的是,能够将所学内容在头脑中建立有意义的联系。能够鼓励他们做到这一点的教材并不多。相反,很多教材采用了质问的方式,不断低估和质疑学习者的能力,往往导致学习者的自尊心不断降低、最终丧失,学习者的有效学习机会也在这个过程中不断减少。

我希望通过这篇引言,能让大家明白,我所指的人文主义的教材尊重使用者作为人的个体,帮助学习者通过有意义的体验来开发他们的学习能力。我也希望能让大家明白,我所指的教材的人性化是通过增加活动,使语言学习的过程成为一种更具情感体验的过程,在这个过程中帮助学习者将书中所学与他们的思考联系起来。更详细的人文主义教学特色一览表参见Grundy(2013)。

完全替代教材

使教材人性化的一个方法就是教师使用更人性化的素材替代部分章节,学习者在使用教材的过程中能够获取相关经验,并进行经验反思。或者,就像我在上述利物浦的例子一样,老师采取彻底的措施,完全替换教材。我在瓦努阿图(西南太平洋岛国)的一所小学教师培训学院教学的时候,与从事家政学和手工艺学的教师们一起也做过类似的尝试。我的教学对象是已经至少十年未正式学过英语的女性,她们对使用英语进行交流完全没有信心。没有哪一本教材能够有效地帮助她们(除非是为那个班特别编写的),于是我很快就做出决定,不再使用预先分配给我们的那本教材。我告诉学生们,让她们每人准备写一本小说。小说的场景可以是她们熟悉的环境（可以想象一个自己村子里的有趣人物），可以从这个场景中构思故事（开始可以写这位有趣的人有一天做了什么）。当学生们从震惊中恢复过来后，便开始着手这项写作任务。接下来整个学期的英语课，她们都花在写小说上，而我则为她们的写作提供信息和支持。整个教学以真正的美拉尼西亚风格推进，学生们相互阅读对方进行中的作品，提出有益的建议。很快她们就收获了自信和自尊，开始为她们的书配上精美的插图，她们对画画很在行，并以精致而有吸引力的方式"出版"她们的作品。这并不是说学期末她们的英语有了多么奇迹般的提高，但至少她们都写了，修改了，并且"出版了"至少60页的书。哪怕是她们英语没有习得很多（虽然我确信她们应该是做到了），但她们用英语做了自己引以为傲的事情，收获的自尊和自信心远远超出了所有教材所能够教给她们的一切。

Ghosn（2010）报告了另外一种完全替代教材的方法，他在报告中提到黎巴嫩一个非常成功的实验。他在小学的实验班级使用的是真实的儿童文学选集，而在控制班级继续使用英语作为第二语言教学（ESL）全球通用教材。文献中另一个完全替代教材的案例是使用内部研发教材替代2—4级写作教学材料，以最大限度地提高教材本地化、相关性和学生参与度（参见Al-Busaidi和Tindle，2010）。

部分替代教材

我经历过的最好的一个部分替代教材的案例也许就是雅加达一所高中的老师，她问班级学生是否喜欢他们的课本。学生们回答老师的是他们认为她想听的话，他们对这本教材无一例外地大加褒赏，显然，这是典型的印度尼西亚人的行事风格。然而，老师不断说服学生，最终让他们说出对这本教材的真正看法，最后发现他们觉得这本书无聊乏味，最不喜欢的就是其中枯燥无味的课文，因为文章似乎与他们的生活毫无关联。对此，老师的反应是将全班分成12组（与学期中的周数相同),让第一组负责找一些有趣的素材,让全班同学用英语阅读。第一组花了一周时间在《雅加达邮报》上寻找一篇能吸引自己同龄人的文章,并在周五交给了老师。下个周一,老师在阅读课上使用了这篇文章作为教学材料,然后要求第二组在接下来的一周里找到同样有趣的另一篇文章。这一过程持续了整个学期,学生们寻找合适的文章,而老师则提供各种可能有吸引力的活动供学生参与。到了下个学期,老师问全班同学是否想继续自己寻找阅读材料时,她得到的回应是响亮的"是的!",不过,这一次她告诉第一组,他们不仅要负责寻找有趣的文本,而且还负责设计活动,并在下个周一"教授"这篇文本的阅读课。星期五,第一组向老师展示了他们的课文和活动,老师给了他们一些周一上课的建议。这一过程也持续了整个学期,老师坐在教室的后排,而学生们收获的是自信与快乐,而且这一过程与他们的生活息息相关。这与 Jensen 和 Hermer(1998:191)的经历相似,后者发现"在基于表现的学习环境中,学生是最好的合作者,他们甚至可以自己发掘、设计练习和游戏,研究教学情境和课文"。

根据我的经验,部分替代教材的其他例子包括:

- 让一个班的意大利大学生以他们到访的英国大学为背景,编写一部广播肥皂剧并录音(每个小组负责制作一集)。
- 帮助多语种班级的中级水平学习者录制他们的诗歌、短篇故事和小说节选。
- 让印度尼西亚的高中生参加"TPR+"教学法活动(例如,集体模仿故事、制作雕塑、画壁画、烹饪等),这些活动从学生遵照老师的指示开始,逐渐发展为学生自发活动。
- 鼓励印尼和日本的老师们携带一个巨大的纸板箱摇摇晃晃地走进教室,请学生们来看看他们新的班级图书馆,以此鼓励学生开发自己的班级图书馆。当然,纸板箱是空的,学生们需要用能够吸引自己朋友的阅读材料将其填满。通常情况下,学生们在参观完旅行社、大使馆、报社、出版商和超市后,很快就能将箱子填满。雅加达的一个班级非常有进取心，他们甚至在电话簿中寻找听起来像英语的名字，然后拜访这些人家，向他们募集不用的书籍、杂志和报纸。

- 让印度尼西亚的学习者将一些场景表演出来，其中一个学生代表她的小组与另一个小组的代表互动，共同解决困境或冲突（例如，一个女孩想熬夜看电视上的羽毛球锦标赛，但她的母亲希望她早点睡觉，为重要考试做准备）。每个小组都清楚互动的语境以及他们的"人物"扮演的角色和目标，但是对另一组的"人物"知之甚少。这些小组对互动进行监控，在任何时候都可以叫停，在此期间他们可以指导或替换他们的代表。之后，老师主持了一个事后检查活动，在这个过程中全班同学对每个小组的代表所使用的语言和策略进行评估。

- 鼓励日本的老师给他们班上的每个学生一盒空白磁带，鼓励他们用英语为班级课堂听力库录制一些有趣的听力素材（一年后，一位老师告诉我，她的班级听力库里现在已经积累了一千多盒磁带）。

- 在马斯喀特的卡布斯苏丹大学课堂进行无任务活动时，我会讲笑话、读故事或者表演一幕剧（见本书第四章），结束时进行一个简短的问题解决活动（例如，"鱼把钱放哪儿了？"）。

近年来，文献中涉及的其他部分替代教材的方法有：

- 韩国一所中学采用过程戏剧的方法，学生和老师从某个情景中共同即兴创作了一幕场景（例如，一个服务员因明显侮辱了杰弗逊总统而被解雇，他在寻求专家组的建议）。关于这个实验的报告，参见Park（2010）。

- 开展问题解决活动，将一群学习者置于某个场景之中，在这个场景中，他们将自己的经验、智力和二语语言能力集中起来解决问题（Mishan, 2010）。

- 开展小丑活动，学习者根据小丑教练的指示进行怪诞的即兴表演（Lutzker, 2013）。

- 学习者将教材中的对话与自然发生的数据中相应的对话进行比较（Cohen and Ishihara: 122-123）。
- 用黏土动画系列制成会说话的动物，作为学习者发现英语口语特征的基础（Timmis, 2013: 90-93）。
- 通过对真实文章的分析，让学生发现学术文本的语篇特征（Fenton-Smith, 2013）。

以上提到的所有活动都有一个共同的目标，即增加学习者课堂体验的相关性和参与度，将学习者视为有思想、有情感和有经验的智慧人，而不仅仅是一本规范性课本的追随者。

关于其他一些以学生为中心，由学生发起的提供语言学习感官体验活动作为教材补充的观点，参见 Jensen 和 Hermer（1998），他们引用 Bateson（1972）文中一位父亲对女儿的话："所有那些句法和语法，都是垃圾。一切都建立在这样一个观念上，那就是'单纯'的词语，但实际上没有。"他们提倡一种表演的方式，提出"从全面的感官上、身体上和情感上对语言的欣赏"（179），而且提供了诸多如何实现人文目标的实际案例。

教材的人性化

通常情况下，老师们不得不在所有课程中都使用一本教材。这种情况下他们可以通过减少书中的非人文主义元素、拓展和增加需要学习者通过思考、感受和行动来学习的环节，以此实现教材的人性化。

下面是运用这种方法的一个案例：

1　请全班同学根据老师的口头指令，将教材中的阅读材料表演出来；

2 提供教材中的课文,学生以小组为单位在规定时间内尽量找出两篇相似课文之间的差异;

3 组织一次比赛,小组轮流陈述上述不同,陈述时不参考课文;

4 鼓励各小组根据当地语境,编写课文的扩展版本;

5 给学生布置课本上的活动作为家庭作业。

其他一些我使用过的基于教材的人文活动包括:

- 请阿曼的学生陈述关于该国的骆驼比赛,然后再阅读教材中关于锡耶纳赛马的材料。
- 学生在进行课本理解活动之前,单独或分组画出阅读或听力文本的内容。例如,他们如何看待Roger McGough的诗《开学第一天》("First Day at School", 1979)中男孩对学校的看法;在《大鲸鱼的错误》("The Great Whale's Mistake")中,他们认为年轻的鲸鱼会如何看待海滩上的人们(Bell and Gower, 1991: 141);以及Philips(2003a)中描述的锡耶纳赛马等。
- 在阅读教材中的课文之前,让学生分组讨论我对文本的模仿表演中发生了什么。
- 学生根据我对课文的口头叙述,对他们将要阅读的课文进行戏剧表演。例如,Philips(2003a)中描述的《麦克白》的一个场景。
- 一组学生模仿表演另一组学生将要阅读的教材中的一段课文,后者需要先讲述课文的故事,然后再阅读课文。
- 学生先阅读课文的一部分,让他们自行补充余下内容,然后再阅读教材中的文章并完成相关活动。
- 学生重写教材中的课文,将场景想象为在他们上课的语境。
- 学生从一个完全不同的视角"颠覆"一篇枯燥乏味的课文(例如,把《英国最幸福的男人》改写成《日本最幸福的女人》)。
- 全班同学将教材中的一篇课文进行本地化,大声喊出句子,然后进行修改,并将其连成一个连贯的故事。

- 先给出学生教材课文中的阅读理解问题,让他们以此为依据撰写课文。
- 学生带着照片到课堂上,展示他们对上节课所学课文或者完成任务的本地化应用。
- 学生用适合特定语境的声音表演教材中的对话部分(例如,店员是顾客的前男友)。
- 学生为课文中的对话设置不同的语境,从而改变其意义。
- 学生两人一组继续完善课文中的对话,将对话设计成戏剧性的事件,每个学生扮演其中的一个角色(例如,鞋店的顾客是销售助理的前妻)。
- 学生在课文对话中写出人物内心的独白(例如,外表彬彬有礼的店主,因顾客的犹豫不决而逐渐怒火中烧)。

在45年的教学生涯中,我使用过的所有教材都需要人性化再处理,但最需要调整的是那些为专门用途英语(ESP)或学术英语(EAP)而设计的教材。这类教材的惯常立场是,学习者需要快速掌握大量的语言;认为他们都是聪明的成年人,帮助他们的最有效方法就是教授和举例说明语言特征,然后进行练习,参见Skeldon(2008)对这类教材的批评。此类教材通常无法吸引作为人类个体的使用者的个人需求和愿望。当我在会议报告中指出这一点时,ESP专家和EAP专家告诉我,我提出的方法太"软"、太奢侈,他们没有时间,也没有这个必要来采用这种方法。他们的学生需要的是一种"硬"方法,即以最快、最直接的方式教授他们所需要的语言(参见Tomlinson, 2008, 2010)。我在为英国一所大学的ESP教材研发硕士课程进行课程设计时也有人和我这么说。然而,每当我自己进行ESP或EAP教学时,我的学生都会恳求我讲讲故事、谈谈诗歌、开展讨论,而不是根据教材做那些无休止的语法和词汇练习。在阿曼的卡布斯苏丹大学,我在不同课程中使用的是Phillips(2003a, 2003b, 2003c)编写的教材。教材是英语技能课程的一部分,旨在为学生"进入以英语为媒介的学习"做好准备,与其他EAP教材差不多。然而,与大多数此类教材一样，它们缺乏引人入胜的内容和刺激性的活动。此类教材通过遵循Mol和Bin（2008）的建议可以得到很大的改进，Mol和Bin在关于EAP教材的一章中曾说，"在设计活动和教材的时候，需要考虑学习者的情感因素，因此建议教师可以激励学生，将他们在教材中的认知和情感投入最大化。"我在Tomlinson（2008）一文中详细介绍了教材人性化的方法，下面是我所做的一些总结：

- 为了减轻学生的体验负担，我把一些严肃的机械性活动简化为一些看似荒谬的活动。例如，我用一个非常简单的当地故事替代了二人组训练，而训练中使用的例子出现在故事之中。
- 我用创意写作活动替代了学生们讲述"大学生活的一天"这种枯燥乏味的活动，让他们想象自己是同一个单元中二人组活动中的动物之一，然后描述他们在猫学院或狗吠语言中心例行活动的一天。
- 我做了一些滑稽的模仿，帮助学生们在每个单元之初体验他们本该从字典中学习的"红色单词"。例如，他们不用去背"飞行"和"攀爬"的定义和翻译，而是记住了我飞越教室、爬上教室墙壁的画面。
- 例如，为了个性化单元内容，我增加了一篇名为《布莱恩在中东》（"Brian in the Middle East"）的阅读文本，这个故事讲述了我访问中东国家的故事。我还增加了莎士比亚的一篇名为《布赖恩的生活》（"Life of Brian"）的课文和一篇讲述我一生中从事过的工作的文章，以补充有关工作的单元中原本平淡无奇的素材。
- 我让学生们开展文本个性化和主题个性化活动。例如，杜撰一个自己在欧洲旅行的故事，虚构自己作为一个英国大学生一个典型的周一，教我玩一个他们喜欢的游戏。
- 在教授完关于物理世界的一个单元后，我增加了一个活动，让学生描述他们在阿曼的家乡的风景。
- 在教授关于游戏的这个单元时，我让学生们按照书面指令玩一个西非棋盘游戏,这个游戏与阿曼流行的一种游戏非常相似。

- 我让学生将课文与当地的风俗和故事进行对比,帮助他们理解陌生的概念(例如,将《麦克白》中的女巫与阿曼巴赫塔镇的黑魔法故事联系起来)。
- 在阅读了关于现在的巴林的一篇课文后,我让学生利用文本中的线索来帮助他们描写出2050年巴林的样子。
- 我增加了一些描写学生们所熟知的人物的文章,以强化正在练习的结构(例如,一篇记录Stevie Gerrard作为利物浦队长一天的文本,以此来说明一般现在时的一种用法)。

人性化教材研发

当然对于大多数任务紧迫的老师们来说,最理想的状态就是能直接使用一本人性化的教材。有没有可能研发出既人性化,又考虑到出版商的保守谨慎作风,满足传统机构、课程和管理者需求的教材呢?答案是肯定的。但这并不容易,没有一本教材能够满足所有使用者的人性化要求,因为它不可能与每一个使用者的生活都直接相关。

研发更为人性化的教材可以有多种方式。

多样化大型团队写作

教材(尤其是系列教材)编写可能是一个漫长而艰苦的过程。通常来说,作者一开始热情洋溢、想法颇多,但在与保守的编辑达成几轮几乎不可避免的妥协之后,在以同样的格式大量生产出无数单元之后,他们逐渐失去了原有的创造力。早在这本/系列书编完之前,作者们最初的主要目标已经发生了改变,现在他们只想完成这本书,这样就可以补偿他们为之付出的枯燥时间,结束枯燥的工作,重获平常的生活。增进和保持创造力与活力的一种方法就是以多样化大型团队的方式进行快速写作。这个团队可以有经验丰富的教师和教材编写者,也可以有新教师和编写新手,还有诗人、艺术家、应用语言学家、音乐家、主考官和漫画家,所有人汇集各自的资源,相互激励。这就是我们为纳米比亚编写中学英语教材(Tomlinson, 1995),为安卡拉比尔肯特大学编写系列教材,为越南顺化大学编写教材和为伊斯坦布尔学校编写教材所采用的方式。我们与30名作者组成的团队在六天内完成了纳米比亚教材的编写。第一天,我向团队展示了全新的人文主义方法和活动,激发团队思想的火花。第二天,我们制定了灵活的单元框架,并分成十个写作小组,每组三人。每个小组都编写第一单元,目的是吸引学习者,让他们对教材感兴趣。将编写好的单元展示在墙上,由每个人投票选出自己认为可能最吸引学习者的单元。获奖小组做出修改后,继续编写新的单元,其他小组则重新编写一个单元。每一个工作日,教育部和出版商(Gamsberg Macmillan)的代表都到达现场,审批教材并提出建议。此外,我们还拜访了团队的专家组成员(如艺术家、诗人、主考官),听取他们的反馈和建议。各单元编写完成后,彼此进行展示、监督和修改。顾问小组会根据教学大纲、学生和教师的需求清单对各单元进行审核。此外,他们还会进行单元排序和衔接工作以及最终教材的编辑和修订工作。我们共同努力的结果是:收获了迄今为止我所参与过的最富有想象力和人文主义精神的教材,因为短时间内的密集写作有助于激发并保持编写者的能量,而且与其他人不同形式的互动有助于将重点放在参与学习过程的人身上,而不是放在所学的语言上。

文本驱动途径的应用

上述纳米比亚项目的写作小组并不是从选择一个语言点开始写作,而是从能够获得的书籍、杂志、报纸和磁带中选择可能会吸引学习者的文本。他们设计了阅读前活动或听力活动以帮助激活学习者的大脑,准备好将文本与自己的生活联系起来;他们研发了阅读后活动,旨在帮助学习者培养和清晰地表达对文本的心理表征。换言之,最初的重点是体验教材中的文本的人,而并非课文中的语言。后来作者又开发了一系列活动,关注文本的内容,帮助学习者将文本与自己的生活联系起来。最后他们开展语言活动,关注文本中突出的语言特征。鉴于所选课文已通过审核,涵盖了主要体裁和课文类型中具有代表性的样本,因此为活动所选的语言特征与教学大纲中所列出的语言特征非常吻合,这一点也不奇怪。

以我作为一名教材编写者和教材研发推进者的经验来看,上述文本驱动的方法是确保一本教材人性化行之有效的途径。如果教材的最初关注点是一篇可能会吸引读者的文本,那么比起关注一个语言项目或语言技能,作者更容易以学习者为中心。研发与文本匹配的教学活动,要比找到一篇符合教学点的引人入胜的文本容易得多。

多维度视角的应用

多维度视角的教学法旨在帮助学习者培养产出和处理第二语言的能力,使他们运用大脑资源学习二语的方式与运用母语交际时使用的方法相似。这样做不仅有助于学习者最大限度地发挥大脑在第二语言交流中的潜能,还能最大限度地发挥大脑的学习潜力(Tomlinson, 2000a)。多维度教学法基于这样一个原则,即有效的语言使用、持久有效的学习都离不开学习者的情感投入、心理意象和内部言语的运用。正如Berman(1999: 2)所说,"只有当所学的内容是我们认知模式的一部分,当我们的想象力得到激发,当我们在一个想法和另一个想法之间建立自然的联系,当我们面对的信息吸引我们的感官时,学习效果才是最佳的。"推行多维度教学方法各原则的教材(从而实现教材的人性化)可以利用以下步骤:

- 情感参与活动(如:情感投入、对学习体验和自尊的积极态度),学习者通过回忆和叙述个人经历、思考并阐明自己的态度和观点、创建自己对所听所读信息的心理表征;
- 意象创作活动(Tomlinson, 1998c, 2011; Tomlinson and Avila, 2007),鼓励学习者在处理或产生语言时创作心理意象。"大量的实证数据似乎可以证明,无论是短期记忆还是创造力,意象

都是认知表现中非常有效的中介体"(Kaufman, 1996: 77);

- 内部言语活动,鼓励学习者在处理和产生第二语言时,使用该语言与自己进行内部言语对话(Tomlinson, 2000a, 2000b; Tomlinson and Avila, 2007);
- 动觉活动,是指学习者在遵循第二语言指令之前进行短暂的心理活动,以便稍后开展的体育活动,如玩游戏、模仿故事、制作模型、做饭(Asher, 1994; Tomlinson, 1994a; Tomlinson and Masuhara, 2010);
- 过程活动,帮助学习者在阅读或听完整的课文之前预先创建课文的个性版本(参见本书第四章, Tomlinson, 2000a)。

文学的应用

根据我的经验,要达到本章所述目标的最佳方法之一,就是在语言学习过程中引入文学,作为激发多维度心理活动的手段(Tomlinson, 2001)。如果可以帮助和鼓励学习者体验文学而非学习文学,如果没有词汇表和引言介绍就可以开展文本阅读,如果文学与学习者的生活息息相关的话,那么这样的文学引入是有意义的(Tomlinson, 1998b)。我还发现,最好的办法就是建立一个语言简单但认知和情感复杂的文本库,然后将其作为鼓励个人参与、反馈的人文活动的基础(Tomlinson, 1994a)。不幸的是,大多数教材很少采用文学文本(Tomlinson et al., 2001; Masuhara et al., 2008; Tomlinson and Masuhara, 2013)。即便有,通常也是要求学习者仔细阅读文章,然后回答理解性问题。这样,他们才能保证学习者对文本的学习。文本仍然是文本,学习者仍旧无法从中进行文学创作。因此,文本对他们的思想、生活和语言习得的影响微乎其微。

改变单元焦点

许多教材被认为肤浅、枯燥,其原因之一是它们大多数试图在每一单元都涵盖四项技能,再加上语法、词汇和发音要点。这就不可避免地导致了一种零碎的方法,学习者与所学的语言通常只有非常简短的、琐碎的、不连贯的接触。如果大多数单元只有一个主要的焦点，那么就能提供与使用中的语言更持久、更有意义的接触，由此可能研发出更人性化的教材。例如，第一单元可以聚焦于阅读项目（涉及多个文本），第二单元可以聚焦泛听任务，第三单元可以聚焦泛写任务，包括准备活动和后续活动中的读、听、说；第四单元可以提供语法、词汇和发音活动，聚焦第一单元至第三单元的显著语言特征。这样一来，人们可能关注的重点落在人与人之间的交流上，而不是不相关的语言片段上。语言工作就与学习者的已有经历联系起来。

与学习者沟通

大多数教材的声音是半正式的、遥远的，这符合知识传播者（教师）对学习者的刻板印象。教材的编写者很少透露他们的个性、兴趣、信仰和经历，他们在书中的大部分时间要么告诉学习者要学什么、做什么、说什么，要么就他们已知的信息进行询问。这是一种相当不平等的、反人文主义的关系，对鼓励学习者和吸引学习者没有任何帮助。例如，最近对八本成人EFL教材进行的一项调查得出结论，"作者的声音是中性的、半正式的"（Tomlinson et al., 2001: 88）；尽管调查中也的确发现，其中两门课程"设法保持中立，但同时也保持了友好和支持的态度"（同上）。其他调查也得出了类似的结论（例如，Masuhara et al., 2008; Tomlinson 和 Masuhara, 2013）。

我真正"希望看到的教材作者所做的是，像好老师那样（在所有文化中）随意地与学习者聊天"，"通过显露他们的偏好、兴趣和观点，与学习者建立个人联系"（Tomlinson, 1998c: 8-9）。有研究证据表明，在教材中使用个人的声音可以促进学习者更深入、更持久的学习（Beck et al., 1995），而实现这一点的最佳方法就包括对口头性的使用。我向教材作者推荐使用的语言特征有：

- 非正式语篇特征（如缩略形式、省略、非正式词汇）；
- 主动语态而非被动语态；
- 具体性（例如，实例、逸事）；

- 包容性(例如,不表现出对学习者的智力、语言或文化上的优势感);
- 分享个人经历和意见;
- 有时会使用一些随意的唠叨,而不见得总是在形式上简洁。

联系学习者的观点和意见

教材人性化的最简单的方法是确保在大多数活动中,都向学习者询问他们的观点、态度、感受和意见,帮助他们思考个人的情况以及与自己的联系,让他们觉得自己与教材的作者和教材中文本的作者是平等的互动者。

没有多少教材能做到这一点,但在Tomlinson等人(2001: 87)对上述课程的调查中发现,《语言使用》(*Language in Use*, Doff and Jones, 1991)和《地标》(*Landmark*, Haines and Stewart, 2000)"尊重学习者作为个体的身份,力求让他们亲自参与许多活动"。Masuhara等人(2008), Tomlinson(2013)以及Tomlinson和Masuhara(2013)也发现,一些教材确实引发了学习者个人观点和情感的表达,而不是摆出高人一等的态度。

提供无文本的概括性活动

我们还可以开发出一套概括性的活动(参见本书第十章, Maley, 1998),这些活动可以和学习者从教材资料包、图书馆、互联网或他/她自己的资源中选择的文本配套开展。这样就可以确保文本与学习者相关,在很大程度上吸引他们。例如,在研发一本名为《网络英语》(*English from the Web*)教材时就可以使用这种方法。这本书的每个单元都可以向学习者就某个文本体裁(如体育报道、漫画、广告)提供一套阅读前、阅读中和阅读后的概括性活动,然后提供相关网站供学习者选择感兴趣的文本配合完成活动。

除了指导、激励学习者外,更为人性化同时也更富有成效的方法就是在教材中提供概括性活动,帮助学习者编写自己的文本,以便与活动一起使用(可以为自己,也可以为其他学习者提供备选资料库)。

涵盖意识类活动

我发现一旦学习者接触到一篇文本，实现了多维度表征，发展并表达了对该文本的个人反馈，帮助他们自己从文本精读中做出新的发现会很有用。学习者通过语言意识活动（Bolitho et al., 2003; Bolitho and Tomlinson, 2005; Tomlinson, 2007）、语用意识活动（Tomlinson, 1994b）和文化意识活动（Tomlinson, 2001），最终可以依靠自己解决问题，这不仅促进了语言习得和心理发展，还极大地提高了学习者的自尊和独立性。

提供替代方案

提供路径选择（例如，分析性或体验性）、文本选择（例如，不同主题或不同层次）以及任务选择（例如，与不同的学习风格相关）是教材个性化、人性化的一种相当简单的方法。

教材本地化

一般来说，全球化教材不够人性化的一个主要原因，就是为了迎合每个人的需求，而最终却不能吸引到任何人。他们必须确保教材的内容和方法对任何类型的学习者都是适用的，他们选择的主题和文本不会对任何学习者不利，最重要的是，他们不会冒犯或干扰到任何学习者。其结果往往是，教材展现了"平淡、沉闷、几乎没有任何刺激或干扰，不会影响学习者任何情绪的净化的世界"（Tomlinson, 1998a: 20），这个世界在Wajnryb（1996: 291）对两本畅销教材的分析中，表现出"安全、干净、和谐、仁慈且不受干扰和指导级别的特征，而重要的是缺失了什么——危险、面对威胁、协商、含意……以及语境"。在这样的世界中学习一门语言，就是将学习者从一个有观点、有态度和有情感的人压抑成一个只关注低级语言解码的狭隘语言学习者。

将教材与学习者所处的现实世界联系起来的方法之一，显然就是将教材本地化。我所了解的三本最具人文主义色彩的教材均针对当地市场出版,包括纳米比亚的《目标追击》(*On Target*, 1995),新加坡的《生活英语》(*English for Life*, Tomlinson, Hill and Masuhara, 2000),挪威的《搜索》(*Searching*, 2010)。以上这些教材首先聚焦于学习者所熟悉的世界,然后通过发生在其他国家的相关主题文本来拓展他们对世界的体验。不幸的是,本地化教材的利润远不及全球化教材。尽管最近出现了制作本地化教材的趋势,但全球化教材仍将是世界上大多数英语学习者使用的资源。然而,要做到以下诸条也并非十分困难:

- 提供一个文本库、任务库和插图库,供教师选择,以便替换或补充与学习者无关的全球化教材部分;
- 制作有概括性活动的全球化教材,并辅以本地可影印的文本和插图;
- 在教师用书中提出全球化教材中课文和活动本地化的建议;
- 学习者根据他们所了解的世界对全球化教材中的部分文本和任务进行修改,使之本地化,并将此类活动纳入全球化教材之中。

我第一次提出上述建议是在2003年,但是我至今尚未看到过任何一本全球化教材使用了上述方法或类似的方法。我曾参与过埃塞俄比亚、阿曼、突尼斯、土耳其和越南一些研究机构的教材研发项目,这些项目旨在研发与本地相关的教材,并让学习者参加到与他们的生活显著相关的当地主题和全球主题中来(例如, Al Busaidi 和 Tindle, 2010)。也许这样的项目是未来学习者的主要希望。

结　语

　　人文主义的语言学习方法可以促进语言习得和个人发展。不幸的是,大多数语言学习者都是通过教材学习语言的,而大多数教材都不符合人文主义的标准。然而，要让一本教材更加人性化并不见得很难，要研发出既有人性化、又有所盈利的教材是有可能的。我们有责任让学习者去做出尝试。

说明

本章内容于 2003 年首次发表在 Tomlinson, B. (2001), 'Humanising the coursebook', *Humanising Language Teaching*, 5 (3), Canterbury: Pilgrims.

参考文献

Al-Busaidi, S. and Tindle, K. (2010), 'Evaluating the effect of in-house materials on language learning', in B. Tomlinson and H. Masuhara (eds), *Research for Materials Development in Language Learning: Evidence for Best Practice.* London: Continuum, pp. 137–149.

Arnold, J. (ed.) (1999), *Affect in Language Learning.* Cambridge: Cambridge University Press.

Asher, J. (1994), 'The total physical response: a stress-free, brain compatible approach to learning', *SEAL*, Autumn, 22–25.

Bateson, G. (1972), *Steps to an Ecology of Mind. Collected Essays in Anthropology, Psychiatry, Evolution, and Epistemology.* San Francisco: Chandler Publishing Company.

Beck, I. L., McKeown, M. G. and Worthy, J. (1995), 'Giving a text voice can improve students' understanding', *Research Reading Quarterly*, 30 (2).

Bell, J. and Gower, R. (1991), *Intermediate Matters.* Harlow: Longman.

Berman, M. (1999), 'The teacher and the wounded healer', *IATEFL Issues*, 152, 2–5.

Bolitho, R. and Tomlinson, B. (2005), *Discover English* (new edn). Oxford: Macmillan.

Bolitho, R., Carter, R., Hughes, R., Ivanic, R., Masuhara, H. and Tomlinson, B. (2003), 'Ten questions about language awareness', *ELT Journal*, 57 (2), 251–259.

Cohen, A. D. and Ishihara, N. (2013), 'Pragmatics', in B. Tomlinson (ed.), *Applied Linguistics and Materials Development.* London: Bloomsbury, pp. 113–126.

Doff, A. and Jones, C. (1991), *Language in Use.* Cambridge: Cambridge

University Press.

Fenner, A. and Nordal-Pedersen, G. (2010), *Searching.* Oslo: Gyldendal.

Fenton-Smith, B. (2013), 'The application of discourse analysis to materials design for language teaching', in B. Tomlinson (ed.), *Applied Linguistics and Materials Development.* London: Bloomsbury, pp. 127−142.

Ghosn, I. (2010), 'Five year outcomes from children's literature-based programmes using a skills-based ESL course — the Matthew and Peter effects at work?', in B. Tomlinson and H. Masuhara (eds), *Research for Materials Development in Language Learning: Evidence for Best Practice.* London: Continuum, pp. 21−36.

Grundy, P. (2013), 'Humanistic language teaching', in M. Byram and A. Hu (eds), *Routledge Encyclopedia of Language Teaching and Learning.* Abingdon: Routledge, pp. 322−325.

Haines, S. and Stewart, B. (2000), *Landmark.* Oxford: Oxford University Press.

Jensen, M. and Hermer, A. (1998), 'Learning by playing: learning foreign languages through the senses', in M. Byram and M. Fleming (eds), *Language Learning in Intercultural Perspective.* Cambridge: Cambridge University Press.

Kaufman, G. (1996), 'The many faces of mental imagery', in C. Cornoldi Cesare Cornoldi, Robert H. Logie, Maria A. Brandimonte, Geir Kaufmann and Daniel Resiberg (eds), *Stretching the Imagination: Representation and Transformation in Mental Imagery.* Oxford: Oxford University Press.

Lutzker, P. (2013), 'Beyond semantics: moving language in foreign language learning', in B. Tomlinson (ed.), *Applied Linguistics and Materials Development.* London: Bloomsbury, pp. 31−42.

Maley, A. (1998), 'Squaring the circle — reconciling materials as constraint with materials as empowerment', in B. Tomlinson (ed.), *Materials Development in Language Teaching.* Cambridge: Cambridge University Press, pp. 279−294.

Masuhara, H., Hann, M., Yi, Y. and Tomlinson, B. (2008), 'Adult EFL courses', *ELT Journal*, 62/3, 294−312.

McGough, R. (1979), 'First day at school', in R. McGough and M. Rosen (eds), *You Tell Me.* London: Kestrel.

Mol, H. and Bin, T. B. (2008), 'EAP materials in Australia and New Zealand', in B. Tomlinson (ed.), *English Language Teaching Materials.* London: Continuum.

On Target (1995), Windhoek: Gamsburg Macmillan.

Park, H. (2010), 'Process drama in the Korean EFL secondary classroom: a case study of Korean middle school classrooms', in B. Tomlinson and H. Masuhara (eds), *Research for Materials Development in Language Learning: Evidence for Best Practice.* London: Continuum, pp. 155−171.

Philips, T. (2003a), *Skills in English — Reading Level 1*. Reading: Garnet Education.

— (2003b), *Skills in English — Speaking Level 1*. Reading: Garnet Education.

— (2003c), *Skills in English — Listening Level 1*. Reading: Garnet Education.

Schumann, J. A. (1999), 'A neurobiological perspective on affect', in J. Arnold (ed.), *Affect in Language Learning*. Cambridge: Cambridge University Press.

Skeldon, P. (2008), 'Materials for English for Science and technology', in B. Tomlinson (ed.), *English Language Learning Materials: A Critical Review*. London: Continuum, pp. 59–73.

Timmis, I. (2013), 'Spoken language research', in B. Tomlinson (ed.), *Applied Linguistics and Materials Development*. London: Bloomsbury, pp. 79–94.

Tomlinson, B. (1994a), *Openings*. London: Penguin.

— (1994b), 'Pragmatic awareness activities', *Language Awareness*, 3 (3), 119–129.

— (1994c), 'TPR materials', *Folio*, 1 (2), 8–10.

— (1995), 'Work in progress: textbook projects', *Folio*, 2 (2), 14–17.

— (1998a), 'Affect and the coursebook', *IATEFL Issues*, 145, 20–21.

— (1998b), 'And now for something not completely different: an approach to language through literature', *Reading in a Foreign Language*, 11 (2), 177–189.

Tomlinson, B. (ed.) (1998c), *Materials Development in Language Teaching*. Cambridge: Cambridge University Press.

Tomlinson, B. (2000a), 'A multi-dimensional approach', *The Language Teacher Online*, 24 July.

— (2000b), 'Talking to yourself: the role of the inner voice in language learning', *Applied Language Learning*, 11 (1), 123–154.

— (2001), 'Connecting the mind: a multi-dimensional approach to teaching language through literature', *The English Teacher*, 4 (2), 104–115.

— (2007), 'Teachers' responses to form-focused discovery approaches', in S. Fotos and H. Nassaji (eds), *Form Focused Instruction and Teacher Education: Studies in Honour of Rod Ellis*. Oxford: Oxford University Press, pp. 179–194.

— (2008), 'Humanising an EAP coursebook', *Humanising Language Teaching*. www. hltmag.co.uk/index.htm.

— (2010), 'ESP? Method or myth? Field or fallacy?', *The ETAS Journal*, 27 (3), 11–12.

Tomlinson, B. (ed.) (2011), *Materials Development in Language Teaching* (2nd edn). Cambridge: Cambridge University Press.

Tomlinson, B. (2013), 'Second language acquisition and materials development', in B. Tomlinson (ed.), *Applied Linguistics and Materials Development*.

London: Bloomsbury, pp. 11–30.

Tomlinson, B. and Avila, J. (2007), 'Applications of the research into the roles of audio-visual mental aids for language teaching pedagogy', in B. Tomlinson (ed.), *Language Acquisition and Development: Studies of First and Other Language Learners.* London: Continuum, pp. 82–89.

Tomlinson, B. and Masuhara, H. (2010), 'Playing to learn: how physical games can contribute to second language acquisition', *Simulation and Gaming: An Interdisciplinary Journal of Theory, Practice and Research.* Anniversary Issue.

— (forthcoming 2013), 'Review of adult ELT textbooks', *ELT Journal*, 67 (2), 233–249.

Tomlinson, B., Hill, D. and Masuhara, H. (2000), *English for Life.* Singapore: Times Media.

Tomlinson, B., Dat, B., Masuhara, H. and Rubdy, R. (2001), 'EFL courses for adults', *ELT Journal*, 55 (1), 80–101.

Wajnryb, R. (1996), 'Death, taxes and jeopardy: systematic omissions in EFL texts, or life was never meant to be an adjacency pair'. *Ninth Educational Conference*, Sydney.

第七章 EFL教材中的视觉元素

David A. Hill

引　言

自从Pit Corder（1966）发表了"语言教学中的视觉元素"这篇具有开拓性意义的文章之后，20世纪70年代中期到90年代初期的15年时间里许多方法论者也撰写了大量著作，展示各类图片在英语教学（ELT）中的重要性，如Wright（1976）、McAlpin（1980）、Bowen（1982）、Wright（1989）、Hill（1990）以及Wright和Haleem（1991）。时隔18年，两部新作品于同一年问世——Goldstein（2009）和Keddie（2009），这两部作品强调通过互联网获取图像这一新途径。2011年，Grundy等人出版了一本关于使用艺术作品的资料书。在对2011—2012年出版的两本实用英语教学杂志（《英语教学专家》和《现代英语教师》）进行扫描式查阅后，偶尔发现了几篇关于视觉资料的论文，如Da Silva（2011）和Massi等人（2012），以及在诸多观点中包含完全以视觉资源为中心论点的论文，如Thekes（2012）和Artusi/Manin（2012）。这表明，即使在电子化和虚拟化的语言教学时代，视觉材料仍然在课堂上继续使用。当然，英国和世界上其他地区的英语教学教材已经从20世纪60年代E. Frank Candlin的无图片时代，发展到了20世纪70年代Broughton和O'Neill的早期黑白线条画时代，然后到现在一系列充满时尚色彩的绘画和尖端技术图片的教材时代。

鉴于人们对视觉材料一直以来的兴趣和利用情况，以及面向国际市场中青少年和成年人的英国教材中所出现的海量图片，本章旨在研究这些图像材料的实际用途,并对可能产生的新用途提出建议。

近期英国教材中的视觉材料

我们发现了什么?

为了了解英国教材中使用视觉材料的现状,我查阅了过去十年以下三本中级学生用书的情况:

- 《流畅英语口语教程》(*Inside Out*, S. Kay and V. Jones, 2000, Oxford: Macmillan Heinemann)
- 《英语面对面》(*face2face*, C. Redston and G. Cunningham, 2006, Cambridge: Cambridge University Press)
- 《成果》(*Outcomes*, H. Dellar and A. Walkely, 2010, Andover: Heinle, Cengage Learning EMEA)

起初,我想找出黑白插图和彩色插图之间,以及教材各单元主要文本页面中图画和照片之间的平衡(见表7.1)。这些数字只是记录了每张独立存在的插图,大小不计。这三本书基本都是A4格式(约21厘米×30厘米),图片的大小通常从20.5厘米×16厘米到3厘米×4厘米不等。一个区块中的卡通故事序列只计作一张插图。

也许从表7.1中的数字中最明显看出的是彩色图片(475/529)相对黑白图片(54/529)的绝对优势,以及照片(392/529)相对绘画(137/529)的绝对优势。黑白照片的使用通常仅限于历史照片,而历史照片仅以这种形式存在;黑白插图的使用一般仅限于单一的幽默漫画。同样值得注意的是,最早的一本学生用书——20世纪90年代问世的《流畅英语口语教程》——插图数量相当之多——是其他两本后研发的教材的两倍;这可能表明,在出版业越来越多地使用电子技术的同时,获得不同类型图像的机会也会更大、更便捷。

当时,我对分析这些图像实际要展示的问题很感兴趣,因此决定只查阅这三本教材的彩色照片(colour photos,即CP)和彩色图画(colour drawings,即CD),因为它们在插图中所占比例最大。我根据主题对它们进行了分类(见表7.2)。

表7.1 三本中级教材对插图、绘画和照片的平衡

	《流畅英语口语教程》	《英语面对面》	《成 果》	总计
课文总页数	134	95	96	325
彩色绘图	50	30	25	105
黑白绘图	23	0	9	32
绘图总数	73	30	34	137
彩色照片	111	107	152	370
黑白照片	11	4	7	22
照片总数	122	111	159	392
图片总数	195	141	193	529

表7.2 三本教材中彩色照片（CP）和彩色绘图（CD）分析

图片种类	《流畅英语口语教程》		《英语面对面》		《成 果》		总计
	CD	CP	CD	CP	CD	CP	
肖像	3	59	0	28	2	24	116
地点	5	6	1	7	4	22	45
物品	2	14	10	23	4	29	82
互动	14	17	12	28	12	23	106
动作	26	15	7	21	3	54	126
总计	50	111	30	107	25	152	475

表7.2中的数字表明,相当数量的图片就是直接的肖像、正在做事情(动作)的人,或是相互交流中的人。有趣的是,绝大多数的肖像画都是照片(共111张,绘画却只有5张),而互动图片中却有相当多的绘画(如106张中有38张绘画);这些反映了这样一个事实:打个比方,对于图片编辑来说,从图片代理机构得到"一位看起来很幸福的三十几岁的女人"的肖像比"几个在超市里争论购物的学生"的肖像要容易得多——尽管这最后一类中的许多照片显然是为了这个目的而拍摄的。

尽管这种对教材中图片的分析本身就很有趣,但是相对于揭示这些图片应当发挥怎样的作用而言,它对教材生产过程可能更具启示性。

如何使用图片?

最初,我分析上述教材是为了看看有多少图片是专门为学生用书所用,有多少只是为了做装饰。

表7.3　三本教材中用作视觉材料的图片和用作装饰的图片

	《流畅英语口语教程》	《英语面对面》	《成　果》	总计	%
图片:装饰	83	43	90	**216**	40.8
图片:使用	39	68	69	**176**	33.4
绘图:装饰	42	14	11	**67**	12.6
绘图:使用	31	16	23	**70**	13.2
总计	**195**	**141**	**193**	**529**	**100**

当然,我知道,可能在随附的教师用书中有说明,指导教师如何让学生在不参照学生用书中说明的情况下使用特定图片,但我选择忽略这种可能性,因为这种情况不太常见。我的统计中包括了所有黑白图片和彩色图片,结果见表7.3。

　　表中惊人的统计数据表明，三本教材中超过一半的图片（40.8%+12.6%）仅仅用于装饰。例如，如果对话发生在餐厅，对话旁边就会有一张餐厅的照片或绘图，但是学生不需要参考图片来理解对话。尽管《英语面对面》的图片比其他两本教材要少，但是图片的使用率是最高的（59.6%）。其他两本教材的图片数量几乎相同，但《流畅英语口语教程》的图片使用率只有35.9%，《成果》却几乎达到了平衡（52.3%的图片用作装饰，47.7%的图片为学生所用）。虽然我不认为基于上述三本教材的中级青少年/成人学生用书关于图片的统计数字能完全代表所有的教材，但我的直觉告诉我，我们可以从更大的样本数据中得出类似的数字。这些数字意味着什么呢？英语教学用书的出版商、编辑和作者认为相比提供相关活动的图片，在教材中提供具有吸引力的空间填充插图更为重要，抑或同等重要。

　　当然，这些数字凸显了我所看到的教材制作中的一个主要问题：除非作者特别提供了某个用于活动的特定图片的简述，否则就将剩下的制作过程交给了编辑和设计师，而正是在这个阶段往往会增加一些作为装饰的图片。什么内容可以登在页面上，就会由许多非教育性因素所决定了。例如，在涵盖了必要的练习和插图后应该预留多少空白，每页的顶部或章节的开始需要哪些带图标题以及在不超出预算的情况下可以从图片代理机构购买多少张图片等。

　　尽管我首先承认编辑和设计师的工作总体上做得很好——大多数当代英国教材都是吸引学生和教师的——但是，我们仍然不免要感叹还是丧失了巨大的机会。Harmer（2001: 135）提出了一种观点，他认为用作"点缀"（即我上文中提到的"装饰"）的图片很重要，因为：

> 如果图片本身很有趣的话，至少会对一些学习者产生强烈的吸引力。这些图片有能力（至少对于更倾向于视觉化的人来说）吸引学习者。

几乎可以肯定的是，现在的学生更喜欢教材中色彩鲜艳的页面，而不是60年代无图片页面和70年代初的黑白线条画,这多少代表了学习者的期望。他们现在生活的世界,是一个被视觉图像全方位包围的世界,因此如果教材以同样的方式用图片包围着他们,他们会感到"舒适"和"正常"。一些学生可能也会对这种点缀做出"强烈"的反应,尽管这种强烈的吸引力能否直接转化为任何语言学习的好处尚无定论。Harmer对这些更注重视觉因素的学生会表现出怎样的参与度同样含糊其词。我想,如果要证明用作装饰的插图对学生的英语学习或语言学习的态度有着直接的影响,或有助于学习者更好地学习英语,这可能需要一个漫长而细致的纵向研究。

图片有什么用途?

鉴于所分析的三本教材中有46.6%的插图都附有相关的活动,因此有必要弄清这些插图究竟有何用途。上述三本教材设计了以下活动类型:

a 与单元语言点(句法/词汇)具体要素相关的活动:
   从图片中的文字列表中查找对象,
   文字与图片相匹配,
   利用图片中的情境来理解人们在说什么,
   以图片为线索进行书面语法练习,
   对照片中的人或地点进行外观描述。
b 听力理解活动:
   根据听力片段识别和标记人/物,
   找出图片中的细节和录音中给出信息之间的差异,
   根据录音对话判断图片中的人在说什么。
c 发现或提供信息:
   阐明阅读文本细节的插图,
   寻找图片中的信息。
d 演绎与创意:
   对照片中的人物和情境做出判断和信息建构,

这样的分析可能会让人们区分旨在让目标语言更易于理解的纯粹的功能性插图（例如，一张物体的照片或者文本中某个事件的绘图）和那些为了刺激心理和语言反应的插图（例如，某个插图的设计是为了让读者在一篇文章的结尾和另一篇文章开头之前做出猜测）。人们还可以区分那些旨在促进显性教学的插图（例如，通过所指对象的图片来定义单词的含义）和便于完成任务的插图（例如，通过插图说明学生使用语言的互动情境）。

　　可以看出，这些插图主要用于较低水平的语言练习，很少有活动的目标是激发学习者利用图片自主地、创造性地使用所掌握的语言。类似的活动如"道路"主题（Hill, 1990: 34），学习者可以看到不同类型的乡村道路（例如，穿过田野的小路、山路、森林小道），在这些道路上没有人，没有车辆，也没有动物。在学习者观察完照片后，要想象自己站在那条路上，并记录下对以下内容的反应：

a　他们可以看到的左边的东西，这个东西在照片以外，我们看不到；

b　某种他们能听到的东西；

c　他们可以看到的右边的东西，这个东西在照片以外，我们看不到；

d　某种他们能闻到的东西；

e　他们在路上发现的一些小东西，捡起来，带回家；

f　他们走在路上，前方有个不喜欢的东西，走着走着他们走出了图片。

然后，学习者与同伴讨论他们的反应——我通常鼓励学习者与拿到相似照片的人和拿到截然不同照片的人交流。这样做的结果会导致非常冗长的对话，最初是讨论他们对语言刺激的即时反应，接着讨论每种反应的原因，然后通常会谈论地方，这些地方提醒他们想到了什么，等等。

教材中的视觉材料可以做什么呢?

在我看来,在一本教材中如果有超过50%的图片纯粹用于装饰,对出版商来说是一种极大的浪费,对语言学习者和教师来说也是一种极大的机会浪费。我毫不怀疑,许多教师在诸如文章阅读中使用装饰性图片,是为了与学习者讨论在图片中看到的内容,以此来激发对主题的兴趣和/或意识。但是,让我们看看我们在教材中发现了什么。

请看《成果》(中级)第10单元的这一页,这是装饰图片的典型用法(见图7.1)。首先,我们感觉图片具有欺骗性,因为它是彩色的,而页面的其余部分却是黑白的,这就导致目光会自动被它吸引,图片(189 cm^2)占了整个页面面积(588 cm^2)的三分之一,然而尽管颜色和比例大小赋予了它重要的意义,却没有得到直接使用。

这篇文章通过三个标题下的九个活动来完成:口语(1)、词汇(4)和语音(4)。所有活动围绕一个主题(参加重大活动和娱乐活动)的不同方面进行。照片中到底发生了什么并不清楚,但似乎是日本年轻人在一场摇滚音乐会上。因此,它与词汇练习A中的一些句子有明确的联系,也可以与词汇练习D和语音练习A和B联系起来,但并没有直接提及。所有的练习旨在帮助学习者使用更有趣、更丰富多彩的语言描述出席活动的情况。

因此,图片提供了一种语境,但它并没有用于任何语言目的。如果没有图片,这些活动也可以顺利开展。几乎可以肯定的是,由于教材提供了书面信息,录音中提供了范例,学习者可以更好地描述自己参加过的活动,而不是因为有了这些图片。

假设作者、编辑和设计师希望图片和文本或多或少保持原样,那么通过一些与图片相关的讨论,引入语言任务也会更容易,比如用以下题目:

年轻人喜欢在晚上和周末出去参加什么活动?

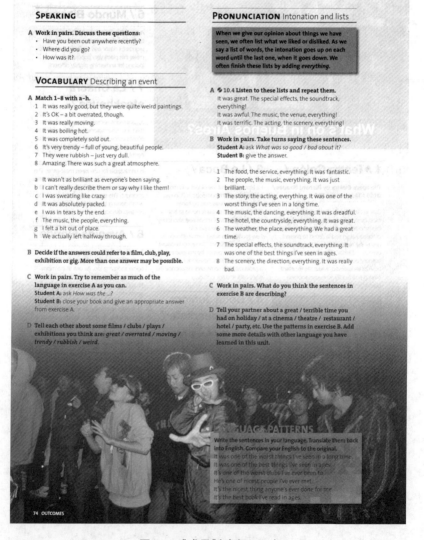

年轻人去听摇滚音乐会时怎么穿戴?

看看下面的图片。你认为这些人来自哪个国家? 他们的穿着和行为与你们国家参加音乐会的年轻人一样吗? 为什么/为什么不?

你觉得他们的感受如何?

图7.1　《成果》(中级, p74)

这样，教材编写者、编辑和设计者不用花费太大精力，学习者就可以得到更多的语言产出，也许比口语中的A活动更容易引入主题，因为他们可以参考一些具体的东西。更重要的是，这张图片就可以融入该页面新的语言作品之中。

我现在想谈谈的正是这样一个只处理学习者所看见的、所知道的、所思考的或所推断的问题。据我所知，Pit Corder是第一个区分"谈论"图片和与图片"交谈"的人（1966: 35）。如果你谈论一张图片，你会被你所看到的东西所限制和束缚——"音乐会上有一些年轻人，可能是日本人……他们有的在跳舞，有的在……"这就是事实的和可见的。修改语言系统的一些部分也是有用的。然而，这本身不一定是目的，而是与照片交谈的一种方式："金发女孩看起来像是在享受跳舞的乐趣，而这个戴着红帽子和白眼镜的家伙让我想起了我上次去听音乐会时见过的人……他是……"。在这里，通过适当的任务，图片可以让学习者将自己的实际生活带到课堂上。教材似乎很少有机会利用图片来激发自己的内在含义。

在这位作者为意大利语料库双年展编写的教材中，就大量使用了一系列彩色照片，与讲述新艺术运动（Art Nouveau）（Hill and Rizzo, 1994: 220-221）的几页相关。首先，图片用来巩固一些词汇，而这些词汇是在一篇关于收藏新艺术作品方面的听力文章中遇到的。先用相对简单的标记活动（"谈论"），然后是一系列的三个一组的问题，这些问题将话题扩展到讨论学习者与插图中的新艺术作品（"交谈"）的相关感受。

结　语

本章旨在展示英国针对青少年和成年人的英语教学材料中典型插图的本质。研究表明，大多数图片仅用于装饰目的，而用于语言目的的图片往往集中于与基本语言操作相关的低级语言技能。本文提出了如何改进这些教材，并举例说明了为获得更有意义和更深入的语言学习体验所必需的教材类型。

参考文献

Artusi, A. and Manin, G. (2012), 'The wonder of warmers', *English Teaching Professional*, 78, 28–29.

Bowen, B. M. (1982), *Look Here! Visual Aids in Language Teaching.* London: Macmillan.

Broughton, G. (1970), *Success with English.* Harmondsworth: Penguin.

Candlin, E. F. (1975), *New Present Day English.* London: Hodder & Stoughton.

Da Silva, R. (2011), 'Thinking outside the page: writing with Flickr', *Modern English Teacher*, 20 (3), 40–43.

Grundy, P., Bociek, H. and Parker, K. (2011), *English Through Art.* Rum: Helbling Languages.

Harmer, J. (2001), *The Practice of English Language Teaching.* Harlow: Longman.

Hill, D. A. (1990), *Visual Impact.* Harlow: Longman.

Hill, D. A. and Rizzo, R. A. (1994), *Corpus: An English Language Cource for the Biennio.* Milano: Ghisetti & Corvi.

Massi, M. P., Blazquez, B. A., Patron, Z. R., Verdu, M. A. and Scilipoti, P. (2012), 'Art in action', *English Teaching Professional*, 82, 37–39.

McAlpin, J. (1980), *The Magazine Picture Library.* London: George Allen & Unwin.

O'Neill, R., Kingsbury, R. and Yeadon, T. (1971), *Kernel Lessons Intermediate.* Harlow: Longman.

Pit Corder, S. (1966), *The Visual Element in Language Teaching.* London: Longman.

Thekes, J. (2012), 'Get students involved and entertain them!', *Modern English Teacher*, 21 (1), 28–32.

Wright, A. (1976), *Visual Materials for the Language Teacher.* Harlow: Longman.

— (1989), *Pictures for Language Learning.* Cambridge: Cambridge University Press.

Wright, A. and Haleem, S. (1991), *Visuals for the Language Classroom.* Harlow: Longman.

第八章 教材写作中的创造性途径

Alan Maley

引 言

创造力在许多领域都被广泛认为是一种必要的品质,如音乐、视觉和表演艺术、文学、科学、技术,甚至是金融、商业等领域,人们满怀信心地宣称创造力为我们的技术、文化和经济生活中必不可少的品质(Robinson, 2001)。

然而,在教育领域存在着一种矛盾,甚至是一种悖论。创造力是学习的核心,但它通常不是教育的核心。制度化教育依赖控制力、衡量力和遵从规则,而创造力(更像是它的近亲,批判性思维)是对基于控制的体系的诅咒。无论制度化教育声称在多大程度上促进了创造力,事实上还是依赖控制的范式,也会抵制任何威胁到这种控制的东西,因此创造力处境将会十分艰难。

与一般教育一样,外语教学领域的创造力总体上很低。从本质上讲,教学是一种保守的职业。常规课时中的教学制度化措施促进了相对舒适的教学常规的发展。考试则进一步鼓励了趋同的一致化。加上在当前的全球经济中,市场力量往往会阻止出版商实施创造性的做法以避免风险。不可否认,英语教学在20世纪的最后25年出现了一些创造性和创新性的重要举措,其中就包括从结构-情景教学法到交际法这一范式的转变。人们不禁要问,现在的英语教学中的波澜不惊是否预示着在不久的将来还会有一场创造性革新的爆发?又可能会朝着什么方向发展呢(见本章结语)?

　　无论如何,创造力的概念及其与语言教学的关系仍然值得我们探索。因此,在本章的第一部分,我将试图澄清**什么**是创造性,**为什么**我们应该认真对待创造力,**谁**是创造力的利益相关者以及**如何**实现创造力。在第二部分,我将提供一个创造性教材的生成框架,并提出进一步探索的途径。

一、什么是创造力?

关键要素

　　流行语中诸如"创造力"(试比较"交际""文化""身份"等)等词的本质,即在广泛且不加区分的使用中获得了大量不同的意义。因此,我试图筛选出创造力概念的一些核心成分。在对创造性理论著作进行粗略分析后,我得出了以下语义簇,这些语义簇有助于更清楚地定义这个多义词。

a　**"新鲜感":独创的、创新的、新颖性、不同寻常的、令人惊讶的。**有资格被称作"创造性"的东西,要让人看到有新事物诞生。当然,所有的创造性想法都要归功于以前的想法。正是利用过去,加以新的视角,才能重新构建现在,才能表现出创造力。

b　**"即时性":突然的、闪光、明亮、自发的。**阿基米德从浴缸里跳出来,大声喊道"Eureka"("我发现了!"),恐怕是最能体现这一点的。许多有创造力的天才反映说,他们的洞察力是在一瞬间突然变得清晰起来的。

c　**"尊重":敬畏、惊奇、钦佩、喜悦、啊!**真正有创造性的行为会让人产生愉悦的认同感。一个典型的反应就是,"我为什么没想到呢?"

d　**"实验性":探索、好奇心、充足的准备、隐性知识、难题、解决问题、游戏、启发式的。**大多数种类的创造力似乎都涉及"摆弄"一些东西,追问"如果……会怎样?",以及思考一些不可思议的问题。但仅有好奇心是不够的。从见多识广这个意义上说,对某个领域做好准备是必要的前提。("命运只偏爱有准备的人",Louis Pasteur,1854.)这种准备通常是基于"隐性知识"(Polanyi,1967;Schon,1983),或是"精通",对此专家从业者似乎可以毫不费力地调用这些知识。通常启发法是用来节省时间的,启发法是一般的程序或经验法则,例如,"考虑负面因素""做相反的事情""使它变大/变小"。

"启发法可以用于修剪搜索之树。也就是说,通过选择性地忽略树上的部分选择点,可以省去问题解决者花在访问每一个选择点上的时间"(Boden,1990:98)。这种摆弄是在给定的概念空间内完成的。"简言之,没有什么比通过'摆弄'来衡量特定思维方式的潜力和局限性更自然的了。这不是放弃所有规则的问题,而是改变现有规则以创造新的概念空间"(同上,46)。

e **"神圣":直觉、洞察力、想象力、灵感、启示、神圣的火花、天赋、预感、神秘的、无意识。** 创造力是上帝赐予我们的神秘而不可知的礼物,这一观点流传甚广且历史久远。然而,大多数当代研究创造力的作家并不认同这一观点,他们倾向于研究创造性行为是如何产生的。但人们一致认为许多创造性活动都是无意识的。

相信创造力是上帝所赋予的品质,这一信念让人们相信只有一些被选中的人才拥有创造力。而更合理、更人性化的观点却是:每个人都拥有不同程度的创造力。历史性创造,指创造历史上从来没有的东西,就是诸如莫扎特、葛饰北斋、毕加索、爱因斯坦、莎士比亚等天才所拥有的品质。但这并不排除个人创造力,即个人做出对自己,而不是对历史来说,崭新的创造性发现。正如Carter所说,"……语言创造力不仅仅是某些特殊人群的专利,而是所有人的一种特殊品质"(Carter,2004:13)。

f **"找出相关性":联系、联想、组合、类比、隐喻、以新的方式看、外围注意力、孵化、重新配置。** 人们普遍认为,创造力的一个重要组成部分是建立新联系的能力,而且通常是在明显不相关的数据之间建立联系的能力。Koestler(1989)称之为异类联想,超现实主义者将其作为产生新艺术创作的原则。一些教学研究者也运用该原则，如Gianni Rodari（1973）和Jacqueline Held（1979）。然而，为了看到这些新的关系，可能有必要暂停有意识的注意力，这样我们注意力外围的素材就可以进入大脑无意识的思维层。在大脑有意识的部分忙于其他事情的时候，这些想法会在一段时间的潜伏期后被激发出来，而这正是作家们关于创造力的永恒主题。

g **"不可预测性"：随机性、机会、意外新发现、巧合、混乱。** 创造力有一种悖论，它既不能被预测，也不能有意识地被唤起。这显然是部分源于其偶然性而发生。克里克和沃森提出的双螺旋结构模型，弗莱明发现青霉素，牛顿的苹果和阿基米德的浴缸都是偶然性的例子。然而，只有意识到偶然给他们带来什么的人们，才能有偶然的发现。一个苹果掉在农民头上更可能引发一场咒骂，而不是万有引力理论。在某种意义上，我们只有在时机成熟的时候，才能有所发现或创造。也许，充足的准备可以引导我们度量概率可预测性（见本章结语）。

h **"可接受性"：认可、相关性、意义、价值。** 无论某个创造发明有多新颖，但是如果与其处的领域毫无关联，那么就不太可能会被使用。利用水晶来促进语言学习的想法在国际英语教师协会（IATEFL）的时事通讯《议题》（Issues, Power, 2000）中一经提出，就与创造力所具备的新颖和惊喜等特征联系在一起。但是，同行的专业人士并不认为这与语言学习有相关性（Swan, 2001）。因此创意不仅仅要新颖，而且必须合于历史并具有相关性。"即便是心理创造力也需要以领域相关的方式进行系统的规则破坏和规则改变"（Boden, 1990: 254）。

创造力的途径

创造力长期以来一直受到理论界的关注。Gardner（1993）在阅读了19世纪Francis Galton关于天才的著作后，对不少具有历史性创造力的人进行了传记式的研究，希望能在他们当中找到共同点。值得一提的是，Gardner从自己对所有七种智力类型的分类中，都选取了"天才"(Gardner, 1985)。不过,既然我们将创造力视作人类群体中广泛存在的一种属性,Gardner对于历史性创造力的关注可能对我们并没有太大的帮助。

Csikszentmihaly(1988)在对创造力进行多维度审视后,认为这是个人才能之间的互动,在特定领域或学科中运作,并由该领域的专家进行评判。这有助于解释为什么有些想法虽然有创意,却要等到时机成熟时才会出现。例如,达·芬奇设计了飞行器,但制造和飞行这些机器的技术先决条件必须等待内燃机的发展和经济上大量石油的发现。Csikszentmihaly还对"流"在创造力中的作用进行了有趣的观察,即"无为之为"的状态,在这种状态下,所有的东西似乎都聚集在一个无缝的创造性能量流中(Csikszentmihaly, 1990)。他通过对91位杰出个人的访谈分析进一步探索了创造力,并分离出创造性个体的十个特征(Csikszentmihalyi, 1996)。

Koestler(1989)和Boden(1990)都寻求了创造力的认知心理学解释。Koestler在其里程碑式的著作《创造的行为》(*The Act of Creation*, 1989)中,将Helmholtz和Wallas的创造力概念作为一个四阶段的过程加以阐述。给定一个"问题""谜题"或"概念空间",创造性思维首先会吸收所有可用的信息来做好准备。在第一个准备阶段之后,有一个孵化期,在此期间,大脑的有意识部分停止思考问题,让无意识的部分接管。在第三个阶段即启示阶段,会突然出现一个解决方案(如果你幸运的话!)。在最后的验证阶段,有意识的大脑需要核查、澄清和阐述所获得的洞察力。Koestler引用了许多例子,特别是科学方面的例子来支持他的理论。他接着指出,这个过程是通过两个概念矩阵的异类联想来运作的,而这两个矩阵通常不在一起。使目前为止两个不相关领域并行运作能促进新视角的产生。

相比之下,Boden(1990)采用人工智能的方法来研究创造力。她对计算机如何复制人类的思维过程提出了质疑。这就需要考虑通过诸如并行分布式处理等过程的复杂生成系统的自组式属性。对她来说,创造力来自对概念空间或领域(数学、音乐、语言)的系统探索。她提醒注意在这一进程中限制的重要性。"与其说是创造力的对立面,倒不如说对思维的限制使其成为可能"(Boden, 1990: 82)。

"正是这种限制的部分连续性,使得新的想法能够作为一种创造性的贡献被作家和观众所认可。新的概念空间可能会提供一种全新的观察任务领域和指明路径方式,而这些在以前是看不见的——事实上也是不可能看见的。"(同上,83)

混沌理论(Gleick, 1987)倾向于支持她的观点。Boden的方法对于语言习得和教材编写有着诸多启示,因为它们都植根于复杂的、自组式的体系之中。

Amabile(1996)从社会和环境的视角来研究创造力,声称以前的理论往往忽视了这些因素对塑造创造力的影响。她的成分理论基于三个主要因素:与领域相关的技能(即熟悉某一特定领域的知识)、与创造力相关的技能(例如,打破"表演脚本"——既定惯例的能力,发现新关联的能力等)以及基于态度、内在动机、外部约束和奖励等的任务动机。讨论的社会和环境因素包括同龄人的影响、教师的性格和行为、课堂气氛、家庭影响、生活压力、物理环境、所提供的选择程度、时间、积极榜样的存在以及在什么特定环境范围内所发挥的积极示范作用。这些因素显然也与学习有关。

Kaufman和Sternberg具有里程碑意义的《剑桥创造力手册》(*Cambridge Handbook of Creativity*, 2010)是对整个创意领域进行全面概述的最新尝试之一。其中最后一章《创造力的限制》出色地概述了阻碍创造力的各种要素。他们特别批评了学术教育中强调遵从的教育方式以及通过测试衡量学习的方式,认为这对创造力带来了负面的影响。"……所教授的学术知识和技能……将不足以满足快速变化的世界的需求……创造力比以往任何时候都更重要……(然而)对高风险评估的重视程度越高,对创造力的重视程度就越低"(Kauffman and Sternberg, 2010: 475)。Ken Robinson在《让思维自由》(*Out of Our Minds*, 2001)一书中也提出了同样的观点,警醒人们在教育领域,任何引入创造性思想的尝试都将面临制度性的障碍。

从有关创造力的文献中可以清楚地看到,创造力不是一个简单、单一的概念。"……我们对创新过程尚未有一个清晰和足够详细的阐述"（Amabile, 1996: 33），虽然碰到创造力的时候很容易识别，但是描述它却不容易。出于这个原因，采用维特根斯坦的家族相似性观点可能更有道理，在这种情况下，任何复杂现象的既定实例都有可能有一组部分而不一定是全部的共同特征（Wittgenstein, 1958: 31-32）。

我们为什么需要创造力？

1　从心理上讲创造力是不可避免的，因为人脑是一个复杂的系统，容易产生新的思想。人类与其他基因上几乎完全相同物种的区别，恰恰是有能力进行创造性的改编和发现，并将其传给后代。

2　创造力是生存所必需。语言教学的环境在其他因素的压力下不断演变，如需求的变化、技术的变化、经济需要的变化等。我们必须不断加快速度来改变自己以应对这种变化（Gleick, 1999; Robinson, 2001）。创造力往往伴随着变化，因为我们在不断寻求适应新机遇和新约束的解决方案。

3　创造力从历史上来看也是不可避免的。正如Kuhn（1970）所表明的，任何给定的领域都倾向于遵循周期性的发展模式。在由一个范式主导、被所有人接受、知识和程序常规化的周期之后，就会出现质疑期，发现新的见解和想法，取代旧的范式，然后循环继续。在语言教学中，我们可以将19世纪的改革运动视作这样一个范式的转变，也许另一个例子就是交际法的运用。对新技术的创造性调适很可能是另一个范式转变。

4　创造力有激励性和刺激性。积极探索创造性解决方案的教师往往比那些循规蹈矩的教师更有活力和动力。有机会锻炼自己创造力的学生往往会做出积极的反应。进行教材创造性研发的作者更可能会写出更有趣的素材（Pugliese, 2010）。

5　语言使用和语言学习，本质上是创造性的过程。最近的几本书（Lecercle, 1990; Crystal, 1998; Cook, 2000; Carter, 2004）已经引起了人们对这样一个事实的关注：很多自然语言的使用不仅仅是功利主义和事务性的，也不仅仅是交互的。人们沉溺于大量创造性的语言游戏之中,这些游戏带有双关语、谜语、笑话、首音误置、侮辱、蓄意歧义、音位转换、异常搭配、混合隐喻、模仿、带有人名和不敬词(例如,"简·曼斯菲尔德的名声被过分夸大")。同样地,学习母语的孩子们也经常这么玩,不断地创造性地测试它的极限。"……不是所有的游戏都具有创造力,但所有的创造力都有游戏的成分"(Gordon, 1961: 121)。我认为,教材中至少应该给这些特征留出一些空间。文学是语言游戏性的最高典范,且文学与戏剧一样,显然能为教材注入关键的活力。

谁是创造力的利益相关者?

显然,由于这是一本聚焦教材编写的书,我认为教材编撰者自身就应该发挥创造力。这可能表现在他们的选材(文本、视觉材料等)、为教师和学习者提供的教学程序,或期望达到的结果上。(关于内容、过程和结果的更多信息,参见下文。)他们也可以在出版商、教学大纲、学校规定、考试或物理条件的限制下,在工作中表现出创造力。

出版商也是创意的关键推动者。不幸的是,当前出版业的激烈竞争和高昂的投资成本往往会阻碍人们冒险的意愿——而创意总是会带来一定程度的冒险。多数制度化教育形成了以评估为基础的风气,出版商也助长了这一风气。不过,仍然有少数特立独行、不参与制度化评估、敢于冒险的出版商反对这一趋势。这些往往是小型的出版社,如Delta、Garnet和Helbling,但是他们确实保持了创造的活力。通过Lulu和The Round等个人出版项目,也为个人创造力提供了新的出路。

教材编写者创造力的一个主要方面体现在教材能在多大程度上激发师生的创造力。能够为教师提供选择权和灵活性,以他们认为合适的方式发展的教材,可能会产生更具创造性的行为。这一观点与Prabhu(1990)提出的"似乎合理感"的概念相符合,即当教师在自己不断发展的一套信念和实践的框架内运作时,教师的作用最佳。同样地,学习者如果可以在鼓励玩耍的学习社区中做出选择和开展学习,往往也会有创造性的反馈。

然而,创造性教材使用者的感知价值和相关性问题再次出现。如果设计的教材被目标使用者视作太"出格"或者"不切合实际",那么编写者在教材设计上表现出再大的个人创造力也无济于事。真正具有创造性的教材编写者可以使用相当简单,甚至最小的信息输入来激发教师的方法论创造性,或者激发学习者的语言创造力。最近的例子包括Pugliese(参见下文)和Bilbrough(2011),我们可以看到在经过多次实验的活动中出现了创造性的转折。

如何应用创造力?

在继续第二部分之前,我们有必要回顾一下近期一些创意案例。

启发式方法

在《打破规则》(*Breaking Rules*)一书中,John Fanselow(1987)建议将启发式的"反其道而行之"作为在语言教学中创造新的可能性的一种方法。这条指令适用于任何层面:内容、过程、角色。例如,在内容方面,如果你习惯使用书面文本,那就试试用听力来替代。如果你习惯了长文本,就试试短文本。如果你习惯了简化版,那不妨试试原版。或者干脆不用任何文本。在过程方面,如果你习惯大量的小组活动和两人活动,尝试一些个人活动和班级活动。如果你通常期望问题能立即得到回复,那就试着让学生推迟回答。在角色方面,如果全程由你教授,那就试着让学生做一部分。如果你要设置测试,试着让学生设计测试内容(Maley, 1999)。这些不过是一些彻底的变化,这些变化都可以通过简单而强大的启发式方法来实现。其他的一些启发式方法也可以产生同样有效的结果(参见Maley, 2006)。

设计者方法

在20世纪70年代和80年代崭露头角的所谓设计者方法论

（Stevick, 1980），都是"反其道而行之"的启发式方法的有趣应用（尽管我并不认为这些想法来自Fanselow）。

沉默的方式（The Silent Way）（Gattegno, 1976）颠覆了所有话都由教师说以及教师有责任指导教学的观点。相反，学习者们被迫依靠自己的资源，从最小的线索开始，痛苦地构建自己的"内在标准"。

在**社群语言学习**（Community Language Learning, 即CLL）（Curran, 1976）中，没有教学文本：学习者需要开发自己的对话文本，采取自己喜欢的学习途径进入新的语言，在新语言中经历从"幼稚"到"成熟"的状态。从本质上来说，教师是一位富有同情心的信息告知者。

暗示法（Suggestopoedia）（Saferis, 1978; Lozanov, 1979）的原则与实施就直接违背了外语教学中的公认观点。学习者被要求不要有意识地努力学习，他们接触到前所未有的长文本。巴洛克音乐、舒适的椅子和昏暗的灯光，这一切所营造出的轻松氛围，与"普通"的教室也截然不同。

全身反应教学法（Total Physical Response, 即TPR）（Asher, 1977）将学习的早期阶段局限于单独的倾听。老师说话时，学生也只需要进行非语言的回应来确认理解即可。

尽管现在很少有人以纯粹的形式使用这些方法论，但不可否认的是，这些方法仍具有创造性，对当前的方法论和教材产生了重大影响。

N. S. Prabhu

Prabhu是20世纪语言教学领域最具独创性和颠覆性的思想家之一。他有两大主要贡献，一是研发了程序性、任务型教学大纲（Prabhu, 1987），二是开创了截然不同的教材编写方法（Prabhu, 1989）。

程序性教学大纲已经讨论得十分充分（Nunan, 1988; White, 1988），所以我只想提醒大家注意这样一个事实：它们也是"反其道而行之"的一个例子。Prabhu提倡，与其设计一个严格控制的、"先验的"语言进程，不如设置一系列任务，无须正式地关注语言项目的顺序。他认为，当学习者的有意识的注意力集中在解决问题/任务上时，他们也在无意识地获得语言能力。

在他的文章《作为支持的教材：作为约束的教材》（1989）中，Prabhu批评了已出版的教材，理由是这些教材预先阻碍了教师可能做出的更恰当选择。这些教材预先决定了教学的内容、呈现的顺序和即将采用的教学方法。他的建议较为激进，即尽可能地恢复教师在上述领域的控制。他提出"半教材"的建议，即开展单一类型的活动，如听力理解或收集原始输入材料，或使用超材料，这种材料仅提供一些"空的"程序，如听写，由教师根据本地需要使用。

Maley（1994）随后将这些想法发展为"灵活的教材"，提供一套开放式的文本集，教师可以选取其中的任何一个文本，结合有限的活动类型模块加以使用。（有关完整的描述，参见Tomlinson, 2011: 379–402。）

人文贡献

特别是在20世纪80年代，出现了对学习中的个体/个人方面进行重新评价的想法。Moskowitz的《外语课堂上的关怀与分享》（*Caring and Sharing in the Foreign Language Class*, 1978）是一本具有里程碑意义的著作。这种个性化和价值取向的教材倾向于利用语言学狭隘范畴之外的领域，探索处理熟悉事物的新方法。Davis和Rinvolucri的《口述》（*Dictation*, 1988）正是对这一由来已久的实践进行创造性再探索的最好例子之一。在这本书中，作者将听写的"概念空间"进行了一系列创造性的变体，让人想起巴赫和其他作曲家在音乐中探索变奏的过程。

Maley和Duff（1982）借鉴了戏剧训练的领域，许多作者（Maley, 2000: 180–185）将文学进行了重新诠释，用作语言学习的资源，而不再限于学术研究的领域。

最近应用

Thornbury和Meddings（2001, 2009）提倡一种启发式策略，建议增加对教师的约束。Dogme教学法主张教学中不使用任何人工教具，而是完全依靠教师与学习者之间以及学习者与学习者之间有质量的对话来推进教学开展。虽然大家对这样一项自我否定的指令褒贬不一（Gill, 2000），但无可否认的是它是具有创造性的，并且通过其网站（www.teachingunplugged）吸引了越来越多的追随者。

Pugliese一直在大力提倡教师在编写教材方面发挥创造性作用。他的《富有创造力》（*Being Creative*, 2010）既是一本有价值的创意活动集锦，也是一个慷慨激昂的呼吁，号召教师们在实践中更加积极地进行创造性活动。"我梦想中的学校能够培养学生的发现精神和终身学习的理念，而不是受到分数、等级和考试的控制"（Pugliese, 2010: 19）。他的《创造性教学宣言》（*Manifesto for Creative Teaching*, 2012）也让阅读变得有趣。日本的Marc Helgesen对传统做法进行了高度原创的调整，探索了幸福感研究，并在网上免费提供他的教材。（参见Helgesen网站的参考资料。）

内容与语言融合式学习（Content and Language Integrated Learning，即CLIL）创造性地颠覆了早期基于内容的教学模式，该模式旨在利用学科内容以实现语言学习（Deller and Price, 2007; Mehisto, Frigols and Marsh, 2009; Tanner and Dale, 2012）。在这种模式中，重点放在通过外语进行学科知识的学习上。虽然并非所有的教学环境都适合CLIL的方法，但它仍然不失为一种积极试验、辩论的主题。

通过整合艺术（Goldberg, 2006; Lutzker, 2007; Maley, 2009, 2010）、音乐（Paterson and Willis, 2008; Hill, 2012）、美术（Keddie, 2009; Grundy et al., 2011）、视频、戏剧（Maley and Duff, 2005; Wilson, 2008）、文学（Duff and Maley, 2007）、讲故事（Wajnryb, 2003; Wright, 2008）、创意写作（Maley and Mukundan, 2011a & b），一种全新的审美式语言学习途径近来广受提倡。

二、创造性素材生成思维

我们回顾了创造性理论对教材写作思维的启示，并给出了近期语言教学中创造力的一些实例，现在是时候来展望未来可能的发展了。

语言教材组织图

下表（见表8.1）是对教材编写系统化的一种尝试。虽然我试图涵盖我认为重要的大多数项目，但毕竟不够全面。

"输入"，包括作者可能希望考虑涵盖的所有原材料。"程序"，是对输入信息进行的操作。"结果"，是作者希望通过"输入"和"过程"实现的目标。在选择了"输入类型"之后，作者就选择了学习者为达到既定"结果"而即将开展的"程序"。当然，使用图表生成常规的、普通的教材是完全可能的。但是，如果要考虑到所有的选项，这就不太可能了。在思考图表的创造性用途时，请借鉴我们从创造力理论（见上文）所学到的一些知识，这可能是有用的，其中包括：

- 寓教于乐——教材作者把玩耍的态度融入教材，也培养学习者在玩耍中学习。
- 为我们所处的复杂系统提出新的、意想不到的规律，给"混乱"留下操作的空间。
- 测试概念空间的约束。
- 尝试新方法来改变旧习惯。
- 运用启发式和类比法来激发新思维。
- 为思想的孵化留出时间和沉默（对教材作者和教材使用者都是如此）。
- 用随机组合原理进行不寻常的并列组合。
- 借鉴语言教育学之外的其他领域。
- 请记住光有新鲜感是不够的，我们所运行的系统必须是"就绪"的，能够感知我们想法的相关性。
- 利用每个人都有创造力这一事实。
- 确保我们给予创作过程的准备阶段和查证阶段应有的重视。不是每件事都是有趣的或者可以游戏化的。
- 但是，请记住，快乐和乐趣是整个过程不可或缺的组成部分。

表8.1　语言教材组织表

输入	处理	成果
人物（经验、情感、记忆、观点、相貌等）	**类别** 时间（长/短） 强度（高/低） 类型（主动/反思，互动） 模式（个人工作、成对、成组、整个班级；公共/私人） 媒介（口语/书写；处理/生成）	**教材成果**（学生课文、视觉展示、表演等） **教学成果**（学习的证明、测试结果、流畅度、成为一名读者、学着去学、处理反馈、元能力等）
话题/主题文本（文学/非文学；出版的/学生生成的泛读读本）		
参考材料（词典、辞典、百科全书、语法参考等）		**教育的成果**（社会/跨文化意识的提高、批判性思维、创造性解决问题、独立自主、知识管理等）
教学用品（物品、文本、图片等）	**管理** 惯例 指示 问题	
视觉材料（照片、视频、"艺术"、电影等）		**心理-社会成果**（自尊心加强、自我意识、自信、合作、团结一致、责任感、观点变化、差异的容忍等）
音频（词语、文本、音乐、声音）	**技巧** 质疑 信息差、观点差等 拼图阅读/听力 过程写作 视觉化 内部言语/排练	
网络（CD、YouTube等）		
游戏（模拟、角色扮演、语言扮演）		
口语陈述（故事、笑话、轶闻趣事、展示等）	**任务类型** 头脑风暴 预测 分类 评估 问题解决 表演 构建事物 研究	
问题（谜题、道德困境、逻辑问题等）		
项目		
技巧（即兴创作、戏剧、听写、翻译、创意写作等）		
学生制作的素材	**生成性过程** 拓展 配对 媒介传输 比较/对比 选择/排序等	

一些应用

输入

a 人物：我们有可能忽视最接近我们的资源，也就是班级中的人物资源。每一个班级的学生都有着丰富多彩的个性特征、身体相貌、记忆、关联、观点、技能和知识（Campbell and Kryszewska, 1992）。教材应以这些人物的特征库为参照。大多数活动都会因为学生的不同观点而变得更加丰富。

b 在选择主题或话题时，我们也可以超越传统的、熟悉的界限。体育、爱好、购物、文化节等这些毫无争议的主题没有问题。但是，如果我们的话题目标包括提高社会意识、跨文化意识，以及批判性思维能力，我们就需要更广泛地撒网。Wajnryb（1996）尖锐地批评了许多教材在选材上平淡无奇、相关性低。Jacobs等人（1998）则提出了更具挑战性的主题，如有关环境和全球问题的一系列主题，Sampedro和Hillyard（2004）也是如此。Day和Yamanaka（1998）也探索了超出传统教材界限的主题，而《全球英语》（Global, Clandfield et al., 2010）则提供了大量扩展主题和文本菜单。

c 文本仍然是大多数已出版教材的基础。我们可以通过扩大文本类型的选择范围来发挥更大的创造力，尤其是可以涵盖更多的文学文本，让学生接触到更多具有创造性的语言使用。文学作品也常常触及社会、文化和人的问题，这些问题也将我们的教学目标从单纯的工具性语言教学扩大到更广泛的教育目的。

学生自己可以提供诗歌、墙报、故事等形式的文本输入。文字处理设备的发展可以帮助我们发布高质量的文本。学生在一年内所创造的文本可以成为下一年的输入内容。学生选择的课文汇编也可以用类似的方式运行。

泛读现在被认为是习得外语最有效的方法（Day and Bamford, 1998; Krashen, 2004）。现在有许多优秀的分级读物，既有改编，也有原著，因此可以说现在还有一种新的英语写作体裁，即专门为外国学习者特别编写的文学作品——语言学习者文学。现在至少有两种方法可以进行创造性改变。第一种方法是放弃对单词和结构表的严格语言控制。相反,作家们会专注于讲好一个故事,为特定的读者写作文本,以此来直观地衡量学习者的语言水平。

第二种方法是放弃所有的问题和活动材料,让学习者以"真实"的读者的方式与文本自然互动,而不受"非读者"因素的干扰。

d　现在可以利用可获取的新一批参考资料的创造可能性,特别是学习者词典(Wright, 1998)和表达词典,如《朗文英语联想活用词典》(Activator, 1997)。我们可以鼓励学生构建自己的参考资料:语法书,短语书,词汇参考,文化参考。这些都与项目工作的开展有关(Fried-Booth, 2001)。

e　一种处理实物教具、视觉材料和音频输入的创造性方法,就是将提供信息输入的责任传递给学习者自己。他们可以准备自己的照片展示、视频、声音拼贴,或许还可以作为项目的一部分。个人参与可以赋予学习者以主人翁意识,使得学习者动机提高、产生出乎意料的创造性成果(Stempleski and Tomalin, 2001; Mukundan, 2012)。

f　互联网显然是个非常重要的资源。但直到最近,人们才认真思考如何以综合的方式利用它以及如何创造性地开发它的潜力(Windeat et al., 2000; Harmer, 2001; Dudeney and Hockly, 2007)。对教师来说,一个非常有用的资源就是Russell Stannard创建的www.teachertrainingvideos.com网站,新技术对教师来说唾手可得。与所有的技术一样,互联网也会带来危险:教材的作者与其他人一样,可能会被互联网的技术潜力所迷惑,而不再创造性地细致思考如何更好地有效利用它。

g　口头报告的输入为内容选择中的创造性提供了更多的机会。Brunvand(1999)的都市传说集只是一个例子。口头陈述也可以作为另一种更有创意的语音教学方式。学生在做口头陈述时必须考虑到整个交际事件，而不仅仅是发音的准确性。文本的展现也是如此。

处理

处理的过程可以提高教材的创意质量。我将从图表中的五个类别分别给出简短的建议。

a　类别：可以创造性地处理时间的长短。例如，对某些活动设置严格的时间限制。再如，以正常的速度而不是缓慢的停顿来进行听写（Davis and Rinvolucri, 1988）。或者给学生足够的时间进行测试。或者帮助学生计划自己的时间。其他一些类别中也会出现类似的可能性。

b　管理：管理惯例和指令的一种创造性方法是：用非语言暗示代替口头暗示。学生可以很快学会使用一系列的手势，可以应付大多数紧急情况，如举手表示沉默，画圈手势用于集体活动，食指向内指代两人活动。或者，还可以用大的抽认卡写下所有的指令，必要时由老师举起来。这两种办法都有助于减少对教师声音的磨损——这是问题的主要来源（Maley, 2000）。但是，如果使用过度，也会减少学习者对自然使用语言的接触。关于在语音活动中使用手势的更多想法，参见 Underhill（1994）。

c　给出的技巧列表远远不够详尽，但任何技巧都可以创造性地应用。Stevick（1986）注意到可视化的力量，Tomlinson（2000, 2001）开发了在文本处理中提高可视化和内部言语的技巧。很多时候，我们似乎需要一个明确的口头或事实的"答案"，而不是一个内在的表征。Underhill（1994）建议，学生在重复之前有时间在耳内听到和保持话语。

d　任务类型的集合同样不完整，但所有列出的任务类型都可以创造性地应用。例如，如果任务涉及评估某件事（一篇课文、一部电影、一篇同伴写作的文章），学生可以设计自己的标准。他们还可以学习如何提供和接受负面批评，这有重要的教育与社会成果。

e　生成性过程（Maley, 1998）实际上是一组可以应用于任何材料的启发式方法。即使是如此简单的一种媒介转移，如以诗歌的形式复制散文文本，也会迫使人们产生不同的关注度，这完全不同于直接抄写所带来的关注。同样地，要求学习者根据某一特定目的，对一组文本就合适性进行排序，也会促进学习者仔细阅读，时常会激起激烈讨论。

成果

"输入"和"处理"相互作用产生结果，但是这个过程是复杂的，无法简化为统一的公式。然而，我认为，通过创造性思考，我们可以极大地扩大"成果"的范围和相关性。传统意义上来看，我们主要关注教材和教学成果：学习的直接产物。但即使是在这个领域，我们也可以扩大范围。正如我之前所说，学生生成的文本可以更加多样化；现有的文字处理使得产物的种类更多、质量更高；使用视频和录音设备同样可以拓展教材成果的范围。教学成果也可以超越传统意义上对测试结果和作业的依赖，而是以作品集和日志为基础进行评估。此外还可以包括各种赋能技巧，如学习能力（Ellis and Sinclair, 1989）、处理对同龄人的反馈和来自同龄人的反馈以及以巧妙的方法谈论语言和语言学习的元能力。

从"输入"和"处理"的创造性互动中产生了更广泛的教育成果，这些成果可能涵盖提高对他者（包括他者文化）的认识和理解，质疑沿袭的观点或信息的能力，通过头脑风暴和横向思维解决问题的能力以及自立的能力。在心理－社会领域，创造性维度可以增强自信、自尊和自我意识，从而培养责任感和合作精神，创造积极的学习氛围（Hadfield, 1990）。

结　　语

我曾在早些时候提出过，当各部分落实到位，形成新的模式时，就会发生重大的创造性突破或范式的转变。在向交际法转变的案例中，一些发展和想法迅速明确，其中许多已经存在了一段时间。例如，Austin 和 Searle 关于言语行为的著作；Chomsky 关于语言深层结构的观点，为 Hymes 关于语境使用重要性的观点所补偿；人们逐渐意识到英语已经真正获得了全球性语言的地位，尽数包含在语言学习的需求；新的欧洲国家共同体政治；录音机、视频和复印机的发展；应用语言学的日益成熟，产生了一代训练有素的实践者；出现了一小群魅力型应用语言学家，推广新的思想；在英国文化协会内（当时）一个蓬勃发展的专业团体的支持下，致力于传播这些思想。所有的一切，共同酿造了令人陶醉的珍馐佳肴——新方法。

现在交际范式经过30多年的普及，几乎已经得到了普遍接受（如果只是嘴上说说的话）。如今它似乎失去了原先的势头，越来越多的人质疑其普遍适用性。也有人认为，它并没有兑现其早年所声称的无疑是夸张的承诺。那么，我们是否正处于另一种创造性范式转变的边缘？恐怕只有预言家才能预测吧。

新的模式尚不明朗，但是任何一种新格局都至少应将过去10—20年间出现的因素考虑在内，其中包括：

- 信息技术的发展，使人们能够获得几乎不受限的免费信息和资料，虚拟世界、模拟世界以及博客圈和 Twitter、Facebook 和其他社交网络模式、移动辅助学习、Moodle 及其他模式（Dudeney and Hockly, 2007）。
- 小型的、特立独行的、不参与制度化评估且敢于冒险的出版商和自助出版的出现，利用新的出版技术以相对较低的成本快速出版，并控制每天的印刷量。因此，承担风险的可能性更大。
- 批判理论对英语作为一种全球语言的影响（Phillipson, 1992; Holliday, 1994, 2009; Pennycook, 1994; Canagarajah, 2004），尤其是对"英本主义"的挑战。这可能预示着，在经历了一段几乎肆无忌惮的大都会语言完胜的教法之后，英语教学将采用更加注重语境的方法。

- 提高对全球问题的认识,教育新一代更加尊重有限的全球资源的重要性(Jacobs et al., 1998; Sampedro and Hillyard, 2004)。
- 确认英语是全球唯一使用最广泛的语言,因此教学需要达到更高水平的熟练程度,还有标准与多样性的问题。
- 机器翻译可能很快将成为语言学习的替代品(Bellos, 2011)。
- 通过语料库研究,我们对自然语言的功能有了更多的了解(Hoey, 2005; Carter and McCarthy, 2006)。
- 对泛读在语言习得中的作用认识日益增长(Krashen, 2004)。
- 在世界范围内,教师和教师协会的网络得到了极大的扩展,确保了信息和思想的交流更加迅速和有效,特别是通过社交网络渠道、会议直播、网络研讨会和在线期刊。
- 多元智能理解的发展(Gardner, 1985)。
- "游戏"和"游戏性"作为语言习得和使用中一个主要因素的出现。
- 认知科学和人工智能的进步,使人们逐渐了解心理加工(Dennett, 1991; Jacobs and Schumann, 1992; Ramachandran, 2003, 2005; Damasio, 2005, 2010; Dehaene, 2009)。

然而,在考虑创意教材时存在两个主要因素:

1 测试行业(公有和私有)权力的过度增长以及"体系"的收紧——如欧洲语言共同参考框架(CEFR)(Morrow, 2004)。这些压力共同作用,在大多数出版商的共同支持下,缩小了创造力的范围,围困教师(Casenave and Sosa, 2007)。

2 当前人们对智能技术的痴迷,智能技术提供了一系列令人着迷的小装置和工具,往往会将新奇与创造力混为一谈。我们应该不断地提醒自己,技术只是为服务创造力提供了工具,而不应该代替创造力。数字垄断的潜在负面影响也被广泛地讨论(Carr, 2010)。技术将继续以更快的速度发展,所以这是一个不会消失的问题。因此,教材研发人员更有理由表现出批判性的判断力，而不是毫无节制的热情，努力以创造性的方式利用新技术的发展，而不是被技术所利用。

我相信创造性精神，无论是在教材编写者，还是在教师和学习者中，都将继续存在。正如阿瑟·米勒曾经谈到文学，它"不会因为赞助者背弃它而消亡——它是一种能在人行道裂缝中存活的杂草"。对于创造性精神而言也是同样的道理，但这绝不会一帆风顺。

参考文献

Amabile, M. T. (1996), *Creativity in Context.* Boulder, CO: Westfield Press.

Asher, J. J. (1977), *Learning Another Language through Actions: The Complete Teacher's Guidebook.* Los Gatos, CA: Sky Oak Productions.

Bellos, D. (2011), *Is That a Fish in your Ear?* London: Particular Books.

Bilbrough, N. (2011), *Memory Activities for Language Learning.* Cambridge: Cambridge University Press.

Boden, M. (1990), *The Creative Mind.* London: Abacus.

Brunvand, J. H. (1999), *Too Good to Be True: The Colossal Book of Urban Legends.* New York/London: W. W. Norton Co. Inc.

Campbell, C. and Kryszewska, H. (1992), *Learner-Based Teaching.* Oxford: Oxford University Press.

Canagarajah, S. (2004), *Resisting Linguistic Imperialism in English Teaching.* Oxford: Oxford University Press.

Carr, N. (2010), *The Shallows: How the Internet is Changing the Way We Think, Read and Remember.* London: Atlantic Books.

Carter, R. (2004), *Language and Creativity: The Art of Common Talk.* London: Routledge.

Carter, R. and McCarthy, M. (2006), *Cambridge Grammar of English.* Cambridge: Cambridge University Press.

Casenave, C. P. and Sosa, M. (2007), *Respite for Teachers: Reflection and Renewal in the Teaching Life.* Ann Arbor: The University of Michigan Press.

Clandfield, L., Robb-Benne R. and Jeffries, A. (2010), *Global.* London: Macmillan.

Cook, G. (2000), *Language Play, Language Learning.* Oxford: Oxford University Press.

Crystal, D. (1998), *Language Play.* London: Penguin.

Csikszentimihaly, M. (1988), 'Society, culture and person: a systems view of creativity', in L. J. Sternberg (ed.), *The Nature of Creativity*. New York: Cambridge University Press, pp. 320–339.

— (1990), *Flow: The Psychology of Optimal Experience*. New York: Harper and Row.

— (1997), *Creativity: Flow and the Psychology of Discovery and Invention*. New York: Harper Perennial.

Curran, C. (1976), *Counselling Learning in Second Languages*. Apple River, IL: Apple River Press.

Damasio, A. (2005), *Descarte's Error: Emotion, Reason and the Human Brain*. London: Penguin.

— (2010), *Self Comes to Mind: Constructing the Conscious Brain*. New York: Pantheon.

Davis, P. and Rinvolucri, R. (1988), *Dictation*. Cambridge: Cambridge University Press.

Day, R. and Bamford, J. (1998), *Extensive Reading in the Second Language Classroom*. Cambridge: Cambridge University Press.

Day, R. and Yamanaka, J. (1998), *Impact Issues*. Hong Kong: Longman Asia ELT.

Dehaene, S. (2009), *Reading in the Brain*. London: Penguin.

Deller, S. and Price, C. (2007), *Teaching Other Subjects Through English*. Oxford: Oxford University Press.

Dennett, D. C. (1991), *Consciousness Explained*. New York: Little Brown.

Dudeney, G. and Hockly, N. (2007), *How to Teach English with Technology*. Harlow: Pearson.

Duff, A. and Maley, A. (2007), *Literature* (rev. edn). Oxford: Oxford University Press.

Ellis, G. and Sinclair, B. (1989), *Learning to Learn English: A Course in Learner Training*. Cambridge: Cambridge University Press.

Fanselow, J. (1987), *Breaking Rules*. London/New York: Longman.

Fried-Booth, D. (2001), *Project Work* (rev. edn). Oxford: Oxford University Press.

Gardner, H. (1985), *Frames of Mind: The Theory of Multiple Intelligences*. London: Paladin/Granada Publishers.

— (1993), *Creating Minds*. New York: Basic Books/HarperCollins.

Gattegno, C. (1976), *The Common Sense of Teaching Foreign Languages*. New York: Educational Solutions Inc.

Gill, S. (2000), 'Against dogma: a plea for moderation', *IATEFL Issues*, 154.

Gleick, J. (1987), *Chaos*. London: Sphere Books.

— (1999), *Faster: The Acceleration of Just About Everything*. New York:

Vintage/ Random House.

— (2011), *The Information: A History, a Theory, a Flood.* London: Fourth Estate.

Goldberg, M. (2006), *Integrating the Arts: An Approach to Teaching and Learning in Multicultural and Multilingual Settings* (rev. edn). New York: Pearson.

Gordon, W. (1961), *Synectics: The Development of Creative Capacity.* New York: Harper and Row.

Grundy, P., Bociek, H. and Parker, K. (2011), *English Through Art.* Helbling Languages.

Hadfield, J. (1990), *Classroom Dynamics.* Oxford: Oxford University Press.

Harmer, J. (2001), *TD Website. ELT Forum.* www.eltforum.com.

Held, J. (1979), *L'imaginaire au Pouvoir.* Paris: Les Editions Ouvrieres.

Helgesen, M. http://helgesenhandouts.terapod.com [accessed 20/12/12].

—, www.ELTandHappiness.com [accessed 20/12/12].

Hill, D. A. and Rouse, A. C. (2012), *Traditional Folk Songs.* Helbling Languages.

Hoey, M. (2005), *Lexical Priming.* London: Routledge.

Holliday, A. (1994), *Appropriate Methodology.* Cambridge: Cambridge University Press.

— (2009), *The Struggle to Teach English as an International Language.* Oxford: Oxford University Press.

Jacobs, B. and Schumann, J. A. (1992), 'Language acquisition and the neurosciences: towards a more integrated perspective', *Applied Linguistics,* 13 (3), 282−301.

Jacobs, G., Kumarasamy, P., Nopparat, P. and Amy, S. (1998), *Linking Language and the Environment.* Toronto: Pippin.

Kaufman, J., C. and Sternberg, R. J. (eds) (2010), *The Cambridge Handbook of Creativity.* Cambridge: Cambridge University Press.

Keddie, J. (2009), *Images.* Oxford: Oxford University Press.

Koestler, A. (1989), *The Act of Creation.* London: Arkana/Penguin.

Krashen, S. (2004), *The Power of Reading* (rev. edn). Portsmouth, NH: Heinemann.

Kuhn, T. (1970), *The Structure of Scientific Revolutions* (rev. edn). Chicago: University of Chicago Press.

Lecercle, J. (1990), *The Violence of Language.* London: Routledge.

Longman Essential Activator (1997), London: Pearson-Longman.

Lozanov, G. (1979), *Suggestology and Outlines of Suggestopedy.* New York: Gordon and Breach.

Lulu. www.lulu.com/publish [accessed 20/12/12].

Lutzker, P. (2007), *The Art of Foreign Language Teaching: Improvisation and Drama in Teacher Development.* Tubingen and Basel: Francke Verlag.

Maley, A. (1994), *Short and Sweet.* London: Penguin.

— (1999), 'The dividends from diversity'. Paper given at *Congres de l'APLIUT*, Angers, France.

— (2000), *The Language Teacher's Voice.* Oxford: Macmillan Heinemann.

— (2006), 'Where do new ideas come from?', in J. Mukundan (ed.), *Readings on ELT Materials II.* Petaling Jaya: Pearson Malaysia.

— (2009), 'Towards an aesthetics of ELT'. Part 1. *Folio*, vol. 13.2, December 2009.

— (2010), 'Towards an aesthetics of ELT'. Part 2. *Folio*, vol. 14.1. September 2010.

— (2011), 'Squaring the circle: reconciling materials as constraint with materials as empowerment', in B. Tomlinson (ed.), *Materials Development for Language Teaching* (rev. edn). Cambridge: Cambridge University Press, pp. 379–402.

Maley, A. and Duff, A. (2005), *Drama Techniques* (rev. edn). Cambridge: Cambridge University Press.

Maley, A. and Mukundan, J. (2011a), *Writing Stories.* Petaling Jaya: Pearson Malaysia.

— (2011b), *Writing Poems.* Petaling Jaya: Pearson Malaysia.

Meddings, L. and Thornbury, S. (2009), *Teaching Unplugged.* London: Delta.

Mehisto, P., Frigols, M.-J. and Marsh, D. (2008) *Uncovering CLIL.* London: Macmillan.

Morrow, K. (ed.) (2004), *Insights from the Common European Framework.* Oxford: Oxford University Press.

Moskovitz, G. (1978), *Caring and Sharing in the Language Class.* Rowley, MA: Newbury House.

Mukundan, J. (2012), 'People who don't believe in the power of stories should think again', www.hltmag.co.uk Year 14, Issue 5, October 2012.

Nunan, D. (1988), *Syllabus Design.* Oxford: Oxford University Press.

Paterson, A. and Willis, J. (2008), *English Through Music.* Oxford: Oxford University Press.

Pennycook, A. (1994), *The Cultural Politics of English as an International Language.* London: Longman.

Phillipson, R. (1992), *Linguistic Imperialism.* Oxford: Oxford University Press.

Polanyi, M. (1967), *The Tacit Dimension.* New York: Doubleday and Co.

Power, P. (2000), 'Crystals in the classroom', *IATEFL Issues*, 156 (4).

Prabhu, N. S. (1987), *Second Language Pedagogy.* Oxford: Oxford University Press.

— (1989), 'Materials as support: materials as constraint', *Guidelines*, 11 (1). Singapore: RELC.

— (1990), 'There is no best method — why?', *TESOL Quarterly*, 24 (2).

Pugliese, C. (2010), *Being Creative: The Challenge of Change in the Classroom*. London: Delta.

— (2012), 'A manifesto for creativity', www.hltmag.co.uk Year 14, Issue 6, December 2012.

Ramachandran, V. S. (2003), *The Emerging Mind*. London: BBC/Profile Books.

— (2005), *The Artful Brain*. New York: Fourth Estate.

Robinson, K. (2001), *Out of Our Minds: Learning to be Creative*. Chichester: Capstone.

Rodari, G. (1973), *Una Grammatica della Fantasia*. Torino: Einaudi.

The Round. www.the-round.com [accessed 20/12/12].

Saferis, F. (1978), *Une revolution dans l'Art d'Apprendre*. Paris: Robert Laffont.

Sampedro, R. and Hillyard, S. (2004), *Global Issues*. Oxford: Oxford University Press.

Schon, D. (1983), *The Reflective Practitioner*. Avebury: Academic Publishing Group.

Stannard, Russell. www.teachertrainingvideos.com [accessed 20/12/12].

Stempleski, S. and Tomalin, B. (2001), *Film*. Oxford: Oxford University Press.

Stevick, E. (1980), *A Way and Ways*. Rowley, MA: Newbury House.

— (1986), *Images and Options in the Language Classroom*. Cambridge: Cambridge University Press.

Swan, M. (2001), 'Crystal balls: art, science and the onus of proof', *IATEFL Issues*, 158 (2).

Tanner, R. and Dale, L. (2012), *CLIL Activities with CD-ROM: A Resource for Subject and Language Teachers*. Cambridge: Cambridge University Press.

Thornbury, S. and Meddings, L. (2001), 'Dogme out in the open', *IATEFL Issues*, 161 (6).

Tomlinson, B. (2000), 'Talking to yourself: the role of the inner voice in language learning', *Applied Language Learning*, 11 (1), 123–154.

— (2001), 'The inner voice: a critical factor in L2 learning', *The Journal of the Imagination in Language Learning and Teaching*, 6, 26–33.

Tomlinson, B. (ed.) (2011), *Materials Development for Language Teaching* (rev. edn). Cambridge: Cambridge University Press.

Underhill, A. (1994), *Sound Foundations*. Oxford: Macmillan Heinemann.

Wajnryb, R. (1996), 'Death, taxes and jeopardy: systematic omissions in EFL texts, or why life was never meant to be an adjacency pair', *ELICOS Conference Proceedings*, Sydney, Australia.

— (2003), *Stories*. Cambridge: Cambridge University Press.

White, R. (1988), *The ELT Curriculum: Design, Innovation and Management.* Oxford: Basil Blackwell.

Wilson, K. (2008), *Drama and Improvisation.* Oxford: Oxford University Press.

Windeatt, S., Hardisty, D. and Eastment, D. (2000), *The Internet.* Oxford: Oxford University Press.

Wittgenstein, L. (1958), *Philosophical Investigations.* Oxford: Basil Blackwell, pp. 31−32.

Wright, A. (2008), *Story-Telling with Children.* Oxford: Oxford University Press.

Wright, J. (1998), *Dictionaries.* Oxford: Oxford University Press.

第九章　研发数字语言学习教材

Thom Kiddle

引　言

　　数字技术在语言教学中的应用有广泛且越来越多样化的历史，有评论员（Warschauer, 1996; Bax, 2003; Dudeney and Hockley, 2012）通常将其分为三个阶段或途径，即Bax提出的术语中的"受限""开放"和"综合"（Bax, 2003: 20-22）。"受限"阶段本质上是学习者与计算机的交互，主要是通过键盘进行的，有预先确定好的对/错答案的反馈。"开放"阶段包括与同龄人更多的互动，使用计算机进行模拟、游戏和拓展写作。"综合"方法（在Bax正在写作时的2003年刚开始），涉及以计算机为媒介的交流、早期互联网和电子邮件的使用、多媒体开发以及与其他学生的频繁互动。可以理解，每两个阶段之间的范围、重点和分界线都随着历史的视角而变化。我们目前所处的时代通常被称作语言教学的信息与通信技术（ICT）的时代，而且在更广阔的互联网世界中，它可能被视为 Web 2.0 和 Web 3.0 时代的交界点。也就是说，从允许用户创建和共享内容的网站发展到一个更"智能"的网络，它以其适应能力响应用户的地理、偏好和历史交互特征。关于英语教学中的信息和通信技术的讨论有可能使世界各地的教师产生分歧，但同时也有可能使他们团结起来，一些诸如Dogme教学法（Thornbury and Meddings, 2009）的运动挑战了在语言课堂上可感知到的越来越多（且不加思考）的对信息和通信技术的实施问题；另一方面，网络上充斥着教师的技术博客和网站，这些博客和网站每天都在宣布新的必须使用的工具、网站或应用程序。一些评论员（如Carr, 2008）甚至问道，互联网在我们日常生活中的这种主导地位是否深刻地影响了我们的教育能力，尤其是在我们处理信息的方式上。他们说，"过去自然形成的深度阅读已经变成一件难事"（同上，3）。其他人（如Jenkins, 2006）则以更具建设性的方式讨论了在数字参与文化语境中所需的"文化能力和社会技能"，比如：

> 游戏——以解决问题的形式对周围环境进行实验的能力；表现力——为即兴创作和发现而采用不同身份的能力；模拟——解释和构建真实世界过程中动态模型的能力；挪用——有意义地取样和再混合媒体内容的能力；多任务处理——审视自身环境并根据需要将注意力转移到显著细节的能力；集体智慧——汇集知识，并为了一个共同的目标与其他人交换意见的能力；跨媒介导航——跨过多种模式跟踪故事流和信息流的能力；网络操作——搜索、综合和传播信息的能力；协商——跨越不同社区的能力，识别和尊重多重视角，掌握和遵循另类的规范。（同上，4）

毫无疑问，透过计算机屏幕，数字媒体已经成为我们这个时代的"文化主导媒介"（Twiner et al., 2010）。如果我们承认Prensky（2001）的主张，越来越多的学生和教师是出生于1980年以后的数字原住民，他们对技术的期望和意识贯穿于生活的方方面面，包括语言课堂。在语言学习中，这种数字能力是否可以视作Cummins（2000）意义上的一种深层共享能力，提供跨语言的数字内容的直观参与，这仍然是一个有待讨论的问题。但有一点是明确的，数字技术将会继续运用在语言学习和教学领域中。

"技术不会取代教师，但使用技术的教师将取代不使用技术的教师"，这句格言最早被报道已是30多年前的事了。然而对技术的疑虑和公开抵制在语言教师、学生和提供学习机会的教育机构中仍然屡见不鲜。其原因是复杂的，比"勒德分子"和"早期采纳者"之间的针锋相对、诽谤中伤，或者"数字鸿沟"的提法要更为深刻。最近在某个欧洲国家进行的一项全国性调查（CARDET, 2009，引自 Vrasidas, 2010）就报告了教师不采用技术的主要原因（按普遍程度排序）有以下情况：

- 在一年的时间内需要涵盖的课程范围
- 时间限制
- 准备基于信息和通信技术的活动所需的时间
- 基础设施的可用性
- 高质量内容含量
- 缺乏课堂中对教师的支持
- 缺乏教师在决策制定中的参与
- 专业发展的需要

《地平线报告》(*Horizon Report*)在高等教育技术篇承认还有更多的挑战,该报告强调:

> 恰当的评估指标落后于不断出现的新的写作、出版和研究等学术形式,(意味着)电子图书、博客、多媒体作品、网络展示和其他类型的学术作品,这些很难根据传统的衡量标准进行评估和分类,新的学术活动形式与旧的标准保持一致依旧很困难,造成了关系的紧张,提出了教师精力最应该集中在哪里的问题;经济压力和新的教育模式对传统模式提出了前所未有的竞争;(而)跟上信息、软件工具和设备的快速增长对学生和教师来说都是一项挑战。(New Media Consortium, 2011)

显然,我们离语言教育技术的"规范化"状态还有一段距离。Bax (2003: 25)预测说,在"规范化"状态中,"……这项技术已经融入我们的生活,甚至于变得不可见了"。

就在几年前,从数字教材的预期使用语境来看,这可能是合乎逻辑的,我们可以在以下三个领域周围画出整洁的分隔框:

- 课堂外的个人自学(如在家里或图书馆里的电脑上)
- 学生和电脑比例接近1∶1的小组学习(如在学校机房)
- 在有一台电脑和投影图像的教室里进行小组学习

然而,在当前的教育背景下,移动数字设备(如笔记本电脑、平板电脑和智能手机)的日益普及和应用,已经使上述分隔之间的界限变得模糊,变得多余。"自带设备"(Bring Your Own Device, 即BYOD)运动(最初是企业的IT解决方案,现已渗透到教育机构,主要由美国高等教育机构发起),"一个学生,一台笔记本电脑"计划(由美国各教育区领导,大规模购买笔记本电脑),中国、澳大利亚和美国向注册入学的大学生提供免费iPad或其他平板电脑,在家庭或机构之外使用数字和互联网设备的现象越来越普遍,所有这些意味着数字语言学习工具和教材可以在任何物理位置支持个人学习或者协作学习。因此,本章的结构不是基于教材使用的预期背景,而是基于所讨论教材的实际或预期创造者,从学生创造的资源到教师创造的资源,再到独立出版商或商业出版商创造的资源。

近年来,数字教育(和非教育)途径发展的另一个特点是从创建"素材"(如,为学习者使用而创建的内容)的概念转变为"工具"的利用和开发,包括所有最初为语言学习和教学而设计的工具,以及从其他预期使用采纳或改编而来的工具。

此外,本章主要关注的工具或教材可以说是在设计或传输中真正利用了数字模式或数字媒介的。例如,虽然语言语料库的创建和使用依赖于计算机技术,语料库的使用对出版教材也同样有影响,但在这里不会特别关注。以下是接受和利用数字传输模式的一些例子:

- 基于无限画布理念的教材——例如,Prezi演示工具允许用户在不断扩展的单个页面上添加内容。
- 利用滚动页面的教材——例如,英语教学连环漫画*Grammarman*中的"Hole"那集,读者可以追着故事往页面下方走,直到越来越远。

- 引入文本处理新方式的工具——例如，Swype键盘可用于触摸屏设备，用户可以在标准的传统键盘上画出连续的线条来书写单词。
- 设计用于触摸屏（例如，交互式白板、智能手机或平板设备）进行交互的教材和工具，或者通过不需要键盘、鼠标或数码笔的其他形式交互（例如，基于手势的计算）。
- 基于内容或应用程序超链接能力的教材中，用户通过教材创建自己的路径，在某些情况下创建自己的个性教材——例如，交互式教材和内容策划工具。
- 利用页面内容分层潜力的教材，允许用户有选择地显示或隐藏内容，如交互式白板软件。
- 允许在单个区域内嵌入多媒体内容的教材和工具——例如，博客、glogs、网站和应用程序。
- 允许用户在互动过程或互动产品中，结合语音、视频、音频、图像和文本的教材和工具。
- 利用即时反馈潜力的教材和工具——例如，产出技能的自动评估、同步交流、社交网络更新、学生响应设备。
- 基于个性化数据收集和使用的教材和工具——例如，能记忆历史互动信息（交互式词典Lingro），或将学习者分析、用户简介作为提供个性化内容起点的教材和工具。
- 允许用户选择内容类型和时间的教材和工具——例如，使用Visualead在印刷材料中使用二维码来引入其他媒体。

然而，上述列表绝对不是为了说明这种数字语言学习和教材仅仅是因为利用了"传统"教材中可能无法触及的数字化的本质，而因此具备了内在的有效性。事实上，在教材研发方面，英语教学领域中"闪光的并不都是金子"这一说法作为评估数字技术当前和未来潜在功能的原则性起点再合适不过。

Twiner等人（2010）在有效使用交互式白板方面概述了三个关键性原则，这些原则适用于所有数字语言学习和教学材料。第一个原则是**多模态**——"'新媒体'为制作与使用多样化的表现模式提供了便利——如声音、图像、书写、动态图像、语音——表现为输入屏幕的信息实体"。第二个原则是**协调**——"教师在鼓励学生参与方面发挥的作用包括教师对用于支持学习计划目标和计划外探索的多种模式和资源的'塑造'或**协调**。"尽管这是在课堂上教师使用交互式电子白板的语境下所制定的框架,但是协调的概念以及为学习者/教师所提供的通过教材控制学习路径的可能性,例如,驱逐"下一步按钮"机器人(Curatr, 2012),在有效的数字教材设计中同样重要。第三个原则是**参与**,可以是"直接参与",即通过触摸、打字、鼠标移动或手势等方式与资源或教材进行身体互动;也可以是"间接感受参与",即通过观察、阅读或倾听同伴与资源或教材的互动;以及/或者"概念性和口头参与",即回应前两种参与类型中的一种。

在这三个原则以外,我们还应该考虑反馈的重要性。在对教育研究的大量元分析中(Hattie, 2009),反馈成为对学生成绩产生积极影响的关键变量之一:

> 教学艺术及其主要的成功,与"接下来会发生什么"有关——教师对学生如何解释、如何适应、如何拒绝和/或如何再创造内容和技能的反应方式,学生如何相互关联并将学习内容应用于其他任务,以及如何根据自己的成功和失败来回应老师所教的内容和方法。

这一原则适用于所有的教育,但或许对于数字语言学习教材来说最适合,因为在导师或同龄人参与的异步交流情况下,或在反馈必须由计算机预先编程的情况下,这是一个很难有效复制的领域。

教师创造的数字教材

在为教育创造数字内容的过程中有一句经常被引用的格言,大意是"找一个技术专家来创作,它看上去很漂亮,但在教学上却没有效果；找一位老师来创作，它很有教育性，却又丑又慢，而且用起来很笨拙，诸如此类"。然而，随着许多教学专业人员技术能力的不断提高以及众多数字设计产品越来越直观的设计和基于向导和/或教程的路径，在过去的十年中出现了一种新类型的教师，他们可以有力地挑战上述为人所信奉的观点。Couros（2006）称之为"网络化教师"，也就是教育促进者或激活者，他在个人生活和职业生活的各个领域都具有数字化的能力和意识，从播客到微博，从交互式电子白板"挂图"设计到数字动画，等等。在网络化教师发展的同时，主流教育中也出现了"翻转课堂"（flipped classroom）的实践，这是由可汗学院（Khan Academy）等所倡导的在数学和其他一些学科内容上的尝试。

其基本前提是，内容知识可以在面对面的课程之前以学习者感兴趣的视频演示和动画的形式进行展示、互动以及其他的处理，而留出课堂时间进行动手练习和原则、程序的阐述讲解。这种语言教学方法的有效性尚受质疑，有人怀疑语言学习的"内容知识"可能是什么，并希望避免为某些英语教学圈所不屑的"小语法块"演示或是去语境化的词汇输入（如Thornbury和Mcddings, 2009）。英语教学中"翻转课堂"的教学法也面临着挑战，即让学习者参与到有意义的内容之中，并能接触足以在课堂上进行有效讨论、练习和拓展的语言。

学习者为了共同目标有效地参与课堂外的活动，是支撑混合（或融合）学习兴趣的核心教育原则之一。普遍接受的术语定义了"混合"或"融合"式学习，涉及20%到79%的在线课程时间（Sloan Consortium, 2012）。如上所述，学习者访问不同比例在线内容的最常见工具是某种形式的虚拟学习环境（Virtual Learning Environment, 即VLE），其内容由教师或教学机构创建或管理。VLE市场上有一系列的选择，从免费的基于网络的环境，到基于服务器的开放源代码环境（如Moodle），再到基于合同的服务性设置（如Blackboard）。他们为教师提供了多种传达内容的形式（如视频、音频、演示、文档、外部创建的动画内容）；创建不同的交互式活动，如测验、任务和项目，这些活动可以单独，也可以合作完成，活动回应的形式包括录音、文件上传、文本输入和选项选择；通过视频和文本聊天、论坛、日志和文件共享，与同龄人和导师进行同步和异步交流。教师和学习者需要熟悉互动的结构、形式和规范以及获取和添加内容的方式，但通过精心安排的任务和指导，学习者可以迅速获得所需技能，充分参与教师创造的活动。当然，对于低水平多语种学习者群体来说，创造适合的、可理解的内容以及确保学习者拥有使用此类平台的技术能力，都是很大挑战。同样，为了开发VLE的潜力，教师培训也需要时间的投入，无论是在可用资源和活动方面，还是在处理学生的技术问题方面都需要时间投入，更不用说如何以有效、细致、协助的方式通过VLE进行监督、支持、辅导和反馈了。

教师内容**创作**的另一种选择，是在诸如Curatr这样的平台上进行内容**集展**，这些平台旨在让教师和机构从互联网上获取内容，并与互联网进行互动、开展社交和娱乐。

利用数字教材进行社会参与的想法，曾引发一场争论，主题就是学习者在日常生活中使用社交网络的程度是否可以而且应该为教育者所利用。例如，创建一个班级Facebook页面，是尝试一种VLE形式的简单办法。很多人强烈支持这种社交网络的使用，认为可以促进课堂内外语言学习的社交维度，有博客发布"应该在课堂上使用Facebook的100种方式"，Blattner和Fiori（2009）报道了这项研究。

然而，还有一个问题是，教师是否可以期望学习者（或他们自己）以这种方式使用自己的个人社交网络（及其包含的内容），还是应该鼓励学习者为参加学习建立一个不同的账户，这与利用学生已在课堂外使用的空间的想法背道而驰。Schwarz（2009）讨论了将社交网站用作学生和教师之间学习和互动平台的其他一些问题。

在使用虚拟世界进行语言学习的过程中，对隐私问题和与课外"不速之客"的接触的疑虑就变得很普遍。在"Second Life"这样的虚拟世界中，资源创造、语言和内容的接触、互动和娱乐的潜力是巨大的，而且还有一些非常有趣的教师实践和实验研究，如Nergiz Kern开展的课堂，以及像Languagelab这样的商业活动组织，在"Second

Life"中创建了自己的城市以供师生活动。另一方面，还需要对技术有一定的熟悉程度，要在网络上随意浏览之外做更多事，学习者聚焦任务时所遇到的困难以及面对虚拟世界公共（自由）空间中故意冒犯或搞破坏的恶意帖子（其他用户）时遇到的困扰。除了"Second Life"之外，还有许多其他的虚拟世界以及在网上创建的免费开放的虚拟空间开源项目。

在"Second Life"这样的平台使用上，很大一部分吸引力在于娱乐和学习的融合，或是正如Mawer和Stanley（2011）所称的"数字游戏"。他们的作品介绍了各种各样的游戏类型和体裁，这些游戏可以被教师用于语言教学的目的，而且有趣的是，这些游戏中很少最初是为了学习语言而设计的。就像他们说的，

> ……大多数专门为语言学习而设计的游戏都不是很好的游戏……（它们）最终只是一种几乎不加伪装的测试……通常都是明显以语言为基础的，通过手眼协调或定时反应游戏来测试语言知识。（同上，14）

通过数字游戏进行真正的语言学习更吸引人且吸引真正的数字游戏语言学习的是，那些需要在系统内展示技能，参与者"不考虑所使用的语言，而只考虑动作以及可能带来的下一步方向"的游戏（Kossuth, 1987，引自Mawer和Stanley, 2011: 16）。

对于教师来说，对语言学习中的数字教材创作的另一个主要兴趣领域，就是课堂上交互式电子白板的兴起。不幸的是，在一些学校里，它只是在可预定的"多媒体教室"中充当了"作秀"的效果。如果说在学校里越来越多地使用交互式电子白板会使语言教学专业人士产生分歧，这未免有些轻描淡写。

大部分研究都强调了资源的"潜力"（Northcote et al., 2010），一些暗示就强调在许多教室中这种潜力尚未触及和开发。在语言教室中有效地融合交互式电子白板，对任何教师或机构来说都是一个长期的项目，据说要经过三个阶段：

- 注入——将技术应用传播到现有的教学实践中,学习者是工具的被动观察者;
- 整合——将技术嵌入课程,关注如何提高学习目标,学习者是更积极的参与者;
- 转型——技术为学习过程增加价值,学习者集中参与以探究为基础的知识建构。(Burden, 2002)

虽然交互式白板被错误地视作课堂上的"特定"工具,而不是课堂上的"一种"工具,但是在更广阔的教育背景下(Smith et al., 2005),相关争辩会继续,也仍然能听到关于学生参与或互动的质量、新颖性的价值以及视觉、语言和物理信息一起呈现的效果等许多研究中表示谨慎的声音。然而,作为一种可以便于操纵且可以利用的资源信息分层,除了能够跨类迭代返回到共同构建的教材之外,它还可以多个页面自发地探索新兴的语言,多媒体资源融合以及动觉和触觉的直接参与。交互式白板及其相关的外围设备,如学生反应系统Socrative,将继续作为宝贵的工具和物质创造资源而占有一席之地。

交互式白板,或是任何一台带投影仪的连接互联网的计算机的出现,向教师开放了这样一种可能性,即将基于网络的资源引入课堂,作为互动的主要焦点,或作为个人或小组互动的焦点和程序的示范,或是其结果的展示。由于篇幅的限制,我们无法详细探讨教师可利用的所有基于网络的素材创作资源,尤其是许多人并没有真正遵守人们所追求的数字媒体使用原则,去做一些传统教材无法做到的事情(例如,进行谜题创作或制作练习)。每天都有一些非常有趣的资源和新的资源正被开发和发布,因此非常建议您在社交书签网站上注册一个关注小组,如Diigo in Education,以跟上新的发展。

最近一些教师创作内容的例子是诸如Thinglink这样的网站,允许将多媒体和超链接轻松集成到在线演示空间;文本操作工具,如Lingleonline,从一系列在线报纸上获得文章(并进行等级分类),允许教师在文本范围内识别词汇和语法结构,并围绕文本进行练习创建;网站创建工具,如Weebly允许教师通过拖放、上传内容来创建网站，并在几分钟内即可进行实时访问；至于那些更大胆的网站，如Snappii，可以指导教师创建智能手机和平板电脑应用程序。

除了主流的YouTube和Vimeo网站之外，还有大量的视频分享网站，为开发视频剪辑相关素材提供了多种选择。值得一提的一些网站有：Truetube网站的特点是就当前重要的问题对年轻人进行专访；Wingclips网站会提供流行电影中的剪辑片段，根据每段片段的中心主题进行组织；以及Public Domain Comedy Video网站，它收集了大量的经典喜剧默片片段，都是预测、叙述、对话和故事重构活动以及关于电影喜剧如何变化的讨论的理想素材！还有一些网站，比如ESLvideo，就为教师提供了大量练习选择，而这些练习与来源于网络的视频密切相关，还有许多TED演讲，展示了具有启发性的教育创造力。

最后是关于数字视频的主题，可以创建屏幕录制（即视频伴随着创作者对自己屏幕中内容的音频评论），屏幕广播由诸如Jing的产品提供。这就对书面文本或演示文稿中的师生反馈（或同伴反馈）的概念进行了彻底的重新定义，用户可以简易快速地突出、更改或添加学生的作业，同时录制语音评论，就学生作业进行反馈、提问或建议，并通过电子邮件或网络链接将完整的文件包作为视频文件发送。关于这一领域最近研究的案例，参见Harper等人（2012）。

学生创造的数字教材

在Web 2.0这个被大肆宣传的领域中，从计算机程序员设计、创建内容的网站转向鼓励或基于用户设计、创建内容的网站，这是一个潜在的变化趋势。这就为语言学习和教学领域使用学生创造的数字教材开辟了数千种不同的可能性，有些教材明确针对一定的目标，有些是为了更高和更低的目的而设计，可以经采用、改编成为语言学习的材料。这种使用数字教材的方法好处在于，它提高了学习者的自主性，形成了实践社区，定义了社会框架，发展了自我表达和可迁移技能（Illés, 2012）。

通常认为此类教材研发的关注领域是通过合作写作平台或者维基（wiki）来运行的个人创造、社区共享的写作环境，如博客。

在语言教学计划中有效实施资源的核心是确定任务、内容、协作性质、时间框架等参数以及有原则地提供反馈，尊重学习者对内容的所有权和创作的权利，同时有效地关注语言学习目标，这些目标将该方法纳入课程的基础（如果这确实是一个明确目标的话）。

其他文本操作工具包括生成器，如报纸剪辑生成器允许复制粘贴学生的文本来制作新闻剪报；词云生成器允许学习者创建单词图片、按频率组织分组、设计拼合文字等；以及从与表达情绪的图片相关的选定单词中进行诗意作文创作的网站等。

另一个极度吸引当代学生和教师进行数字语言学习教材创作的领域包括动画、语音工具和数字故事。现在有大量的网站以及越来越多的移动/平板电脑应用程序允许学生通过选择不同的场景和角色，添加文本或者语音内容，创建数字动画（语音内容通过文本转语音生成器、麦克风录音或者上传音频文件的方式添加）。"发布"的动画可以在视频共享网站上分享，通过电子邮件或作为嵌入内容上传到 VLE 或网站上。

这些数字动画网站有 Goanimate、Xtranormal、Makebeliefscomix 等。在 Nakagawa（2004）和 MEDEA（2010）中也有一些有趣的例子。在应用程序方面，最近备受赞誉的创新程序有：适用于苹果和安卓设备的游戏 Tom Loves Angela，其中一个学生角色启动对话，第二个角色响应并发展对话；Talking Tom 和 Ben News 同样适用于苹果和安卓系统，在这两个平台上，学生们利用角色来制作新闻广播。Voicethread 等网站允许学生和教师上传文本、视频、图像或演示文稿等形式的内容，并添加语音评论。在共享链接时，其他人可以通过添加自己的音频、网络摄像头视频或文字评论来回复内容与评论，这些都构成了多媒体讨论的论坛。

创建学生生成数字教材的其他兴趣领域包括头脑风暴、思维导图和协作决策工具，如 Popplet、Tricider 等网站；从文本中搜索单词，收集整理而成的交互式词典（Lingro），以微博平台（如Twitter）为样本的实时词典，提供该词在当代生活中实际使用的实例（Wordnik），以及可视化词典和同义词词典，响应用户与屏幕上数字图像的交互；以及视觉图像中使用的单词采样和来自世界各地的实时照片采样。

最后，从设备而不是工具或教材来看，移动学习机会作为获取数字教材的一种越来越广泛的形式，其重要性已经得到强调（例如，Pachler et al., 2011: 4），但是我们对于"移动学习"的含义及其包含的移动设备类型（例如，手机和平板电脑以及数码相机、MP3播放器和游戏机）常常缺乏共识（Hockly, 2012）。然而，作为提供从通信到多媒体捕获和共享，再到个人信息管理等一系列功能的工具（Livingston, 2004, 引自Pachler et al., 2011），移动设备对于创造性的语言学习者和语言教师来说具有巨大的潜力。例如，参见土耳其出租车司机在等待乘客时使用播客在手机上练习对话的项目（Kern, 2013）。

出版商/专业制作的数字教材

当我们跨入21世纪的第二个十年，人们会对大型英语教学出版商深感同情，因为出版商在语言教材制作史上面临着前所未有的挑战。他们面临着消费者市场对数字内容的需求，然而当所需投资到位，为某个数字平台创建经过专业地写作、编辑、制作和版权保护的材料时，游戏规则已经改变，期望值更高，对现有技术应用的需求更大，同时可用于这些技术的设备尺寸、形状和性能都发生了改变。不仅如此，他们还面临着开放教育资源（Open Education Resourses, 即OER）和大规模开放式网络课程（Massive Open Online Courses, 即MOOC）的革命，这些课程似乎可以免费提供教育内容（尽管目前还没有证书或认证）。出版商所提供的教材版本不仅要满足具有单一交互界面（如交互式白板）的教室和学生的印刷课本结合使用，而且能满足"自带设备"（Bring Your Own Device, 即BYOD）或学院提供设备模式下学生与笔记本电脑/平板电脑为1∶1的教室需求。出版商必须为这两种情况提供交互活动,不仅限于简单地嵌入音频或视频的内容以及选项选择/拖放/摩擦和显示的活动。他们必须考虑到对学习者定向的和指导的反馈的重要性,同时建立不需要导师参与的平台。他们必须与像Cool Speech网站这样提供了关注和比较语速的可能性、分离语句、识别句子重音的突出性的应用程序所提供的语言操作深度相抗衡,但仍然可以在内容领域、层次和语境之间大规模地传递内容。他们必须允许一定程度的个性化,允许每个学习者创建自己与教材的互动,例如,在文本中做笔记,建立个人词汇表,与其他媒体的超链接,以及对新一代交互式教材所提供的内容(如Dynamicbooks)进行选择、优化、结合和重组,同时为教师和课程提供者提供学习者跟踪和评估选项。他们必须拥抱技术,以便根据学习者在某一领域内能力的展示或者对学习者需求、弱点的诊断,在学习的教材中创建适应性路径。然而,他们必须承认,即便是在最先进的基于网络的语言测试系统中,对产出能力的测试仍然基于通过严格控制的任务生成算法,将学习者的产出与单词预测、单词串或声音模式相匹配,并不能有效地评估诸如Bachman(1990)模型中的战略能力或语用能力。最后的挑战(现在的挑战!),就是设计和研发适合本土语境、文化、需求和多种语言影响的教材,从而在全球学习英语及其变体的途径和面向全球市场的学习内容间达成平衡。

展 望 未 来

最近的研究数据表明,73.3%的英国家庭拥有Wi-Fi连接,预计到2016年,全球42%的家庭将实现Wi-Fi连接(Strategy Analytics, 2012)。不管网络连接是否还有其他用途,似乎可以肯定的是,在世界范围内传统学习机构以外的教育机会将继续增加,而语言教育肯定会在这方面占据突出地位。与此同时,网络驱动的便携式和手持式数字设备越来越多地在学生中普及、出入教室,或由学校和大学所提供。

　　毫无疑问，数字语言教学和学习材料的创造者、使用者和批评家的反应将会和自身选择一样，各式各样。在未来几年中，可能会在以下领域看到协调一致的大规模发展：

- Web 3.0特色在语言教育中的重要性。尽管与其前身 Web 2.0一样很少被定义，但 Web 3.0对语言学习来说有两个主要的方面。第一个是"语义网"的概念，即大规模整理个人用户数据，并将其应用于内容的个性化，通常称为"学习分析"。这可能会对适应性学习教材的研发产生影响，在适应性学习教材中会根据学习者的需求、偏好、学习风格和以前的表现适当地选择内容和设计任务。第二种是人们所说的"地理空间网"，其中地理位置是内容选择和教材设计的决定性因素。这可能意味着主题领域、文本内容和语言类型是根据学习者的地理位置来选择的，并且通过嵌入物理世界，以数字设备访问，将语言学习内容与物理环境建立更直接的关系。同时也允许在教材设计中考虑到学习者对数字语言学习态度中的文化差异（McCarty, 2005）。

- 在语言学习教材中提高增强现实技术（Augmented Reality，即 AR）的使用。AR技术，就像通过智能手机或平板电脑等数字设备看到的那样，是数字内容与现实世界内容的分层。这种真实世界的内容可以是一本实体教材，当你通过数字设备观看时，它就会"栩栩如生"，如日本东京松塞出版公司的 AR 教材。然而，它也可以是将内容叠加到物理环境中被识别的物体上，就像新墨西哥州开发的"Mentira"西班牙语学习游戏一样，通过学生合作探索基于游戏的数字环境，然后通过智能设备上的 AR 技术到真实的社区进行实地考察，让"游戏"变得生动起来。

- 提高了教师和小规模出版商使用软件的可能性，可以有效可靠地自动处理学生生成的语音和文本。虽然设计结构、任务、测评参数和算法目前在测试公司中还是严格保密的,但是该软件的开源版本很可能会成为教师和课程提供者的一个选择,用以支持自主学习和客观量化的结构能力特征。

- 自然用户界面和基于手势的学习。"……对手势、身体动作、面部表情、声音、声响和其他环境提示做出反应,且作为计算机/人类交互的标准正在取代键盘和鼠标"(New Media Corporation, 2012: 6)的软件和设备,为非语言输入反应以及对学生口头和身体输出的"智能"数字反应提供了巨大潜力。例如,参见最近一项使用 Xbox Kinect 等游戏设备评估南非一所小学语言习得情况的研究(Verbeeks, 2011)。数字时代的 TPR 教学法,有人参与吗?

在所有这些数字发展的背景下,有两个问题值得关注。首先,技术创新的速度往往会超过教学巩固的速度——也就是说要有原则地实施技术以支持现有的教学实践,或者开发新的教学法来利用技术的进步。第二,人们担心数字媒体正在对学习和学习态度产生深远的、可能不可逆转的影响,在匆忙拥抱所有数字化事物的过程中,负面因素可能会被掩盖。例如,最近一项美国教师的调查中就提到,学生"……在注意力广度、写作和面对面的交流方面存在问题,并且,根据教师的经验,儿童对媒介的使用是造成问题的原因之一"(Common Sense Media, 2012);又如,英国正在进行的关于学校是否应该鼓励或禁止在课堂上使用移动技术的辩论(*The Guardian*, 28/11/2012)。数字教材的研发者和使用者都需要意识到这些问题,他们努力拥抱技术,为学习过程增添同等或更为有效的与众不同的技术,而不是纯粹为了加入技术或是武断而盲目增加与教学无关的技术。

参考文献

Bachman, L. (1990), *Fundamental Considerations in Language Testing*. Oxford: Oxford University Press.

Bax, S. (2003), 'CALL — past, present and future', *System*, 31 (1), 13 – 28.

Blattner, G. and Fiori, M. (2009), 'Facebook in the language classroom: promises and possibilities', *International Journal of Instructional Technology and Distance Learning*, 6 (1).

Burden, K. (2002), 'Learning from the bottom up — the contribution of school-based practice and research in the effective use of interactive whiteboards for the FE/HE sector', Discussion paper presented at *LSDA, Making an Impact Regionally* conference. The Earth Centre, Doncaster, 21 June 2002.

Carr, N. (2008), 'Is Google making us stupid?' *The Atlantic Magazine*, July/August 2008. Available at www.theatlantic.com/magazine/archive/2008/07/is-google-making-us- stupid/306868/ [accessed 9/11/12].

Common Sense Media (2012), 'Children, teens, and entertainment media: the view from the classroom: a national survey of teachers about the role of entertainment media in students' academic and social development', *Common Sense Media Research Study*. Available at www.commonsensemedia.org/sites/default/files/research/view-from-the- classroom-final-report.pdf [accessed 21/11/12].

Couros, A. (2006), *Examining the Open Movement: Possibilities and Implications for Education*. PhD Dissertation, University of Regina. Published at www.scribd.com/doc/3363/Dissertation-Couros-FINAL-06-WebVersion Curatr website homepage (2012), http://curatr.co.uk/ [accessed 11/11/12].

Cummins, J. (2000), *Language, Power and Pedagogy: Bilingual Children in the Crossfire*. Clevedon: Multilingual Matters.

Dudeney, G. and Hockly, N. (2012), 'ICT in ELT: how did we get here and where are we going?' *ELT Journal*, 66 (4), 533 – 542.

The Guardian newspaper (2012), 'Should schools ban phones?' 28 November 2012.

Harper, F., Green, H. and Fernandez-Toro, M. (2012), *Evaluating the Integration of Jing Screencasts in Feedback on Written Assignments*. 15th International Conference on Interactive Collaborative Learning, 26 – 28 September 2012, Villach, Austria. Available at http://oro.open.ac.uk/34737/1/ [accessed 29/11/12].

Hattie, J. (2009), *Visible Learning: A Synthesis of Over 800 Meta-Analyses Relating to Achievement*. New York: Routledge.

Hockly, N. (2013), 'Mobile learning', *ELT Journal*, 67 (1), 80 – 84.

Illés, E. (2012), 'Learner autonomy revisited', *ELT Journal*, 66 (4), 505 – 513.

Jenkins, H. (2006), *Confronting the Challenges of Participatory Culture: Media Education for the 21st Century*. MacArthur Foundation. Available at http://digitallearning. macfound.org/atf/cf/%7B7E45C7E0-A3E0-4B89-AC9C-

E807E1B0AE4E%7D/JENKINS_WHITE_PAPER.PDF [accessed 29/11/12].

Kern, N. (2013), 'Blended learning podcasts for taxi drivers', in B. Tomlinson and C. Whittaker (eds), *Blended Learning in ELT: Course Design and Implementation*. London: British Council.

Kossuth, K. C. (1987), 'Artificial intelligence and CALL', in J. H. Underwood (ed.), *Modern Media in Foreign Language Education: Theory and Implementation*. Lincolnwood, Illinois, USA: National Textbook Company.

Livingston, A. (2004), 'Smartphones and other mobile devices: the Swiss army knives of the 21st century', *Educause Quarterly*, 27 (2), 46–57.

Mawer, K. and Stanley, G. (2011), *Digital Play: Computer Games and Language Aims*. Surrey, UK: DELTA Publishing.

McCarty, S. (2005), 'Cultural, disciplinary and temporal contexts of e-learning and English as a foreign language', *eLearn Magazine,* April 2005. Available at http://elearnmag.acm. org/archive.cfm?aid=1070950 [accessed 9/10/12].

Meddings, L. and Thornbury, S. (2009), *Teaching Unplugged*. Surrey, UK: DELTA Publishing.

MEDEA Multimedia in Education awards (2010), *Animate, Play and Learn English with Bubble and Pebble*. Available online at www.medea-awards. com/es/showcase/animate-play-and-learn-english-with-bubble-and-pebble [accessed 9/10/12].

Nakagawa, A. (2004), *Using Digital Storytelling for Intermediate Japanese Language Learning*. Unpublished Master's Thesis, Michigan State University. Available at http:// woz.commtechlab.msu.edu/courses/theses/ urashimataro/thesis.pdf [accessed 16/11/12].

New Media Consortium (2011), *Horizon Report 2011 HE Edition*. Available at www.nmc.org/publications/horizon-report-2011-higher-ed-edition [accessed 10/11/12].

— (2012), *Horizon Report 2012 K–12 Edition*. Available at www.nmc.org/ pdf/2012-horizon- report-K12.pdf [accessed 21/11/12].

Northcote, M., Mildenhall, P., Marshall, L. and Swan, P. (2010), 'Interactive whiteboards: interactive or just whiteboards?', *Australasian Journal of Educational Technology*, 26 (4), 494–510.

Pachler, N., Pimmer, C. and Seipold, J. (2011), *Work-Based Mobile Learning: Concept and Cases*. Bern, Switzerland: Peter Lang AG.

Prensky, M. (2001). 'Digital natives, digital immigrants', *On the Horizon*, 9 (5), Lincoln: NCB University Press.

Schwarz, H. L. (2009), 'Facebook: the new classroom commons', *The Chronicle Review, The Chronicle of Higher Education*, 28 September 2009. Available at http://chronicle. com/section/Home/5 [accessed 23/11/12].

Sloan Consortium website (2012), http://sloanconsortium.org [accessed 23/11/12].

Smith, H., Higgins, S., Wall, K. and Miller, J. (2005), 'Interactive whiteboards: boon or bandwagon? A critical review of the literature', *Journal of Computer Assisted Learning*, 21, 91–101.

Strategy Analytics (2012), *Broadband and Wi-Fi Households Global Forecast 2012.* Available at www.strategyanalytics.com/default.aspx?mod=reportabstr actviewer&a0=7215 [accessed 23/11/12].

Twiner, A., Coffin, C., Littleton, K. and Whitelock, D. (2010), 'Multimodality, orchestration and participation in the context of classroom use of the interactive whiteboard: a discussion', *Technology, Pedagogy and Education*, 19 (2), 211–223.

Verbeeks Education Specialists (2011), *The Use of the XBOX as a Facilitation Tool in Assisting Foundation Phase Learners Gain a Better Understanding of English (1st Additional Language) as Language of Learning and Teaching: Impact Evaluation Report.* Available at www.schoolnet.org.za/reports/1202_ xbox_impact_evaluation.pdf [accessed 21/11/12].

Vrasidas, C. (2010), 'Why don't teachers adopt technology? A survey of teachers' use of ICT in the Republic of Cyprus', *eLearn Magazine*, April 2010. Available at http://elearnmag.acm.org/featured.cfm?aid=1785590 [accessed 21/11/12].

Warschauer, M. (1996), 'Computer assisted language learning: an introduction', in S. Fotos (ed.), *Multimedia Language Teaching.* Tokyo: Logos International.

第十章　揭开混合学习的面纱

Freda Mishan

引　言

　　混合——无论是混合家庭、混合水果还是混合学习——似乎是我们这个时代的**主旋律**，为了达到最佳效果，杂交取代了同质。"混合学习"（blended learning, 即BL）一词从21世纪初开始逐渐渗透到我们的意识之中，同时也进入了语言教育学，该领域较早开始采用混合教学方式（Crystal, 2001）。最初，它似乎是一个新名词，而不是一个新概念，指的是面对面学习和基于技术学习的结合，代表了技术在教育语境中已经采纳的综合方式。正如Neumeier（2005: 63）所说，"将学习与面对面的……教学和学习相结合，这种方法与计算机辅助语言学习（Computer Assistant Language Learning, 即CALL）本身一样历史悠久。"那么，这又是一个"新瓶装旧酒"的例子吗？

　　翻阅有关混合学习的文献可以发现，混合学习的特点是对技术融入学习环境这个基础有着更为复杂的关注——而与之形成鲜明对比的是早期狂热的CALL发展时期——以及，Stracke（2007）所声称的，它由专门电子学习环境的失败经历中发展而来，那种环境就缺乏面对面的要素，当然这一点饱受争议。混合学习的重点是要将"在线活动与课堂活动进行**原则性**组合"（Gruba 和 Hinkelman, 2012b: 46，粗体为笔者添加）。

　　因此，混合学习实质上可能代表了CALL发展的最新"阶段"，并且可以说是其一直以来的抱负的最高点——将技术无缝地集成到语言学习的环境中, 实现各要素之间的最佳 "平衡" 和连贯性, 且保留有声语言教学方法。教学法在混合学习的(大量)定义中尤为瞩目, Oliver 和 Trigwell 的定义经常被引用: "结合教学方法和方法论, 而不考虑所使用的技术, 以产生最佳的学习结果" (Oliver and Trigwell, 2005: 17)。

本章目的是考察教育领域内这一最新转变对语言教学的影响。这首先涉及混合学习的理论基础, 尤其是语言学习的理论基础; 梳理了语言学习的混合技术在近期一些文献中所提出的模式, 其中包括 Motteram 和 Sharma, 2009; Nicolson, Murphy 和 Southgate, 2011; Gruba 和 Hinkelman, 2012a, 然后提出了混合语言学习(blended language learning, 即 BLL)的框架, 并用两个案例研究说明该框架的实现。关于教学材料如何适应混合语言学习框架的问题贯穿本章的始终, 在这个过程中本章选用了部分混合语言学习教材样本, 这些样本关注了面对面-技术范围中的不同视角。

混合学习的理论基础通常被视作社会建构主义和认知主义(参见 Gruba 和 Hinkelman, 2012a; Delalioglu 和 Yildirim, 2007)、影响混合学习中协作要素的社会建构主义原则以及与认识论在线工具使用等活动相关的认知主义的一部分, 如词汇表和搜索工具的使用就体现了这一点。有趣的是, 考虑到传统训练和练习软件的使用——测验及其他方式——文中还提到了行为主义原则(Delalioglu and Yildirim, 2007; Gruba and Hinkelman, 2012a)。混合学习的社会建构主义根源显然与任务型语言教学(Task-based Language Teaching, 即 TBLT)的社会建构主义根源是一致的。内在任务技术的契合在其他领域已经得到了全面的描述和说明, (如 M. Thomas 和 H. Reinders 合著的《基于任务型语言教学的技术》), 且在 Web 2.0 工具的协作下完成了任务、工具和协作知识建构之间的协同作用(参见 M. Thomas 的《Web 2.0 与第二语言学习》)。从这些共同的来源中所产生的另一种方法是基于问题的学习, 下面的案例研究之一为其赋予了混合学习框架。

为了深入了解混合语言学习的基本原则, Motteram 和 Sharma 将语言教师描述为由 "Web 2.0 技术、自身的二语习得知识(以及)

对方法论的理解、所教学生的需求和愿望所构成的复杂工具箱"（Motteram and Sharma, 2009: 7）。正如作者们所指出的，混合语言学习的原则，在基本层面上，默认了所有的语言学习语境，因为前者借鉴了我们所了解的促进第二语言习得的知识。其中至关重要的是：语言输入和有目的的互动，关注语言的机会，譬如提高意识的任务或纠错以及整个语言学习的基础，即参与的动机。今天的"数字原住民"学习者进入混合学习语境，他们拥有强大的技能组合和数字素养，这些都有助于实现上述原则。这些可能都是基本固定的能力（Prensky, 2001a, 2001b），另见Stokes（2012）中一份关于第三世界青少年"每个儿童一台笔记本电脑"（One Laptop Per Child, 即OLPC）项目的报告，包括多任务能力、对不理解和信息过剩的容忍能力、问题解决能力，针对不同的通信媒体进行联网/协作和语域转换的能力。这些都是至关重要的可迁移技能，对语言学习有着特殊的效果。

我们的学习者顺利加入其中，这恰恰证明了混合学习是"我们学习进程中自然的逻辑演变"（Thorne, 2003: 16）：它是技术规范化的一部分，至少在西方，技术已经是休闲、工作和学习实践的固有属性。大多数教师可能已经或多或少地开始了"混合学习"；他们自己和学生在自身的教育语境中运用了各种技术资源，从基本的PC桌面工具到Web 2.0应用程序和手机。

混合学习——在美国通常被称为"混合式教学"（hybrid instruction）——主要与高等教育相关（参见Oliver和Trigwell, 2005; Gruba和Hinkelman, 2012a）。在高等教育机构中，包含一系列技术应用的虚拟学习环境（VLE）是一个共同的特征，而混合学习往往被视为课程层面上构思和实施的一种模式。混合学习特别适用于远程教育项目，如开放大学（参见Nicolson et al., 2011）长期以来就采用视听材料和面对面课程相结合的方式。

混合学习如果停留在高等教育，也可以被视为影响"翻转课堂"活动的首要方法，它通过在线提供输入（讲座）材料的方式供自主学习，并利用课堂时间进行面对面的深入探究和辩论，从而颠覆传统的教学实践。从语言教学的角度来看，翻转课堂的概念有一定的讽刺意味,因为其他学科的教学实践似乎是在"发现"交际法实践以来成功的语言教学的关键:"翻转或倒置的教学结构呈现了'在课堂外教授的教学内容……和学生对教学内容的参与,即在教师指导下,与同龄人合作,在课堂上进行技能开发和实践'(Ojalvo and Doyne,2011)。教师面临的挑战是与学生进行有意义的互动,引导学生开展学习"(Thoms, 2012: 2150)。虽然对于语言从业者来说这没有什么新奇,但通过重新关注面对面的互动质量,翻转课堂的概念可以被视为混合学习(对于语言学习和其他语境学习而言)的重要保障。

混合语言学习的框架

从上述讨论中可以清楚地看出,真正的混合学习课程将包括"面对面→技术"范围的学习活动,并以一定的原则进行整合。为了提供语言教学环境中课程和任务的蓝图,本文提出以下概念框架(与Laurillard, 2002; Neumeier, 2005; Bonk 和 Graham, 2006 以及 Gruba 和 Hinkelman, 2012a 所构想的框架一致),其中的教学活动和教材被视为遵循了"面对面→技术"连续体交叉匹配的各种维度。应该指出的是,在展示这两种模式之间"越来越模糊"的区别时,连续体是必不可少的(Neumeier, 2005: 165),它反映了与技术工具之间交互的不同范式(图10.1)。

该图式将面对面和技术视为"模式",每个模式都有相应的子模式。例如,用于面对面教学的模式,从传统的"教师-学生"传播模式到"学习者到学习者"的双人/小组工作。技术模式可以包括学习者线上或线下工作,同步(如使用手机或即时消息)或异步(如使用电子邮件)交互,也可以单独或成对/分组进行交互。

教材维度从如何向学习者呈现教材的视角来展示,而不是如何生成或传达教材的过程(参见 Mayer, 2005, 引自 Gruba 和 Hinkelman, 2012a)。这就将重点放在了教材的学习影响上,同时"规范化"(忽略)用于生成教材的技术。从这个角度来看,连续体中的文本从静态

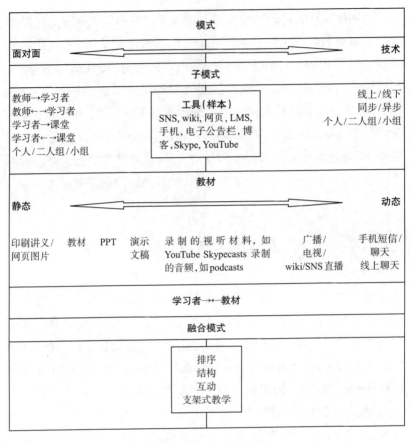

图10.1　混合语言学习框架

发展为动态。因此,无论其来源(报纸、网络生成等)如何,印刷的讲义都被认为是"静态的"。Powerpoint®演示文稿要好一点,Prezi®演示文稿则更具动态化,然后逐渐发展为视觉教材和视听材料,最后同步、交互式生成为"实时"文本,短信、在线聊天等。

　　这就给我们带来了学习者-教材的维度,它以一种双向的"共生"关系出现在图式上。这是因为尤其是处于"动态"端的教材,是学习者生产的,受学习者影响。更为根本的是,这种共生关系对应于一种"读者反应"的概念,在Iser(1980)之后以及别处出现,其中文本的"意义"(根据我们的上下文可以添加为,"处于静态-动态连续体上的任何地方")不是固定不变的,而是由读者/观众"诠释"的。

混合式学习任务以及更大的范畴来看的一般课程，能够具有连贯性的核心维度是"整合模型"（借鉴Neumeier, 2005），即子模式排序和交错的框架。整合是真正的混合式学习课程成功的关键。当一种"混合"元素——如博客或讨论论坛——被视为"附加"元素时——或许，简单来说，学生的参与情况不会计入测评——学生可能就会回避参与。这方面的例子可以从作者自己所在的机构——爱尔兰利默里克大学的经历得以印证。第一个例子是法语和社会的本科课程，学生需要完成每周的博客写作任务（法语），目的是促进批判性反思、增强合作和目标语言输出，但是只有在课程评分中规定最少博客字数（即"每篇文章的字数"），才能"强制"学生参与。另一个类似的例子是研究生语言教学实践课程，试点开设为小组互动和反思建立的博客，最终却"如一潭死水"，随后该试点被纳入课程评分。此外，整合模式需要对学习者公开；互补性，即混合学习各要素之间的相互关系，需要透明化（Stracke, 2007）。除了相互交织模式的排序，还需要注意过程中适当支架式教学活动的进展；这在CALL一派的"因为我们可以"表态中有时会被忽视（Meskell, 2007）。例如，正如Towndrow和Cheers（2003）所指出的，在线交流渠道（公告板、社交网站、Twitter等）上的"讨论这个话题"之类的开放提示，也提出了一种假设，即仅仅使互动可见就可以推进此类活动。提供支架式教学还必须考虑到由于技术和教学创新而产生的课堂结构的变化和等级关系的变化。这些转变甚至可以在课堂设置中体现出来——"理想"的混合教室将包括可移动的桌椅、一个中央放置的投影仪/屏幕和可用的电脑/笔记本电脑（Gruba and Hinkelman, 2012a: 107）以及为课堂活动所设置的协作虚拟学习环境。

混合学习工具

所有技术工具都可以与面对面教学相结合，创造出混合的学习环境。混合学习的案例研究报告了多种组合方式，将面对面与更传统的技术,譬如电话(如Brash和Nicolson,2011年所述)、在线多媒体软件(如Bañados,2006所述)、在线Web 2.0工具(Motteram and Sharma,2009讨论)、在线语料库工具(这些工具包括Wordle,见下文,传统语料库工具,见下文案例研究1)以及后来出现的手机。

在目前新兴的移动学习(m-learning)实践中,手机的创新使用领域显然属于混合学习的框架。例如,Kukulska-Hulme和Shield(2008)对移动语言学习的概述表明,尽管手机很明显是用于(双向)通信的,但手机在很大程度上还可用于移动学习语境中内容的传递,可以有效构建教材传递的远程媒体;它是经典的混合学习模式。这方面的例子还包括Kennedy和Levy对意大利语初学者进行的一个案例研究。在这个案例中,老师们向学生们发送短信,作为面对面课堂的补充,短信中包含"小量课程",可以引出与课堂所学内容相关的词汇(Kennedy and Levy, 2008);另一项同一领域的研究是词汇学习,在日本的英语学习者中开展(Stockwell, 2010)。

附加到手机的另一个有用功能是协作工具txttools(其他软件包括ConnectTxt和polleverywhere),它允许用户向多个用户发送和接收文本,并将回应直接整理成图形形式。高等教育很早就开始了混合学习,使用文本工具收集学生对讲座或其他输入模式的实时反应,收集课堂提问或反馈,进行即时"突击测验"等,从而形成一种自然的整合学习混合体。

混合学习所涉及的技术不仅限于交流工具,Powerpoint和Prezi等演示工具正逐渐用于混合学习。Prezi可以在网上免费使用,正迅速取代微软的Powerpoint成为默认的演示工具(在撰写本文时),且Prezi对学生年龄段用户更具吸引力。Prezi比其前身更具活力,具有有机的"活"的感觉,有助于缩小演示者和观众之间的距离,使其更符合混合学习环境中"流动"的特性。Wordle这一词云生成器是一个具有类似有机感的演示工具,它提供了"最基本形式的语料库语言学"(Brindle, 2012: 25)。作为一个粗略的计频器,Wordle将任何输入文本作为词云生成输出,并且单词的大小与其在文本中的使用频率成正比。Wordle可以在线免费使用,且操作简单,Wordle任务还可以作为一种技术"子模式"嵌入混合学习的框架。在众多可能的应用中，Wordle适用于"快速而粗糙"的体裁分析；例如，如果将两种不同类型报纸（大报刊和小报纸）中的可比新闻故事输入Wordle，则会显示对比的图解（如图10.2和10.3中的示例所示），学习者可以从

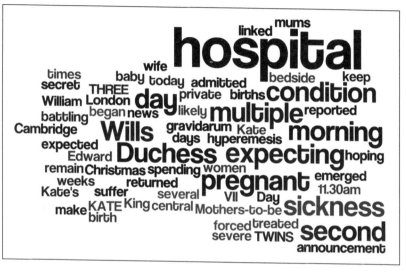

图10.2　2012年12月4日某小报新闻故事在Wordle所生成的词云图（头条"Royal twins? Kate's condition hints at multiple birth"未计入）。全文见附录1。

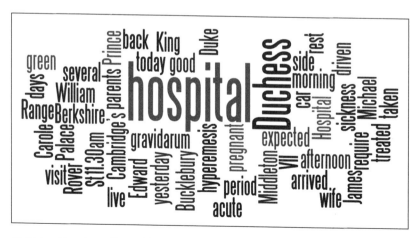

图10.3　2012年12月4日某大报新闻故事在Wordle所生成的词云图（头条"William returns to bedside of pregnant Kate"未计入），全文见附录1。

中推断不同报纸的用词惯例，并对文本体裁进行总结。（有关Wordle
在语言学习方面的更多信息，参见Brindle, 2012。）

混合语言学习案例研究

　　如上所述，学习的混合从具体任务上升到课程，在各个层次上运
作（Gruba and Hinkelman, 2012a将其大致设想为微观和宏观层面）。
接下来的两个案例研究说明了混合语言学习如何在语言教学中起作
用，第一个案例是EFL教学，第二个案例是关于爱尔兰语的学习。两
个案例展示了两种不同的方法论是如何通过混合语言学习框架实现
的，其中前者是数据驱动学习（Data-driven Learning, 即DDL），后者
是基于问题的学习（Problem-based Learning, 即PBL）。

　　在第一个案例研究中，重点主要集中在微观层面，即任务，或者
Gruba和Hinkelman所称的"混合任务"（2012a: 103），目的是揭示模
式-教材混合的功能。作为混合语言学习范式本身的一个"缩影"，
混合任务可以位于模式连续体上的任何一点（或一系列点），从主要
的面对面学习到学习者在整个任务学习中都通过在线访问来完成，
几乎没有或者根本没有教师的介入。

　　本案例研究提供了同一个小组完成对比性混合任务的两个"快
照"，该小组是2012年秋季在爱尔兰利默里克大学完成了一个学
期学习后的高级（CEFR水平为B2/C1）EFL班级。在某种意义上，
该课程使用的混合学习总体框架是权宜之计的经典案例，通常被
视作该种方法的基础（例如，参见Whittaker, 2013）。为了追求成本
效益，课程接触时间从四小时缩短到三小时，第四小时为非面对面
"自学"。

　　在第一个任务中，展示了如何为一项提高意识的任务给定一个
混合学习的框架。在本案例中，它是数据驱动的，因为它涉及检查
"原始"语料库数据（见下文对DDL的描述）。这门课程的核心教
材即"高级英语证书"（CAE）教材《高级目标》（*Objective Advanced*,

O'Dell and Broadhead, 2012），这是课程的起点。教材中出现的动词模式如下：

> Do you wish you ... (meet) me earlier?
>
> I wish I ... (have) more time [...].
>
> I wish ... (inform) you of our decision.（同上，24）

很明显，学习者需要明确一些模式，并将模式与功能、意义相匹配。作为第--步，教师从在线数据库（the British National Corpus, 即 BNC）中为搜索字符串 "I wish ..." 生成系列索引，见图10.4。

1　I wish you'd stay, just for once!

2　I wish I had more time for reading; it means a lot to me.

3　I wish you all Long Life —

4　I wish I could see you for myself all the same.

5　I wish to talk to you about your husband's death.

图10.4　BNC 在线语料/索引对搜索字符串 I wish 进行检索后生成的索引样本（www.natcorp.ox.ac.uk）

根据上述索引功能，教师制作了一份工作表（提供给学生电子版和打印稿），包括（43条）含有 "I wish" 的索引行，并附有以下评估准则（图10.5）。

根据BNC的检索结果，寻找使用I wish的句式。

为每个句式设置整套例句，识别结构、功能和时态/时间所指。

如，例句：　I wish he would give up smoking.

　　　　　　I wish you would call me Miguel.

　结构：**I wish (s.o) would + 动词……**

　功能：关于别人的一个愿望

图10.5　I wish 分类任务的评估准则

该工作表不仅在大学学习管理系统（learning management system, 即LMS）上贴出，而且还有打印稿，BNC和其他免费在线语料库，如Lextutor的链接也会贴在LMS上，便于学生进一步巩固。任务的下一部分将在混合学习连续体的另一端进行，学习者通过电子方式和在线方式完成任务（从其他语料库中生成更多的索引，或者提炼搜索词），开展个体学习或成对学习。在这一过程中，许多学生坚持只在打印件上完成，这也证实了之前的混合学习案例研究结果（Delialioglu and Yildirim, 2007; Stracke, 2007）——2007年曾有作者撰文，提及一些学习者仍偏好印刷的教材，这一点仍能得到证实。任务的下一个阶段就是面对面的工作，学生们在课堂上聚在一起，在同龄人小组中对比各自的发现。在巩固阶段，学生展示他们的"功能集"供课堂讨论，见图10.6中的示例。结论阶段是模式连续体上的技术极点，全套功能集则放在LMS上供个人研究。

Set 2

　　结构：wish (s.o) had + 过去分词（=过去完成时）

　　功能：表达遗憾（涉及过去）

I wish I'd stayed at home to clean the oven after all.

I wish I'd taken the money now!

I wish I had known her.

Set 3

　　结构：wish (s.o) 虚拟语气/过去时

　　功能：表达愿望/遗憾（想要改变现有状况）

I wish I weren't so far away from her.

I wish I had more time for reading.

I wish it was Friday.

图10.6　I wish功能集部分样本展示

对第一个任务的阐述向我们展示，首先混合学习的概念如何为多模态任务提供连贯的框架，混合学习的范式具有内在的灵活性以及混合学习本质上是如何由学习者主导的。当学习者获得更多自主性时，他们就会回到自己的学习舒适区，可以是在线工作、屏幕上工作或者传统的印刷教材。但最重要的是，它展示了混合学习框架和教学方法之间的界限——在这种情况下，界限在于意识的提高，归纳式语言模式学习以及使用索引（语料库）数据。DDL这个术语，即数据驱动学习，指代的就是这种方法（由Johns创始，如1991年的文献），学习者通过检查"原始语料库数据"来推断句法规则，而句法规则在发展过程中是"展示-练习-产出"（Preusent, Practice, Produce, 即PPP）模型的根本性反转。

对于第二个"快照"，我们可以快进到学期末，其中部分课程评估通过在线语法测验来进行，学生可以独立访问。该测试由大学LME进行，学生在规定时间限制（五天）内，参加15分钟的测验。通过时间限制和禁止重新参加考试的要求在系统中建立安全机制。图10.7再现了检查上述带有"I wish"语言模式的问题。正如所描述的第一个任务一样，这种在线测试的机制，是混合学习环境的内在特性（参见Gruba和Hinkelman, 2012a），学生们认为这是他们参加课程混合的自然发展进程。

综上所述，这一系列任务中混合的进度和过程是从上述混合语言学习框架（图10.1）中推断得出的，见图10.8。任务编号与每个任务所用的教材编号相匹配。这些都是沿着静态-动态维度进行标记的，并且在双向学习者-教材维度上进行呈现。

第二个案例研究，爱尔兰语教学，利用混合学习框架来实施PBL方法，从而说明二者之间的协同作用。这种协同作用源于上述共同

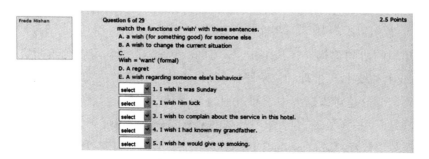

图10.7　课堂测验测试项 I wish 索引片段

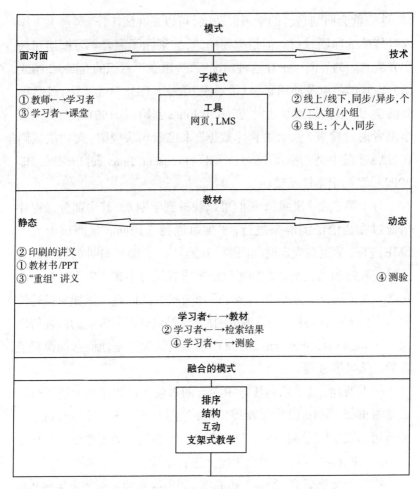

图 10.8 案例一"混合语言学习框架"的混合过程图

的社会建构主义根源。从某种意义上讲，PBL"具体化"了社会建构主义的原则，认为学习是在社会环境中建构知识的过程，因此学习是知识的协同建构。在PBL中，学习的"触发器"是学习者分组研究（线上和线下）、推理和用阶段性、结构化的方式来解决的问题，其中关键部分是对该框架中学习过程的自我反思。"问题"的设计（理想情况下）是为了"概括"学习计划的部分或全部学习成果。PBL起源于医学教育领域（Barrows, 1986），并已被广泛应用于各个学科，主要是在高等教育领域，如商科、工程、软件设计、师范教育、英语文学以及本案例中的语言学习（另见Mishan, 2010）。

本案例研究的环境是一所大学，即爱尔兰利默里克大学，在那里爱尔兰语言推广部门（Aonad na Gaeilge）的任务是根据爱尔兰语作为国家官方语言的地位，促进爱尔兰语的使用。[1]通过"导师"，将爱尔兰语专家与新手结对，在大学师资中试点爱尔兰语的教学，但是因为导师位于离大学较远的地方，爱尔兰语言推广部门决定在混合学习框架内使用PBL方法，聚焦参与者。作为PBL的"触发器"，参与者需要合作为西凯里的盖尔语地区（West Kerry Gaeltacht, 爱尔兰语地区）的家庭设计一个语言和文化节日。

混合学习框架适用于本项目，因为其接触范围涵盖整个模式连续体，可以说，包括初始和结束的面对面会议。从为期两天的面对面熟悉和头脑风暴活动开始，剩下的大部分合作和指导都通过Skype在连续体的另一端进行，最后是两次面对面的反馈。该项目组成了两个PBL小组，每个组都有自己的特点和稍微不同的"混合"方式。这说明了混合学习的一个重要方面，也是被认为决定性的特征；它在适应不同的教学风格方面具有灵活性，参见Heinze和Procter的定义："混合学习是通过有效组合不同的传达模式、教学模式和学习风格所促进的学习"（2004: 11）。对这两组来说，由于地理距离的关系，Skype会话是互动的核心。其中一个小组制作了MP3录音，这些录音可通过云计算软件SoundCloud获得。小组导师发来了一封电子邮件作为补充，他在邮件中指出了Skype互动中所产生的任何语言点。这就为参与者提供了机会，可以逐个复习新的语言，每周评估自己在自信、准确性等方面的进步。第二组保留了一种更传统的方法，导师会纠正Skype互动过程中产生的任何错误。所有参与者也需要完成语言日记。作为混合学习模式的一种，Skype被首席研究员[2]视为是该项目成功的关键。该试点被认为非常成功，在方法论、PBL及其混合实施方面都得到了积极的反馈。

在图10.9中，案例研究二的混合学习阶段被映射到混合语言学习的框架上。教材维度中的阶段编号与该阶段使用的教材编号匹配。这些同样被绘制到学习者–教材维度上，以展示这种双向关系。

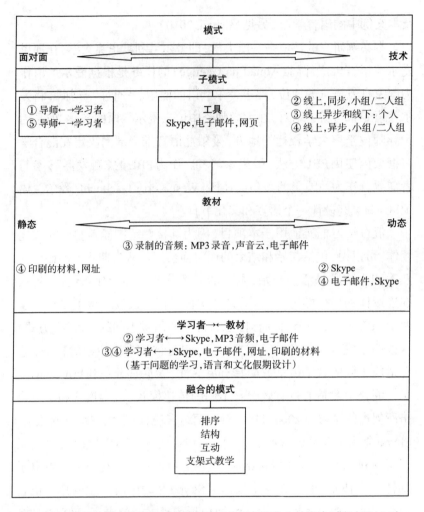

图 10.9 案例研究二中绘制于"混合语言学习框架"上的混合过程(图 10.1)

　　第二个案例研究以社区为基础,特别说明了混合语言学习在高等院校中成为沟通社区和语言学习者之间"桥梁"的作用。它还展示了混合学习两个经常被引用的优点,即灵活性(包括学习和教学风格的灵活性,见上文)和可访问性,即提供由于距离等原因而可能无法获取的学习机会(如 Nicolson et al., 2011; Whittaker, 2013)。希望这两个案例研究能够揭示混合学习的潜力,丰富并形成多元化的、师生之间、教材和技术之间的三方互动。

结　语

　　那么，混合语言学习的未来如何呢？ Sharma认为，"混合学习可能仍然是语言教学中的一个重要概念，因为它的整体重点在于寻找'最佳实践'，即试图确定授课的最佳组合，以提供最有效的语言学习体验"（2010: 457-458）。Gruba和Hinkelman由此得出结论，混合学习的最终成功就是它变得规范化，从而不再存在（2012a: 159）；数字原住民学习者在混合学习语境下操作的舒适程度说明这很有可能实现。然而，关于混合学习的保留意见仍然存在；为这种方法的辩护通常是基于操作性的，而不是教学性的——成本效益、灵活性、便利性（最近至少有两本关于这一主题的书中都有这种情况，参见Nicolson et al., 2011: 3 中的综述；Whittaker, 2013；另见Stracke, 2007）。无论未来如何，在不断变化的技术–语言–学习者关系中，混合学习显然不会是我们语言教学中看到的最后一种组合。

附录1　单词云

　　输入Wordle的文本
1 *The Sun*, Sunday 4 December 2012 (online edition)
Headline: **Royal twins? Kate's condition hints at multiple birth**
　　　　　　输入Wordle的文本
　　KATE and Wills could be expecting TWINS, it emerged today.
The Duchess of Cambridge is spending a second day in hospital being treated for a morning sickness condition —— linked to mums who have multiple births.
Mothers-to-be who suffer from the hyperemesis gravidarum condition are THREE times more likely to have a multiple birth than other women.
William returned to Kate's bedside at 11.30am after his pregnant wife began a second day in hospital battling the severe morning sickness.
The Duchess, who is under 12 weeks pregnant, is expected to remain at the private King Edward VII hospital in central London for several days.
Wills and Kate had been hoping to keep the news they were expecting a baby

secret until Christmas Day, it was reported.

But they were forced to make the announcement after she was admitted to hospital.

2 *The Times,* Sunday 4 December 2012 (online edition)

Headline: **William returns to bedside of pregnant Kate**

输入 Wordle 的文本

Prince William was back by the pregnant Duchess of Cambridge's side again today as he arrived at hospital where she is being treated for acute morning sickness.

The Duke was driven in a green Range Rover to the King Edward VII Hospital at 11.30am to visit his wife, who is expected to be in hospital for several days with hyperemesis gravidarum.

The Duchess was taken to hospital by car from Bucklebury in Berkshire, where her parents, Michael and Carole Middleton live, yesterday afternoon. St James Palace said she would require 'a good period of rest'.

注释

1　爱尔兰语，或称盖尔语，虽然是爱尔兰共和国的官方语言，但仍然是一种少数语言，据估计由主要居住在南部和西部某些地区约2%的人口使用。

2　Deirdre.Ni Loingsigh 的联系方式为：Deirdre.NiLoingsigh@ul.ie

参考文献

Bañados, E. (2006), 'A blended-learning pedagogical model for teaching and learning EFL successfully through an online interactive multimedia environment', *Calico Journal*, 23 (3), 535–550.

Barrows, H. S. (1986), 'A taxonomy of problem-based learning methods', *Medical Education*, 20, 481–486.

Bonk, C. J. and Graham, C. R. (eds) (2006), *Handbook of Blended Learning: Global Perspectives*, Local Designs. San Francisco, CA: Pfeiffer Publishing.

Brash, B. and Nicolson, M. (2011), 'Teaching by telephone', in M. Nicolson, L. Murphy and M. Southgate (eds), *Language Teaching in Blended Contexts*. Edinburgh: Dunedin, pp. 112–125.

Brindle, M. (2012), 'A Wordle in your ear', *Folio*, 15 (1), 25–27.

British National Corpus (BNC) online www.natcorp.ox.ac.uk.

Crystal, D. (2001), *Language and the Internet.* Cambridge: Cambridge

University Press.

Delialioglu, O. and Yildirim, Z. (2007), 'Students' perceptions on effective dimensions of interactive learning in a blended learning environment', *Educational Technology & Society*, 10 (2), 133−146.

Gruba, P. and Hinkelman, D. (2012a), *Blending Technologies in Second Language Classrooms*. Basingstoke: Palgrave Macmillan.

— (2012b), 'Power within blended language learning programs in Japan', *Language Learning & Technology*, June 2012, 16 (2), 46−64. http://llt.msu.edu/issues/june2012/hinkelmangruba.pdf.

Heinze, A. and Procter, C. T. (2004), 'Reflections on the use of blended learning', in *Education in a Changing Environment*, 13−14 September 2004, University of Salford, UK www.ece.salford.ac.uk/proceedings/papers/ah_04.rtf.

Iser, W. (1980), *The Act of Reading*. Baltimore: The Johns Hopkins University Press.

Johns, T. (1991), 'Should you be persuaded — two samples of data-driven learning materials', in T. F. Johns and P. King (eds), *Classroom Concordancing (ELR Journal 4)*, 1−16.

Kennedy, C. and Levy, M. (2008), 'Italiano al telefonino: Using SMS to support beginners' language learning', *ReCALL*, 20, 315−330.

Kukulska-Hulme, A. and Shield, L. (2008), 'An overview of mobile assisted language learning: from content delivery to supported collaboration and interaction', *ReCALL*, 20, 271−289.

Laurillard, D. (2002), 'Rethinking teaching for the knowledge society', *Educause Review*, 17 (1), 16−25. Lextutor http://www.lextutor.ca.

Mayer, R. (2005). 'Introduction to multimedia learning', in R. Mayer, *The Cambridge Handbook of Multimedia Learning*. Cambridge: Cambridge University Press, pp. 1−16.

Meskell, C. (2007), '20 minutes into the future', in J. Egbert and E. Hanson-Smith (eds), *CALL Environments* (2nd edn). Alexandria, VA: TESOL.

Mishan, F. (2010), 'Withstanding washback: thinking outside the box in materials development', in B. Tomlinson and H. Masuhara (eds), *Research for Materials Development in Language Learning*. London: Continuum, pp. 353−368.

Motteram, G. and Sharma, P. (2009), 'Blended learning in a web 2.0 world', *International Journal of Emerging Technologies and Society*, 7 (2), 83−96.

Neumeier, P. (2005), 'A closer look at blended learning — parameters for designing a blended learning environment for language teaching and learning', *ReCALL*, 17 (2), 163−178.

Nicolson, M., Murphy, L. and Southgate, M. (eds) (2011), *Language Teaching in Blended Contexts.* Edinburgh: Dunedin.

O'Dell, F. and Broadhead, A. (2012), *Objective Advanced.* Cambridge: Cambridge University Press.

Ojalvo, H. E. and Doyne, S. (2011). 'Five Ways to Flip Your Classroom'. The New York Times.

Oliver, M. and Trigwell, K. (2005), 'Can "blended learning" be redeemed?', *E-learning*, 2 (1), 17–26.

Prensky, M. (2001a), 'Digital natives, digital immigrants', *On the Horizon*, 9 (5), 1–6.

— (2001b), 'Digital natives, digital immigrants, part II: do they really think differently?', *On the Horizon*, 9 (6), 1–6.

Sharma, P. (2010), 'Key concepts in ELT: blended learning', *ELTJ*, 64 (4), 456–458.

Stockwell, G. (2010), 'Using mobile phones for vocabulary activities: examining the effect of the platform', *Language Learning and Technology*, 14 (2), 95–110. http://llt.msu.edu/ vol14num2/stockwell.pdf.

Stokes, A. (2012), 'ICT: the age factor', *Loud and Clear*, 31, 2.

Stracke, E. (2007), 'A road to understanding: a qualitative study into why learners drop out of a blended language learning (BLL) environment', *ReCALL*, 19 (1), 57–78.

Thomas, M. (ed.) (2009), *Web 2.0 and Second Language Learning.* London: Information Science Reference.

Thomas, M. and Reinders, H. (eds) (2010), *Task-Based Language Learning and Teaching with Technology.* London: Continuum.

Thoms, C. (2012), 'Enhancing the blended learning curriculum by using the "flipped classroom" approach to produce a dynamic learning environment', *ICERI2012 Proceedings*, 2150–2157.

Thorne, K. (2003). *Blended Learning: How to Integrate Online and Traditional Learning.* London: Kogan Page Publishers.

Towndrow, P. and Cheers, C. (2003), 'Learning to communicate effectively in English through blended e-learning', *Teaching and Learning*, 24 (1), 55–66.

Whittaker, C. (2013), 'Conclusion', in B. Tomlinson and C. Whittaker (eds), *Blended Learning in ELT: Course Design and Implementation.* London: British Council, pp. 225–241.

Wordle www.wordle.net/.

对第二部分的评论

Brian Tomlinson

第二部分的撰稿人似乎都提出了一个主要观点，那就是现有的教材没有充分开拓已有资源学习方面的潜力，例如，没有充分利用以下部分：

- 大脑从经验中学习的能力，特别是情感在这个过程中所起的作用；
- 学习者在语言学习过程中所带来的知识、意识和经验；
- 学习者的兴趣、技能和个性；
- 教师在语言学习过程中所带来的知识、意识和经验；
- 教师的兴趣、技能和个性；
- 教材研发者可使用的视觉、听觉和动觉辅助设备；
- 文学的潜力，尤其是讲故事吸引学习者的潜力。

第二部分的另一个观点似乎是，我们对于语言习得的已有知识与我们在教材研发方面的实践并未相匹配。例如，我们知道在同一时间一次又一次地重复对学习者没有什么帮助，但是在一段时间内不同的重复对语言习得极为重要。然而，我们现在仍然将教材按照单元组织，每个单元侧重于特定的语言教学点。我们知道情感投入对长期学习至关重要，但是我们仍然在继续提供平淡、中性和琐碎的文本供学习者阅读和聆听。

我认为，第二部分经常提到的第三个要点是，我们在教材研发的方法上需要更系统、更严格、更有原则性。可以理解的是，出版商推动作者们去研发他们清楚可以大卖的教材类型，甚至是克隆了畅销教材的成功章节。但这么做的危险是，很快就会出现关于语言教材应该涵盖什么、应该做什么的固定模式，任何偏离都将打破教材使用者的期望，并将面临怀疑和拒绝的风险，因为大家认为这偏离了公认的规范。作者、教师、研究人员和学习者应该向出版商表明，我们可以制作出充分开发学习者资源的教材、与我们所了解的语言习得知识相匹配的教材、与学习者的生活相关联的教材，这些教材也可以在商业上取得成功。关于与上述标准相关的教材评估，参见 Tomlinson 等人（2001）、Masuhara 等人（2008）、Tomlinson（2013a，2013b）以及 Tomlinson 和 Masuhara（2013）。

在我看来，我们还需要更多的资助进行实验，让大学和出版商结合他们的专业知识和资源来制作和试点创新的语言学习教材。公司和大学之间的合作在工程和技术领域非常常见，但在教育领域却极为罕见。

参考文献

Masuhara, H., Hann, M., Yi, Y. and Tomlinson, B. (2008), 'Adult EFL courses', *ELT Journal*, 62 (3), 294–312.

Tomlinson, B. (2013a), 'Second language acquisition and materials development', in B. Tomlinson (ed.), *Applied Linguistics and Materials Development*. London: Bloomsbury.

— (2013b), 'Innovations in materials development', in K. Hyland and L. Wong, (eds), *Innovation and Change in English Language Education*. New York: Routledge.

Tomlinson, B. and Masuhara, H. (2013), 'Review of adult EFL published courses', *ELT Journal*, 67 (2), 233–249.

Tomlinson, B., Dat, B., Masuhara, H. and Rubdy, R. (2001), 'EFL courses for adults', *ELT Journal*, 55 (1), 80–101.

第三部分

针对目标群体的教材研发

第十一章 作者的知识、基本原理和原则

——稳定流通或出版受阻？少儿学习者早期阅读案例研究

Shelagh Rixon

引　言

　　本章报告的两项相关研究是作为当前少儿英语学习者早期阅读教学基本原理和体系调查研究的一部分开展的(Rixon, 2011)。尽管少儿英语学习者(Young Learners)——此处定义为将英语作为外语或第二语言的小学生——已经在许多情境下得以确认，但目前的状况依旧是迅速发生的变化导致师资供不应求以及新来的少儿英语教师只能得到基本的培训(Rixon, 2013)。培训往往侧重于提高教师的语言水平，而不是技术层面的方法论或语言意识和分析。正如Hutchinson和Torres(1994)的经典文章所指出的那样，尽管教材不能提供所有的答案，但它具有支持教师应对新方法或新课程内容的潜力。我的研究目的之一是找出在支持少儿英语阅读第一步这一重要领域中，教材向英语教师提供的或未能提供的支持类型。

　　首先，我根据两个主要特征选择少儿英语学习语境：第一是英语在社会中的地位以及在公立学校体系中的地位；第二是孩子们在母语环境中正在学习使用的书写体系的类型。分界方法请见表11.1。

表11.1　英语地位和语境中书写体系使用情况的调查

英语地位	语境示例	母语书写体系
外语,小学课程的一部分	阿根廷 希腊,俄罗斯,叙利亚 中国	音素文字(罗马) 音素文字(非罗马,如希腊语,西里尔语,阿拉伯语) 语标文字(如汉语)
官方语言,小学课程的一部分,但不是主要教学媒介语	马来西亚(几个民族和语言族群) 斯里兰卡	音节文字(如泰米尔语) 语标文字(如汉语) 马来语的音素文字(罗马) 音节文字(僧伽罗语和泰米尔语)
官方语言,小学课程的一部分,主要的教学媒介语	喀麦隆,英语和法语授课学校	家庭语言为音素文字,但通常以英语或法语作为识字的第一语言

关注书写体系之间差异的要点在于少儿学习者学习处理英语书写体系时往往正同时学习母语阅读,这至少会带来一定的复杂性。表11.2列出了音素文字、音节文字和语标文字书写体系运行的不同基础。那些语言学习涉及处理不同书写体系的儿童必须从概念上理解页面上的字符在不同体系中所代表的不同语言单元。音素文字体系告诉读者音素,音节文字体系显示音节,语标文字体系则显示整个单词或语素。即使那些母语与英语共用罗马字母表的孩子也需要适应这样一个事实:"相同"的字母在两种语言中可能代表发音迥异的音素。构思周密而专业的英语教学要纳入这种差异。

有关音素文字、音节文字和意音文字书写体系及其与早期阅读相关性的详细说明,参见 Perfetti 和 Dunlap(2008)。

表11.2   不同书写体系中的语言单位

书写体系	所代表的语言单位	
音素文字	音素	示例
	组1 音素文字体系提供单词中所有音素的图示法，但在不同的语言中有不同程度的对应关系 组2 音素文字体系根据文本的功能/假定读者，在元音音素显示程度上有变化。例如，在初学者的阿拉伯语或希伯来语书文本中会用"点"标示元音，而进阶读者的文本则不会标示元音	组1 使用罗马字母表的英语、马来语、法语、意大利语、葡萄牙语；使用希腊字母表的希腊语；使用西里尔字母表的俄语；使用韩文字母表的韩语 组2 使用阿拉伯语字母表的阿拉伯语 使用希伯来语字母表的希伯来语
音节文字	音节	僧伽罗语、日语平假名和片假名、泰米尔语
语标文字	整个单词或语素	汉语

　　然而，对于以英语为外语或第二语言的少儿早期读者来说，所面临的挑战不仅仅是可能存在的与母语书写体系的对比。教师和教材编写者需要考虑到这样一个事实，即英语在客观上是一门很难的语言，即使对母语为英语的人来说，用英语阅读也很难。根据正字法深度的尺度（Katz and Frost, 1992），英语是一个极端界外值。正字法深度是指在一种语言中，页面上的元素（按字母顺序书写的语言中的字母）与所表示单词中的音素之间的一一对应程度。在西班牙语中正字法深度高，而在英语中正字法深度则低得多——尽管有些正字法透明的词如"狗"（dog）和"猫"（cat）——但想想还有像"笑"（laugh）和"剑"（sword）这类单词。Spencer 和 Hanley（2003）引用了一项关于学习用正字法透明的语言流利解码所需时间的研究，声称以德语、意大利语和土耳其语为例，大多数儿童在一年级结束时就能达到这一水平。他们研究了儿童学习用威尔士语（一种使用罗马字母的正

字法透明的语言)和英语阅读在学习过程和速度上的差异并报告了研究成果,他们认为:

> 这些发现支持了儿童用透明正字法学习阅读速度更快的说法,并进一步证明了正字法的一致性影响了不同的单词识别策略的初始接纳。(Spencer and Hanley, 2003: 1)

　　英语读者花了比威尔士语读者更长的时间来学习从书面或印刷形式中解码他们自己的语言。在过去一个世纪左右的时间里,由于英语难度更大,人们就如何用最好的方式帮助以英语为母语的年轻人成为流利、独立的英语读者展开了激烈的辩论。参见 Chall(1996)关于"阅读战争"的论述。本章不是来讨论这些在母语阅读世界中的分歧和摇摆不定的,尤其是当政客卷入其中时。我只是为了对比少儿英语学习教学在这个问题上一直以来相当隐秘的沉默。考虑到少儿英语学习者与以英语为母语的少儿阅读初学者相比所处的劣势,人们可能会期待更多关于如何支持他们早期阅读的辩论。首先,没有一个已知语言项目的大型数据库能用来匹配少儿英语学习者页面上符号的可能含义。其次,除非他们在开始用英语阅读前已经有了丰富的英语口语经验,否则他们无法完全掌握该语言的音系,而音系学对于识别页面上的字母和单词可能代表的读音是必不可少的。

　　我对少儿英语学习者早期阅读领域感兴趣背后的动机是:如果教说英语的孩子用英语阅读很困难,那么我们需要更仔细地考虑少儿英语学习者如何做到这一点。我的研究旨在基于对教师访谈的证据及对本章主题材料的分析了解我们目前思考的仔细程度。

教材如何提供支持

　　教材在支持儿童早期阅读方面虽有其局限性,但也有相当大的潜力。局限性依然在于全球范围内教师在整体课堂互动中的态度和技能。例如,教材会支持但不会强制对意义的关注。教材也会建议但不能确保教师会在教材之外开展各种类型的全班互动活动,即使报道称这些活动对英语作为外语或第二语言的学习者以及英语本族语者的阅读发展都是有益的。例如,Al-Hooqani(2006)报告了在阿曼全班同学使用大图书进行共同阅读的情况。大图书的作用在其他情境中也得以证明,如Yaacob(2006)在马来西亚的研究。更现实地说,推动此类活动的开展属于教师发展的领域。

尽管如此,在教材的内容和活动框架方面仍然有待有益的支持。如果构思得当,这可以目标明确地构建阅读第一步教师要做的工作。这种支持主要在以下两个领域:

1　阅读焦点材料的原则性选择及排序

精心设计的材料会在孩子们学习要素的选择和排序上呈现出体系。例如,用于阅读焦点训练的词汇选择背后存在基于特定原则的思考,该练习为孩子们"破解"英语书写体系"密码"提供支持。以这种方式对课程材料进行系统构建的例子适合早期阅读焦点训练(以及作为儿童友好型及易于阐释的)选择,该选择清楚地体现出一个原则。一个可能的原则是选择那些经常出现的、有规律的/"可靠的"、字母–读音对应(即**正字法透明**)的单词。单词集<bat cat fat mat pat rat sat>为孩子们提供了单词中-at的韵脚元素,这为他们初期寻找单词规律及在造词中运用类比法提供了机会(Goswami and East, 2000)。另一个原则是频率和有用性,而不考虑透明度,因此像laugh、says、does、two、buy这样的词,每个单词在早期阶段都作为一个整体被关注并用于单词整体形状的视觉识别,因为通过字母–读音路径进行解码并不能确保成功。第三个原则可能是双管齐下,支持并公开向儿童介绍不同的策略来应对这两类单词。阅读材料中字母–读音对应关系呈现的顺序也出于同样的思考逻辑。

我现在并不是预设某个特定的体系对少儿学习者教材中的早

期阅读训练建构是最好的。我只是强调,为了使材料在评估时符合"原则性",需要有一个可感知的体系,更甚者,该体系需要在教师笔记或其他地方的作者理论基础中加以阐明。

　　然而,有一种组织早期阅读训练语言内容的方法需要在这里加以评论。自19世纪以来,在母语"阅读战争"的来回往复中,有一点是清楚的,那就是在母语教学中,很少有专家认为按照传统的背诵顺序,即字母顺序,来介绍和教授系统中的单个元素(字母)是有用的。事实上,有很多原因可以避免这种情况。一个主要原因是字母顺序并不代表所遇到字母的频率或难度的顺序。比如说在字母表中比较靠前的"棘手字母"<c>,它本身放在单词开头也有两种可能的音素实现,/k/ 或 /s/(如 cat 和 cinema)。在英语中,它与其他字母结合以表示其他音素(如 church)。字母<b>和<d>通常是儿童视觉混淆的来源,如果按照字母顺序来进行教学,它们靠得太近,难以进行顺畅的教学。问题的另一个来源是,五个"元音"字母<a e i o u>首先采用的是最易理解的作为三个字母单词(如 cat 或 dog)中心元素的教法而不是作为单词首字母的教法。所有说英语的人使用的元音音素都远远多于这五个"元音"字母的字面意义可能提示孩子们的五个元音音素。除了这些问题,从<a>到<z>给26个字母的每个字母教一个音值,并保留该音值的做法几乎不能充分覆盖所有音值范围。

2　早期阅读活动的原则性选择——模式发现

　　可将原则性选择纳入教材的第二个领域是活动设计,这些专门设计的活动使儿童有最大的机会掌握他们需要应对的体系,以便尽快进入印刷或书面文字自主使用者的阶段(Share, 1995)。鼓励与数据进行动态交互的活动(例如,在单词组中发现模式而不是死记硬背地学习单词列表)符合这个定义。寻找押韵及通过类比辨别新词是动态活动类型很好的例子,上一节中提到的<bat cat fat mat pat rat sat>单词集就可以作为完成这类活动的材料示例。

教 材 研 究

正是基于上述两套原则,我从表11.1所示的三种不同类型的语境中选取少儿英语学习课程材料进行"页面内容"分析。总共分析了22个不同系列的教材,共有40卷,因为与第一步阅读有关的训练经常延伸到课程系列的第二级,第二级通常要到第二年才学习。

尽管包括一些改编后用于特定语境的国际教材和一些已知在其他一些语境下使用其"原汁原味"版本的国际教材,但研究的重点还是那些在当地出版供本国使用的教材。研究调查了为讲英语的喀麦隆人和讲法语的喀麦隆人开设的课程以及在希腊国有和私营部门、中国、韩国、印度、马来西亚、俄罗斯、斯里兰卡和叙利亚使用的教材。

研究主要采用两种分析方法。第一种是定性分析法,试图从支持早期阅读的语言选择和活动类型两个方面来描述每门课程中"正在进行"的事情。第二种(此处不讨论)是定量分析法,包括为特定课程所选单词的单词表分析和字母−音素对应关系。定性研究使用了报告模板以便对所有材料进行一致的比较。附录1为所分析课程其中之一的完整示例。

附录1中的例子针对的是其中一套最为多样、似乎经过深思熟虑的教材。其他很多课程的结果则多少有些不同。他们没有证据表明阅读焦点单词是根据上述任何原则精心挑选的。大部分教材除了抄写或完整书写和/或大声朗读焦点词汇外,没有其他可操作的有关阅读焦点词汇的活动。在字母的呈现上几乎普遍遵循字母表顺序,而且重点主要放在单词的首字母上。在所分析的课程中,除了聚焦字母−读音的对应关系,再一次关注单词的首字母/读音之外,没有任何一门课程为教师练习发音提供支持。在大多数情况下,当讲完字母<z>就会终止对字母−读音对应的关注。

因此,在这些材料中值得批评的一个非常重要的因素是它们的不完整性。无论人们在关于少儿学习者在开始学习阅读之前应该花多少时间学习英语口语的争论中站在哪一边，但至少可以承认少儿学习者们在某种程度上需要获得构成英语语音系统的所有音素的知识。试图通过早期的阅读练习专注于某些音素，之后便止于此似乎是不够的。只停在字母<z>而不考虑二合字母中的字母组合如<sh>或<ee>意味着学习处理诸如/ʃ/或/iː/等音素的可能图示法与音素本身一起被忽略。举一个极端（但是常见的）例子。如果一门课程只关注首字母，这意味着早期阅读练习最多只关注23个音素，而对于现代英国标准发音（如果我们省去poor保守发音时的/ʊə/音素）来说，需要处理的音素有43个。特征音素有23个（而不是匹配字母表中的所有字母的26个），因为即使在简化的首字母学习法中也存在一些音素的重复。例如，字母<x>复制了字母<k>和字母<s>的/k/和/s/音素。

我分析的所有课程材料都没有试图（例如，通过押韵、吟诵或其他有趣且令人难忘的口头/听力训练）在学习者开始关注书写或印刷形式的英语之前让他们彻底熟悉英语的整体语音体系。事情发展成这样是没有理由的，因为主要以口头呈现的押韵和吟诵就可以非常有效充分地处理这个问题。押韵和吟诵令人愉快、受人欢迎，并且已经是以乐趣与参与性为目的的少儿学习正统方法的一部分，但该方法似乎很少用于建立语言的语音意识这个早期阅读的重要基础（Hempenstall, 1997; Gersten and Geva, 2003）。

往往从一开始使用书面单词就好像它本身就是一种支持，而不是学习者需要掌握的东西。例如，一门课程从很前面就会出现印刷的对话，而且经常出现在刚学习字母表单个字母时的同一课。

我希望大家能够清楚地看到，我对这些课程的批评是基于完整性、包容性和系统性的一般原则，而不是基于对早期阅读特定方法的偏护。我的分析确实也引发了一个谜思。教材的作者和编辑学识渊博，他们本应该意识到上面所提出的问题。怎么会在许多课程中对早期阅读的处理如此缺乏系统性选择的证据呢？

研究作者与编辑

因此,我决定扩大我的研究范围,调查一些少儿英语学习教材作者的知识和编写理念,更多去发现是什么影响了他们书中的内容。相较于可能太过于犀利的材料报告,听取他们的意见可能是一个有用而合适的折中。

2011年初,我设计了一份电子问卷,相关内容见附录2。我接触了大约20位我认识的人,他们都参与了为少儿学习者创作教材的工作。总共有16人回复了问卷。他们中有些人具有多重身份,如下表所示:

研究中出版专业人士的身份

写作小组成员	12
独立作者	7
写作组组长	5
出版商顾问	3
政府部门顾问	3
委托编辑	2
其他	3

其中六位答复者是我所分析的上述研究一部分教材的编写组成员。其他人是本研究所分析相关教材的前任教材项目经理及课程顾问。我还获得了一位英国编辑、作者以及三位国际少儿教材知名作者的回复。因此,尽管我并未试图在任何教材的内容与其作者或编辑在答复问卷时可能说的话之间建立任何一对一的联系,但我的材料分析中所涉及的关切和问题仍有相当大的共鸣空间。当然,这是一个

小规模的、简便的样本,尽管目标审慎,但并没有提出任何概括性的结论。我的目的主要是通过这样一个方式给一群"制作人"一个公平的发言机会,我认为这可能会为教材是如何变成它们最终所呈现的样子这个问题提供有趣的解释。

调查问卷(见附录2)的核心是一系列多重选择题,旨在获得被调查者对早期阅读教学适宜方法的看法以及他们对将这些方法纳入教材可行性方面的经验。正如下文问题6的说明所示,我的意图很明确,答复这些题目可能会激发被调查者他们自己的反思,并让他们在每个问题随后的评论框中写下更详细的内容。问题6的说明如下:

问题6. 在引领少儿学习者步入英语阅读的第一步时,是否有您认为应该遵循的具体信念或原则?在备选项目中给出了一些常见的看法……请选择所有您同意的陈述,但这些陈述主要是为了触发或激发您自己的反应(或反对)。我对您自己的观点很感兴趣,如果您愿意的话,可以将您的看法键入下面的方框内。

表11.3总结了对问题6的回复。

表11.3　对问卷中问题6所提供备选项目的回复

押韵的使用对学习英语阅读特别有益。	13
对于初学阅读的少儿英语学习者来说,学习关键单词的首字母读音和字母是非常重要的。	12
学会写字母和单词是培养阅读能力的重要支持。	12
如果孩子的母语有不同的书写体系,英语教学应该考虑这一点。	11
从第一堂英语阅读课开始,就要让孩子认识到未来这项技能会给他们带来的好处(例如,欣赏故事书、访问网页)。	10
必须考虑到孩子是否已经能够使用母语顺畅阅读或仍在努力实现这一目标。	9

续　表

学习阅读的焦点词汇应该从英语课程其余部分所教授的词汇中提取。	9
英语教学用的教材尽早印上单词,这非常重要。	9
在少儿英语教学中,读和写应同时引入。	8
把英语听说能力培养起来一段时间后再开展英语阅读是一个好主意。	7
孩子到一定年纪后才准备好用英语阅读。在此之前,听和说应该是重点。	5
在教孩子英语的时候,引入阅读之后要等一段时间再教写作。	4
学习阅读的焦点词汇不必与英语课程其余部分所教授的词汇相同。	3
第一次英语体验课不应该让孩子看到书写或印刷的英语单词。	3
少儿英语学习者在学习用英语阅读时,在任何时候都应只集中关注几个字母,并且应该按照字母表ABC的顺序学习。	2
在引导孩子进行英语阅读时,不需要特别关注他们的母语阅读状态。	3
在引导少儿英语学习者学习用英语阅读之前,介绍整个字母表是很重要的,但不包括字母名称。	1
学习者开始处理英语阅读的第一步前,需要先掌握好英语发音。	1
少儿英语学习者在学习用英语阅读之前,需要知道整个字母表及各个字母的名称。	0
其他。	0
我不做答复。	0

　　这项研究最令人震惊的总体发现是,大多数编写组所表达的一些观点与分析过程中在教材中发现的观点背道而驰。虽然并非所有受访者都对研究实际分析的教材负有直接责任,但这结果依然令人震惊,例如,16个人中有7位受访者都同意以下观点:

把英语听说能力培养起来一段时间后再开展英语阅读是一个好主意。

同样令人惊讶的是,只有两位受访者赞成按照ABC顺序学习字母,并且没有人赞成在很早期的阶段就教授每个字母的名称。然而,在所分析的教材中,我们看到的情况恰恰相反。

在他们看来,将自己关于早期阅读的想法纳入教材是否容易,这一问题实际区分了两类想法,一类是本来可以写进书里,但可能遭到编辑或团队其他成员反对的想法,另一类是受访者认为不属于所编写教材的想法。这可能是因为这些想法需要课本以外的资源来实现,或者是因为它们更适合由师范教育来解决。受访者回复请见表11.4。

表11.4   少儿英语学习受访者对其出版教材在多大
程度上代表了他们阅读观点的看法

这些教材大体上反映了我的想法,但在一些细节上有必要做出妥协。	11
我的一些想法需要在课程教材之外使用补充材料(如故事书)。	8
我的一些想法难以"呈现于页面",相比出版的教材,教师培训更能有效回应我的观点。	6
本来可以把我的一些想法编入教材,但我的想法遭到了项目负责人的反对。	4
没有问题。这些教材很好地反映了我的想法。	3
其他。	1
我不做答复。	0

大体上,少儿英语图书出版专业人士似乎对他们的教材体现了他们的理念感到满意。然而,一些开放式问题的回答体现了一些问题且耐人寻味,它们通常来自那些对项目负责人反对的问题回答"是"的人:

事实上，现在这些负责人越来越多地将他们的观点建立在翔实的、高度复杂的市场调查之上，以找出教师在这种语境下想要什么，或者他们声称想要什么。不幸的是，这可能导致糟糕的教学决策。造成这种情况的原因往往是许多教师缺乏培训和/或经验，他们经常受到学校主管和家长的压力，要求他们尽快向低龄儿童教授阅读和写作技能……

并不是所有出版商都愿意考虑去改变可能已经在全世界的少儿英语教学课堂上正在发生的事情……似乎还有这样一种情况：有些/个别教师，通常是那些在某一特定区域教书很长时间的教师，在当地有"某种地位"，而且"一直"以某种方式教授英语，出版商也会听取他们的意见（出版商可能不敢把新东西带到当地），并不断劝说他们不要尝试在学生和教师材料中使用任何不同的、新的、有挑战性的内容。这就使教材研发的循环停滞。教材编写者通常会听从出版商的指示，花几个月的时间来研发一门课程或编写一些教材，但当他们向当地教师/教师培训人员展示这些教材时，却被告知不要采纳这些新想法。这时课程/教材研发就又回到原点……但更重要的是，少儿学习者就没有机会接触到那些可能使他们的英语学习更容易、更愉快、更有价值的教材了。唉！

结　　语

上述调查的总体结果和对问卷的自由评论表明，在某些教学环境中，少儿英语教学专业人士对早期阅读问题的最佳研究与教材中实际发现的问题之间可能存在脱节。如上文引言所暗示的那样，在传统的本土化阅读教学方法占很大比重的市场中，人们试图改变市场的紧张情绪可能对保守思想的形成起到了一定作用，这一点在所分析的教材中似乎显而易见。

不管背后有何潜在原因，如果少儿学习者在早期接触书面或印刷的英语单词时比英语本族语使用者通常认为所需要的系统性接触要少，似乎就错失了机会。如果我们的目标是让儿童成为学习者，不仅仅是学会阅读，而是最终能够尽快通过阅读学习发现自己能够轻松阅读而使阅读成为一种乐趣，那么Share（1995）主张将儿童引导到一个可以开始自主学习的阶段的原则在此处就非常相关了。

附录1　用于课程教材分析和比较的定性评价表

英语入门SIL（Section Initiation Langue）系列一级		
1	系列标题	英语入门
2	主要使用国家	喀麦隆（法语地区）
3	教材涵盖哪些学年/年级？	一年级
4	目标起始年龄	6岁
5	所用媒体：（书籍、光盘等）	学生用书、练习册、教师用书、图表
6	出版商	宇宙教育出版有限公司（CEPL）
7	本版出版年份	2002年出版，2007年第三版［重新出版1999年原版的一门名为《我的英语书》（"Mon Livre d'Anglais"）的课程］
8	教材是否在公立学校和/或私立学校使用？	公立和私立
9	教材的哪些元素可供审查？	学生用书
10	页数、课数及预计教学时数	68页，12个单元，每个单元4课

英语入门 SIL（Section Initiation Langue）系列一级

11	在这一级别的教材结束时，阅读训练是否主要在单词、句子或文本层面进行？	短文。句子层面的阅读理解于38页开始，有关于图片的正误句子判断。第49页出现第一篇简短的描述性文字。 听录音并朗读 短诗和吟咏
12	关于所用字体的注意事项	手写友好型
13	教材中的英文印刷是否突出？ 例如，活动标题、对话页上的单词等？	是的，从第一页开始，虽然单元前课程是没有单词的，叫作"图画对话"，专门让孩子们和老师谈论家庭场景的图画。之后，书页上都会印有标题、规则和课程内容。
14	有关标题呈现的正字法要点。	单元标题实词首字母大写。课程标题及规则用正常的句子格式。
15	字母表是否作为独立的按字母顺序排列的形式呈现？	是
16	教材中大小写字母的呈现	见第14条
17	在标点符号和其他正字法问题上，有没有明确的指示？	没有
18	阅读材料中的焦点词是按照字母表顺序还是其他顺序分组的？	从辅音－元音－辅音结构单词中的短元音开始，按照<aeiou>的顺序推进。在第七单元第一课介绍字母表，开始关注首字母。
19	如何分配阅读焦点词汇？	每个单元的第一课都有一个"读音与构词"活动，其他的则穿插在其他课中。
20	是否有一类使用频繁但不透明的词汇成为阅读的焦点词汇？	否

续　表

英语入门SIL（Section Initiation Langue）系列一级	
21	是否以某种方式涵盖了相关英语变体的全部音素列表？	否
22	焦点读写词融入所教语言主体的程度	148个焦点词中有37个词也出现在正文中，占403个媒介词总数的9%。
23	用焦点词开展哪些活动？这些活动是静态的还是生成性的/模式探索性的？	相当多的模式探索 一些押韵词，比如"Ben's Hen" 第12页，指出并说出有"a"音的图片名称（因此我将相关的单词纳入阅读焦点词汇总数中）。 第44页，指出并说出以"at"结尾的单词。 第52页，在含有i-e和ie的单词中发现"神奇的字母e"。
24	是否要求学生写单词或字母？如果有，有没有关于字母形成的指导？	有，在活动本上，填字母、写整个短语和句子。有些书写是为了巩固语言项。
25	早期阅读教学关注的语言单位	字母-读音对应，一些押韵/韵脚练习
26	是否在教材的任一地方（如学生用书或教师用书）使用"自然拼读法"一词？	这个水平没有（虽然没有教师用书）。这个词见于该系列较高级别学生用书中。 在第24页第四单元第四课上有一个音素意识测试。
27	教材中是否有可识别的自然拼读法元素？	有
28	如果有，这是如何呈现的？	通过一些模式探索的练习
29	教材中是否有整词识别方法的证据？	没有

续　表

英语入门 SIL（Section Initiation Langue）系列一级		
30	如果是，这是如何呈现的？	—
31	是否有证据表明其他"知名"阅读方式的影响？	没有
32	如果是，这是如何呈现的？	—
33	这一级别出现的阅读焦点单词数	148
34	这一级别文本主体出现的单词数	514
35	这一级别出现的人物名称数量	39
36	这一级别出现的戏谑或拟声词的数量	2
37	其他说明？	有英语方言变体和标准发音混杂的迹象——例如，若以标准发音为目标，则第一单元第一课"horse"的短元音 <o> 的发音就不是一个很好的例子。

附录2：少儿英语学习课程材料作者和编辑问卷摘要

问题6. 在引领少儿学习者步入英语阅读的第一步时，是否有您认为应该遵循的具体信念或原则？在备选项中给出了一些常见的看法……请选择所有您同意的陈述，但这些陈述主要是为了触发或激发您自己的反应（或反对）。我对您自己的观点很感兴趣，如果您愿意的话，可以将您的看法键入下面的方框内。

- 必须考虑到孩子是否已经能够使用母语顺畅阅读或仍在努力实现这一目标。
- 在引导孩子进行英语阅读时不需要特别关注他们的母语阅读状态。
- 如果孩子的母语有不同的书写体系，英语教学应考虑到这一点。

- 把英语听说能力培养起来一段时间后再开展英语阅读是一个好主意。
- 在少儿英语教学中,读和写应同时引入。
- 孩子到一定年纪后才准备好用英语阅读。在此之前,听和说应该是重点。
- 第一次英语体验课不应该让孩子看到书写或印刷的英语单词。
- 在教少儿英语的时候,引入阅读之后要等一段时间再教写作。
- 学会写字母和单词是培养阅读能力的重要支持。
- 英语教学用的教材尽早印上单词,这非常重要。
- 在引导少儿英语学习者学习用英语阅读之前,介绍整个字母表是很重要的,但不包括字母名称。
- 少儿英语学习者在学习用英语阅读之前,需要知道整个字母表及各个字母的名称。
- 少儿英语学习者在学习用英语阅读时,在任何时候都应只集中关注几个字母,并且应该按照字母表 ABC 的顺序学习。
- 学习者开始处理英语阅读的第一步前,需要先掌握好英语发音。
- 押韵的使用对学习英语阅读特别有益。
- 对于初学阅读的少儿英语学习者来说,学习关键单词的首字母读音和字母是非常重要的。
- 学习阅读的焦点词汇应该从英语课程其余部分所教授的词汇中提取。
- 学习阅读的焦点词汇不必与英语课程其余部分所教授的词汇相同。
- 从第一堂英语阅读课开始,就要让孩子认识到未来这项技能会给他们带来的好处(例如,欣赏故事书、访问网页)。
- 其他。
- 我不做答复。

7. 您觉得要把您对早期阅读的理念融入您所参与的教材中容易吗?请点击所有您同意的陈述。如前所述,如果它们能对您有所激发,您可以将回复键入下方的框内,这将非常有价值。

- 没有问题。这些教材很好地反映了我的想法。
- 这些教材大体上反映了我的想法,但在一些细节上有必要做出妥协。
- 我的一些想法难以"呈现于页面",相比出版的教材,教师培训更能有效回应我的观点。
- 本来可以把我的一些想法编入教材,但我的想法遭到了项目负责人的反对。
- 我的一些想法需要在课程教材之外使用补充材料(如故事书)。
- 其他。
- 我不做答复。

参考文献

Al-Hooqani, A. M. (2006), 'A survey of teachers' attitudes towards big books', in S. Borg (ed.), *Classroom Research in English Language Teaching in Oman*. Muscat: Ministry of Education, Sultanate of Oman, pp. 97–103.

Chall, J. S. (1996), *Learning to Read: The Great Debate* (3rd edn). Fort Worth: Harcourt Brace College Publishers.

Gersten, R. and Geva, R. (2003), 'Teaching reading to early language learners', *Educational Leadership*, 60 (7), 44–49.

Goswami, U. and East, M. (2000), 'Rhyme and analogy in beginning reading: conceptual and methodological issues', *Applied Psycholinguistics*, 21 (1), 63–93.

Hempenstall, K. (1997), 'The whole language — phonics controversy: a historical perspective', *Educational Psychology*, 17 (4), 399–418.

Hutchinson, T. and Torres, E. (1994), 'The textbook as agent of change', *ELT Journal*, 48 (4), 315–328.

Katz, L. and Frost, R. (1992), 'The reading process is different for different orthographies: the Orthographic Depth Hypothesis', in R. Frost and L. Katz (eds), *Orthography, Phonology and Meaning*. Amsterdam: Elsevier North Holland Press, pp. 67–84.

Perfetti, C. and Dunlap, S. (2008), 'Learning to read: general principles and writing system variations', in K. Koda and A. Zehler (eds), *Learning to Read across Languages: Cross-Linguistic Relationships in First and Second-Language Literacy Development*. London: Routledge, pp. 13–38.

Rixon, S. (2011), *Beyond ABC: Investigating Current Rationales and Systems for the Teaching of Early Reading to Young Learners of English*. Unpublished PhD thesis, University of Warwick.

— (2013), *British Council Survey of Policy and Practice in Primary English Language Teaching Worldwide*. London: British Council.

Share, D. L. (1995), 'Phonological recoding and self-teaching: sine qua non of reading acquisition', *Cognition*, 151–218.

Spencer, L. H. and Hanley, J. R. (2003), 'The effects of orthographic consistency on reading development and phonological awareness: evidence from children learning to read in Wales', *British Journal of Psychology*, 94, 1–28.

Yaacob, A. (2006), *Malaysian Literacy Practices in English: 'Big Books', CD-ROMs and the Year 1 English Hour*. Unpublished PhD thesis, the University of Warwick.

第十二章　难民儿童激励性教材的研发：从理论到实践

Irma-Kaarina Ghosn

引　言

在黎巴嫩的联合国近东巴勒斯坦难民救济和工程处（近东救济工程处）学校上学的巴勒斯坦难民儿童必须从一年级开始学习英语，从五年级起还必须学习用英语授课的科目。黎巴嫩少儿英语教学一直都采用国家统一的教材，该教材的编写考虑了黎巴嫩儿童的情况。然而，难民儿童的生活状况和学习背景与一般黎巴嫩儿童大不相同。大多数黎巴嫩儿童参加学前教育项目，而只有极少数难民儿童能够获得学前教育服务。由于近东救济工程处学校的大量儿童在学业上遇到困难，在2010年，国家决定为小学低年级学生研发替代教材。获广泛认可的指导二语学习的普遍原则、成功的二语教材的标准以及关于动机与兴趣如何对学习产生作用的已知信息指导了新教材研发的过程。通过简要回顾这些理论考量，作者描述了新教材的研发过程以及她如何尝试在这个过程中应用一些理论。一年后，教师和儿童对这些教材的反馈都高度积极，儿童学习成果的初步结果也很有前景。

关键词：教材研发；少儿学习者；巴勒斯坦难民

语境的挑战

国家课程设置

近东救济工程处在黎巴嫩开办的学校采用黎巴嫩的国家课程设置，传统上使用国家统一教材。就英语教学而言，这就构成一个问题。由于国家课程设置将英语作为第一外语课程（EFL1），因此它假定进入一年级的儿童在学龄前至少有两年的英语接触史，习得一些基本的英语知识，包括一些识字技能。课程设置雄心勃勃，自始至终都使用了**学术能力**这一术语。重点是培养技能，使学生能够"在一般学科领域，特别是数学和科学领域进行有效的交流"［教育、青年和体育部（MEYS），1997: 148］。以下是一年级（6—7岁）英语教学目标的一部分："讲述和/或复述一个故事；表达心情、感觉、好恶……向全班汇报经历和电视节目……解释人物的感情和动机……将打乱的单词拼成有意义的句子。"（同上，103）到三年级结束时，孩子们应该能够：

> 转述故事中的事件；陈述故事中人物、情感和行为之间的异同……表达与他人的共情……区分不同的人物、动机、文学体裁、情节……提供同义词、反义词和简单定义……纠正自己的拼写错误；还原文本，按逻辑顺序组织观点；用自己的话写一个简单的故事。（同上，154）

在撰写本文的时候已经出了一个新的课程设置草案，但新的课程设置要求的学习成果仍然非常雄心勃勃。该课程设置草案明确了一年级学生要达到的两项目标能力：

> 能力一：口语交流一分钟左右，使用简单、连贯、恰当的语言叙述事件，描述人或事，并根据所读、所听或所看到的与现实生

活或想象情境有关的给定信息参与讨论。[国家教育研究中心
（NCERD），2010: 7]

能力二：根据所读、所听、所看的与现实生活或想象情境有关的
文献，运用适当的语言、词汇和语法结构，写一篇由3—5个简单
连贯的句子组成的短文，讲述人物、日常生活经历或观察。（同
上，13）

显然，这些目标对于仅仅接受过一年课堂教学的学生来说太过远大。
所述学习目标也表明，没有接触过英语的儿童要达成其中许多的目
标将面临巨大的困难。例如，一年级的口语输出目标包括使用"有押
韵词和头韵的完整句子、引导意义与表达的标点提示及传达意义的
语调"（同上，8）。儿童的阅读选择包括"现实主义小说、幻想作品、童
话、寓言、诗歌、歌曲……信息型的文章"（同上，9），而学生的书面输出
则应包括"友好信函、短篇故事、日志条目、叙事型、描述型及信息型的
段落"（同上，17）。由于该国难民营中的儿童通常在读一年级前没有
受过正规学校教育，也几乎没有英语背景，如果有的话也很少，因此就
连新的国家课程设置目前来看也显得要求过高，许多人可能难以完成
目标。（语言课程设置要求过高可能是导致该国小学辍学率高得惊人
的原因之一，有10%的儿童在五年级结束前就辍学了。）

　　人们只能推测这些不切实际的远大目标从何而来。一个原因
可能是课程委员会成员主要是没有任何小学教学经验的资深大学教
师。他们参考的很可能是相关大学附属的或与相关大学有密切联系
的精英私立学校的语言标准。另一个促成因素可能是现有全球教材
相当有限的内容范围和系列，这些教材很少或根本不注重阅读和写
作的显性教学，因此无助于儿童英语学术素养的发展。或者，正如
Brian Tomlinson 所观察到的那样，这可能只是"一种普遍现象的一部
分，即课程研发人员大大高估学习者，全球教材研发人员大大低估学
习者，本地教材研发人员大大高估学习者"（电子邮件通信，2012年
10月）。

　　到五年级时，近东救济工程处学校的儿童还必须用英语学习一

些通用课程科目,正如MEYS(1997)所指出的,国家课程十分重视数学和科学。换言之,孩子们必须通过四年的英语教学培养相当高水平的英语学术素养。虽然他们每周接受八小时的英语学习(新计划要求每周九小时),但在英语课之外,他们很少或根本接触不到英语。

　　因特网确实可以提供丰富、有趣和有娱乐性的英语接触机会,但普通难民营儿童无法获得,主要有两个原因。第一,虽然近东救济工程处的大多数学校都有互联网连接,但黎巴嫩电力严重短缺,许多地区每天只有几个小时的电力供应。第二,大多数难民家庭负担不起上网费用,即使那些有能力负担上网费用的家庭,在政府没有电力供应的情况下,也负担不起与现有的私营电力供应商连接的费用。另外一个很好的英语输入来源是泛读。然而,由于经济原因,很多家庭无力购买阅读材料,而且全国只有几个公共图书馆。近东救济工程处的学校预算有限,即使美国一家大型出版社的价格大幅优惠,仍然无力支付额外的阅读材料。新的教材得以制作全靠欧盟的大量赠款。

难民生活条件

　　据估计,45.5万名非永久居民巴勒斯坦人居住在黎巴嫩,其中一半以上居住在近东救济工程处管理的12个难民营(Committee for Employment of Palestinian Refugees in Lebanon, 2011),那里的生活条件恶劣。营地人满为患,清洁用水和电力供应有限,随处可见露天下水道。黎巴嫩是唯一一个在就业和财产所有权方面将巴勒斯坦难民作为外国人对待的阿拉伯国家。根据黎巴嫩劳工法,巴勒斯坦人被禁止进入30个辛迪加①行业,如医学、制药、工程、牙科和教育等。这些职业受互惠条款约束;允许黎巴嫩人从事这些职业的国家的国民

---

① 辛迪加(Syndicate),"组合"的意思,比卡特尔模型发展程度高、较稳定的资本主义垄断组织形式,会造成局部垄断与规模经济。它是通过少数处于同一行业的企业间相互签订协议而产生的,所有这些加入了辛迪加的企业都由辛迪加总部统一处理销售与采购事宜。参考维基:https://wiki.mbalib.com/wiki/%E8%BE%9B%E8%BF%AA%E5%8A%A0#.E8.BE.9B.E8.BF.AA.E5.8A.A0.E7.9A.84.E5.AE.9A.E4.B9.89。——译者注

可以在黎巴嫩从事这些职业。巴勒斯坦难民还被禁止从事仅限于黎巴嫩公民从事的职业,包括法律、新闻、出版甚至理发业(Chaaban et al., 2010)。其中一些职业可以在难民营和近东救济工程处学校系统的范围内从事,但机会有限。因此,许多难民从事卑微的工作,而且往往是非法的,15至65岁之间的失业率为56%(同上,28)。根据所查阅的资料,这就解释了为什么60%—80%居住在难民营的巴勒斯坦难民生活在贫困线以下,一半以上处于极端贫穷状态。

黎巴嫩的近东救济工程处学校

在撰写本文时,近东救济工程处在黎巴嫩管理着74所学校,其中只有六所是中学,招收学生三万人次(黎巴嫩巴勒斯坦难民就业委员会,2011)。这些学校大多建于20世纪五六十年代,年久失修,教室拥挤不堪。正如笔者在访问难民营中的学校时亲眼所见,通常情况是大约40名学生挤在一间教室,每张小桌子坐三人。由于过度拥挤,许多学校实行两班制,教师高负荷工作,但工资低廉。显然,巴勒斯坦难民儿童的生活和学习环境与黎巴嫩普通儿童不同,而黎巴嫩的国家课程设置和教材的目标是迎合黎巴嫩普通儿童需要的。虽然国际市场上销售的英语教材更为合适,但其成本超出了现有预算。此外,大多数全球教材和黎巴嫩国家教材一样,并不能反映生活在难民营中的贫困儿童的日常现实。

鉴于上述情况,近东救济工程处学校儿童的成绩不令人满意就不足为奇了。近东救济工程处首席教育协调员Malak Soufian报告说,通过年度英语考试的四年级学生一半都不到,五年级的其他科目约有40%的学生不及格,高年级学生的不及格率在上升(个人通讯,2010年9月)。

二语学习指导原则

Rod Ellis(2008)提出了以下指导二语学习的原则。教学应能使学习者构建丰富的惯用表达法并养成基于规则的能力。母语使用者比二语学习者使用的惯用表达语块要多得多（Foster, 2001）。Ellis（2008）认为，惯用表达法可以为"以后发展基于规则的能力打下基础"（1）。首要焦点应该放在意义上，但不能忘记对形式的关注；教学应该注重发展学习者有关"第二语言的内隐知识，同时不能忽视外显知识"（2）。人们一直以来都认同广泛输入在二语学习中的重要性，而语言互动是发展二语能力的核心。"一个人学会了如何进行对话，如何进行口头互动，就能在这种互动中构建句法结构"（Hatch, 1978: 404）。Ellis（2008: 4）认为，在课堂中最大限度地使用第二语言可以确保足够的输入，理想的做法是使第二语言成为"教学的媒介和对象"。然而，正如Ellis（2008）所指出的那样，在课堂上创造丰富的习得性的互动对教师来说是一个挑战。援引Ellis（1999）和Johnson（1995），他建议如下：吸引学习者注意语言的使用语境；学习者开启与发展话题；学习者表达"他们自己个人意义"的机会（Ellis, 2008: 5）；为学习者参与"超出他们当前语言能力"的活动提供机会和支持；为学习者提供"充分运用语言"的机会（同上）。此外，教学需要考虑到学习者的内在大纲，这可以通过采用"零语法方法"来实现（同上，3），同时确保目标特征适合于发展（同上），由于典型课堂上的儿童可能处于不同的发展水平，这会是一个重大挑战。考虑个体差异是Ellis提出的另一个原则。在严格控制的课程设置背景下（这是许多教育环境中的一个现实），如何照顾个体在学习风格、能力和动机上的差异是一个重大挑战。灵活的教学风格、多样化的教学策略和活动可以对照顾个体差异大有帮助。教学质量是影响学习者学习动机的一个主要因素（Dörnyei, 2001）。Ellis提出的第十条原则要求对学习者二语的自由产出和控制性产出进行评估。

　　虽然在教室拥挤、资源有限的情况下，上述一些原则比其他原则更具挑战性，但在编写新的教材时还是考虑到了这些原则。本章下文将讨论它们具体是如何实现的。

成功的语言学习教材的标准

　　人们提出了一些语言教学的评估标准。Richard-Amato（1988:
209）提出，教材应反映学习者生活中有趣且相关的主题；呈现有意
义且逻辑性强的话语；关注有意义的交流，而不是语言本身；整合
四种语言技能；提供概念的充分循环；并逐渐增加难度。Watt 和
Foscolos（1998）也强调语言输入和输出的量和重复性对学习者成功
的重要性；学习者需要在既定的活动中多次充分接触目标项目才能
学得进去，Nelson（1995）提醒教材编写者要考虑学习者的文化背景
以确保教材在文化上是恰当的和有意义的。Tomlinson（2003: 162）
进一步指出，语言教材需要人性化，要考虑到学习者的"生活经验、
兴趣和热情、观点、态度和感受，最重要的是他们在头脑中建立有意
义的联系的能力"。最后，Ghosn（2012）指出，小学语言教材必须考
虑到发展中的少儿学习者的整体发展，不仅在语言方面，还有认知和
心理社会方面。

动机与学习

　　Jalongo（2007）在国际儿童教育协会（Association for Children
Education International）的一份意见书中强调了动机和兴趣对学习
成绩的深刻影响，而 Artelt（2005）则认为兴趣是最重要的内在动机
形式。兴趣既是学习的一个变量，又是学习的期望结果（Schiefele,
1991），它包括情境兴趣和个人兴趣，后者被认为会有力地影响学习
的投入。情境兴趣对激励儿童有特别重要的作用，这些儿童在日常
生活中对目标语言没有需求，因此可能没有预先存在的学习目标语
言的个人兴趣。
　　虽然在一本旨在服务成千上万名儿童的教材中很难考虑到所有

儿童的不同个人兴趣,但可以将基于新颖性、好奇心和信息显著性的情境兴趣纳入教学材料。Hidi和Harackiewicz(2000)引用了20年来对情境兴趣的研究,得出了某些文本特征可以唤起情境兴趣的结论。根据他们的观点,引起兴趣的文本应易于理解,展示新颖、不同寻常或令人惊讶的内容,以读者能够产生共鸣的人物和/或主题为特征,或者涉及高水平的活动或强度。

上述标准与佛罗里达州立大学的John Keller开发并测试的ARCS(注意力、相关性、自信心、满意度)动机模型中的要素相差不大。第一,教材必须获得并保持学习者的注意力。第二,教材的内容必须与学习者的生活经验相关。第三,教材必须考虑到学习者对自己作为学习者的自信心,最后,要确保学习者满意(Keller, n.d.: para X)。

研发新教材

旧教材评价

终端使用者焦点小组

项目开始时,笔者与近东救济工程处教育官员和英语教学顾问、项目协调员、有经验的小学教师和支助人员举行了焦点小组会议以评估国家教材。讨论表明,国家英语教材不合适,主要有两个原因。首先,这些书太难了,主要以阅读为主,并假定学生在学前接受过两到三年的英语教学,因此很少关注听力/口语的发展。其次,书中的主题和概念被认为与难民儿童的生活经历相去甚远,没有意义和激励性。此外,新教材不仅需要更具激励性,弥补假定接受过的学前教育课程与现实情况之间的差距,而且还需要确保儿童在五年级之时准备好接受以英语为媒介的国家课程教学,特别是数学和科学学科。焦点小组的参与者表示,他们希望看到有意义的、有激励性的以及正如一位主管所说的"对我们的孩子来说很可爱"的教材。

专家焦点小组

　　由两名大学教师、一名英语教学顾问和一名熟悉难民营儿童学习和生活情况的小学教师组成的小组审查了一、二、三年级的国家学生用书和教师指南。该小组从与预期读者的相关性、难度水平及所建议的方法论等角度对这些书进行了主观印象式的分析。

　　总的印象是，这些书外观讨喜，配有全彩的插图和照片。通过对话、歌曲和诗歌、故事和信息文本以及一些艺术和手工活动学习语言。还有附带的录音带，里面有示范对话、歌曲、吟诵和诗歌。然而，如以下摘录所示，这三本学生用书显然是为口语和英语识字能力相当高的儿童准备的。第一个摘录来自一年级课本的第一课："This is Cater, the caterpillar. Cater is in a tree. Cater eats a leaf. He grows bigger. He eats another leaf. He grows bigger. He eats another leaf. He becomes a butterfly."（这是卡特，毛毛虫。卡特在树上。卡特吃一片树叶。他长大了。他又吃了一片树叶。他长得更大了。他又吃了一片树叶。他变成了一只蝴蝶。）(Ghaleb et al., 1998: SB14-15)。

　　根据Fry（1990）的短文可读性公式，发现这篇短文的阅读水平为2.5级。虽然这篇文章的概念模仿了Eric Carle经典的毛毛虫的故事，但附带的插图并没有提供足够的语境，以便于句子能够立即被理解。

　　以下摘录自一年级学生用书的末尾：

Mousie heard cheering and shouting. She peeked out of her hole. She saw some children opening presents. She saw food on the table, too. Mousie thought, 'I wish I could chew some cheese. I wish I could have a present, too.' But, Mousie was afraid to go out. So, she said to herself, 'When everyone is in bed, I'll get what I can.'（小老鼠听到了欢呼声和喊叫声。她从洞里往外偷看。她看见一些孩子在拆礼物。她也看到桌子上有食物。小老鼠心想，"我希望我能嚼点奶酪。我希望我也能有一份礼物。"但是，

小老鼠不敢出去。所以，她对自己说，"等每个人都上床睡觉了，我会得到我能得到的。"）(Ghaleb et al., 1998: SB254)

焦点小组发现从一年级开始这些教材的文本就很难，太注重阅读、词汇量很大。教师指南提出从全身反应教学法和自然教学法到合作学习法和发现式学习的折中选择。关于母语与目的语之间的论战，作者指出，一年级的教材"结构编排是为了提倡不使用母语"，建议"只有在所有其他手段都失败时"才使用母语（同上，TG13）。

在相关性和潜在动机方面，焦点小组发现了一些包含与生活在难民营中的巴勒斯坦儿童关联很少或根本没有关联的主题和概念的课程。例如，制作黎巴嫩国旗和庆祝黎巴嫩独立日对没有公民权的儿童来说不太可能有意义。同样，国外度假旅行和晚餐聚会以及相关的语言对生活在贫困中的儿童来说也不会有什么意义。以上只是众多例子中的一部分。

焦点小组发现这些文章的阅读水平高，词汇包括 invitation cards（请柬）、decorating（装饰）、celebrate（庆祝）、soldiers（士兵）。二年级的书中经常出现这样的句子："When someone is hungry, he eats and when he eats, he stops crying. When he stops crying, the kingdom becomes happy."（当某人饿了，他就吃东西，当他吃东西的时候，他就不哭了。当他停止哭泣，王国就会变得幸福。）(Ghannaj Khoury et al., 1999: 68)，还有 "Long time ago, there were no cars, buses, planes or trains to take people from place to place ... People who lived by the water used logs to carry them to other people."（很久以前，没有小汽车、公交车、飞机或火车把人们从一个地方带到另一个地方……住在水边的人用原木作为交通工具去别人家。）(同上，78)。焦点小组认为对刚刚开始学习听力/口语的二年级学生来说，这一目标太高，尤其是在没有明确的阅读指导的情况下。例如，Watt 和 Foscolos（1998）认为，繁重的课文并不能提供足够的语言输入和输出的重复练习，而这些语言输入和输出对学习者的成功很重要。结论是这些书中充斥着危及儿童成功的问题。

新教材的研发

《享受英语！》(*Enjoy English!*, Ghosn, 2011/12)是为一、二、三年级研发的新三级系列教材。在撰写本文时，一年级的课本已经使用了整整一个学年，二年级的课本正在推出，三年级的即将印刷。作者得到了近东救济工程处一个由教育专家、英语语言督查和教师组成的小组的支持，并与插图画家和设计师密切合作。在起草新书时，从文献综述中得出以下方面作为指导方针：

A 二语学习指导原则
　　1）惯用表达语块，2）关注意义和形式，3）二语输入和学习者输出，4）有意义的言语互动；

B 学习者的注意力和动机
　　潜在情境兴趣：1）内容新颖性，2）目标人群对内容/特征的可识别性，3）信息显著性，4）活动水平；
　　潜在相关性：1）家庭体验，2）课堂体验，3）社区体验，4）文化体验；

C 语言
　　1）话语意义与交际焦点，
　　2）技能整合，
　　3）输入输出的体量和重复性，
　　4）难度等级增加；

D 学习者的成功和满意度
　　活动类型：1）任务难度等级，2）评估任务难度等级，3）强化，4）内容/活动发展适宜性。

虽然这些教材采纳了黎巴嫩国家课程的学习范围、顺序和学习结果，但主要关注的是如何获得和保持学生的注意力，如何确保内容与学习者相关,如何培养学习者的信心以及如何确保语言有意义和适当的难度分级。最后,特别是在二年级和三年级,关注儿童英语学术素养的培养。

二语学习指导原则

惯用表达语块在故事、歌曲、颂歌和对话中呈现,并在课程和单元中循环使用,贯穿在各年级教材之间。以故事和内容为基础的教学方法让儿童在学习词汇和语法结构的同时能够关注意义。按照 Ellis(2008)的"零语法方法"(2),教材没有安排明确的语法指导。教师被指示不要公然地纠正错误,而要通过重点重述的方式以免打断话语的流动。重述基本上是对学习者输出的解释,在肯定其对话语的贡献的同时,也为学习者提供了"隐性的负反馈"(Morris, 2002:397)。在 Tomlinson(2007)所描述的重点重述中,教师的目标是让学习者习得特定的语言特征。尽管对于教师重述的有效性存在着矛盾的观点(如 Lyster, 1998; Byrd, 2005),但 Tomlinson(2007)报告说已经成功地使用了重点重述。

重述让教学变得个性化,但同时也给学生提供了从重述中受益的机会。英语是教学媒介语言,建议教师只有在可能出现紧急情况或使用英语会给一位或多位儿童造成过度压力时才使用阿拉伯语。每天的日历和天气图活动、考勤和其他常规任务都用英语进行,示范并强化语言。虽然控制性练习主要通过歌曲、颂歌和诗歌来实现,但对话和协作任务可以为孩子们提供大量有意义的学习者输出和表达自己个人意义的机会。虽然近东救济工程处系统内不同学校的课堂期待上课节奏一致,但编写者们仍煞费苦心,以使词汇和结构得到充分循环使用,让学习速度较慢的学习者能够跟上,同时保持学习速度较快的学习者的激励水平。

学习者注意力和动机

起草新教材时的一个关键考虑因素是如何吸引学习者的注意力并使他们参与到课程中。在初始阶段,通过在熟悉的语境中加入故事教学大书中的故事，以高度语境化的语言和重复的叠句为特色，实现了语言的情景趣味性、新颖性和显著性。（故事教学大书是超大的画架书，用大字体印刷，便于对话阅读。）例如，教材第一级开头写了

图12.1　《莫莉的散步》

《莫莉的散步》这个故事（灵感来自Pat Hutchins的《罗西的散步》），小老鼠莫莉在校园里散步,这个校园与孩子们熟悉的校园很相似(图12.1),她被一只饥饿的猫跟踪。

合唱朗读、歌曲、游戏、木偶的使用和戏剧表演将在课程中提供高水平的活动。一些熟悉的民间歌谣和歌曲已经被改编以包含目标词汇。图12.2所示的就是很受欢迎的《五只小猴子》改编示例。

图12.2 《五只小猴子》

　　相关性是通过呈现学习者所熟悉的内容来实现的,例如,近东救济工程处学校的典型课堂情况、家庭传统、熟悉的食物和活动以及整个社区共同的节日。关于家庭的课程,一开始描写的是那些对孩子们来说比国家教材中描写的中产阶级环境更为熟悉的家庭、家具和服饰(图12.3、图12.4)。

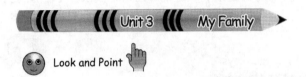

图12.3　家庭着装风格

Rice and lamb, salad, sweets.

We have dinner with the family.

图12.4　家庭饮食

宗教庆祝活动是儿童社群的重要活动,每本书都有呈现(图12.5)。

介绍儿童能够产生共鸣的人物;阿拉伯儿童的名字也包括在内,人物的服装和活动都是儿童社群中的典型。例如,孩子们不唱老麦克唐纳的农场,而唱哈桑叔叔的农场,那里有鸡、牛和蜜蜂,在那里哈桑叔叔种西红柿,他的妻子挤牛奶。英语儿童的名字和特定文化的内容最初是通过信件和访客介绍的,后来则是通过故事和信息文本介绍。学习者的注意力和兴趣在最初阶段尤为重要,因为在这个阶段孩子们会对英语课形成第一印象。

学习者信心

为了建立学习者的自信心,鼓励教师遵循自然教学法(Krashen and Terrell, 1983),并在每节课中使用不同的问题类型以适应不同语言水平的学习者的需求(见表12.1)。

图 **12.5**　重要的宗教庆祝活动

表12.1 课堂自然教学法的四个阶段

阶段	学习者任务	课程重点	教师提问示例
输出前期	用手势和动作交流	听力理解 接受性词汇	指向公交车。 *Raise your hand if you see a chair in this picture.* *Yes/No* 问题（可以点头或摇头回答。）
早期输出	使用一个或两个单词的发音或简短的短语	扩大接受性词汇 激发学习者产出熟悉的词汇	*Either/Or* 问题 *Is Rima sitting or standing?* *Is your shirt yellow or green?* *Who is standing by the door?*
语言出现	用较长的短语和一些完整的句子表达	扩大接受性词汇 激发更高水平的产出	*What/When/Where* 问题；从单词答案转向短语答案 *What is Rima doing?* *Where is she?*
中等流利	参与谈话并产出相互关联的叙述	继续扩大接受性词汇 提高语言运用水平 提高读写能力	开放式完整回答问题 *What do you think will happen next?* *Why did she do that?*

见 Ghosn, I.-K. (2011/12). *Enjoy English! Grade 1*. Beirut: UNRWA Education Programme, TB: 11. 改编自 S. Krashen 和 S. Terrell, 1983.

学习者可以用手势和动作、用一两个词或者准备好后说出较长的短语或句子作为回应。在对白和故事的戏剧化过程中，儿童可以在必要时参考张贴的提示。允许儿童在必要时使用阿拉伯语，同时教师会将儿童的母语话语用英语重述。评估任务主要是开放式的，而不是封闭的是/否或多项选择题。呈现活动和评估任务时要适合儿童发展阶段并逐渐增加难度。每个单元学习完成后，加入庆祝活动来构建外部强化。

语言与学术素养

　　努力保持对有意义的交流的关注。通过歌曲、反复听故事和读故事，学习者可以进行大量的重复输入和输出以整合技能。语言特征逐渐增加难度水平。与国家教材相反，这些教材假定一年级的学生完全是一个初学者。读写教学与听力/口语教学一起逐步引入。为了让儿童为五年级开始的全英语教学做好准备，一些课程将侧重于发展与数学和科学教学有关的概念和词汇（图12.6和12.7）。

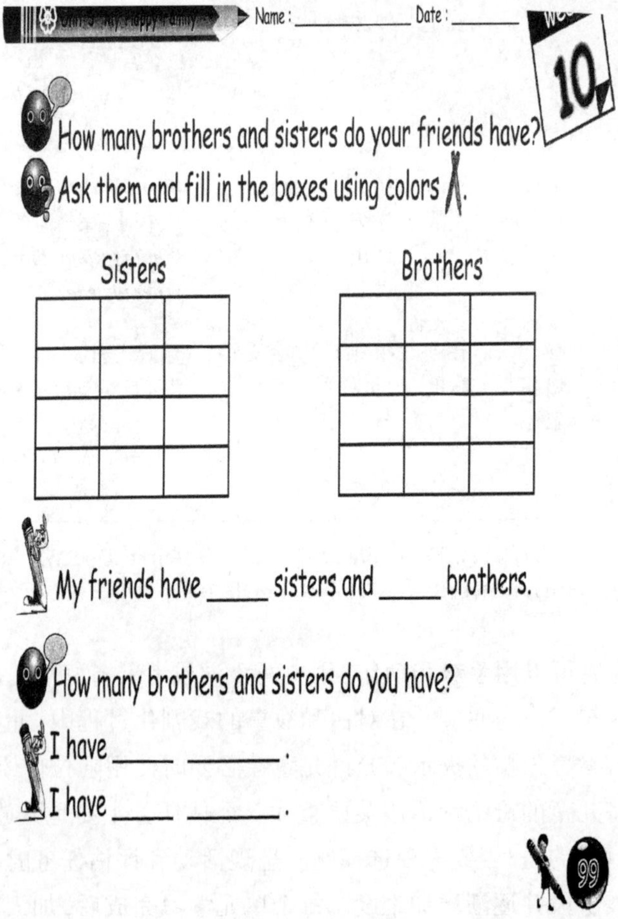

Name：＿＿＿＿＿＿　　Date：＿＿＿＿＿

How many brothers and sisters do your friends have?

Ask them and fill in the boxes using colors.

Sisters

Brothers

My friends have ＿＿＿ sisters and ＿＿＿ brothers.

How many brothers and sisters do you have?

I have ＿＿＿ ＿＿＿＿ .

I have ＿＿＿ ＿＿＿＿ .

图12.6　整合数学

Unit 6　Nature Around Us　Planting Seeds

1. First, make three small holes at the bottom of the cup.

2. Next, put some soil into the cup.

3. Next, push three seeds into the soil.

4. Next, water the soil.

 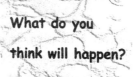

5. At the end, put the cup near a window.

What do you think will happen?

35

图12.7　整合科学

　　孩子们会经常使用图像组织图,如K-W-L表、文氏图以及故事映射图表,并将学习制作和阅读图形和图表。在三年级,思维技能——观察、比较、分类、解决问题、总结和数据收集也被纳入学习范畴。

《享受英语!》的初步反馈

　　在撰写本文时,《享受英语!》一年级教材及其补充材料已使用一个学年。英语语言督查Zainab Taleb博士和教育协调员Malak Soufian女士在这一年访问了几所学校,报告说教师和儿童对新书反应热烈(个人通讯,2012年6月)。小朋友们踊跃参与活动,故事教学大书特别受欢迎。将熟悉的语境、服装和特殊场合纳入教材不仅受到了老师和孩子们的欢迎,也受到了家长们的欢迎。许多人对头巾、巴勒斯坦式长袍和宗教节日庆典出现在教材中表示惊喜。据报道,教师们对孩子们积极参与新书中的材料和活动感到高兴,Taleb博士在她访问期间对孩子们"真正用英语与她说话",而不是"背诵记忆中的短语"表达了她的热情(个人通讯,2012年6月)。

结　语

　　总之,为生活在充满挑战的环境中的儿童研发语言学习材料,必须考虑到儿童的家庭、学校和社区经验,以确保其学习兴趣、动机和最终成功。教材的语言难度水平要与年龄相契合,以此构建学习者对自己的信心。最后,我们还要考虑发展儿童的英语学术素养,在相关的情况下,加入与学科内容有关的主题。在所述项目中,我们努力确保在编写教材时考虑到这些因素。初步回复表明,这一目标已经实现。在撰写此文时,二年级的学生用书即将进入课堂,笔者希望其他年级的学习者能继续取得成功、对教材感到满意。

参考文献

Artelt, C. (2005), 'Cross-cultural approaches to measuring motivation', *Educational Assessment*, 10 (3), 231−255.

Chaaban, J., Ghattas, H., Habib, R. R., Hana., S., Sahyoun, N., Salti, N., Seyfert, K. and Naamani, N. (2010), *Socio-Economic Survey of Palestinian Refugees in Lebanon*. Report published by the American University of Bcirut (AUB) and the United Nations Relief and Works Agency for Palestine Refugees in the Near East (UNRWA).

Committee for Employment of Palestinian Refugees in Lebanon (2011), *Statistics and Analysis*. www.cep-lb.org.

Ellis, R. (1999), 'Making the classroom acquisition-rich', in R. Ellis (ed.), *Learning a Second Language Through Interaction*. Amsterdam: John Benjamins, pp. 211−229.

— (2008), 'Principles of instructed second language acquisition', *CAL Digest*, online www. cal.org/resources/digest/instructed2ndlang.html.

Foster, P. (2001), 'Rules and routines: A consideration of their role in task-based language production of native and non-native speakers', in M. Bygate, P. Skehan and M. Swain (eds), *Researching Pedagogic Tasks: Second Language Learning, Teaching, and Testing*. London: Pearson, pp. 75−97.

Fry, E. (1990, May), 'A readability formula for short passages', *Journal of Reading*, 33, 594−597.

Ghaleb, M., Ghannage, R., SoukyRafeh, N. and Yakzan, J. (1998), *Let's Learn Together. Basic Education Grade 1*. Student Book [SB], Teacher's Guide [TG]. Sin-El-Fil, Lebanon: NCERD.

Ghannaj Khoury, R., Ghazal, E., Kabbani, K. and Yakzaan, J. (1999), *Let's Learn Together. Basic Education Grade 2*. Student Book [SB], Teacher's Guide [TG]. Sin-El-Fil, Lebanon: NCERD.

Ghosn, I.-K. (2011/12), *Enjoy English! Grade One*. Student Book [SB], Teacher's Guide [TG]. Beirut: UNRWA Education Programme.

— (2012/13), *Enjoy English! Grade Two*. Beirut: UNRWA Education Programme.

— (2013), 'Language learning for young learners', in B. Tomlinson (ed.), *Applied Linguistics and Materials Development*. London: Continuum, pp. 61−74.

Hatch, E. (1978), 'Discourse analysis and second language acquisition', in E. Hatch (ed.), *Second Language Acquisition: A Book of Readings*. Rowley, MA: Newbury House, pp. 401−435.

Hidi, S. and Harackiewicz, J. (2000), 'Motivating the academically unmotivated: a critical issue for the 21st century', *Review of Educational Research*, 70 (2), 151−180.

Jalongo, M. (2007), 'Beyond benchmarks and scores: reasserting the role of motivation and interest in children's academic achievement', *Childhood Education, International Focus Issue*, 395−407.

Johnson, K. (1995), *Understanding Communication in Second Language Classrooms*. Cambridge: Cambridge University Press.

Keller, J. (n.d.), ARCS Model. www.arcsmodel.com.

Krashen, S. and Terrell, T. (1983), *The Natural Approach*. Heyward, CA: Alemany Press.

Lyster, R. (1998), 'Negotiation of form, recasts, and explicit correction in relation to error types and language repair in immersion classrooms', *Language Learning*, 48 (2), 183−218.

Ministry of Education, Youth and Sport [MEYS] (1997), *The New English Curriculum*. Sin-El Fil, Lebanon: NCERD.

Morris, F. A. (2002), 'Negotiated moves and recasts in relation to error types and learner repair in the foreign language classroom', *Foreign Language Annals*, 35 (4), 395−404.

National Center for Educational Research [NCERD] (2010), *Cycle One — English Language*. Unpublished draft document.

Nelson, G. (1995), 'Considering culture: guidelines for ESL/EFL textbook writers', in P. Byrd (ed.), *Material Writer's Guide*. New York: Heinle and Heinle Publishers, pp. 23−41.

Richard-Amato, P. (1988), *Making It Happen*. New York: Longman.

Schiefele, U. (1991), 'Interest, learning and motivation', *Educational Psychologist*, 26 (3/4), 299−323.

Tomlinson, B. (ed.) (2003), *Developing Materials for Language Teaching*. London: Continuum.

Tomlinson, B. (2007), 'The value of recasts during meaning focused communication 1', in B. Tomlinson (ed.), *Language Acquisition and Development. Studies of Learners of First and Other Languages*. London: Continuum, pp. 141−161.

Watt, D. L. and Foscolos, D. (1998), 'Evaluating ESL software for the inclusive classroom', *International Electronic Journal for Leadership in Learning*, 2 (6). www/ucal.ca/~iejll/ volume2/Watt_6.html.

第十三章　成人教材："我不擅长语言！"

——鼓舞和激励成人二语西班牙语初学者

Rosa-Maria Cives-Enriquez

引　言

经验告诉我，教授那些主要学科（也许主要兴趣/工作）在语言以外领域的成人学生一门语言是一项困难的任务。这方面的例子在整个高等教育中广泛出现，偶尔也在业界出现。在学习所需的"服务"语言课程时，成人学生的动机/热情水平通常低于他们在学习被认为是其学习计划、期待获得的成就或工作专业领域的核心科目/领域时的动机/热情水平（Fallows and Ahmet, 1998）。

更严重的是，提供给成年人的教材往往假定他们是语言学家或具备语言学知识而为他们编写的，并且学生的目标并不一定符合教材的目的和目标。

为了制作和/或增强能够激发成人二语学习者学习动机的教材，我运用了理论和模型相结合的方法。例如，我使用了Dörnyei和Csizér（1998b）的"激励二语学习者的10+1条令"，该条令提出了在课堂上整合**内在**动机和**外在**动机的方法。内在动机与完成任务时的自我满足等内在需求有关，而外在动机则与获得诸如分数和奖品等外在奖励有关。内在动机旨在通过在课堂上设置最佳挑战、提供丰富激励源及培养学生自主性来激发学生的自然好奇心和兴趣。我还尝试采用探究式学习（Enquiry-Based Learning, 即EBL）（有时被称为基于问题的学习,PBL)的某些方面来创建/增强启人深思的材料,探究式学习侧重于问题情境的分析,并以此作为获取知识、技能和态度的基础(Little和Ryan,1998)。在探究式学习课程中,学生在导师的指导下,以小组为单位进行学习,同时探索基于实践的情境。学生利用一系列资源来发现并研究学习问题。探究式学习课程潜在的好处是,学生应该建构一个与他们的专业/学科明显相关的综合知识体系,同时发展一些可迁移的技能,包括信息检索、解决问题、团队合作和谈判方面的技能。此外,我还参考了David Freemantle(2001)的"激发想象力的七个步骤",讲的是在一个人的基本需求方面投入以培养和创造生产力。他鼓励我们创造并专注于对未来的奇妙想象,以实现我们所期望的梦想。

在这一章中,我考察了我在课堂上使用的实践和活动,这些实践和活动让成人学生去发展一些可迁移的技能,并让教师去研发/增强适合学生需要的教材,同时激发讲师和成人二语学习者的热情。在我看来,这是教材编写中很少提及或涉及的一个关键领域;但这是最重要的,因为引导者只有为他们所使用的教材所激励,才能为学生创造一个适当的学习环境。

我的结论并没有在为**二语学生创造激励性教材**方面引入任何新的理论,但它强化了一个已经被反复提出的观点,即如果任何学科的学生喜欢他们正在做的事情,他们至少会努力去学(Dörnyei and Otto, 1998a)。

第二,也许是一个相当尖锐的评论,就是引导者也必须受到所论的教材和活动的激励。

情 感 通 道

对于任何一个外语学习者来说,倾听并喜欢一门外语的韵律,想要开口说话、让别人听懂自己说的话,想要理解所讨论的语言和文化,这些都是触发他们动机性驱力的一些刺激因素,从而激励或提高他们在外语学习(本例为西班牙语)中的表现。然而,当我们谈到语言/词汇/单词,它们不仅创造了刺激,更重要的它们的使用方式;撇开单词(词汇)和结构(语法),语言不过是一串以短语、句子、段落等形式呈现的二维表达。

我认为要想有效地引起学生的反应,语言刺激必须是恰当的,而且必须通过第三维度的情感加以放大:

- 只有语言没有什么作用,除非它们沿着恰当的情感管道与另一个人连接。在语言教学(或任何教学)中,不仅学习者要对教材和导师感到安心才能获得最佳的教育效益,而且导师/引导者所使用的语言也是同样重要的激励因素。

- 此外,从个人经验来看,我觉得"消极怠工"的学习者会对那些不断要求他们寻求"唯一"正确答案的教材或那些不适合他们学习需要和风格的教材感到不舒服。(Gardner, 2001)

- 在我的西班牙语课上,我总是努力使课程人性化,这样到课程结束时,学生们就会对他们的导师,就是我自己,有一个整体的了解,同样,如果他们愿意的话,他们也可以传达关于他们自己和家人的信息,等等。我对他们感兴趣这一事实增加了他们的热情。当然,几乎每个人都喜欢谈论自己。(Alison, 1993)

- 我总是要求西班牙语初学者放弃在外语中表达复杂想法的尝试,因为他们会陷入一团乱麻;我反而经常告诉他们要享受西班牙语,假装自己是一个正在习得语言的三岁小孩:我鼓励他们去探索、问问题和发现新问题,要大胆,最重要的是,不要害怕犯错。

- 在我们开始做任何事情之前,我会给学生以下生存工具,以便他们能够按照自己想要的方式进行信息流动。(毕竟是**他们的**西班牙语课。)

生存工具: 初学西班牙语

. No entiendo=(我不懂)

. ¿Me lo puedes repetir?=（你能重复一遍吗？）

. ¿Cómo se dice *book* en español?=（书用西班牙语怎么说？）

. ¿Cómo se dice *mesa* en inglés?=（桌子用英语怎么说？）

. ¡Más despacio por favor!=（请慢一点！）

所以，最终所有的交流都是刺激，争先引发一种期望的反应。通过将情感和精神巧妙地加载到我们的语言中，我们可以打开一条情感通道，让它与他人相连，并最大限度地获得期望的反应；在这种情况下，体现为学习在初级阶段用西班牙语进行交流。

我该如何应对？

为了激发学生的学习热情和积极性，我决定采用不同于其他课程（即他们的主要学科）的语言教学方法和策略，并以不同的方式探讨西班牙语课程主题。

我想专注于Dörnyei和Csizér（1998b）提出的"10+1条令"来激励这一特殊的二语西班牙语初学者群体（见以下清单）：

激励二语学习者的10+1条令

1 用自己的行为树立个人榜样

2 在教室里营造一个愉快、轻松的氛围

3 恰当地布置任务

4 与学习者建立良好的关系

5 提高学习者的语言自信

6 让语言课变得有趣

7 促进学习者自主学习

8 个性化学习过程（增加学习者的参与度）

9 提高学习者的目标导向性

10 让学习者熟悉目标文化

+1 创建一个有凝聚力的学习小组

（Dörnyei and Csizér, 1998b）

我结合了David Freemantle（2001: ch.9）的"激发想象力的七个步骤"形成以下几条：

1　创造想象的条件
　　创造一个轻松的环境
　　不做判断
　　使用不相关刺激
　　确保非常规和非正式
　　准备冒险
　　创造振奋人心的环境
　　不受干扰
　　培养想象力和应用能力
　　努力工作，实践
2　说出你的抱负
3　激发你的想象力
4　选择图像
5　验证图像
6　计划实践
7　进行"富有想象力的审查"

我还引入了探究式学习方法论，有时也称为基于问题的学习（PBL）。

　　最终，我想满足那些显然有着不同学习需求的学生。尽管他们都来上课了，有些人**需要**通过这个课程的考核，有些人**想要**通过这个课程的考核，但我的目的/目标是让所有人从这些课程中收获尽可能多的好处和乐趣，而不考虑他们具体为了什么。

　　我之所以选择上述的"外语动机模型"是因为它提出了在课堂上整合**内在**动机和**外在**动机的方法。如前所述，内在动机与完成任务时的自我满足等内在需要有关，而外在动机则与获得诸如分数和奖品等外在奖励有关。

　　David Freemantle的"激发想象力的七个步骤"（2001: ch.9）与

Dörnyei 和 Csizér 1998 年的模型（特别是 1.1—1.9）紧密相关，因为他们都关注在人的基本需求方面投入以培养和创造生产力。他们的不同之处在于前者指的是在行业内激励管理，而后者指的是在学习环境中对成人学生的激励。然而，尽管表面上两者差异显著，但两者都重视如何鼓舞、刺激和激励人，因此两者有着千丝万缕的联系。

探究式学习是为了克服以学科为基础的课程设置的弊端而发展起来的。该方法的中心焦点是分析问题情境，并以此作为获取知识、技能和态度的基础（Little and Ryan, 1991）。有人认为，这种方法实际上是人类学习的自然方式，即遇到问题，为了生存而必须解决的方式（Burrows, 1979）。然而，要成功地实施上述措施，教师必须具备良好的引导技能，而且他们要相信学习不仅仅是获取知识，更要激励学生主动去学习，并能够相应地检索和解释信息。

因此，为了应用上述方法，我第一个任务就是解决我要如何激励学生，而解决这个问题的唯一方法是问他们表 13.1 中的问题，并听取他们的回答。通过开放沟通渠道，我们就可以团队合作了。

表 13.1　学生问卷

问题	回复
1. 你学西班牙语的原因是什么？	• 喜欢西班牙语，西语是漂亮、性感的语言 • 有一个漂亮的嫂子，希望能和她说话，也许能给自己找一个漂亮的古巴女人 • 对我未来的事业很有帮助 • 提供了很多机会 • 当我不会说英语以外的任何其他语言时，我感到很无知 • 没有其他让我感兴趣的课程，而且我讨厌法语 • 我得知这个课程很简单 • 我的朋友去年修了你的课，让我必须加入你的课，因为你很棒 • 能够说我是双语/双文化人以及由此带来的机会

续 表

问题	回复
2. 实际点说, 在本课程结束时你希望达成什么?	• 去度假时能让别人听懂我的意思 • 谈论我自己、家庭、喜欢的东西、不喜欢的东西 • 最终会说流利的语言, 但目前是能听懂这门语言 • 通过课程考核 • 用西班牙语和西班牙朋友交谈 • 找个西班牙女友

除了向学生提出表 13.1 中的问题外, 我还让他们了解语言中心提供给他们的教材。我也介绍了我将用于语言学习的不同技术手段, 无论是基于课堂的技术, 或是作为课堂学习强化手段的信息和通信技术(Information and Communication Technology, 即 ICT)以及社交媒体工具(这被视为可以挖掘学习者人际和个人智识的有效方式)。

此时, 我会宣布我们不会从头到尾使用一本特定的教材, 但我将从不同的教材和真实的数据库中寻找素材。我还强调, 虽然他们有时可能没有任何纸质教材或印刷文本可供参考, 但这并不意味着我没有备课; 事实上, 我将使用真实的、改编的或我自己创作的材料以最大限度地扩大他们的学习经验。

事实上, 上述方法将增加所使用教材的范围/种类, 达到激励和刺激他们学习西班牙语的目的, 从而最大化他们的学习体验(Brophy, 1998)。

最后, 我要求他们自愿定期向我提供关于课程的反馈(提出的问题、涵盖的练习、遇到的问题、他们喜欢什么以及为什么)。我决心**倾听**他们每个人的意见, 并与他们合作, 我过去是这么做的, 并将继续这么做, 从而最大限度地发挥他们的学习潜力(Cives-Enriquez, R.M., 2007)。

"现在可以通过很多方式实现这一点, 近年来, 社交媒体工具已经成为人们发表评论、相互学习、彼此作为资源互用的一种便捷方式。例如, LinkedIn、Facebook 和 Twitter 的使用让引导者和学生能够将学习扩展到课堂之外, 从而创建了远程学习的学习社区。"使用上述工具的好处在于，"对于一些人来说，这是一种简单的联系方式，因为他们已经有了使用这些工具的动力——他们不需要学习新技能或寻找额外的时间，而且他们喜欢信息呈现的方式"（Stella Collins, 2012-www.braininbusiness.com）。

引导者和学习者可以好好利用这些工具，因为教材可以在课堂教学之前或之后张贴，使学习者能够准备、反思或分享他们的学习结果。博客文章也是引导者和学习者交流思想和想法的一种流行方式。我认识到，学习不仅仅发生在课堂上，所以在学生参加面对面的学习之前激励他们也是我工作的一个重要部分。

许多教育机构/引导者现在都在使用课堂维基空间，并将其完全嵌入教学实践中。通过使用课堂维基空间，课堂实现无纸化，学生可以从课堂维基空间创建自己的维基空间。所有的学生都可以访问彼此的维基空间，以便能以更"社区化"的方式进行小组学习和分享。所有课堂教材、大纲、活动和学习目标都可以通过访问课堂维基空间获取。这种方法能够让使学生随时随地完全进入他们的课堂，不论他们在世界何地。任何电脑或设备上都可以访问维基空间，包括iPod Touch、iPhone、iPad和其他移动设备。

除上述内容外，还有一些功能可以让我们作为引导者，真正强化/嵌入学习并使学习真实（例如，YouTube视频的嵌入功能以及上传文档和资源供学生下载的功能）。

模型的改编

以下是我如何运用Dórnyei和Csizér（1998b）的模型和Freemantle（2001）的"七个步骤"在我的课堂上创造想象的条件，从而将**刺激**因素应用于语言学习环境的例子：

营造一种轻松的氛围，使人们不感到害怕、压力或威胁

这可以让学习者释放他们的创造力。我在教学中会定期引入游戏使语言课变得生动、有趣,而且看似毫不费力。如果学生们愿意,我也给他们机会让他们把已经有的游戏个性化,这样这个游戏就可以适应他们的需要,给他们一种真正的成就感和满足感。

那么学生究竟能通过玩游戏学到什么/达到什么目的呢? 好吧,让我举个拼字游戏的例子,这是一个初学者似乎很喜欢的游戏。首先也是最重要的是,它是一款火爆全球的游戏,在121个国家售出了超过一亿套。其次,它服务于我们设想的目的,允许教师利用语言进行娱乐:

- 与其他游戏不同,拼字游戏大量地利用了构词学知识;事实上,作为一款纯粹的构词学游戏,它是市场上最以词汇为基础的游戏之一,甚至没有之一。
- 它的乘法加分方格为学生们提供了一个绝佳的复习数字的机会,我总是鼓励他们大声数出来(尽管他们似乎本能就是这么做的);当他们遇到困难时,我发现他们彼此之间都互帮互助、相互鼓励。

例如:

学生甲:(38)"treinta y……我给了你一个数字'30',你用西班牙语说出数字'8'"。
学生乙:"¡ocho!"
学生甲:"Sí……对……我就知道你知道!"

这就鼓励了团队互助/团队精神。

拼字游戏从根本上说是一种图形化的游戏,在词典中找到单词/动词的不定式或变形可以让学生自主地探索新单词及其意义;但是单词搜索也会产生以下的两难问题:

- 我们接受缩写吗?

- 我们什么时候开始接受现在已经明显成为西班牙语/文化一部分的英语词汇,如email、weekend等?

其中一个学生建议提高这个游戏的难度,即尝试用给定的单词造一个句子/提一个问题,以获得额外的团队积分。如果是一个问题,那就得由对方来回答。西班牙语学习小组全体同意该建议,并予以采用。我惊讶地看到他们合作使用下列疑问词:

¿Quién? =(谁?)

¿Qué? =(什么/哪个?)

¿Cuándo? =(何时?)

¿Dónde? =(何地?)

¿Cómo? =(如何?)

¿Cuánto? =(多少?)

拼字游戏的乐趣在一定程度上来自对所感知的语言常量的转换。把语言用于交流以外的事情本身就是一种快乐的逃避现实。拼字游戏只是将这种价值转换成精确的分数——这个分数是在严格的稀缺性经济学理论框架内由字母表中每个字母的价值组成的(Pires, 2001: 7)。

有趣的是,西班牙语学习小组实际上把这个游戏变成了一个交流/互动练习,鼓励交流思想和信息。

我越来越觉得游戏在课堂上变得越来越受欢迎。近年来,游戏作为一种快速而不费力的学习语言的方法而被大肆推销;然而,作为一个实践者和语言学家,虽然我承认游戏对学习第二语言有很多好处,是学习二语的"有趣"方法,但现实是,游戏只是语言学习拼图中的一个部分。

我最近发现一个叫做KLOO的游戏(它赢得了无数奖项);它"采用了语言学习公认的五大原则,并将这些理念嵌入游戏系统中。这些语言学习的原则得到了语言专家的佐证"。KLOO鼓励学习者通过"发现式学习"（这是我们学习第一语言的自然方式）进行学习；通过将单词放到"语境"中，让学习对个人有意义从而帮助长期记忆的保持；它是"有趣的"，依赖于人与人之间面对面的互动（或"真实的人"），并且是"生成性的"，向学习者展示如何"将单词组合成一个句子，而不是毫无关联的单词"。

它使用卡片和游戏板的组合，提供数小时的欢乐。我特别喜欢"简易色码系统"，它对视觉型学习者来说是一个非常有价值的工具（www.kloogame.com）。

最后，我同意Guy Cook（2000: 204）的说法，他说语言游戏"涉及模拟、竞争、社交网络的创建和创造性思维"，而且"游戏——尽管复杂程度不同——但任何语言能力层级的人都可以玩"。

永远不要根据学生最初的表现/贡献来评判他们，无论这些表现有多不尽如人意

允许学生发掘他们的创造力和语言潜能，并在他们"成长"和蓬勃发展之后再对他们进行评估。毕竟，"某些结构是在学习者心理准备就绪时习得的"（Dulay et al., 1982）。安静的人总能给我惊喜。事实上，在我这个西语学习小组里有一个学生，她说英语的时候有口吃，因此她在说西班牙语时非常在意这一点。我和她一起研究发声技巧，最终，随着她越来越自信，她说英语和西班牙语时几乎不口吃了。

在他们为期13周的课程中，我没有正式评估学生，而是不断提供反馈和支持，并监测他们在课堂上和自己在家里进行练习的进度。他们将所有这些作业整理成档案，最后让他们选出六份最好的作业，确保至少有四份是关于基本技能的（即读、写、说、听）。最后，我告诉他们，他们必须参加一场考试以考察这四项技能（强化一开始告诉他们的内容）。通过这样做，他们可以以一种不具威胁性的方式完成作业，并且他们觉得通过自己选择六份最好的作业提交，他们对自己的最终分数有了一定的控制权。

一方面，我有时觉得，在努力监控进度的过程中，教师有时会成

为执着的过度评估者，他们实际上干扰了学习者的学习动机，增加了他们的压力水平，并最终创造了一个消极的学习环境（Dörnyei, 1994）。

另一方面，我们有必须遵守的制度化目标/宗旨/目的。所以，我们该怎么办？

有时打破常规

做一些不符合常规的事情会刺激学生，让他们惊奇。

有一天，我带着弟弟的Scalextric轨道赛车去另一个班级（伦敦商学院）上课，请一群年轻的高管帮我组装工具包；当我们结束的时候，他们都坐在地板上，脱下了夹克，拉松了领带，分成了两队，完全不用我指导。

然后我告诉他们开着各自的车在赛道上绕行，尽可能多地制造汽车噪音。一开始，我得到了"沉默的对待"，所以我只是告诉他们，不好意思，我去下洗手间。我不急不忙地走出去，事实上，我在教室外的监控屏幕上（视线之外）观察他们，这个设计可以让任何路过的人都能调到各个训练室。高管们试探性地开始"玩耍"，当我15分钟后回来时，我所能听到的只是"BRRR..."、"Phahh"、"ARGHH"这样的声音了；我的练习达到了目的。

他们都能发声，甚至在轻松、无威胁的环境中颤动大舌音R！事实上，当他们在之后的课程中发出大舌音R时，许多人会在不经意间回想起使用想象中的遥控器来产生声音的场景。

除了上面的例子之外，提供糖果或巧克力作为奖励也可以刺激学习者产出更多，特别是如果他们喜欢甜食！或者，它只是起到了增加所需的非正式性和趣味性元素的作用。

非正式的个性化学习体验

有一次课上我们讨论个人好恶，食物也是议程上的重要内容，所以我决定问他们"¿Quién tiene hambre/sed?"（"谁饿了/渴了？"）。他们都说他们想要茶/咖啡/三明治/薯片等，并自发地开始用西班牙语点菜；他们指定了一个班级代表去拿说到的食物，当这个人回来后，他们就开始吃吃喝喝，甚至分享了一些食物。

这是我的"想象"课，因为我估计学生们可能状态不佳，所以我对他们的情绪做出了反应。因为学习小组的学生来自多个民族，我就引导学生们谈论他们的本土美食。他们分别来自巴基斯坦、牙买加、德国、加纳、土耳其、意大利和谢菲尔德！这样的活动带来了大量的信息交流，我也向他们讲述了西班牙的食物以及每个地区的特色菜，我还把西班牙的食物和拉丁美洲的食物做了比较。在下一次课上，我们都买了一道典型的本国菜，并向小组成员解释了这道菜的配料和烹调方法。

准备好去冒险

我们自欺欺人地认为重复就会复制前人的成功。重复前人的做法和遵循常规也是有风险的。同样，通过引入富有想象力的想法而脱离常规也是有风险的（Freemantle, 2001: 178）。

我决定给初学者班介绍一首正宗的（很短的）拉丁美洲诗歌。下面的文本是经过**改编**的真实文本的组合：一首原汁原味的诗和我自己设计的问题，我和我的学生一起来回答这些问题，以此来激发他们的创造力，并增加他们的形容词词汇量（改编自 Jarvis et al., 1999: 76）。

Ejercicio A:（练习一）
Lee el siguiente texto（阅读以下课文）：
Alfonsina Storni（阿根廷：1892-1938）

Alfonsina Storni fue lo que hoy llamamos una feminista, una mujer de ideas liberales que luchó contra los prejuicios y las convenciones sociales de su época por conseguir una mayor libertad para la mujer. Su poesía es a veces torturada e intelectual. En su poesía se reflejan la inquietud de su vida. Pensaba que la mujer, a pesar de ser igual que el hombre, vive en una especie de esclavitud con respecto a éste. El final de la vida de Alfonsina Storni fue trágico; al saber que tenía cáncer escribió una breve composición poética que tituló 'Voy a morir' y se suicidó tirándose al mar.

Ejercicio B: (练习二)

Utiliza 5 adjetivos para describir la personalidad de Alfonsina. Puedes inventar los adjetivos o extirparlos del texto.

（用五个形容词来形容 Alfonsina 的性格。你可以自己想出五个形容词或从课文中提取。）

Ejercicio C: Preparación (练习三：准备)

Lee **Cuadrados y ángulos** en voz alta.

（大声读出《方块和斜角》，这是学生们建议的）

¿Qué te sugiere a ti las palabras **Cuadrados y ángulos**?

（上面提到的 "方块和斜角" 提示你什么？）

Casas enfilades*, casas enfiladas, 成行[①]

casas enfiladas,

cuadrados*, cuadrados, cuadrados, 方块

casas enfiladas,

Las gentes ya tienen el alma* cuadrada, 灵魂

ideas en fila* en... 成排

y ángulo en la espalda;

yo misma he vertido* ayer una lágrima*, *he... has shed/a tear*

Dios mío, cuadrada.

(De *El dulce daño*)

---

① 此段中行末出现的中文为该行中星号上标的西班牙语所对应的译文。——译者注

Ejercicio D: Dime（练习四：告诉我）

1 Según Alfonsina Storni, ¿cómo es el alma de la gente?

（据Alfonsina所说："人们的灵魂是什么样子的？"）

2 ¿Cómo ve el mundo Alfonsina Storni?

（Alfonsina是如何看待这个世界的？）

3 ¿Qué crítica hace Alfonsina Storni en su poema?

（Alfonsina在她的诗中提出了什么批评？）

4 ¿Qué nos trata decir la autora de su mundo?

（作者试图告诉我们关于她的世界什么？）

Ejercicio E: Idea Final（练习五：最后的想法）

¿Te gustaría producir tu propia poesía en español? Inténtalo sólo/a o en group.

（你想用西班牙语创作你自己的诗歌吗？你可以自己试试，也可以组队进行。）

不可否认，班上九个学生中有两个决定不接受这个提议，我询问他们是否可以合作进行其他练习。

创造刺激的环境

富有想象力的环境会激发想象力。

(Freemantle, 2001: 179)

其中一位德国学生是哈利·波特的狂热爱好者，她问我能否用视觉材料对哈利·波特做一个简短的介绍。她想读给全班同学听，我就建议她把打印好的文字稿分发给全班同学。她事先让我看过她写的文字稿，以确保她所写的内容言之有理。她没有亲自来找我，但给我发了一封电子邮件说，

"Rosa, mando mi historia de Harry Potter en el 'attachment'. Puedes mirar y comentar y mandar. Gracias, Asita".

（翻译："罗莎，我把我的哈利·波特故事发到附件里。你能看一下、评论一下然后发过来吗？谢谢，阿斯塔。"）

尽管上述信息在语法上不是百分之百正确（名词和代词缺失，以及过度使用"y"，即"和"），但她还是能够让人理解她自己的意思。我没有把信息"更正"发回给她，但她在课上问我她如何改进她的写作，我们整个小组给了她一些建议。

另一个体育科学的学生建议我们参加他要给同学演示的一节关于循环的课程。他说我们可以更进一步听他用西班牙语讲。因此，我们在这堂课里强化了数字、（反身）动词，使用西班牙语固定短语给出指示（"tenemos que" + 不定式 = "we have to" + 不定式），同时还记住了身体的各个部位；表达喜欢和不喜欢（"me gusta/no me gusta" + 不定式）和"我的***痛"（"me duele" + 身体的一部分）等。幸运的是，除了一个成员外，所有的小组成员都决定参加；没有参与的那个学生远远看着，但我用眼角余光看到她抬起手臂，用手指数着数。

不受干扰

允许学生"抽出时间"思考问题。没必要连续督促，我觉得这会打断他们的思维过程。允许他们互相提问和交谈。给他们思考的自由和提问的机会。例如，在听力理解中，我总是鼓励和允许他们先听课文，等他们熟悉了课文，再回答问题（O'Malley et al., 1989）。

在准备听力理解材料时，我一直牢记学生的兴趣和经历，因此他们在听力中所遇到的语言会清楚地强化过去所学过的语言。这也提高了他们辨别语言的信心，让他们做得更好。

培养想象力和应用能力

想象力需要两种技能。第一，创造幻想并从中提取出相关形象的技巧。第二，使形象活起来的技巧（Freemantle, 2001: 180）。

所有上西班牙语课的学生走进教室时都有一个幻想：听到自己在流利地说西班牙语；找到一个西班牙/拉丁美洲的女朋友；能够欣

赏诗歌和文学作品；或者，当他们与家人和朋友一起在国外时，懂一些西班牙语可以让他们感觉强大，摆脱"无知"，这就足以激励他们开始学习了。

因此，我认为导师应以某种方式使这一形象生动起来；例如，在他们学期考试结束时，全班建议我们一起庆祝一下，所以我推荐了伦敦一家西班牙餐吧，并用西班牙语告诉他们如何去那里：

'El Sábado 30 de julio, vamos a cenar en londres. Quedaremos a las 7.30 en xxxxxx.

La estación de metro mas próxima es "Angel".

Hasta el Sábado!'

P.D. Si hay algún problema:

Mi Móbil: 07957, Mi número de Casa:, Mi Email:

他们都准时到达酒吧。有两个在晚上八点到达的人没有道歉，但我只是把这归因于文化差异，因为我对他们各自的文化有足够的了解，知道这种迟到并不是不礼貌，也不是故意为之。

我们都度过了一个愉快的夜晚。他们用西班牙语点了饮料和食物，用西班牙语请我提供协助，后来我们去楼上的沙沙吧，我们的一个学生甚至和一位哥伦比亚的姑娘交换了电话号码。因此，在某种程度上，通过让他们完全沉浸在西班牙语言、文化和环境中，他们所有个人的梦想和抱负都得到了实现。

还有一次（在教室里），学生们让我看一部西班牙电影，我有点担心，犹豫要不要在这个阶段介绍这部电影。但我没有剥夺他们的乐趣，而是决定冒这个险，让他们看一部非常好看，但某些部分语速非常快的电影；这部电影名为 *Como agua para chocolate*（《巧克力情人》）。我没有让他们听电影的对话，而是让他们看着影片中的肢体语言自己创作剧情。（我选了一个非常感人的场景，一个年轻小伙子向一位年轻女士表白他至死不渝的爱。在下一个场景中，你可以看到母亲和女儿在厨房准备食物，最后一个场景非常紧张，母亲拒绝了女儿的婚事,并提出让她的大姐替代她,因为她是最小的女儿。)

我请他们考虑以下几点:

1 Imagínate que eres español/a o latinoamericano/a. ¿como escribirías el guión para esta película, tomando en cuenta lo que hemos estudiado sobre los españoles/lationamericanos y sus costumbres?

（想象一下你是西班牙人/拉丁美洲人,同时牢记你对西班牙/拉丁美洲风俗的研究,你会如何写这部电影的剧本?）

2 ¿Cómo reaccionaría una persona(s) de tu cultura?

（来自你们文化中的人会有什么反应?）

通过这个练习,这节课富有成效。在课上,我们不仅探索了西班牙的语言和文化,也让我深入了解了来自不同文化的他们是如何思考和反应的。

我想了解他们这一事实让他们感觉很好。

最后,作为一名培训师和教师,我不断尝试探索各种方法来激发我学生的热情,并鼓励他们使用技术加持的语言学习项目。然而,不幸的是,到目前为止,我仍然对我所遇到的学习项目感到失望,除非他们确实达成了一个学习目标让我心生喜悦,否则我不愿意推荐。随着存储能力的大飞跃和访问互联网和万维网的便利,语言教师和学习者有大量的资源可供他/她使用。

数据挖掘和提取、词典、百科全书、实物教具和其他项目皆可免费获取,但问题实际上已经从如何找到可用的资源转移到如何筛选这些提供的海量但有时是无用的信息,以及如何在课程设置/课程大纲和版权及知识产权法的限制范围内使用这些信息。

(Bangs, 2000: 38)

我们小组一起发现了几个网站（如Dontgiveup、Enchantedlearning、Enciclonet、EspagnoleFacile、Linguanet-europa、Putumayo），这些网站的版面设计清晰生动（吸引了我们的注意力！），还提供了大量其他语言的信息和材料的链接。我发现我和我的学生都全神贯注地看了相当长一段时间。然而，我只推荐这些网站作为对已经学习过的语法点或词汇的强化和提高，而绝不能代替教师。例如，尽管这些网站为学生提供了在虚拟社区中漫步的机会，但它们并没有产生我们一起所寻找的刺激，也基本没有适当的互动或反馈水平。通常，只有一些外在形式的反馈，如Muy Bien（非常好）/Bien（好）/¡inténtalo de nuevo!（再试一次！），而不是内在形式的反馈，即反馈是活动的一部分，而且掌握在学习者手中。

我的观点是，反馈必须丰富、容易获得、对学习者有用。作为一名教师，我常常要把现成的练习转化成一个结构化的学习练习，在这种练习中，我承担起引导学习者、表扬学习者表现和/或解释问题/询问的角色。只有这样做，这些练习才能为学生们提供他们最初寻求的内在动机和外在动机。

因此，从教师的角度来看，我得出的结论是，基本没有教材能够提供必要的交互性、反馈性和适应性。

在积极方面，人们常说，使用信息和通信技术可以：

- 改善与学生团体的外联
- 提高学习生产力
- 提供适当程度的反馈
- 提供个人学习经验
- 节约一些成本

在消极方面，也有人认为它会：

- 产生人际交往疏远
- 难以控制/访问/追踪

- 经常反馈不佳或根本没有反馈
- 难以个性化
- 创建成本昂贵，一旦创建，还需额外购买其他安装包（Bangs, 2000: 38-41）

虽然许多网站从视觉/具象的角度来看都很有趣，但我仍然觉得，往往我们看到的都是可以让学习者"迷失在网络空间"的学习材料。很多项目提供的语言学习课程基本不会（即使有也极少）试图把语言学习结构化，为学习者提供有意义的学习进度安排。**语境**对于语言学习者和他/她的学习过程显然是至关重要的，也许主要的挑战是让学习者有机会在外语环境中畅游和互动的同时学到适当程度的"地道"语言。

因此，我认为，虽然有很多项目正在试行，一些更复杂的项目也正在开发，但这种情况在短期内或不远的将来不大可能有大的改善。

努力工作与实践

我想，上述内容既适用于教师，也适用于学生。"成功就是百分之一的灵感加上百分之九十九的汗水"这句话适用于任何职业。教师之间的区别不仅仅在于想象力、思维和过程计划的能力，还在于实现上述目标的动力，从而达到远远优于其他教师的教学标准。我们心中所想要达到的完美的形象，只有通过努力才能实现。

结　语

正如你在本章所看到的，我没有介绍任何关于"**为成人二语学习者创建激发性教材**"的新理论。我只想强调以下几点，一个学生，无论年龄、性别、国籍等（不论其积极性/消极性如何），都要依靠教师来激励他/她学习。

我认为只有在下列情况下才能做到这一点：

1 相关教师喜欢他/她正在做的事情(因此,无论面对的是初学者还是高阶学习者,教师都以潜在地培养一批语言学家为动机进行教学),并采用技巧和刺激手段来加强和促成一个激励性的学习环境。

2 我认为,在课堂上,我们都是脆弱的,如果我们把这个信息传达给学生,他们会尊重我们,有我们的陪伴他们会感到更自在。我真心认为课堂情境对教师和学生来说是一样的,应该是一个探索性的讨论会。(毕竟,没有两节一模一样的课程,无论我们是指导还是被指导,这都是一个持续不断的学习过程。)我们应该做我们自己,自由地去鼓舞学生,去感受学生对我们的启发。如果你对你所做的事情充满激情,我确实对西班牙语教学充满激情,这种激情就会自然流露出来,而且是可以传染的;我不断地从我的学生那里获得动力、灵感和自发性,因为这真的是一个团队共同的努力。话虽如此,研究动机过程是一个复杂的问题/课题。我希望在这一章中得以强调的一点是,语言学习并不是通过传递有关语言的事实或通过一系列死记硬背的练习来实现的,而是用目标语言与他人进行有意义的互动的结果;由于我们不断变化的全球经济、需求、期望和社交媒体的使用,这些"有意义的互动"可能会根据个人的需求和风格以及本章中讨论的其他变量而有所不同(Lamb, 2012)。因此,我觉得我们作为教师的角色正变得越来越复杂,我们有责任在提倡学生自我效能的同时,尽可能对学生的需要做出反应。

我的一位客户最近把我们这些"语言培训师"描述为"社交变色龙"(因为面对既定的环境、情境及个人,我们能够改变、适应并做出反应),我想这是对我们所做工作的恰当描述!

我只能说,我完全同意Graham的结论:

如果要我通过这一章的内容传达一个信息的话,那就是课堂激励是复杂的。可能没有任何一个词或原则，如强化或内在动机，能够完全描述这种复杂性。(Graham, 1994: 31-48)

最终，我觉得语言（即母语和/或外语）的刺激其实是一种非常强大的刺激，应该用来激励他人和被他人激励，帮助我们产生所期望的最终结果。

参考文献

Alison, J. (1993), *Not Bothered? Motivating Reluctant Language Learners in Key Stage 4*. London: CILT.

Bangs, P. (2000), 'Technology enhanced language learning', *The Linguist*, 39 (2), 38-41.

Brophy, J. (1998), *Motivating Students to Learn*. Boston, MA: McGraw-Hill.

Burrows, H. S. (1979), 'The rationale and structure of problem-based learning', *The Learner*, 7, 39-41.

Cives-Enriquez, R. M. (2007), 'Developing e-learning for organizational change, training and development', *Folio-Journal of the Materials Development Association*, 11(2).

Cook, G. (2000), *Language Play, Language Learning*. Oxford: Oxford University Press.

Dórnyei, Z. (1994), 'Motivation and motivating in the foreign language classroom', *Modern Language Journal*, 78, 273-284.

— (1998), 'Motivation in second and foreign language learning', *Language Teaching*, 31 (3), 117-135.

Dórnyei, Z. and Csizér, K. (1998), 'Ten commandments for motivating language learners: results of an empirical study', *Language Teaching Research*, 2, 203-229.

Dórnyei, Z and Otto, I. (1998), 'Motivation in action: a process model of L2 motivation', *Working Papers in Applied Linguistics*. London: Thames Valley University, 4, 43-69.

Dulay, H., Burt, M. and Krashen, S. (1982), *Language Two*. New York: Oxford University Press.

Fallows, S. and Ahmet, K. (1999), *Inspiring Students: Case Studies in Motivating the Learner*. London: Kogan Page.

Freemantle, D. (2001), *The Stimulus Factor — The New Dimension in Motivation*. Harlow: Pearson.

Gardner, R. C. (2001), *Texas Papers in Foreign Language Education*, 6, 1–18.

Graham, S. (1994), 'Classroom motivation from an attributed perspective', in H. F. O'Neil, J. R. and M. Drillings (eds), *Motivation: Theory and Research*. Hillsdale, NJ: Lawrence Erlbaum, pp. 31–48.

Jarvis, A., Lebredo, R. and Mena Ayllon, F. (1999), *AventurasLiterarias* (5th edn). Boston, MA: Houghton Mifflin Company.

Lamb, T. (2012), 'Valuing all our languages', *The Linguist*, 51 (5), 8–9.

Little, P. and Ryan, G. (1991), 'Educational changes through problem-based learning', *Australian Journal of Advanced Nursing*, 5 (4), 31–35.

O'Malley, M., Chamot, A. and Kupper, L. (1989), 'Listening comprehension strategies in second language acquisition', *Applied Linguistics*, 4.

Pires, M. (2001), 'Scrabble: a linguistic perspective', *The Linguist*, 40 (1), 4–7.

Tomlinson, B. (1998), *Materials Development in Language Teaching*. Cambridge: Cambridge University Press.

第十四章　从第二语言使用者角度看成人初学者教材

Vivian Cook

本章对所选的当代成人初学者现代外语教材中所代表的一些基本观点提出质疑,并提出一些可供选择的方案。这里的很多想法都是在埃塞克斯初学者教材小组的讨论中形成的——这个小组间或在埃塞克斯大学碰面,成员包括现代语言教师,作为外语的英语教学(EFL)教师和教材作者。[1]

其出发点是对成人语言教材的三个假设(这三个假设显然并无恶意):

(1) 成人学生具有成人的思想和兴趣

成人教材是为那些不以与儿童同样的方式思考、说话、学习或行事的人提供的。有时,他们可能为了某项特定的练习或活动而假扮成儿童。但是这种对成人身份的暂缓信任永远只是暂时的;一旦他们在课堂外为日常工作、度假或学术学习使用第二语言,就不可避免地会被视为成人第二语言使用者,成人迟早会恢复成人身份。

(2) 第二语言使用者本身就是一类

第二语言使用者不仅是指会使用另外一种语言的单语者,而且指拥有新的优势和能力的人。他们所说的第二语言不仅不同于单语者,而且也不同于他们的第一语言;他们的思维方式与单语者不同;他们将第二语言用于自己的目的——商务、旅游、读诗、谈判、学习或其他许多原因——用第二语言进行谈判,从一种语言翻译到另一种语言,从一种语言代码转换到另一种语言代码。除了职业间谍外,基本没有学生需要冒充本地人;他们反而是两种文化和两种语言之间的中间人。Cook(2007)更详细地阐述了第二语言使用者概念对语言教学的影响。

（3）对19世纪传统原则的无条件接受阻碍了语言教学

20世纪的语言教学在很大程度上继承了19世纪80年代的新改革方法(Howatt, 1984)。言语优先和避免使用第一语言的原则贯穿了从情景教学法到听说教学法到交际教学法再到任务型教学法的主流教学传统,几乎没有受到任何质疑。Cook(2010a)对该论点进行了详细的阐述。然而,目前关于人们如何学习第二语言的观点并没有特别捍卫这些原则的合理性。例如,避免使用第一语言是基于"协调"双语观,即两种语言处于不同的区域内,而不是基于作为许多现代研究基础的"互连"双语观,即两种语言在许多方面不断地相互联系(Cook, 2002a)。课程编写者应该有意识地评估这些原则,而非毫不置疑就将其纳入教材。

为了使讨论更加具体,我们将依托四个不同国家出版商制作的六本具有代表性的20世纪90年代的成人初学者教材:意大利语教材《我们到了》(*Ci Siamo*, Guarnaccio and Guarnaccio, 1997)和《自学意大利语》(*Teach Yourself Italian*, Vellaccio and Elston, 1998),法语教材《自由交流》(*Libre Echange*, Courtillon and de Salins, 1995)和《全景》(*Panorama*, Girardet and Cridlig, 1996),以及英语教材《图册》第一册(*Atlas 1*, Nunan, 1995)和《变化》(*Changes*, Richards, 1998)。这些都是现代教材的绝佳例子;这些批评同样适用于我自己写的初学者教材《人与地点》(*People and Places*, Cook, 1980)以及大多数现代教材。为了达成第二版的目的,我们还研究了21世纪10年代的两套英语教材:《无限英语》(*English Unlimited*, Doff, 2010)和《大声说》

（*speakout*, Clare and Wilson, 2011）。后记会讨论是否发生了任何相关的变化。

乍看，这六本书的样书看起来相当相似——光鲜亮丽的封面、满是彩色照片或漫画的光滑内页、可供填写的表格和句子，所有这些都以杂志或彩色增刊的方式排版，很吸引人。这些明显的相似之处是否延伸到他们对语言教学方式的假设以及对学生自身和他们学习语言的目标的假设上？如果是的话，这些假设是否真的适合21世纪的成人语言学生呢？

成人学生具有成人的思想和兴趣

学生的成人化对教材产生了影响，教材必须维持成人的兴趣，他们与儿童不同，通常有特殊的原因而学习一门新的语言，他们具有成人的兴趣、社会关系和智力水平。

针对的学生类型

要想形象化地呈现出教材针对的学生类型，我们就需要看一看教材中人物的特征和他们谈论的话题。《我们到了》是"根据生活在意大利小镇上的一群年轻人的冒险和旅行改编的"，《自学意大利语》也一样。《图册》和《变化》以来自不同国家的英语学生为特色，《自由交流》和《全景》则是以年轻专业人士为特色。意大利语和英语课程侧重于未来多语种学生的世界；所传递的信息是，为了吸引语言学生，你要写的是有关语言学生的话题，而不是有关本族语者或第二语言使用者的。法语教材更多地依托于处在他们自己社会世界的年轻人，其中大多数是本族语者。在这些书中的180多个人物中，可以辨认职业的有学生（20个）、教师（4个）、侍者、水手、医生、接待员、公务员（各3个），还有仅出镜一次的蕾丝女工、艺人、会计、售票员、流浪汉等。

总体印象是活泼的年轻人，既不关心世界，也不规划未来，只在乎明天的聚会。他们——剑桥或佩鲁贾大学的暑期学校的学生，对生活或人际关系都不抱有任何特殊目的，只是到外面去度过一段很棒的快乐时光。"微笑因子"（即笑脸的数量；Cook, 2008）测试发现，《图册》的前20页中微笑出现最密集，有54个微笑，《自由交流》的前20页中微笑出现最少，只有14个微笑——这个密集度只有在邮购目录和旅游手册中才会出现。学习另一门语言显然是加入这个快乐群体的一种方式，而不是扮演一个成人第二语言使用者的角色。这些教材在推销一种形象，就像可口可乐广告中的年轻人，或是银行广告中快乐的全球背包客。

以学生或年轻人的生活为模式影响学生学习语言的各个方面。以自我介绍的问题为例。教材中人物第一次自我介绍时说：

《变化》	Hello. My name is Maria.
《图册》	Hi. I'm Bob.
《我们到了》	Mi chiao Lucy, cioè Lucia ... Lucia Burns.
《自学意大利语》	Mi chiamo Marco Russo.
《自由交流》	Je suis Francois Roux.
《全景》	Je m'appelle Renaud.

英语教材非常适合语言课堂，在那里，教师和年轻学生之间是非正式的关系，远离了课堂之外真实世界里的社会等级。因此，名字是即刻使用的最重要的术语。

但是，正如我们可以从其他语言的教材中了解到的那样，介绍是一种社交仪式，而不仅仅是一种指名道姓的教学行为。因此，它们涉及对所涉人员之间的关系（年龄、性别、社会地位等）的复杂评估——以及特定的正式交流，其中包括由介绍人决定首先介绍谁，以及是否提供有关他们的适当背景信息。

　　　　　　Michel: Entrez Jacky! Je vous presente Pierre.

　　　　　　Jacky: Bonsoir Pierre.

　　　　　　Pierre: Bonsoir Jacky.

　　　　　　Michel: Jacky est une amie de Cecile....(《自由交流》: 26)

尤其是英语的名字在许多地方仍然被认为是只有当你很了解这个人时才会使用的称呼。例如,根据报纸报道和个人经验,英国医院发现,许多老人会因年轻医护人员直呼其名而感到被羞辱。

　　这就提出了人们的适当称谓问题——在课堂之外,只要涉及不同的年龄群体和地位关系,这就是一个大问题。英语教材中略去了称谓的选择。《变化》这本教材展示了 Mr.、Mrs.、Miss(以及相当过时的 Ms.)称谓的使用。《图册》这本教材避开了这一问题,除了 Dr. Nancy Walters(18)、Ms. Jenny Jordan(69)和 Mr. Michalik(71)这几个只出现一次的偶然示例;甚至其入学表格也不要求填写"称谓"(尽管教师用书通过介绍 Mr. 和 Mrs. 来进行弥补,19)。以课堂上的学生为中心的教学方法并不能让学生做好足够的准备应付在课堂之外的世界中可能要扮演的各种角色。在课堂之外,学生有必要了解人们所扮演的社会角色,并使用正确的姓名和称呼方式。

讨论的话题

　　学生在课程中必须讨论的话题大概既要使学生对课上的内容感兴趣,也要使他们能够使用第二语言达到他们的最终目标。每本教材的开头十页和最后十页的样本应该合理地、适度地体现主题的范围,总共156个主题。最受欢迎的是基本功能性主题,如做安排或介绍人物(48),之后依次是旅游(20)、一般信息(17)(包括有关国家的统计数字和信息)、辨认和描述自己和其他人(16)、为聚会等活动制定计划和安排(12)、讨论(9)、旅游景点(8)和与酒店打交道(4)。文化有六个主题,意大利语和法语课程涉及真实的电影、诗歌和戏剧。最后,还有一类包含16个示例的单纯为教学服务的主题,如辨别国家和民族、描述职业、命名身体部位等，这些活动在教室之外是没有人会做的。在这些教材中，学生们主要学习谈论功能性的旅游/游客话题，如购买物品和旅游景点，或泛泛地相互讨论（"你擅长运动吗？"），或安排他们作为学生/游客快乐的日常生活的细节，如聚会和度假。

书中关于成人的主题很少，也许唯一的例外是《自由交流》，或是《我们到了》"Ha un sorrosocarino" 这节课里 Carlo 钦慕 Lucia——在书的最后一页，他们生了一对双胞胎。这是一个净化过的世界，青少年的生活纯净，没有受到"性、毒品和摇滚"的影响。学生在语言教学中谈论的内容与成人在杂志、电视节目、报纸、流行歌曲、电脑游戏、电影或聊完初步个人信息后的谈话中遇到的内容几乎没有重叠。还有一个缺失的主题就是钱；大多数成年人担心他们的收入不足和高水平的支出，担心唱片的价格或对欧元的汇率。除了商店里的价格，教材上的话题从来不谈钱，大概是因为学生和游客不是劳动力的一部分。在都柏林的一辆公共汽车上，我无意中听到一群讲多种语言的母语非英语的学生在谈话。他们的话题要么是流行音乐，要么充满性暗示，以令人难忘的一句话 "I don't kill women; I only kill mens."（对此，最明智的回答是 "mens 是什么？"）。

这些教材之所以平淡无奇，部分是因为担心因宗教或政治原因而有所冒犯，还有是因为担心过时。但是一个世界里如果没有人谈论电视、体育、流行音乐、食物、电影、园艺、工作、时事新闻等，那会很奇怪。在这些课程结束时，学生们能够泛泛地讨论有限范围内的话题——"I think Keiko is interesting. She likes music and art."（《图册》: 89）——而无法应对大多数政治、文化或体育话题（尽管法语教材至少提到环法自行车赛和危险的体育运动，《变化》有格洛丽亚·埃斯塔凡和罗纳尔多的简短传记）。学生们对第二语言使用中几乎所有的成人话题都没有准备。他们只会说 "I can play the piano."（《变化》: 78），"Do you like swimming? Yes, I do."（《图册》: 44），"Giochi a tennis? No, mai. Non mi piace."（《我们到了》: 80），"Les jeunes aiment danser sur la musique «techno»."（《全景》: 27）。

建议一：针对成人的教材，在主题、教法、语言等方面都要成人化

因此，成人性对教材有许多影响，例如：

- 谈论成人的话题，而不仅仅是功能性的交流（"Ha un camera Singola?"）或介绍性的表达（"Moi, j'aime le sport."）。至少要指导老师如何将这种对话发展成更像成人的对话。先前对语言教学主题的讨论提出了一个范围，包括个人信息、书籍和关于语言本身的信息（Cook, 1983）。20世纪70年代，我们编制了青少年经常谈论的话题清单（Rutherford et al., 1970），事实上，我根据这些话题开设了一门《英语话题》的课程（Cook, 1975）；我们可以通过查看成年人在电视上实际观看的主题，例如，肥皂剧（八卦是青少年最喜欢的话题）、体育（评论和八卦）、智力竞赛节目、侦探剧、新闻节目、流行音乐、电影，烹饪、园艺和房屋设计等专长方面的节目，为成年人设计相应的话题列表。危险在于选择歌剧等"高雅文化"，而不是人们的日常兴趣，如足球。但这些话题必须是可供成人探索级别的对话，而不仅仅是"你最喜欢的奥运项目是什么？"。

- 使用成人的角色。一方面，永远以学生的目标要求学生就像蛇在吞自己的尾巴一样；第二语言的学习需要摆脱这种恶性循环。而另一方面，学习目标必然要与一个国家的短期访客的功能性交流相关，如作为游客或在当地学习的学生；至少要包括在第二语言文化中生活和工作的人。目前教材中模糊的世界可能反映了一些青少年对成年人在工作场所和社会生活中的角色，如医生、旅行社员、社会工作者等，或是网球运动员、剧院观众、动物权利抗议者等，有同样模糊的憧憬，因此，我们需要对教材中的角色进行延伸。这种效应影响着实际教

材中用于吸引学生的两个层面的角色以及第二语言在他们未来生活中对他们有所助益的方式。

- 进行成人的活动。也许在第二语言学习过程中，成年人只能处理那些给七岁儿童做的任务。然而，显性语法的主要优点也许在于它提供了一个任务，学生必须进行成人水平的皮亚杰所谓的形式运算思维，即儿童能够站在自己的认知过程之外"思考思维"的认知发展水平。课程编写者需要考虑成人层面可操作的活动。语言和内容必须易于初学者使用并不意味着任务必须是幼稚的。

交际教学法部分源于20世纪70年代英国小学为纠正英国儿童语言缺陷而采用的教学方法;《会话改革》(*Talk Reform*, Gahagan and Gahagan, 1970)和《概念7-9》(*Concept 7-9*, Wight et al., 1972)引入了角色扮演和信息差练习，它们已成为现代教学的主要内容。任务型学习在某种意义上延续了这一小学传统。Willis(1996)描述了六种主要的任务类型:列表、排序与分类、比较、解决问题、分享个人经验和创造性。《图册》(教师手册)列出了十种类型的任务，包括分类("将相似的东西分组")、会话模式("使用表达开始对话并保持对话进行")及合作("与其他学生分享想法并一起学习")。这些活动放在小学非常合适，比较和分类是经典的小学活动。流行的匹配/绘图练习"再听一遍并画线以匹配单词"(《图册》: 13)、关于个人习惯的典型的勾选框式问卷(《我们到了》: 80)、典型的地图指示练习(《变化》: 32-33)、身体部位的通用命名练习(《全景》: 66)、组内答案比较"Vérifiez en petit groups si vous avez trouvé les mêmes résultats"(《自由交流》: 126)，这些活动本质上都不涉及成人水平的智力和技能。

例如，埃塞克斯初学者教材小组的一些成员大力提倡使用儿童化活动的一个理由是，第二语言学习使人幼稚化;如果他们想要取得成功，就需要把他们降低到幼儿的依赖状态，从而使譬如视听教学法这样的极端形式正当化。虽然这可能确实是教材成功的一个基础,但没有理由说明它应该是唯一的。要证明幼稚化的合理性,就需要一种新的第二语言习得方法,比如建立在维果茨基理论(Anton and DiCamilla, 1998)的基础上,该理论强调学习者需要从他人那里获得适当的"支架"。要在教学中恰当地实施幼稚化,可能还需要纳入幼稚化的其他方面(学生上厕所要得到允许? 迟到时要有父母的解释信? 没收老师不同意使用的物品,如手机?)。特别是,正如Swan(2009)有力地指出的那样,这将违背教师作为同侪之首的交际传统,并重新确立教师作为全能的控制者的地位。

第二语言使用者本身就是一类人

采用本族语者的目标

在语言教学中,教师和学生通常都有一个本族语者的目标;成功的衡量标准是学生与本族语者的标准有多接近。正如Timmis(2002)所言,尽管很少有人明确指出,但这可能反映了大多数学生和教师的日常感受;学生的进步意味着越来越接近本族语者的标准。然而,从定义上来说,一个人所能说的唯一本族语言是你在幼年时首先学会的语言。对这个无法实现的目标的执念让老师和学生都感到沮丧。另一种选择是模仿成功的第二语言使用者,而不是本族语者。一旦心中有了一个可以实现的目标,教学的气氛就会更加积极,要多去关注学生在学习第二语言方面有多成功,而不是去关注他们在弥合不可逾越的鸿沟方面有多失败。

许多语言教学中隐含的本族语目标一方面反映了一个学生永远无法达到的目标,另一方面也把他们的成就局限在本族语者所能做到的范围内。第二语言使用者缺乏本族语者所具备的各种能力和知识。但是一个第二语言使用者也可以做很多单语者做不到的事情。橘子不是苹果的仿制品,而是具有其自身特性的水果。

本族语者的取向清楚地反映在教材中所描述的人身上。180个人物中只有14个是第二语言使用者,即只占8%;其中4人是学生,

1人是老师,1人是艺人,其余的是一群不明身份的朋友、购物者及游客。显然,第二语言使用者并未引起课程编写者的关注。当然,正如苏格兰教育系统的反歧视决定所表明的那样,从英语教材中散见的Carlos、Maria、Halil或Tomoko等人的名字中推断说话人是非本族语者是不可靠的。

因此,绝大多数人认为目标语言的本族语者才是目标语言的真正使用者;第二语言使用者要么作为学生或教师参与语言教学,要么作为语言不熟练的游客或访客。这些教材中很少呈现人们在正常的社会或职业生活中使用第二语言;当《自由交流》介绍欧洲委员会的译员Pierre时,这就是一个惊喜。这些角色并不能代表当今世界上许多成功使用第二语言的人,他们的数量可能超过了那些单语者。教材中介绍的名人要么是本族语者,比如雅克·库斯托或惠特妮·休斯顿,要么就是没有提到他们的双语能力,比如玛蒂娜·辛吉斯和罗纳尔多。

本族语者语言

因此,在这些教材中学生所侧重的形式和发音都是本族语者的。但是,当非本族语者在场时,本族语者说话的方式就不一样了,有时会降低到外国人的水平;例如,当向一位第二语言使用者表示感谢时,本族语者更有可能说"Thank you very much indeed.",而不是非正式的"Thanks."(Cook, 1985)。学生不太可能遇到教材中描绘的本族语者对本族语者情境的语言,因为一旦他们成为情境的一部分,这种语言就会发生变化。鉴于很多教材都是关于学生的,学生与学生之间的语言可能是另一回事;然而,书中使用第二语言的学生和其他人一样说的是同样的本族语者的语言。Jenkins(2000)主张以第二语言学生的言语为基础,将英语作为一种国际语言进行教学。然而,这类教学大纲并没有涵盖课堂以外的世界中第二语言使用的全部复杂性,特别是诸如法语和英语这样的国际语言,现实情况更多是第二语言使用者与第二语言使用者之间对话。本族语语言中形式的使用频率、语法规则和互动类型充其量只是一个粗略的指南,可以帮助我们了解第二语言使用者的需求。

建议二　基于第二语言使用者视角的成人教材应该反映第二语言使用者的情境、角色和语言,而不仅仅是本族语者的

如果我们接受学生最终就是成为第二语言使用者,就需要把它作为现实的目标和学生的动机体现到课程中。第二语言使用者有可能成为掌握两种语言的成功人士,既有能力为了自己的第二语言目的而使用另一种语言,也具有因了解另一种语言所赋予他们的认知、文化和社会优势。Cook(2002b)对此的研究更为翔实。

第二语言使用者角色

正如我们所看到的,现行的教材很少提到第二语言使用者。我们遇到的是在二语环境中实际上"势孤力弱"的学生或游客。教材需要呈现第二语言使用者的良好形象,无论是对话中的虚构人物,还是不时出现的著名人物。虚构人物应该是那些在日常生活中明显使用第二语言的人,可以是医生、外交官、商人、家庭主妇或是少数族裔儿童,而不是临时的第二语言使用者。如Grosjean(1982)的名单所示,从甘地到索菲亚·洛伦,从爱因斯坦到纳博科夫,从肖邦到葛丽泰·嘉宝,这些都是著名的双语者。再如,当今的国际体育界人士,无论是纳达尔还是德托里、维特尔还是阿尔塞纳·温格,都是能说很多种语言的。我们再次强调,在教材中可以提及那些名人学习二语有所收获的例子,这可能是一个很好的激励性因素。

第二语言使用者情境

同样,所要呈现的情景不仅要覆盖本族语者,还需要涵盖第二语言使用者。当一个本族语者医生遇到一个第二语言使用者患者,或者一个第二语言使用者医生治疗一个单语的本族语者(这种情况在

英国越来越多），或者一个第二语言的医生给一个第二语言的患者看病时，重要的是在医生的手术中会发生什么，而不是本族语的医生遇到本族语的患者时会发生什么。虽然在教材中发现了一些游客和顾客与各种组织之间的简单的服务接触，但很少有人脱离了本族语者对本族语者说话的规范。因此，所教授的游客/访客情境需要纳入重要的第二语言使用者元素；兑换外币，以外国人身份办理美国移民手续，通过你的保险或互惠医疗安排获得医疗帮助，用不熟悉的货币及计量单位购买商品，并在价格上加上奇怪的税，或者在出境时可退税。除此之外，我们还需要看到第二语言使用者成功地相互交流或与本族语人士交流的日常情况，比如两个母语不同的商人用英语打电话，一个意大利房地产经纪人用法语把托斯卡纳的房子卖给一个法国买家，或者仅仅是伦敦陶尔哈姆莱茨多种族社区的成员彼此交谈。

第二语言使用者目的语

拒绝本族语标准的结果是，适合学生仿效的语言是成功的第二语言使用者的语言，而不是本族语者的语言。《国际学生英语》（*International Students English*, Jenkins, 2000）是朝着正确方向迈出的一步，但由于只关注语音和学生而有所局限。当然，这种学生类型正是以学生为本的英语和意大利语教材所要求的。一方面我们需要了解第二语言使用者的特点；Klein 和 Perdue（1997）已经建立了一套几种第二语言的学习者都学过的基础语法类型，展示了一个基于第二语言使用者的初学者课程的语法目标可能的样子。但是几乎所有的词汇研究都着眼于本族语者话语中的频率等，并且认为第二语言学习者是在习得这些本族语者元素。也许成功的第二语言使用者的词汇的确映照了本族语者；也许并没有。语料库和本族语描述对基于第二语言使用者的教学方法来说是次要信息。这本教材目前给人的大致印象是它的主要信息是第二语言使用者的语言。很快，也许我们将从 VOICE 计划（VOICE, 2009）中获得对第二语言使用者语言的正确描述。

所描绘的情境类型

　　教材不可避免地要呈现第二语言使用的情况。在以学生为基础的英语和意大利语课程中，主要情境是语言学校、学生的宿舍以及旅游购物的旅客情境：人们在城里找路、参加派对、在超市购物、在大学附近见面等。在法语课程中，更多出现的情景是街头生活、娱乐和运动：人们在咖啡馆喝咖啡、去电影院和迪斯科舞厅、约会。总体而言，这些情境包括学生生活、访客/游客在异国的遭遇，或是除了同学、朋友或服务性角色（如服务员）以外没有特定社会角色的人之间礼貌的公共社交。在这些情境中，低水平的第二语言使用者碰上本族语者的店员等，低水平的第二语言使用者与他们的同伴交谈，或是本族语者之间互相交谈。所缺少的是高水平的第二语言使用者能以平等的身份与其他第二语言使用者或是本族语者进行充分交谈的情境。

对19世纪传统原则毫不置疑的接受一直阻碍着语言教学

　　一些实际的教学方法是根据上节所做的决定而制定的。另一些则依托于虽然未被承认但更深层次的语言教学原则。"……语言教学的诸多禁忌，如母语、语法、印刷和书写的文字，让我们的教师产生过大的负罪感，但这些禁忌只不过是从一个无辜的受害者传给下一个受害者的迷信"（Dodson, 1967: 65）。

对第一语言的依赖

　　这些教材的教学几乎完全是通过第二语言进行的（唯一例外是《自学意大利语》）。《我们到了》用英语进行语法解释和一些教学练习的指导；其他的书从未提到第一语言。由于它们的编制是为在不同的国家使用，因此这可能是必要的；然而，没有提供教师如何在课堂上有效地利用学生第一语言的任何提示。教材编写者采纳了19世纪的禁令,尽量避免在课堂上使用第一语言,而不是把它视为教学资源(Cook, 2001)。正如Howatt(2004: 289)所说,"单语原则是20世纪对课堂语言教学的独特贡献,仍然是其他原则最终产生的基石。"

　　Cook(2001)认为,基于母语习得和语言心理区隔而避免使用第二语言的经典论点是没有根据的,而且适得其反;在课堂上最大限度地使用第二语言交际的论点是合理的,但回避母语则是不合理的。最近Cook的一篇评论(2010b)总结:"教师至少应该谨慎地接受那些基于第一语言和第二语言学习比较而不是基于第二语言习得的独立研究而提出的关于语言教学目标和方法的建议"。有个观点是两种语言在第二语言使用者的大脑中总是同时存在的;无论从词汇(Thierry and Wu, 2007)、句法学(Cook et al., 2003)、音系学(Hermans et al., 2011)还是语用学(Pavlenko, 2003)角度来看,使用一种语言的时候不能完全关掉另一种不在被使用的语言。这些教材中的大多数都没有系统地阐述第一语言的作用,这就浪费了第二语言学习者最宝贵的资产之一。

强调口语

　　《变化》和《图册》强调"听、说、读、写四种语言技能",顺序通常是先说后写;《我们到了》以图片故事的方式用言语气球呈现对话;《全景》使用剧本加卡通连环画的方式;《自学意大利语》和《自由交流》用录音对话开始每一单元。由于这些课程主要使用书本,口语基础不如《好开头》(All's Well that Starts Well, Dickinson, Leveque and Sagot, 1975)这样的视听课程明显。口语通常是通过书面语来表现的。在《图册》中,书面语主要用于展示口语对话或为口语练习提供提示、列表等,很少使用超过一个句子的文本;在《自由交流》中,书面语用于电影剧本。《自由交流》和《我们到了》提供了更多信息文本、诗歌等的使用。许多练习都涉及大声朗读,无论是学生在句子中插入单词:"Elise is Martha's ...",或替换表格:"Sono Carlo/

Lucia. Cia, come va/stai?",或将书面语转换成口语:"Domande perché i ragazzi sono andati a Roma di domenica?",或将书面信息与口语材料结合使用:"Lisez les informations ci-contre et écoutez."。

　　对言语的全面强调再次遵循了19世纪对口语优先地位的坚持(Cook, 2008)。毫无疑问,世界各地的语言教学大纲都将此视为公理;古巴的英语课程设置坚持"口语为主的原则"(古巴教育部, 1999)。Howatt(1984)声称:"推广口语的决心比改革运动以来的任何时候都更加坚定"。关于言语至上的争论已经多年没有上演了;争论主要包括母语儿童的发展和语言的历史发展,前者与语言教学无关,因为语言教学不具备第一语言习得的特征,后者与第二语言教学无关。言语和写作本身并没有得到重视,也没有对这两者的哪些方面与学生相关做出理性的答复。识字的成人学生的思维和学习方式与不识字的学生不同;事实上,现代神经语言学研究表明,识字的人将语言存储在大脑的不同区域(Petersson et al., 2000)。对于识字的成人学生来说,言语并不自动成为语言的主要形式。"我们几乎可以说,在一个'识字的文化'中,言语就是书写的拼读"(Kress, 2000: 18)。

　　在这些书中,书面语为了给口语服务而被系统性地歪曲。除了在一本语言教学书中,你还能在哪里找到身体各部位有标示的米开朗琪罗的《大卫》(《我们到了》: 136),一张填上你今天要做事项的图表(《变化》: 72),留空代填的句子(《图册》和《自由交流》,几乎每一页),带有杂乱诗意说明的照片(《全景》: 76-7),两栏要配对的单词列表(《图册》: 13)?口语通过会话和对话合理忠实地呈现;书面语被视为一种教学工具,可以采用任何适合课程编写者的方式进行教学,这种态度所传达的信息是:只有口语才是真实的,即使它是通过写作来传达的。

　　尽管我们不应该低估口语的价值,但这种态度确实导致了在初学者语言课程中对书面语的明显忽视。许多英语学习者的一个障碍是从使用基于意义的字符的书写系统转移到一个使用基于声音的字母的书写系统;这延伸到不同的握笔方式以及字母的书写方式——

英语字母<o>是逆时针书写的,日语是顺时针的。在欧洲语言中,大写字母有不同的用法;许多人认为英语中把第一人称代词I而不是第二人称代词you大写是一种以自我为中心的体现,正如德语中的Sie和意大利语中的Lei。

这是在我们开始研究语音和字母之间详细的对应关系之前。例如,《自学意大利语》和《我们到了》都简单提及了<c>和<g>的不同口语对应,也许对于一门具有相对"浅层"正字法的语言来说,这样就足够了(Katz and Frost, 1992)。《图册》(25)包括了字母名称的学习,称之为"发音"。《变化》介绍字母名称是为了大声拼写单词(10),但至少解释了<s>不同的声音对应关系。除此之外,在英语课程中几乎没有提到拼写或书写系统的其他任何特性,这是一个奇怪的空白,鉴于这个众所周知的问题是它的"深层"正字法所造成的,因为除了发音/字母的对应之外,它还有其他许多方面的对应。第二语言学生最常犯错的单词有because、accommodate、beginning、their/there/they're、different和business(Cook, 2008)。但这些教材对此毫无帮助。法语课程也同样如此,比如法语书写系统中不同于其他欧洲语言的特征如重音和下加变音符,除非隐藏在发音练习中,否则很少提及,如 "Le «e» tombe parfois."(《自由交流》: 85)(顺便说一句,这个例子显示了法语标点符号的一个特征,鹅脚似的引号« »,这在任何地方都没有解释)。许多第二语言使用者迫切需要了解第二语言书写体系的特性和特定单词的特质,正如他们需要一个恰当的发音一样。

建议三: 教学方法可以超越19世纪以来熟悉的语言教学原则

在课堂上使用第一语言

Cook(2001)描述了第一语言在语言教学中的一些系统使用;

一旦在课堂上认可使用第一语言,它就可以为增加第二语言的练习提供指导和解释,在同学们心中把第一语言和第二语言的知识牢牢地联系起来,帮助与同学们进行协作对话,鼓励第二语言的活动,如语码转换,以便在以后的实际生活中使用。这只能在为说某一特定第一语言的人编写的教材中提供,比如为讲英语的人编写的法语教材或为意大利语学习者编写的英语教材。

适用于教材的第一语言可用于:

传达意义

语言教学中的一个关键问题是教师如何向学生呈现语言的意义,无论是词汇、功能、语法结构还是其他方面,这是自听说教学法和视听教学法时代以来一直未被讨论的问题。大多数教材对意义的呈现和习得几乎没有提供任何帮助或建议,至多是提供具体物体的图片和一些语法意义的解释,意义好像就是通过语言输入的潜移默化而习得的。然而,39%的教师使用第一语言解释意义(Franklin,1990)。只要不暗示第二语言的意义是第一语言的翻译等值,通过第一语言传达意义可能与任何其他手段一样有效。

解释语法

同样,88%的教师使用第一语言解释语法(同上)。虽然聚焦形式教学法(focus on form, 即FonF)将语法解释作为其他活动的后续内容重新引入课堂,但Doughty和Williams(1998)的讨论似乎没有提到应该使用哪种语言进行解释。如果学生对语法规则有意识的理解是学习中的一个关键因素,那么就需要问一问,**哪种**语言是传达实际规则的最佳载体。用学生最薄弱的语言进行语法解释,故意使之变得困难是没有任何好处的。事实上,解释可能会不知不觉地以第二语言的概念为基础;比方说,为说英语的人编写的日语教材在解释中是该使用英语类别,比如音节,还是日语类别,比如音节延长度,这是一个有趣的问题。

有个反驳观点是,课堂上的语法解释只是可理解性输入的另一种形式；学生通过尝试理解第二语言中一些复杂的主题来学习语言；题材是非实质性的，不妨用核物理或编织作为题材。如果语法只是另一个可以交流的话题，那么其他的话题可能会对学生更具刺激性，至少是课堂上教授的语法形式，而不是Pinker（1995）中更激动人心的描述。然而，旨在建构有助于理解目的语的语法解释是另一回事；重要的是信息，而不是形式。如果通过第一语言能更好地理解语法，这似乎毋庸置疑，那么它显然应该通过第一语言来传达。虽然用另一种语言在飞机上提供起飞前的安全说明可看作一种"教育"，但大多数乘客可能更希望听到用他们完全掌握的语言来说安全说明。

指导和测试

与其用第二语言对学生必须做的事情进行冗长而简化的指导，有时还不如直接用第一语言去写。这样做虽然有损与学生用第二语言进行真正的交流，但实际上，课堂本身在本质上只具有一小部分语言功能；这样做的好处不仅使学生能够更快地按照指示进行操练，而且还能提高活动和测试的复杂性，因为设置活动的语言将不再成为障碍。

在教学活动中使用

教材可以采用学生故意使用两种语言的活动且无须回顾不受欢迎的翻译活动，例如，新的并行方法中的语码转换活动（Jacobson and Faltis, 1990）。该活动可以让学生相互解释任务、协商他们在任务中的角色、检查他们对语言的理解或产出，所有这些都用第一语言完成。

教材中书面语的使用

Cook（2005）提出的一般建议可用于教材的设计。除了教材中现有的用于支持口语练习的书面语之外，如口语对话的文字稿、填充句子和表格或简短的信息文本，教材还需要教授书面语的独特特点。

英语书写系统的基本要素,如拼写、正字法、书写方向等,都需要以这样或那样的方式嵌入初学者的课程中。一方面,这可以防止人们在高级学习者中仍可见到的那类老问题;在学了很多年法语之后,我仍然无法对使用尖音符号或抑音符号给出任何系统的理由,因为在我印象中没有人教过我。书面语可以是真实的告示、标志、真实的广告等;它能展示恰当的话语角色和功能。特别是在电子邮件、短信和网络盛行的今天,书面语可以作为第二语言使用的重要方面,和口语并驾齐驱。

　　显然,这种分析采取了一种非传统的视角。我无意暗示上述是处理这些问题的唯一办法,也无意暗示这些措施必须全盘采用。如果初学者的课程中包含了上述任一想法,那么它将与目前在不同语言和不同国家可获取的教材截然不同。根据三个最初的假设,在售的各种教材表面上的多样性是一种错觉:没有一本教材立足于第二语言使用者,没有一本教材系统地融入了第一语言,没有一本教材采用了一系列成人的主题和情境,也没有一本教材充分涵盖了书写体系。在任务、功能、词汇大纲等内容之中备受讨论的选择与那些影响教材每一页的基本假设相比,都是肤浅的。这些假设可能是错误的;传统的原则可能是不可挑战的。但是,如果不把它们公之于众,语言教学中值得称道的变化,如交际任务、FonF、词汇大纲等,只不过是容易在第一缕阳光下消融的冰山尖角,而不是隐藏在海浪之下的坚硬实体。

后　　记

　　本章的第一版出版十年以来,从积极的方面来看,成人EFL教材有什么变化吗? 比较一下最近两门教材,《大声说》(Clare and Wilson, 2011)和《无限英语》(Doff, 2010),现在在欧洲语言共同参考框架术语中(CEFR, 2013)分别被定义为A2级和A1级。它们甚至比之前的教材更绚丽夺目;例如,《大声说》有一个食物图片库,在一页纸上堆放了大约47张广告风格的食物照片(156),《无限英语》有15幅色彩鲜明的食物图片和20面国旗(111)。这些书与其说像现代杂志,不如说像充满密集信息和花哨色彩的外卖食品传单,特别是在彩色背景和白色或浅色的反白字母的使用上;即使是大多数网页现在也不那么零碎和色彩鲜艳了;《大声说》在前20页有38张笑脸的微笑因子,《无限英语》有58张,打破了之前的纪录——英语世界就是这样一个快乐友好的地方。《无限英语》特写了来自河内的学生Phuong、来自柏林的学生Karen和来自加纳的学生Wendy(12),还有一位上班族Olga和一位医生Ben,以前我们只知道他们的名字。这些人的年龄在18至30岁之间,偶尔也有例外;没有描述有人使用第二语言。名人也不胜枚举,包括弗里达·卡罗、路易丝·阿姆斯特朗、巴勃罗·毕加索、刘易斯·汉密尔顿等,但是似乎没有提到有人会说一种以上的语言,即使像毕加索这样明摆着的第二语言使用者也没提。第二语言使用者仍然被认为不适合作为学生的榜样。

《无限英语》注重书面语的独有特征,如拼写、标点、斜体的选择等,它有一系列显示发音/字母对应关系的小方框,但在《大声说》中却没有。因此,在认识到英语的书面形式对当今学生的实际需要至关重要之后,英语教材的研发至少通过《无限英语》取得了进展;比起与陌生人交谈,发送商务邮件、发表达抗议的推特或写博客的能力更接近学生活动的核心。

这两门课程采用了一系列令人震惊的印刷设计,例如,这两本书都使用无衬线字体,而不是通常的书籍衬线字体。显然,教材出版商采纳了Tschichold(1928/98)90年前提出的但后来自己也放弃的建议,即无衬线字体是现代性的标志。书名*speakout*和书中许多标题,如"1.1　question forms ...""1.2　past simple ..."(128)都没有大写;书中还引入了许多构造好的复合词,如"writeback""languageBank"和"LOOKBACK"。但是,这些巧妙的排版并没有帮学生做好阅读英语文本的准备,无论是书本、报纸还是街道的标志。它的形式和排版与当今大多数书面英语的体裁相比不太真实,更像外卖传单。

那么,上述两项主要建议被采纳了吗? 建议一除其他外,应设置成人主题。《大声说》的主题通常与BBC节目相关,如体育、模拟电脑游戏、谷歌等——这些轻娱乐的内容比以前更加成人化。《无限英语》谈论旅行、办公着装、毕加索的生平等,当然语气更为成人化。两者基本上都涵盖了普通熟人之间简短的社交对话。虽然飞机旅行、商店等游客类型的情境还是有的,但它们的角色似乎更为边缘化。作为一名学生的情境仍然以一种持续的轻松方式处于核心地位:《无限英语》讲述了来自越南、加纳和德国的学生的住所,但没有提及他们在学习什么,为什么要学习以及如何支付学费——学生们似乎都在上语言学校而不是大学。学生们去米兰(《大声说》: 109),他们遇到了谁? 其他学生。

建议二是课程应鼓励学生成为第二语言使用者而不是本族语者。但这两本书似乎都没有提到第二语言情境、语言或使用者在世界上扮演的重要角色。他们在教学中根本不使用第一语言,似乎设想为一个完全是第二语言英语授课的课堂。从表面上看,这些书非常国际化——它们描述了来自世界各地的人和地方——但是这些角色从来没有以第二语言使用者的身份出现过。插图和照片要么是不同的国家,要么可能是任何地方,教材熟悉的假想之地。说英语的国家也包括在内,但绝不会单独列出;就像《无限英语》对它们的称呼一样,你听到的"土耳其伊斯坦布尔"和"英格兰伦敦"一样多。在《大声说》书中,伦敦与哥本哈根、东京、慕尼黑一样(98),也是一个受欢迎的旅游胜地(28)。在我以前的初学者丛书(Cook, 1980)中,我采用的解决方案是把第一册放在假想的说英语的国家,第二册放在香港、纽约和伦敦,第三册放在牛津(英格兰!),用这座城市真实的餐馆、医院、厨师和电台DJ。我的论点是,到第三册时,学生们将会考虑在一个真实的英语国家呆更长时间。现在,毫无疑问,我将用一本关于世界各地第二语言使用者情境的书取代第三册。

在这两册教材中,作者的关注点并未放在英国以及第二语言使用者上,这就给人一种感觉,好像全世界的人都只说英语,而不会遇到说其他语言的人一样。显然,通过让所有人都成为本族语者,解决了本族语者的问题,这种把英国与其他国家一视同仁的做法就是一大进步。(《大声说》提到乔安娜·林莉、迈克尔·帕林、《两个罗尼》和杰拉德·达雷尔等英国文化偶像,这是BBC传统的以英国为导向的世界观,这偶尔会让人想起过去的旧时光。)但是,正如CEFR的多语概念(CEFR, 2013)所述,这两本教材的目标似乎是在特定国家内说英语的人,而不是Cook(2011)所阐述的来自其他国家的说英语的人,当然语言学校的混合班除外,也不是现在大多数城市日常使用的多语中的英语。

　　从这个样本来看,《大声说》在拼写材料的提供上有了一些小的变化,这不得不让人拍手称赞。两门课程都弱化了对本族语者和本族语国家的重视程度,这也是一个进步。但以上这些并没有使教材将学生当作二语使用者的目标合理化,而学生作为多语公民,处在一个越来越多语化的世界。

注释

1　我非常感谢埃塞克斯初学者教材小组的成员们,他们都来自埃塞克斯大学。他们的讨论很有启发性,他们对其中一些评论对我产生的影响也感到震惊;成员包括Suzuku Anai、Liz Austin、Gladis Garcia、Shigeo Kato、Lou Lessios、Ignazia Posadinu、Peter Treacher和Emi Uchida。

参考文献

Anton, M. and DiCamilla, F. (1998), 'Socio-cognitive functions of L1 collaborative interaction in the L2 classroom', *Canadian Modern Language Review*, 54, 314–342.

Clare, A. and Wilson, J. J. (2011), *speakout*. Harlow: Pearson.

Common European Framework of Reference for Languages (2013), Strasburg: Council of Europe. www.coe.int/t/dg4/linguistic/CADRE_EN.asp, consulted January 2013.

Cook, V. J. (1975), *English Topics*. Oxford: Oxford University Press.

—— (1980), *People and Places*. Oxford: Pergamon.

—— (1983), 'What should language teaching be about?', *English Language Teaching Journal*, 37 (3).

—— (1985), 'Language functions, social factors, and second language teaching',

International Review of Applied Linguistics, 13 (3), 177–196.

— (1999), 'Going beyond the native speaker in language teaching', *TESOL Quarterly*, 33 (2), 185–209.

— (2001), 'Using the first language in the classroom', *Canadian Modern Language Review*, 57 (3), 402–423.

— (2002a), *Portraits of the L2 User*. Clevedon: Multilingual Matters.

— (2002b), 'Language teaching methodology and the L2 user perspective', in V. J. Cook (ed.), *Portraits of the L2 User*. Clevedon: Multilingual Matters, pp. 325–344.

— (2005), 'Written language and foreign language teaching', in V. Cook and B. Bassetti (eds), *Second Language Writing Systems*. Clevedon: Multilingual Matters, pp. 424–442.

— (2007), 'The goals of ELT: reproducing native-speakers or promoting multi-competence among second language users?', in J. Cummins and C. Davison (eds), *Handbook on English Language Teaching*. Dordrecht, the Netherlands: Kluwer, pp. 237–248.

— (2008), *Second Language Learning and Language Teaching* (4th edn). London: Hodder Educational.

— (2010a), 'Questioning traditional assumptions of language teaching', *Nouveaux cahiers de linguistique française*, 29, 7–22.

— (2010b), 'The relationship between first and second language acquisition revisited', in E. Macaro (ed.), *The Continuum Companion to Second Language Acquisition*. London: Continuum, pp. 137–157.

— (2011), 'Teaching English as a Foreign Language in Europe', in E. Hinkel (ed.), *Handbook of Research in Second Language Teaching and Learning, Volume II*. London: Routledge, pp. 140–154.

Cook, V. J., Iarossi, E., Stellakis, N. and Tokumaru, Y. (2003), 'Effects of the second language on the syntactic processing of the first language', in V. J. Cook (ed.), *Effects of the Second Language on the First*. Clevedon: Multilingual Matters, pp. 214–233.

Courtillon, J. and de Salins, G. D. (1995), *Libre Echange*. Paris: Hatier/Didier.

Cuban Ministry of Education (1999), *Principios que rigen la enseñanza del inglés en la escuala media*. Cuba: Ministry of Education.

Dickinson, A., Leveque, J. and Sagot, H. (1975), *All's Well that Starts Well*. Paris: Didier.

Dodson, C. J. (1967), *Language Teaching and the Bilingual Method*. London: Pitman.

Doff, A. (2010), *English Unlimited*. Cambridge: Cambridge University Press.

Doughty, C. and Williams, J. (eds) (1998), *Focus on Form in Classroom Second Language Acquisition*. Cambridge: Cambridge University Press.

Franklin, C. E. M. (1990), 'Teaching in the target language', *Language Learning Journal*, 2, 20−24.

Gahagan, D. M. and Gahagan, J. (1970), *Talk Reform: Explorations in Language for Infant School Children*. London: Routledge & Kegan Paul.

Girardet, J. and Cridlig, J.-M. (1996), *Panorama*. Paris: European Schoolbooks.

Grosjean, F. (1982), *Life with Two Languages: An Introduction to Bilingualism*. Cambridge, MA: Harvard University Press.

Guarnaccio, C. and Guarnaccio, E. (1997), *Ci Siamo*. Port Melbourne, Victoria: CIS Heinemann.

Hermans, D., Ormel, E., van Besselaar, R. and van Hell, J. (2011), 'Lexical activation in bilinguals' speech production is dynamic: how language ambiguous words can affect cross-language activation', *Language and Cognitive Processes*, DOI:10.1080/01690965. 2010.530411.

Howatt, A. (1984), *A History of English Language Teaching*. Oxford: Oxford University Press.

Jacobson, R. and Faltis, C. (eds) (1990), *Language Description Issues in Bilingual Schooling*. Clevedon: Multilingual Matters, pp. 3−17.

Jenkins, J. (2000), *The Phonology of English as an International Language*. Oxford: Oxford University Press.

Katz, L. and Frost, R. (1992), 'Reading in different orthographies: the orthographic depth hypothesis', in R. Frost and L. Katz (eds), *Orthography, Phonology, Morphology and Meaning*. Amsterdam: Elsevier, pp. 67−84.

Klein, W. and Perdue, C. (1997), 'The basic variety (or: couldn't natural languages be much simpler?)', *Second Language Research*, 13 (4), 301−347.

Kress, G. (2000), *Early Spelling*. London: Routledge.

Nunan, D. (1995), *Atlas 1*. Heinle and Heinle.

Pavlenko, A. (2003), '"I feel clumsy speaking Russian": L2 influence on L1 in narratives of Russian L2 users of English', in V. J. Cook (ed.), pp. 32−61.

Petersson, K. M., Reis, A., Askelof, S., Castro-Caldas, A. and Ingvar, M. (2000), 'Language processing modulated by literacy: a network analysis of verbal repetition in literate and illiterate subjects', *Journal of Cognitive Neuroscience*, 12 (3), 364−382.

Pinker, S. (1995), *The Language Instinct*. Harmondsworth: Penguin.

Richards, J. (1998), *Changes*. Cambridge: Cambridge University Press.

Rutherford, R. W., Freeth, M. E. A. and Mercer, E. S. (1970), *Topics of Conversation in the Speech of Fifteen-year-old Children*. Nufield Foreign Languages Teaching Materials Project Occasional Paper No. 44.

Swan, M. (2009), 'We do need methods', in V. Cook and L. Wei (eds), *Contemporary Applied Linguistics Vol 1*. London: Continuum, pp. 117−136.

Thierry, G. and Wu, Y. J. (2007), 'Brain potentials reveal unconscious translation during foreign language comprehension', *Proceedings of the National Academy of Sciences*, 104, 12530–12535.

Timmis, I. (2002), 'Non-native speaker norms and international English: a classroom view', *English Language Teaching Journal*, 56 (3), 240–249.

Tschichold, J. (1928/98), *The New Typography*. Reprinted in English translation by R. McLean, Berkeley, CA: University of California Press (1998).

Vellaccio, L. and Elston, M. (1998), *Teach Yourself Italian*. London: Hodder Headline. Vienna-Oxford International Corpus of English (VOICE) (2009), www.univie.ac.at/voice/page/publications.

Wight, J., Norris, R. A. and Worsley, F. J. (1972), *Concept 7–9*. Leeds: E. J. Arnold and Schools Council.

Willis, J. (1996), *A Framework for Task-Based Learning*. Harlow: Longman.

第十五章　第二语言环境挖掘：ESOL学习者与课外策略

Naeema Hann

> 我所说的策略,是指学习者用来获取知识的技巧或手段
>
> （Rubin, 1975: 43）

引　言

语言学习策略（language learning strategies, 即LLS）在英语学习过程中的作用是公认的。互动,特别是与本族语者的互动,也被证明是提高第二语言技能的一个因素。然而,关于学习者在课堂之外所用策略的研究却鲜有报道。本章报告了一项纵向研究的结果,该研究证明了成功的学习者在课堂之外邀请本族语者互动的策略。

本章首先简要介绍学习者策略的理论背景。然后,将焦点缩小到社会策略,特别是那些涉及互动的策略。例如,互动的作用,特别是与本族语者的互动,已被证明是提高第二语言技能和表现的一个促进因素。缺乏与本族语者/精通英语的人交流的机会以及缺乏这种机会的原因将得以证实。之后,将分享研究项目的成果。研究结果——显示,即使是初学者也能成功地使用策略在课堂外邀请本族语者进行互动——同时也描述了在研究过程中语言技能有所进步的学习者所报告的策略。最后,本文还提供了课堂外学习者策略使用培训材料的建议。

　　人们普遍认为，第二语言学习材料需要反映学习者在课堂之外所遇到的语言和文化现实方能有效。此外，第二语言习得（SLA）文献告诉我们，实践和接触目标语言是精通该语言的关键。鉴于第二语言学习的这两个因素，人们有这样的假设也情有可原：在目的语环境中的学习者通过在课堂之外与本族语或精通目标语言的人进行互动来使用这个环境。然而，文献表明，在目标语言环境中的第二语言学习者并不一定会与本族语者进行互动。

理论背景

　　Tamada（1996）认为，语言学习策略的研究可以概括为三次浪潮：第一次浪潮是对优秀语言学习者的研究（Rubin, 1975; Naiman et al., 1978），给我们介绍了二语习得这一领域；第二次浪潮是对语言学习策略的列举和描述，并发展了学习者策略的分类（O'Malley et al., 1985; Oxford, 1990）。除了第二阶段的学习者策略研究外，学习者培训方面的研究也一直在进行（O'Malley et al., 1985, 1990; Wenden, 1998; Chamot, 2004）。第三次浪潮一直持续到本章撰写之时，是影响学习者策略选择的研究和出版物（Oxford, 1996; Dörnyei, 2005; Hann, 2012），越来越强调社会和情感策略以及策略与二语习得中其他因素（如动机）之间的关系（Wenden, 1998; Dörnyei, 2001, 2005; Ushiida, 2008）。从某种意义上讲，语言学习策略的研究已经形成了一个完整的循环，重新开始了对优秀语言学习者的调查（Griffiths, 2008），还具有新的见解，并且对语言学习策略与二语习得中其他变量之间的关系有了越来越多的了解。

与本族语者交流

　　Joanne Rubin 于1975年发表的论文《优秀的语言学习者可以教给我们什么》（"What the good language learner can teach us"）所开启的讨论影响深远，该论文将第二语言学习者使用的策略作为一个独立变量,而不是作为更广泛的动机或态度讨论的一部分。在这篇关于成功的语言学习者如何提高他们目标语言技能的第一篇文章中,Rubin借鉴了已发表的关于动机和学习者行为的研究来描述优秀的语言学习者所使用的策略。她描述了优秀语言学习者采用的七种策略,其中两种和生活在目的语环境中的ESOL学习者特别相关:

- 优秀的语言学习者有强烈的沟通或者从沟通中学习的动力。
- 优秀的语言学习者勤于实践。(Rubin, 1975: 46–47)

这两种策略强调了互动在成功的语言学习中的作用。加拿大的研究者(Naiman et al., 1978: 32)也描述了成功的语言学习者使用的五种策略,包括两种与语言学习的社会性和情感性直接相关的策略:

- 优秀语言学习者利用目的语来传递和接收信息……寻找与目的语群体成员交流的情境。
- 优秀语言学习者成功地**管理**了语言学习对他们提出的**情感需求**。

将语言学习策略作为影响第二语言学习的一组独特变量的观点得到了持续关注,Skehan(1989: 73)认为语言学习策略与动机和能力是"对立的",因为"通过语言学习策略我们有可能让学习者对学习过程加以控制"。在英国和欧洲进行的一项大型研究也强调了学习者使用互动策略的重要性,并将成功的学习者描述为一个"积极主动的伙伴……她对建构理解的贡献是战略性的"(Bremer et al., 1996: 123)。Pitt(2005)在英国观察到,不太成功的学习者在对话中不是"积极的"伙伴,而让目的语对话者"承担检查、诊断和修复误解的工作"(156)。

语言学习策略的分类

Rubin(1975)将学习者策略分为直接策略和间接策略,O'Malley

等人(1985)列出了26种学习策略,他们将其分为元认知策略(计划学习)、认知策略(直接学习策略,如实践)和社交策略(创造互动机会)。正如Griffiths(2008)所指出的,这种将社交策略划分到不同的类别的做法表明了当语言而非英语教材学习和研究处于有利地位时,互动在第二语言学习中的重要性。

Oxford(1990)继续对学习者策略进行分类,保留了Rubin的两个总体类别,并进一步将它们分为六类。她建议将直接策略进一步分为认知策略、记忆策略和补偿策略,将间接策略分为元认知策略、社交策略和情感策略。她认为这将学习者的策略组织成一个系统,而不是简单的罗列,这意味着不同策略之间的关系可以显示出来。

在社交策略和情感策略范畴内,社交策略,特别是那些涉及与本族语者互动的策略,已被证实是提高第二语言技能的主要因素(Naiman, Frohlich et al., 1978; Spolsky, 1989; Griffiths and Parr, 2001; Derwing et al., 2007)。然而,教师和学生对社交策略重要性的看法并不一定一致。O'Malley等人(1985)和Nunan(1988)的早期研究就报告了学习者和教师对于语言学习策略重要性看法的高度不一致。例如,虽然学习者报告说他们最常使用的是通过与他人互动来学习的社交策略,比如"当我说话时,我请讲英语的人纠正我",但教师却将社交策略列为最常用策略的第四名。教师认为学生最常使用的语言学习策略是记忆,如"我用抽认卡记英语单词"或"我经常复习英语课",学生则认为记忆是他们最不常用的策略。一个重要的发现是语言水平较高的学生比语言水平较低的学生使用更多的策略,也更经常(Griffiths and Parr, 2001)。然而,尽管学习者和教师对特定学习策略的重视程度存在差异,但双方对其中一套学习策略的评价是相似的。那就是情感策略(Griffiths and Parr, 2001; Griffiths, 2007)。教师和学生对策略重要性的认可对教师培训、第二语言学习项目中的语言学习策略培训以及如何呈现第二语言学习机会都有影响。

对策略使用的影响

文化和种族在学习者策略的使用和选择中起着重要作用

（Politizer and McGroarty, 1985; Oxford, 1996）。在以教师为中心的层级文化中，学习者被认为是被动的，因此不太可能使用学习策略。文化背景也影响学习者使用策略的选择。例如，在西语国家的英语作为第二语言（ESL）/英语作为外语（EFL）的学生选择使用"预测、推断……避免细节、与他人合作而不是独自工作以及基于个人关系而非逻辑做判断"等策略（Oxford, 1996: xi）。另一方面，日本学习者"反思性地使用旨在达到精准的分析策略、搜寻小细节、独自工作、更多地基于逻辑而非个人互动做判断"（同上）。Oxford认为，支持以线性方式学习特定项目的文化，如韩国和阿拉伯语国家，导致学习者大多使用死记硬背的学习策略，而北美人则倾向于使用更灵活的学习策略，并认为教师是引导者。在此，值得注意的是，一项关于基于国籍的策略使用研究报告表明，与西语国家学生相比，亚洲学生与成功的语言学习者相关的策略较少（Politizer and McGroarty, 1985）。

Chamot（2001）也承认学习者的本源文化在学习者策略使用方面所起的作用，并提出了一个问题：旨在培养学习者自主性的学习策略是在所有文化中都受到重视，还是仅仅受到某些文化的重视。

研究还指出了学习观念在策略使用和选择中的作用（Wenden, 1986）。之后在二语习得领域的研究（再度）关联了动机和学习者策略的使用和选择 (Dörnyei, 2001; Ushioda, 2008）。

与本族语者交流

如前所述，1978年Naiman等人对优秀语言学习者的研究表明，与本族语者接触是成功学习者最常报告的策略。之后的二语习得研究也证实，接触和实践是学习第二语言的两个必要条件（Spolsky, 1989; DeKeyser, 2007b）。Lantolf和Pavlenko（1995: 110）强调了在目的语环境中互动的重要性：

> 语言习得机制并不位于个体的头脑，而是位于投入目标导向活动的个体间的对话互动中。

对于身处目标语言国家的学习者来说,接触和实践的机会可以发生在课堂内——正式的——或课堂外——非正式的,但不能保证。Norton(1995, 2010)、Bremner 等人(1996)和 DeKeyser(2007)的研究指出,身处目标语言环境并不能保证有机会"与目标语言群体的成员交流",而这是优秀语言学习者使用的五种策略之一(Naiman et al., 1978: 32)。英语作为国际通用语——非英语本族语者之间越来越多地使用英语作为交流手段的现象被越来越多的出版物所报道(Firth, 1996; Graddol, 2000, 2006)。然而,到目前为止,研究报告都是针对非母语者所使用的交际策略(Kirkpatrick, 2007; Cogo, 2012; Iles, 2012),而不是针对提高他们英语水平所使用的策略。加拿大的一项研究也说明了个人参与或不参与非正式互动的可能性。在一项纵向研究中,Derwing 等人(2007)研究了在加拿大课外英语接触的影响。受试者来自斯拉夫语和汉语社区。他们的研究显示,汉语学习者的学习成绩没有提高与他们在 ESL 课堂之外接触英语的多少有关,因为更多的斯拉夫语学习者说他们在课外用英语交流(Derwing et al., 2007)。那么,在课堂之外与本族语者进行互动的障碍是什么呢?

　　Norton(1995)认为,学习者和本族语者之间的不平等权力关系正是学习者无法从目的语环境中获益的决定性因素。Norton 从文化资本结构(Bourdieu, 1977)和个人能动性的角度解释了这种不平等关系,二者会影响学习者在寻求互动机会时使用策略与否。布迪厄(1973)认为,在一个情境中个人能动性取决于他/她被认为所拥有的文化资本,文化资本是指个人属于某一特定(社会)阶层或群体的属性。Norton(1995)发现,女性所处的社会结构阻碍了她们被视为拥有文化资本的人,而这种文化资本本来可以让她们平等地进入一个可以帮助她们提高英语的社会文化环境。因此,可以说文化资本和个人能动性在学习者寻求互动机会的策略使用中起着一定的作用。这与欧洲和英国的研究结果相呼应,研究表明,在第二语言互动中,第二语言说话者被定位为低人一等且无助的人(Bremer et al., 1996)。因此,不能认为第二语言学习者处于目标语言环境中就能练习和提高他们的目标语言。

ESOL学习者与课外语言学习策略

英格兰成人ESOL核心课程设置旨在系统发展学习者的交际策略,这一关键文件是英格兰和威尔士许多ESOL课程教学大纲的基础,当然也是ESOL评估的基础,然而,它并未直接关注学习者策略。Baynham等人(2007: 8)研究发现,"促进……合作学习环境、连接课堂与学生课外生活的策略并不那么明显",ESOL教学"更侧重于以教师为导向的活动,而不是以学习者为导向的活动"。尽管如此,官方认证的ESOL教师培训同样缺乏对ESOL学习者发展学习者策略的明确关注。快速浏览一下《终身学习部门ESOL英语教学附加文凭手册》(City and Guilds, 2007),我们发现,重点是语言和教学,特别是在该资质的评估框架中,而模块内容中有一两个项目明确和直接提到了语言学习。更重要的是,这些课程的重点似乎是在课堂环境中促进学习,而不是试图让学习者利用课堂外的目标语言环境来获得学习机会。目前,ESOL教师培训尚未充分而直接地明确策略使用的作用(Cambridge ESOL, 2008; ESSU, 2008)。

自传体文学作品提供了大量课堂外使用语言学习策略的证据。例如,Guo在她的书中(Guo, 2008)描述了自己来到英国学习英语,爱上了一个英国人并搬到了一起生活。她写到了对英语形式的关注,也写到了她对语言的情感投入以及她对不得不使用英语的压力的反应,尤其是在课堂外的环境中。Shappi Khorasani(2009)写了她小时候从伊朗来到英国以及她在学校学习英语的经历,但大部分是在校外。社交策略和情感策略的使用并不局限于英语学习。Katherine Rich(2009)动情地写下了她在印度从情感层面学习印地语的经历,并描述了她在社会情境中为使用印地语所做的努力。

然而,对在英国的成人ESOL学习者的研究以及最近一系列关于在英国的成人ESOL学习者的书籍,都没有明确地提到学习者策略这一主题。虽然这些出版物仍然提供了关于在英国的成人ESOL学习者的文化、教学背景及其需求的丰富信息,但如果提供更多关于学习者为满足那些需求所做事情的信息会更有用。上述研究,尤其是Griffiths和Parr（2001）之前的研究，往往没有区分英语课堂内外的策略使用。然而，ESOL/ESL学习者生活和工作在英语环境中，因此，了解在多大程度上可以使用策略来利用这种环境进行语言学习将是有益的。

鉴于英格兰ESOL经费的不断削减，研究证据也表明了学习策略对提高目的语学习的贡献，那么发展学习策略就变得至关重要。ESOL学习者发展语言学习策略将使他们最大限度地利用第二语言环境作为学习和巩固其第二语言技能的源泉。

ESOL学习者与语言学习策略：一些新发现

"没有地方了！没有地方了！"他们一看到爱丽丝过来就喊。"有的是地方！"爱丽丝生气地说，在桌子一头的一张大扶手椅里坐下。
（《爱丽丝漫游奇境·疯狂的茶话会》①）

本章的下一节报告了在约克郡进行的一项纵向研究的结果，该研究调查了支持ESOL学习者进步的因素（Hann, 2012）。该研究开始并没有研究语言学习策略本身，但是，在回答"支持ESOL学习者口语技能进步的因素是什么？"这个研究问题时，数据提供了大量受访者使用策略的证据。这是一项混合方法的纵向研究，数据是历时两年从同一批受访者那里收集来的。使用了三种研究工具：头脑风暴和排序（Brainstorm and Ranking, 即BS&R）活动（Barton and Hodge, 2007）、简短的问卷调查和访谈。33名学习者参加了BS&R，其中28人继续接受了采访。

研究结果显示了ESOL学习者的智慧和进取心，他们运用社交策略挖掘课堂外的第二语言环境，创造互动机会，提高英语水平。数据还显示了学习者使用情感策略来提高英语水平的证据。

---

① 本章中引用的译文皆参见刘易斯·卡罗尔著. 王永年译. 爱丽丝漫游奇境. 北京：中央编译出版社, 2003。——译者注

社交策略1：邀请输入和扩展实践的策略

第一组发现来自一次头脑风暴及排序（BS&R）活动，在这个过程中，受访者被要求进行头脑风暴并记录下帮助他们提高了英语水平的因素。33名受访者参加了这项活动，针对"什么帮助你提高口语水平？"这个问题，他们总共回复了101个因素。图15.1呈现了所有受访者的总体结果。

经分析发现，这些因素中的大部分是受访者所采用的策略。有趣的是，在他们写的101个因素中，课堂外的策略被引用了81次。根据Oxford于1990年分类法的进一步分析表明，受访者报告的策略可分为以下几类：

社交策略
- 课外使用，如"在家与孩子和家人说英语"以及"在一个其他员工说英语的英国工作场所"
- 在单词层面寻求帮助，如"向丈夫和孩子请教拼写"
- 课外阅读，如"与孩子一起阅读"
- 用于课堂，如"在课堂上讲英语"

认知策略
- 课外使用视听媒体，如"收看电视/收听电台新闻"
- 阅读：媒体和其他

受访者被要求选出他们最常用的五种策略，并按效果排序。三个小组都把涉及积极利用所处环境作为语言输入和互动的策略排在第一位，包括让自己沉浸在一个说英语的家庭环境中以及用英语看电视。

如图15.1所示，在头脑风暴和排序活动中，**课外的口头互动**和**视听媒体**使用是提到最多的因素。访谈数据也证实了受访者对课外口语互动的选择。在访谈中，受访者详述了他们如何寻找和进行课外

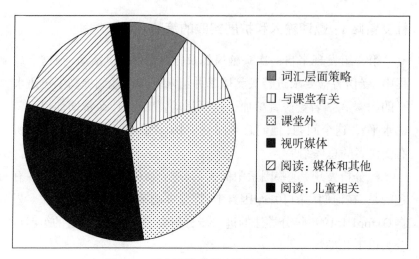

图15.1　所有受访者的头脑风暴活动结果

口头互动以及他们如何利用电视节目来提高他们的英语技能。他们还描述了如何与孩子们一起阅读,读书意味着他们和孩子们一起努力提高英语水平。

因此,可以说,受访者认为互动以及在较低程度上的输入是他们提高口语技能的主要因素。在受访者报告的排名靠前的13个策略中,只有三个与输入单独相关,其余都与互动相关。只有一个策略与课堂有关。值得注意的是,被认为是二语习得重要因素的实践和获得程序性知识的结构化机会(将语言理解为一个系统)(DeKeyser, 2007),却没有出现在受访者报告的这些排名靠前的因素中。

访谈数据结果

"不,不! 先讲经历,"狮身鹰首兽焦急地说,"解释太耗费时间了。"
(《爱丽丝漫游奇境·龙虾的方阵舞》)

访谈数据与头脑风暴和排序活动的结果相呼应,也揭示了学习者为提高英语水平而使用的社交策略。访谈数据显示了受访者使用策略来邀请输入和扩展实践。例如，其中一位名叫Feroz的受访者，他是一名初学者，当他的妻子在医院生下他们第一个孩子时，他请求了第二语言的输入：

> ... three days my wife in hospital and me [....] is over there ... to help and only me alone over there, everybody is English people yeah. I'm looking one old woman er sit down on the corner yeah and I go to, l go to ... pass this lady and say hello, hi and I'm talking, she told me why are you talking to me. Then I told her I'm learn, I try to learning English that's why I'm talking to you er then ... she said alright when you free ... this is my room, you come along and you're talking to me.

Feroz创造了一个在具有压力和可能"受社会约束"的环境中进行互动和实践的机会（Ushioda, 2008: 25）——社会约束是因为Feroz和他的对话者处在一个潜在的高压力水平的医疗环境中。双方对话本来很有可能停留在事务性的谈话上，比如"我在哪里能找到护士/厕所？"或者"我妻子很痛，你能帮忙吗？"。此外，这位女士说，"你为什么跟我说话？"，所以她可能会担心一个陌生人走到她跟前开始和她交谈。然而，Feroz在这种受限的环境中创造了一个机会，这位女士被说服，所以她才会邀请Feroz来和她交流。

在另一个例子中，其中一个受访者去她的邻居那里确认她是否使用了正确的登记表：

> you know once I went to bank and ... I asked my next door neighbour ... when I'm going to speak to the lady at ... the receptionist, what should I say to her? Should I say to her "Can you please submit my cheque into my bank account?" She said, "No, you don't need to, you can also say, can you please put this into my bank account." (Madeeha, Int1)

因此,Madeeha找了一个机会去试试她在巴基斯坦学到的正式的、通常用于书面表达的英语是否适合在约克郡的小镇上使用。

　　除了提供实践机会之外,社交策略还会通过使用情感策略在自我调节和保持继续学习的动机方面发挥作用(Wolters, 2003; Dörnyei, 2005; Griffiths, 2008)。访谈数据还揭示了受访者使用的情感策略。在Dörnyei所描述的分类法中(同上),自我效能策略包含在情感策略大类中。在访谈数据中,受访者描述了属于更宽泛的**自我效能**感范畴的两种微观策略。Wolters(2003: 199)将这些策略称为"防御性悲观主义"和"效能自我对话"。访谈数据显示,受访者使用了这两种策略。

　　受访者Semyon是一个**防御性悲观主义**的例子,他谈到自己害怕第二语言中失败的交流,并努力提高自己的技能:"我害怕,你懂的,有人在笑或者做出类似的举动,但这是工作,你懂的,一步一步……"(Semyon: Int1)。在所有访谈中,相较于提到的78次成功的第二语言互动,受访者41次提到了这类行为。防御性悲观主义是一个术语,用来表达学习者在谈论或思考那些使自己害怕到认为自己将无法完成一项任务或在第二语言中有效表现的因素,诸如他们没有准备好、没有能力或能力低下等。这种担心会激发他们做好准备的动机,这样他们就不会面临失败或不成功的沟通。与这些降低的表现期望值相关的焦虑被战略性地用来提高学生做准备的意愿,从而避免与预期失败相关的结果。

　　效能自我对话是一个用来描述鼓励性谈话和假装的自我信念的混合体,学习者告诉自己他们能够完成任务、达到语言目标等。受访者提及效能自我对话39次。例如,其中一位受访者Naima谈到了她未来的计划:

> If you try to ... like achieve something, you can ... firstly, you have to prove yourself you can ... if you can do ... especially don' give up. Because everybody go' problems, house problems ... so many problems [but] try to never give up.

受访者还谈到了向上调整目标和提高标准的问题，建议对上述效能自我对话的概念进行扩展：

> "Before I was ... and ... some words understand, only some not understand and ... now I can. [I] was afraid [...] and it's er barrier, you know, [....] I just step up, this barrier and just little bit, little bit, and after this it's, you know, no problem, just it's words level [...] that's it and you can improve ...", Semyon (Int 4) 谈到，如果他在英国待了将近两年之后再去美国，用英语交谈对他来说会变得更容易。

因此，可以说，受访者认为值得报告的策略是那些属于社交策略和情感策略类别的策略。他们所报告的是那些即使在受到社会限制的情况下也能鼓励输入和扩展实践的社交策略。在社交策略的选择上，本研究收集的数据表明，尽管使用第一语言会更容易、更高效，但是除了用第二语言和本族语者及同伴交流外，学习者仍然选择用第二语言与家庭成员（包括他们的孩子）进行互动。

此外，我们还对访谈数据进行了定量分析，以了解英语水平较高的受访者与英语水平较低的受访者在策略使用方面是否存在差异。图15.2和15.3显示了调查结果。以下是受访者的报告：

社交策略：
- 接触对话者：在访谈过程中，英语水平较低的人提到了与对话者的接触次数（三至四次）远低于那些英语水平较高的人（四至十次）
- 对话者行为：在访谈过程中，那些英语水平较低的人谈论对话者行为的次数远少于英语水平较高的人（三至八次）

情感策略：
- 效能自我对话：在访谈过程中，那些英语水平较低的人谈论

　　　　从被压抑的感觉中走出来的次数（一至三次）要少于英语水
　　　　平较高的人（三至十次）

下图证实了上文摘录的数据，该数据说明了受访者如何向对话者邀
请输入，并解释了上一节有关对话者的讨论。在谈到如何摆脱压抑
感时，受访者谈到了他们的情感状态以及沟通中的困难如何促使他
们使用如邀请输入、创造实践机会以及自我效能等策略。

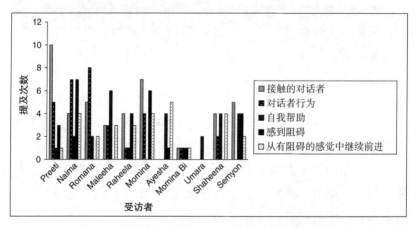

图15.2　英语水平较高的受访者报告的策略使用情况

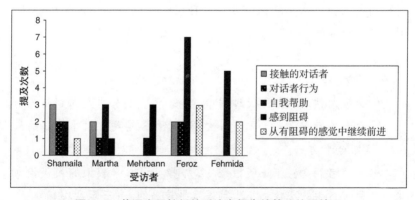

图15.3　英语水平较低的受访者报告的策略使用情况

　　受访者报告的深入的社交策略包括通过制定语言政策以及邀请
家庭对话者进行说明，与同伴合作完成作业或在课间休息时练习英

语。一些人还谈到，他们应该在家里也落实一套语言政策。与同伴合作达成各种目的的策略行为与Chamot（1987）如何描述合作的社交策略及询问细节有关。第二种策略，即目标语言政策，与自我调节有关，似乎是"实践"的认知策略和"安排和计划学习"的元认知策略的结合（Oxford, 1990: 17），通过创造语言环境，提供实践机会。英语水平较高的受访者还谈到了对话者为支持他们的学习所做的事情，这在一定程度上与"分析"的认知策略和"注意""自我评价"的元认知策略有关（同上，19-20），他们注意到了自己所说的话和对话者所说的话之间的差距。

本研究对语言水平较高的受访者进行头脑风暴和访谈，数据结果证明了策略的使用在他们的语言学习中起着积极的作用，这类似于Stern（1975），Rubin（1975）以及Naiman等人（1978）提出的语言学习策略分类法以及之后的不同学习者群体策略使用的研究。受访者提供了某些策略频繁使用的证据，这些策略包括Griffiths（2003）研究所报告的与人互动的策略以及与O'Malley等人（1985）研究所报告的策略类似的计划学习的元认知策略。他们还展示了与Griffiths（2003）研究报告相似的情感管理和利用可用资源的证据。

策略缺失

老鼠啊……爱丽丝认为应该这么称呼老鼠：她以前从未遇到过类似情况，但记得在她哥哥的拉丁语法课本看到过老鼠这个名词的主格、的格、与格、宾格和离格。

（《爱丽丝漫游奇境·泪水的池塘》）

除了来自东欧的两名受访者外，其他人报告的策略都没有引导他们建立把目标语言作为一个系统的认识，而很多作者都认为这与学习第二语言的成功密切相关（Stern, 1975; Naiman et al., 1978; Griffiths, 2003）。例如，这些策略包括语法意识或DeKeyser（2007）所称的陈述性知识。DeKeyser（2007）认为，为了在目标语言环境中进行实践，需要有将陈述性知识程序化（目的语系统的规则）的机会，但首先要有陈述性知识。如果陈述性知识不存在，就无法通过程序化激活它。

对策略选择的影响

我的受访者报告了他们对词汇重要性的信念（头脑风暴）和对词汇的关注（访谈）。然而，说印度语、巴基斯坦语和古吉拉特语的受访者在使用词典等与词汇有关的学术策略方面报告得并不多，而东欧的两个受访者却报告了不少。研究还考察了影响策略选择的因素，在研究的所有因素中，有两个因素与本章所提供的数据具有显著相关性。第一个因素是动机与策略选择的关系（Ehrman and Oxford, 1989; Oxford and Nyikos, 1989）。Ehrman 和 Oxford（1989）发现，职业选择与学习策略的使用密切相关。另一个因素是国籍。一项调查语言学习策略、学习者国籍和语言水平之间关系的研究（Griffiths and Parr, 2000）发现，东欧学习者比其他国家的学习者使用语言学习策略的频率更高。

调查结果的蕴意

爱丽丝最初认为主要的困难在于摆弄火烈鸟。

（《爱丽丝漫游奇境·王后的槌球场》）

学习者培训

研究表明了个体差异在策略使用中的作用，并将特定策略的使用与目标语言学习的成功联系起来，因此，培养学习者策略意识和策略使用的问题也随之产生。O'Malley 和 Chamot 曾尝试训练学习者使用策略。他们在书中将使用学习者策略的方法作为英语教学计划的一部分。他们采用了基于认知学习理论的综合教学法，将语言发展与学术目标、教学内容和策略使用培训相结合（O'Malley and

Chamot, 1990)。Tang和Moore(1992)对成人ESL学习者进行的一项研究发现，一旦取消策略培训，通过讨论标题和教学前词汇等认知策略培训所获得的理解力并不持久。另一方面，元认知策略培训，包括自我监督，提高了理解力，并在训练结束后仍得以持续。然而，要使学习者培训有效，重要的是要意识到"学习者和教师之间存在教学安排的不匹配"(Jing, 2006: 98)，因为在不匹配的情况下，学习者培训很可能没那么有效，而且还需要完成更多的工作！

在中国香港进行的一项针对58名中六学生的行动研究表明，虽然策略培训是有用的——学习者在培训后更多地试图要求别人向他们解释以及阐明他们自己——但这些策略的无效使用比有效使用的可能性更大(Lam and Wong, 2000)。通过与这些学生的教师合作进行研究，编写了包括策略培训在内的教材。结果还表明，"以语言支架支持策略培训"是重要的，以及"同伴帮助与合作在促进策略使用"中有重要作用(同上,245)。

在英国，对ESOL学习者进行的最大规模的研究发现，"(在教学中)有一系列良好的做法，其中大多数更侧重于教师导向的活动，而不是学习者导向的活动"(Baynham et al., 2007: 8)。因此，我们可以推断出在Baynham等人的研究所观察到的课堂中，学习者策略并没有得到积极推行。研究者建议，他们的研究中所发现的学习者参与策略可以被纳入教师的专业发展中。我同意这一点，并建议扩展这些策略的使用(附录A)，以提高学习者的意识。

正如我们所看到的，学习策略的使用与学习者的信念、属性和动机有关，并在成功的语言学习者的全部技能中起着重要作用。Chamot(2004)的五步模式框架对小学课堂学习是有用的。然而，Wenden(1998: 31)的四步教学法更侧重于学习者，更适合成人学习者。她建议教师通过四个步骤来提高学习者的语言学习策略意识：

1 激发学习者的信念和元认知知识，即学习者所拥有的关于其认知过程的知识；

2 要求学习者表达他们所意识到的元认知知识和信念；

3 让学习者清楚地意识到其他可供选择的观点；

4 让学习者反思如何适当地修改或使用其他策略来扩展他们的知识。

Wenden认为，这些任务和支持这些任务的教材将为学习者提供关于语言学习的新概念，特别是如果他们被鼓励去探索他们自己的学习策略。当他们对这种方法越来越适应时，他们就可以尝试他们以前没有尝试过但其他学习者已经证明有效的策略。他们还将制定一个批判性的策略使用方法来评估他们已经使用的策略，并继续实施有效的策略。这让学习者承担起学习的责任，并赋予他们一定程度的控制力。

教师培训

ESOL教师培训需要融入对学习策略的认识和使用。确保教师接受这些概念的一个方法是在培训课程中安排一个作业，教师在其中做一个观察学习者策略意识和使用情况的案例研究。这可以扩展成一个行动研究项目，在这个项目中，教师利用观察所得的结果，提出对特定学习者有用的学习策略，将这些策略纳入教材和教学中，测量效果，并在课程结束时对过程和成果做出评论。

教师只要负责一门课程，在课程前几节课他们就可以收集作为需求分析的一部分的有关学生策略意识和使用的信息。

研究

我建议实施以下调查会很有用：

- 比较自然情境中的策略选择和使用与教学情境中的策略选择和使用；
- 在不同语言学习环境，如ESL和EFL，在不同情境下（比如目的语是或不是该国的本族语或主体语言）的策略选择和使用。

我同意Tomlinson（2012）的观点，他建议有必要进行针对学习者材料"交际有效性"（同上，146）的纵向研究。早前，Tomlinson和Masuhara（2010）提出，因为很难将教材作为一个变量分离出来，所以直到最近才有关于教材对语言学习影响的研究报告。一项纵向研究将策略培训材料作为一个变量加以分离，并报告其效果，这是对策略培训文献的有益补充。

语言学习策略培训材料

尽管英语作为国际语言（EIL）和英语作为世界通用语言（ELF）的兴起意味着人们可以在课堂之外学习英语，但迄今为止，英语学习材料似乎并没有给予学习者在课堂之外的语言学习策略足够的重视，尤其是在EFL的情境中。与EFL的教材相比，英国Dfes（2003）编写的ESOL材料为课堂外语言学习策略的使用提供了一定的支持。

最近的一套用来培训为一国新来者提供扶助的人员的资源在课堂之外发展语言学习策略具有很好的潜力。这些资源来自"欢迎来到英国"工具包，该工具包旨在培训志愿者与新来者交朋友（LLU+ 2011a），志愿者可以是英语水平较高的ESOL学生。该工具包为培训人员和受训人员提供了材料，使志愿人员基于既有的技能、知识和经验帮助和指导刚到英国的女性。角色扮演对支持开发和使用课堂外的学习策略特别有用，可以更深地认识到一个不能讲流利英语的人的感受（同上，36-38；附录B，本章）。在角色扮演中，受训人员扮演英语水平不高的新来者以及教育、卫生和交通领域的官员。角色扮演提高了对英语初学者在安全的课堂环境中的交际需求的认识。角色扮演题目之后是角色扮演后的反思框架（同上，39-40；附录C，本章）。反思框架要求参与者反思自己作为一个难以与官员沟通的人的感受、他们是如何与官员沟通的、这种沟通的效果如何、官员对他们有多大的帮助以及他们下次会不会做些不同的事情。这些材料中所建议的活动将为学习者在课堂之外的互动做好准备。为了让对话者承担一些责任，可以与对话者分享"有效的沟通技巧"（同上,47)。

除了扶助人员培训工具包之外,"欢迎来到英国"工具包还包括一套供新来者自己使用的材料(LLU+ 2011b)。它涵盖了从处理钱财到交通和学校等在英国生活的一系列主题。每个主题的教师笔记都专门设置了**给在英国的学习者的建议行动**和**课堂内外的独立活动**部分。它鼓励学习者记录下在课堂外完成的任务,例如,向邻居咨询该地区不同的全科医生,并鼓励学习者保留行动笔记本。教师也被要求鼓励学习者进行"自我检查",即由学习者"单独或分组"进行自我评价和监控,"这对学习者发展有效且独立的学习技能、学习者自主性、信心和沟通技能很有价值"(同上,43)。同时,鼓励教师给学习者复印答案以便激发他们的反思。通过提供语言学习策略使用的培训框架,**学习者行动**和**课堂内外的独立活动**这两方面积极支持将课堂外的互动转变为学习机会。

尽管ESOL学习者可能会反思在互动过程中发生的事情,但为了有效地利用课堂外互动的学习机会,学习者有意识地去反思互动会更有用。这可以使用上述框架(LLU+ 2011a: 39–40;附录C,本章)来完成。行动笔记本中可以纳入该框架的副本,这样学习者就可以在下一次进入第二语言环境之前回顾先前的反思。

结语及展望

亲爱的蜗牛,不必吓得脸色发白,来参加跳舞吧。

(《爱丽丝漫游奇境·龙虾的方阵舞》)

虽然文献表明,学习者很少在目标语言环境中与本族语者进行互动,而且即使他们进行了互动,在互动过程中的力量平衡也不利于他们的交际技能和交际结果,但本章分享的数据表明,对受访者来说,互动不仅是一种可能性和选择,而且获得了他们所期望的结果。而且,他们在目标语言中进行互动不仅是为了交流,还把这种互动作为一个学习机会,通常是一个直接的学习机会,正如Feroz和Madeeha两位受访者所示,他们报告说他们在第二语言环境中努力挖掘互动的机会。

EFL的教材在培训学习者促进课堂外互动的策略方面存在空白。虽然最近ESOL教材显示有可能提高教师和学习者对这一领域的认识,并为课堂外的策略使用提供框架,但英国的研究表明,ESOL课堂应该更多地关注语言学习策略的发展以将语言学习扩展到课堂之外。其中一个原因可能是教师和学习者对有效的语言学习策略的看法不一致。今后的方向是将语言学习策略作为一门课程或至少作为课程内的一个主题纳入教师培训项目。此外,需要让学习者意识到并支持他们使用将目标语言知识作为一个系统进行建构的策略。

借鉴Tomlinson(2003)的经典著作,我想建议材料研发人员在研发用于策略培训的材料时牢记以下原则:

- 考虑"学习者"对正在使用的语言进行充分而有意义接触的需要;
- 考虑"提供真正交流机会的重要性"(Tomlinson, 2013: 3-4);
- 在语言学习材料中融入策略培训;
- 确保策略来自学习者,因为研究表明他们更倾向于使用他们认为有助于提高语言水平的策略;
- 将培养学习者把目标语言作为一个系统来认识的策略培训编入他们认为能够帮助他们成功的策略中。

因此,语境化策略培训材料,借鉴和承认学习者的信念,结合他们的动机,培养他们把目标语言作为一个系统的意识,很可能会给学习者提供一个策略库,供他们在课堂之外继续使用。

附录A: Baynham等人(2007)的学习者参与策略及策略系统中的相应策略(Oxford, 1990)

Baynham等人(2007: 44)的 学习者参与策略	策略系统中的相应策略 (Oxford, 1990: 16-17)
学习者多大程度	
在一项任务上花费足够的时间,并在执行时保持专注?	元认知策略:以学习为中心
使用英语和/或母语相互学习?	社交策略:与他人合作
在单个表述之外,阐述并扩展输出?	认知策略:为输入和输出创造结构
根据他们的经验和知识提出想法?	认知策略:为输入和输出创造结构
在课堂上通过提问、陈述或转移话题等方式展开交流?	认知策略:为输入和输出创造结构
与同学和/或老师讨论执行任务的问题?	元认知策略:安排和计划你的学习
把课堂类型的任务和他们在课外面临的挑战联系起来?	元认知策略:评估你的学习 认知策略:分析与推理
选择他们想要学习的内容和方式?	元认知策略:安排和计划你的学习 认知策略:分析与推理
对他们自己的学习过程提出意见?	元认知策略:评估你的学习
对课文和主题提供评价性或批判性的回应?	认知策略:分析与推理

附录B：ESOL意识2：角色扮演

活动说明

这项活动的目的是模拟那些英语不流利的人不得不应对需要一定英语水平的正式场合时的感受。学员两三人一组进行本次活动。

准备

- 复印两套ESOL角色扮演场景并剪成卡片；如果可能的话，将卡片层压起来。
- 影印一份"关于ESOL角色扮演的反思"，影印一份"关于ESOL角色扮演的反思——每个人可能的回应"。

使用教材

- 告诉小组成员，他们将进行一次角色扮演，探索那些无法流利说英语的人的感受。他们必须接受并回应他们在角色扮演小组中遇到的官员对他们提出的语言要求。
- 了解学员们除英语外还熟悉哪些语言。把那些对一门外语有一定了解的人（不管了解多少）拉到一边，问问他们是否愿意扮演官员的角色，并愿意在一定程度上用这种语言讲话——即使是非常有限的几句。
- 把那些愿意说另一种语言的人带到一边，解释说他们必须假装听不懂也不会说英语。给他们每人一张角色扮演卡，说明他们必须做什么。
- 将其他学员分成两组或三组。他们将扮演一些有问题的家庭团体或朋友的角色。给每个小组分发一个角色扮演场景，让他们通读信息，并决定每个人将扮演哪个角色。
- 邀请那些会说另一种语言的官员，带上纸和笔，与他们各自的"客户"会合。提醒官员在角色扮演期间不要说英语，但也不要将此信息告诉小组成员。角色扮演大约进行5—8分钟。

在这个活动的最后，你可以要求每个小组向全班同学表演他们角色扮演的一部分。其他人会记下他们注意到的任何一点。在每次角色扮演之后，询问演完这个场景的人对这个场景的感受，重点关注以下几点：

a 出现了什么问题？
b 他们认为有用的东西。
c 他们认为无用的东西。

请其他人对他们的意见发表评论。

- 备选方案：作为角色扮演的替代方案，在最后询问每个小组在他们的角色扮演中发生了什么。例如，问题是什么？官员友好吗？他们用什么策略来克服语言障碍？讨论上述各点及提出的任何其他问题。
- 要求学员反思与小组其他成员的实践，并完成ESOL角色扮演的任务表上的反思部分。
- 分发"ESOL角色扮演反思——可能的回应"讲义，并要求学员将他们的回答与表格上的要点进行比较，两两讨论或分组讨论。
- 学员讨论在类似情况下支持他们朋友的其他可能的方法。

附录C：关于ESOL角色扮演的反思

选自LLU+（2011a），"欢迎来到英国友好扶助者培训工具包"（*UK Befriender Training Toolkit*），伦敦南岸大学语言和读写部。

1 当作为一个无法与官员沟通的人时，你有何感想？
2 你在这种情况下有什么反应？
3 你是如何把你的问题告诉官员的？
4 这种沟通的效果如何？（为什么有效/为什么无效？）
5 这位官员的帮助有多大？
6 有什么我们本可以做得不同？
7 这种经历对你与英语不流利的人交流有何影响？

术语表

BS&R：头脑风暴和排序，一种类似于焦点小组的数据收集工具
ESOL：母语非英语人士的英语
LLS：语言学习策略

参考文献

Barton, D. and Hodge, R. (2007) 'Progression: What are the issues? Lives and Learning over time'. Paper presented at conference: Progression — What are the issues. Preston, Skills For Life Regional Achievement Dialogue.

Baynham, M., Roberts, C., Cooke, M., Simpson, J., Ananiadou, K., Callaghan, J., McGoldrick, J. and Wallace, C. (2007), *Effective Teaching and Learning,*

ESOL. London: NRDC.

Bourdieu, P. (1973), 'Cultural reproduction and social reproduction', in R. Brown (ed.), *Knowledge, Education, and Social Change: Papers in the Sociology of Education*. London: Tavistock, pp. 71–112.

— (1977), 'The economics of linguistic exchanges', *Social Science Information*, 16 (6), 645–668.

Bremer, K., Roberts, C., Vasseur, M., Simonot, M. and Broeder, P. (1996), *Achieving Understanding: Discourse in Intercultural Encounters*. London: Longman.

Cambridge ESOL (2008), *ADTEELLS Syllabus* [internet] Available from <www.cambridgeesol.org/assets/pdf/adteellssyllabus.pdf > [accessed 10/07/11].

Carroll, L. (1865), *Alice in Wonderland*. London: Macmillan.

Chamot, A. (1987), 'The learning strategies of ESL students', in A. Wenden and J. Rubin (eds), *Learner Strategies in Language Learning*. London: Prentice Hall, pp. 71–83.

— (2001), 'The role of learning strategies in second language acquisition', in M. P. Breen (ed.), *Learner Contributions to Language Learning: New Directions in Research*. Harlow: Longman, pp. 25–43.

— (2004), 'Issues in language learning strategy research and teaching', *Electronic Journal of Foreign Language Teaching*, 1 (1), 14–26.

City & Guilds (2007), *Level 5 Additional Diploma in Teaching English (ESOL) in the Lifelong Learning Sector (7305)*. Qualification handbook. www.cityandguilds.com.

Cogo, A. (2012), 'English as a lingua franca: concepts, use and implications', *ELT Journal*, 66 (1), pp. 97–105.

DeKeyser, R. M. (2007a), 'Study abroad as foreign language practice', in R. M. DeKeyser (ed.), *Practice in a Second Language*. Cambridge: Cambridge University Press, pp. 208–226.

DeKeyser, R. M. (ed.) (2007b), *Practice in a Second Language*. Cambridge: Cambridge University Press.

Derwing, T. M., Munro, M. J. and Thomson, R. I. (2008), 'A longitudinal study of ESL learners' fluency and comprehensibility development', *Applied Linguistics*, 29 (3), 359–380.

DFES (2001), *Adult ESOL Core Curriculum*. Available from www.excellencegateway.org. uk/node/1516 [accessed 30/12/12].

— (2003), *Skills For Life Learner Materials Pack ESOL*. DFES, Dfes Publications. Also available online from http://rwp.excellencegateway.org. uk/ESOL/ESOLteachingandlearningmaterials/[accessed 30/12/12].

Dörnyei, Z. (2001), *Motivational Strategies in the Classroom*. Cambridge: Cambridge University Press.

— (2005), *The Psychology of the Language Learner: Individual Differences in Second Language Acquisition*. New Jersey: Laurence Erlbaum Associates.

Ehrman, M. and Oxford, R. (1989), 'Effects of sex differences, career choice and psychological type on adult language learning strategies', *The Modern Language Journal*, 73 (1), 1−13.

ESSU (2008), *Additional Diploma in Teaching English/ESOL, Level 5*. London: Essential Skills Support Unit.

Firth, A. (1996), 'Lingua franca' English and conversation analysis', *Journal of Pragmatics*, 26, 237−259.

Flowerdew, J. and Miller, L. (2008), 'Social structure and individual agency in second language learning: evidence from three life histories', *Critical Inquiry in Language Studies*, 5 (4), 201−224.

Graddol, D. (2000), *The Future of English*. London: British Council.

— (2006), *English Next*. London: British Council.

Griffiths, C. (2003), 'Patterns of language learning strategy use', *System*, 31, 367−383.

— (2008), 'Strategies and good language learners', in C. Griffiths (ed.), *Lessons from Good Language Learners*. Cambridge: Cambridge University Press, pp. 83−98.

Griffiths, C. and Parr, J. M. (2001), 'Language-learning strategies: theory and perception', *ELT Journal*, 55 (3), 247−254.

Guo, X. (2008), *A Concise Chinese-English Dictionary for Lovers*. Vintage: London.

Hann, N. B. (2012), *Fatcors Supporting Progress of ESOL Learners in Speaking Skills*. Unpublished PhD Thesis. Leeds Metropolitan University.

Iles, E. (2012), 'English as a lingua franca and its implications for the teaching of English', *Language Issues*, 23 (1), 5−18.

Jing, H. (2006), 'Learner resistance in metacognition training? An exploration of mismatches between learner and teacher agendas', *Language Teaching Research*, 10 (1), 95−117.

Khorasani, S. (2009), *A Beginner's Guide to Acting English*. London: Random House.

Kirkpatrick, A. (2007), *World Englishes: Implications for International Communication and English Language Teaching*. Cambridge: Cambridge University Press.

Lam, W. and Wong, J. (2000) 'The effects of strategy training on developing discussion skills in an ESL classroom', *ELT Journal*, 54 (3), 245−255.

Lantolf, J. P. and Pavlenko, A. (1995), 'Sociocultural theory and second language acquisition', *Annual Review of Applied Linguistics*, 15, 108−124.

LLU+ (2011a), *Welcome to the UK Befriender Training Toolkit*. Language and

Literacy Unit, London Southbank University. www.learningunlimited.co.

— (2011b), *Welcome to the UK Toolkit*. Language and Literacy Unit, London Southbank University. www.learningunlimited.co.

Naiman, N., Frohlich, M. and Todesco, A. (1978), *The Good Language Learner*. Ontario: Ontario Institute for Studies in Education.

Norton, B. (1995), 'Social identity, investment and language learning', *TESOL Quarterly*, 29 (1), 9−31.

O'Malley, J. M., Chamot, A. U., Stewner-Manzanares, G., Kupper, L. and Russo, R. P. (1985), 'Learning strategies used by beginning and intermediate students', *Language Learning*, 35 (1), 21−46.

Oxford, R. L. (1990), *Language Learning Strategies: What Every Teacher Should Know*. London: Newbury House.

Oxford, R. and Nyikos, M. (1989), 'Variables affecting choice of language learning strategies by university students', *The Modern Language Journal*, 73 (3), 291−300.

Pitt, K. (2005), *Debates in ESOL Teaching and Learning*. Oxford: Routledge.

Politzer, R. L. and McGroarty, M. (1985), 'An exploratory study of learning behaviours and their relationship to gains in linguistic and communicative competence', *TESOL Quarterly*, 19 (1), 103−123.

Rich, K. R. (2009), *Dreaming in Hindi: Life in Translation*. London: Portobello Books.

Rubin, J. (1975), 'What the "good language learner" can teach us', *TESOL Quarterly*, 9 (1), 41−51.

Spolsky, B. (1989), 'Communicative competence, language proficiency and beyond', *Applied Linguistics*, 10 (2), 138−156.

Stern, H. (1975), 'What can we learn from the good language learner?', *Canadian Modern Language Review*, 34, 304−318.

Tamada, Y. (1996), *Japanese Learners' Language Learning Strategies: The Relationship between Learners' Personal Factors and Their Choices of Language Learning Strategies*. Unpublished MA Thesis, University of Lancaster.

Tang, H. and Moore, D. (1992), 'Effects of cognitive and metacognitive pre-reading activities on the reading comprehension of ESL learners', *Educational Psychology*, 12 (3−4), 315−332.

Tomlinson, B. (2003), *Developing Materials for Language Teaching*. London: Continuum.

— (2012), 'Materials development for language learning and teaching', *Language Teaching*, 45 (2), 143−179.

— (2013), *Developing Materials for Language Teaching*. London: Bloomsbury.

Tomlinson, B. and Masuhara, H. (2010), *Research for Materials Development in Language Learning: Evidence for Best Practice.* London: Continuum.

Ushioda, E. (2008), 'Motivation and good language learners', in C. Griffiths (ed.), *Lessons from Good Language Learners.* Cambridge: Cambridge University Press, pp. 19–34.

Wenden, A. (1998), 'Metacognitive knowledge and language learning', *Applied Linguistics*, 19 (4), 515–537.

Wolters, C. A. (2003), 'Regulation of motivation: evaluating an underemphasised aspect of self-regulated learning', *Educational Psychologist*, 38 (4), 189–205.

对第三部分的评论

Brian Tomlinson

在第三部分中最常提到的一点是不同类型的学习者需要不同类型的教材，这一点显而易见，但很重要。语言学习教材有一些普遍的原则和标准，但要想成功地实现学习目标，教材必须遵循与目标学习者的特点和学习环境相匹配的原则、标准和程序。以非真实初学者为例，显然，他们能力的缺乏掩盖了他/她花在学习语言上的时间。这样的学习者需要采用不同的方法重新开始，而不是按部就班把同样的内容再重新学习一遍。然而，大多数非真实初学者被要求使用主要为完全的初学者设计的教材（但很可能是作为满足初学者和非真实初学者的需求而出售的——因为从市场营销的角度来说，这是一个切实可行的目标群体）。另一个例子是，许多有学术兴趣和特质的大学生被要求使用为注意力时间短的现代青少年而设计的平淡而普通的教材。当然，问题在于，许多不同类型的学习者并没有构成足够大的市场来保证不同类型的教材的研发和使用。因此，解决之法可能是使用全球性的教材，搭配概括性的活动，与学习者从不同的文本库或互联网上选择的材料一起使用。或者，可能会有更多的机构和地区研发符合他们自己学习者类型的特定教材。最近，我本人就为埃塞俄比亚的小学教师、撒哈拉以南非洲的"领导人"、伊斯坦布尔私立学校的青少年和都柏林的难民儿童编写了这类教材。

这一节的另一个共同点是教师需要帮助学习者与教材进行互动。任何预先确定的教材都不能满足所有目标学习者的需要。学习者必须努力与教材进行互动，使其与自己的生活和需求相联系，教师可以通过修改和补充材料来帮助他们做到这一点。这就是正在发生的事情。例如，在伊斯坦布尔的法蒂赫阿纳多卢高中（Fatih Anadolu Lisesi），教师正忙于将提供给他们的全球性教材进行本地化和个性化加工。当然，如果教材设计时考虑到这种促进互动的方式，这对教师来说会更容易。

第三点，也是第三部分各章节的一个共同之处，那就是教材不能成为教学大纲，这是非常重要的一点。教学大纲应根据特定学习者群体的需要和需求来制定，然后再选择或研发与教学大纲和特定学习者群体特征相匹配的教材。当然，完美的匹配永远无法实现，教材需要向着教学大纲和学习者的方向进行修改。如果教材实际上是为了迎合这种灵活性而设计的，那就更好了。我认为，要研发符合特定类型学习者要求的教材，应更多地采用概括性的活动，辅以从互联网或从教师和学习者根据他们的兴趣、感知水平和要求研发的文本库中选出的适合当地情况的文本。

我还认为，现在我们要接受这样一个现实：绝大多数外语学习者（尤其是英语学习者）学习这门语言的目的是与其他以该语言为第二语言的人交流，而不是与以该语言为母语的人交流，这一点应该体现在课文、话题、语态和文体的选择上。这也意味着教材应该是多元文化的，而不是集中在被认为是所学语言的宿主文化的文化上。

针对特定学习者的特定教材，我的另一个观点是，尽管满足他们的特定需要和需求很重要，但也必须要记住，他们是具有广泛生活经验、广泛兴趣的人，并且具有与他们作为学习者的定义特征无关的观点、感情和专业知识。也就是说，我们既要满足教材中对人的要求，又要满足特定学习者的需要和需求。我们应该缩小焦点，同时丰富经验。

第四部分

特定类型教材的研发

第十六章 语法教材研发

Jeff Stranks

引　言

　　语法能力的发展在二语或外语学习中的重要作用不言而喻。尽管近年来出现了所谓的交际法，并且学习者的日常学习证据表明，他们在使用另一种语言编码其自身含义时遇到的困难多与词汇和（口语模式下的）音系学有关，但语法在教材中仍处于主导地位，甚至达到了痴迷的地步。此外，我们发现教材和补充资料中的语法材料对语法形式的关注仍然优先于对意义的考虑。早在1990年，Widdowson就指出，只关注语法形式是不够的：

> 学习者需要认识到这种工具（即语法）的功能，它是一种在词语和语境之间进行调和的方式，同时也是一种有目的地实现意义的强大资源。而交际法，只要构思得当，其实并不会排斥语法。相反，交际法承认了语法在语言的使用和学习中的中心协调作用。（Widdowson, 1990: 98）

如果我们看一下提供给学习者的大部分练习材料——单句练习、随机词汇化、转换练习、冗长且不准确的"规则"等——不难得出这样的结论：Widdowson所提到的对语法的认识和认可，诸如所练习的语法何时何地运用，其实大都留给了学习者自己去领悟。常见的例子就是"简短形式"的教学和练习，如用Yes I am / No I'm not来回答开放式问题（本章后面将详细讨论）以及要求学习者将主动语态的句子转换为被动语态（或被动语态转主动语态）。关于主动语态与被动语态之间的相互转换，Acevedo 和 Gower（1996: 23）[1] 采取了这样的教学方法：学习者被告知，当"主体是新的、重要的信息"时，要使用被动语态，"在英语中，新的信息往往出现在句子的末尾或接近末尾"（讲授"已知信息－新信息原则"时，此法值得肯定，但尚有些许局限性）。当随后要求学习者识别八个句子中的主语和宾语，然后"只保留必要的主体，并把句子改写为被动语态"时，前面强调的"新的、重要的"这些信息却被学习者忽略了。说到底，形式确实很重要。

目前语法在 EFL 中的地位很大程度上受教育部和各大出版社固有的保守主义的影响，同时，材料的"购买者"不是学习者，而是决定教学大纲和/或书籍采用的人，这也是个事实，他们的态度基本上是"略知一二强于全然不知"——许多出版物中的语法知识都是极为熟悉的内容，尤其便于教师稍加培训后，就可以开展教学。当然，本领域与语法相关的现状受到了很多批评，特别是通过一系列单独的和分散的语法项目来教授语言语法的方式受到了批评，Thornbury（2000）将其称为"语法鸡块"。Long 和 Robinson（1998）等人认为，语言教学太注重单个语言形式，他们提出聚焦真正的形式（FonF），换句话说，这种教学法要求学习者注意他们所接触的数据中出现的多个语言形式，并思考这些形式如何用来创建特定的意义。这种方法也是任务型学习法（Task-based Learning, 即 TBL）的一部分，Willis（1996）的著作就是一本利用文本来审查语言数据并关注形式的创新方法。另见 Ellis（2003）关于任务型学习法的讨论，Willis 和 Willis（2007）关于任务型学习法实际活动的讨论。

为了教学目的，将语言的语法分解成支离破碎的语块，这无疑带来了很多问题，其中包括脱离了情境的实践，还有给学习者提供的例子及从学习者身上抽取的例子都反映出词汇的随机性，正如Widdowson（1990）和 Lewis（1993）指出的那样，与此同时，教师也试图让学习者参与极力控制的产出活动，以避免学习者使用他们还没有"学过"的语言。然而，大多数语法教材的编者面对的事实就是如此。任课教师自己制作材料供学生使用，也许是创新的好机会，当然也是将学习者纳入考量的好机会（特别是考虑英语语法的某个方面，相较于母语，在多大程度上会或者不会对学习者造成困难）；但材料一旦出版（不管进入什么市场），迫于当前行业规范的压力，作者往往需要遵守"语法鸡块"的框架。因此，本章在不纵容这种现实的同时，将试图为语法材料的编写确立一些标准，并为那些传统语法领域中的语法教材编写提供一些指导和思路。

一些标准

语法教学材料的编者需要考虑很多因素，其中包括：

- 材料学习者的年龄和水平；
- 所采用的方法在多大程度上满足（a）学习者，（b）教师，（c）学习者和教师所在的教育文化的期望；
- 为呈现语法而使用的语境和上下文能在多大程度上吸引学习者；
- 要处理的语法领域的性质，包括其形式、其内在含义（如果有的话）以及它们在通常发生的口语和/或书面语篇中是如何使用的；
- 为学习者提供的任何语言在多大程度上代表了语言的实际使用，学习者为生成包含目标语法的语言而进行的活动在多大程度上将导致有意义的话语，这些话语应至少与学习者在非课堂环境下想要产出的语言有些相似性；
- 学习者在学习这些语法方面可能会遇到的困难，特别是目标语言与其母语之间在形式、功能以及形式/功能关系方面的相似或差异。

虽然，这里列出的前三点对任何从事课堂教育或设计课堂材料的人来说都非常重要，但本章仅限于考虑上文提及的后三点，因为如果不考虑语法材料能在多大程度上准确地反映语言本身及学习者的语言需求，并在多大程度上鼓励和允许学习者产出与其相关的语言，语法材料可能很有趣，但其教学价值可能会比较低。

语法练习即语言练习

关于上文所提的标准 d 和 e，人们可能会立即想到教材中一种持续的趋势，即避免在对话型的语言教学练习活动中出现常见的缺省。例如，在 Ur 和 Ribé（2000：4）中，为学习者提供的对话是："What's your name?/My name's Debora." "How old are you?/I'm fourteen.", "When's your birthday?/My birthday's in September.", 等等。显然，在这样的编写中，作者（和/或编辑）持有这样的观点，即举例说明语法形式要比呈现自然发生的语言更重要。进一步举例，几乎所有语法教材中都会包含这样的内容，我们称之为"简短回答"（short answers）："Yes, I am./No, he isn't./No, they haven't." 等。这样的内容通常单独设立——"是/否"问题可以简单地以这种方式回答，学习者的实践练习也只涉及简单的问题和回答。但对于这种回答在什么时候合适，或者什么时候不合适，总是没有给学习者们提供相应的参考或指示——像 "Yes, I do." 这样话语的功能或语用效果被忽视了。Whitney（1998：136）提供了以下关于一般过去时的练习：要求学习者与合作伙伴一起提问和回答，给出提示 "play-football-yesterday" 和示例 "Did you play football yesterday?" "Yes, I did./No, I didn't.", 然后要求学习者用提示进行进一步的交流，如给出提示 "study-a lot-at the weekend" 和 "watch-TV-yesterday"。在最近的出版物中不难找到与其类似的练习，例如，Garton-Sprenger 和 Prowse（2005：35）。上述的练习引导学习者给出这些"简短回答"大概是基于这样一种信念：学习者没有充足的语言储备可以说得更多；但这种"简短回答"往往在真实的对话环境中会导致学习者给人以生硬的印象,或者粗鲁的感觉。所以这种"简短回答"往往根本不会用作对问题的回答,而主要用来纠正或表示不同意另一说话人的陈述或主张,并通常会在随后进行纠正或进一步的评论。因此,这些错误定义的"简短回答"需要参考如下两个方面进行教学和实践:(a)在反对或纠正的语境中;(b)对"简短回答"进行适当的跟进,如 A:"You're late." B:"No, I'm not. It's only eight-thirty."或 A:"Neil Young's American." B:"No, he isn't. He's Canadian."等。材料作者希望让学习者给出"简短回答",这就需要将对话以学习者可以不认同的陈述开始(因为他们知道对方说的是不正确的),或可以让他们给出相反的意见。可按照以下方针制定练习:

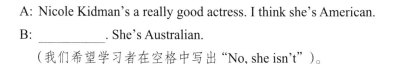

A: Nicole Kidman's a really good actress. I think she's American.
B: _____. She's Australian.
(我们希望学习者在空格中写出"No, she isn't")。

当然,对于材料编写者和学习者来说,这样一个主题练习会更加复杂,但是,不这么做的话,就容易成为死板的语法练习,而不是*语言*练习。

间接引语——一种审视

有许多传统的语法领域几乎出现在所有语法大纲或内容列表中,不需要当作互不相干的领域进行处理,当然也不需要单独处理。在这里要详细地探讨一个例子,即"间接引语"。Willis(1990)及其他人认为,没有必要把它当作一个独立存在且有一套规则的语言领域。也有人可能认为,相对于会话语言的使用,它是语言教学中一个相对不重要的特征,因为"直接引语(说话人对某人所说的话作明显的逐字记录)是对话的一个重要且经常出现的特征"(Biber et al.,

1999: 118)，这一立场实际上是 Carter 等人（2000: 40）关于直接和间接引语部分的出发点。如果我们观察一下说话者为了产出一段"间接引语"的话语需要做些什么，我们会有以下发现：

- 能够选择一个动词来反映"汇报者"对原言语行为的看法（例如，say/tell/explain/suggest/admit/ask 等）；
- 了解所选动词对后续结构的含义（例如，he asked me if... 或 he asked me to....）；
- 能以指示距离指代某一时间段（例如，the day before/the following day/three weeks later，而不是 yesterday/tomorrow/in three weeks 等）以及不在场时进行其他指示提及（例如，the house，而非 this house 等）；
- 当选择的动词后面跟着一个 that... 动词短语时，能够为 that 从句中的动词选择一个恰当的时态形式。

以上的前三点不必要——可以说也不应该——留到间接引语在教学大纲中出现时再解决。学习者需要知道用于指代不同言语行为的动词的含义以及如何使用它们。[2] 每个动词都有其不同的语法含义：一些（如 inform/tell/persuade 等）需要后接间接的人称宾语，另一些（如 suggest/admit/say 等）需要后接名词宾语或 that 从句，等等。但这些特征是动词本身的特征，而不是间接引语的特征，需要在课程中随着动词的出现教授给学生。同样，时间短语、指示代词等与"间接引语"没有专门的联系，可以与陈述句同时讲授和练习。

　　因以，许多所谓的"间接引语"的特征可以视为各自独立，可以分别进行教授。所以，可以形成一种方法，为学习者提供他们报告言语所需的充足语言储备，而根本不用教他们"间接引语"。

　　然而，上面所提的第四点——选择恰当的动词时态形式——应该比前三点更为复杂。这里我有意识地用了动词"选择"，说话者选择时态，而不是从一个时态转换到另一个时态。尽管这种选择不是非常有意识的,但是以英语为母语的人会意识到不同选择的影响,例如"He said he's coming."或"He said he was coming."这与时间短语的选择非常相似(例如,一位言语行为汇报者提到tomorrow,可以使用the following day这个短语替换,或者根据报告时间保留tomorrow这个词),动词时态形式的选择,要么反映了说话人对一般性时间参考的认知,或者他/她对情况的理解。举例说明:如果有人在我写这篇文章的时候走近我,说"John's arriving tomorrow.",而我今天晚些时候报告时,我可以说"X said John's arriving tomorrow."。当然,如果我明天报告此事,我就不再说tomorrow,而是today。但是,无论何时转述,在John到达或我收到其他信息之前,如果我愿意,我仍然**可以**选择使用was arriving的形式。这样表达可能意味着:(a)"但我现在知道情况不再如此",或(b)"情况可能是这样,也可能不是这样,我不愿意为我所报告内容的真实性提供担保"。英语学习者有必要意识到(如果他们还没有意识到),这些选择对他们是开放的。

在这一点上,关于"间接引语"的说法很可能会引起语法学家们的反对,比如Swan(2001: 182),他猛烈抨击语法领域中让学生自己领悟的方式,对此他给出以下描述:

> 我们常通过给出大量肤浅的"经验法则"来教授某个语法主题(现在完成时、冠词、介词等)。但这些都没有真正触及问题的核心,它们只会给人一个印象——相关的语法领域是琐碎和武断的。然而,事实上,有更深层次的潜在模式指导着本族语者的直觉选择。如果我们能够梳理出这些模式,并将它们传达给学生,一切都将水到渠成,相关的结构也将不再有问题。

前面关于"间接引语"的论断肯定地声称,传统的方法不能触及问题的核心,并将其看作是"琐碎和武断的"。然而,并不像Swan所暗示的那样,如果梳理出指导本族语者本能选择的潜在模式,问题就不会继续存在。由此可见,教学是必要的。有待商榷的是教学该从哪里入手。例如,说巴西葡萄牙语的人,如果允许他们在时态选择中遵循自己的直觉,除了形式上的错误之外,很少会犯错误。正如Swan在其他地方提出的建议(1994: 53),其中引用了一句古老的美国谚语:"如果它没有坏,就不要修理它"。但是,非本族语者可能就需要练习,以帮助他们处理时态选择。但是应该是什么类型的练习呢?

接受性语法活动

许多间接引语领域的语法练习都是要求学习者通过"转换"动词时态,将直接引语中一段特定的话语"转换"为间接引语。很难想象,这与实际语言生成有何相似之处,而实时、在线语言产出才是学习者想要并需要做到的。Brazil(1996: 239)指出:

> 句子语法是从一种远离潜在用途的抽象概念中衍生出来的,它提出了有关语言组织的问题,这似乎与那些吸引参与交流的人们的语言组织没有多大关系。

有人可能会补充说,转换语法练习(无论是针对"间接引语""被动语态"或任何其他语法领域)对语言学习者决策和生成语言的要求与在线交流时语言决策和产出的要求完全不同。

除了上述的转换练习,还有什么其他选择吗? Lewis(1993: 154)指出了一个可能的方式,他呼吁将语法作为一种**接受性**技能:

> "提高意识"是一个最近在语言教学中颇为流行的术语。这些评论者的统一特征是坚信,学生**准确地观察**并**感知**目标语言数据中的**相似性**和**差异性**的能力最有可能帮助语法系统的习得。在这一理论框架内,**语法作为一种接受性技能**具有重要的作用。

Ellis 通过不同方式表达了认可,他主张 "解释性语法任务",即 "……在语言输入时,将学习者的注意力集中在目标结构上……并让他们能够识别和理解该结构的意义。这种方法强调为理解而进行的输入加工,而不是为产出而进行的输出加工……"(Ellis, 1995: 88)。

"语法作为一种接受性技能" 的概念并不是一个新的概念,多年来,已经有很多编写并出版的习题,这些练习要求学习者处理语法的各个方面,而不用考虑利用所学语法进行实际的语言产出。然而,对于在理论基础上有意识地采用接受性语法这一观点,可以且已经导致争议,如 Batstone(1996: 273)认为:

> 在要求学习者用新语言创造意义之前,他们可能需要时间来理解新语言。(这一观点认为)接受性任务与创造性任务应该有明显的区别,并且前者应是先于后者的。

遵循这一思路,并以帮助学习者了解关于间接引语中的时态选择有哪些是可用的(或不可用的)为目标,可以设计一种接受性语法活动,鼓励学习者查看包含间接引语话语的示例,并找到对它们进行分类的标准。可以采取以下形式的练习:

阅读下面的句子,它们都包含 "间接引语",请把它们分为两类。

第一组: 第1句,……

第二组: 第3句,……

1　"I talked to James last week – he said he wasn't going to Sao Paulo after all. So we went for a beer on Saturday."

2　"Alan called – he said he couldn't ring you last week because he had to go to Paris unexpectedly. Can you get in touch with him?"

3　"I talked to Paul yesterday – he said he isn't working for the bank any more. Did you know?"

> **4** "Sara called me this morning – she said she isn't coming to the meeting tomorrow, but she'll e-mail you the information, OK?"
>
> **5** "When I talked to Sara yesterday, she said she was sending the information by e-mail. I don't know why it hasn't arrived yet."
>
> **6** "There's a Mr Johnson outside who wants to see you. He said it's urgent."
>
> **7** "I saw Joan this morning – she doesn't look well, she said she hasn't eaten for a week."
>
> **8** "I phoned the electrician, but he said he couldn't come until the following week. So I fixed it myself. Seems to be working OK!"

第1、2、5和8句都是举例说明说话人在间接叙述时使用过去时形式，而第3、4、6和7句说明了现在时形式的使用（包括第7句的现在完成时）。然而，除非学习者特别机敏，而且（或）他们的母语操作机制与此相似，这样的练习只会提醒他们，一些间接引语会使用过去时态，而另一些则使用现在时。为使他们意识到**为什么**间接引语会使用不同的时态，很可能需要进一步的练习——同样，以接受性的方式，并可能沿着以下思路进行：

仔细观察以下对话的斜体部分，思考说话者认为哪些事情仍然是正确的？哪些事情他们认为是不正确的（或不再是正确的）？

> **1** A: "I asked the new guy, Rolf, where he's from – he said *he's* German."
>
> B: "German? Alan told me *he was* Swiss."
>
> **2** A: "John's just phoned – he said *he's coming* at 11:00."
>
> B: "That's strange – when I rang him yesterday he said he *was* coming at 10:00."
>
> **3** A: "Joan said *she's going* to France for her holidays."

> B: "Oh really? She's always changing her mind. Two weeks ago she said *she was going* to Italy."
>
> **4** A: "I can't believe you're ordering sushi! You told me *you didn't like* Japanese food!"
>
> B: "No I didn't – I said *I don't mind* it now and again."

　　像这样的练习会让学习者参与相关的语法认知活动,当然并不适合所有人。这种练习确实难度不小。此外,它还要求教师注意过去时态的使用——过去时态不仅是表达时间距离的一种手段,也是表达心理距离的一种手段(Lewis, 1986),以及现在时态的使用——表达时间和心理上(对事实)的靠近,以帮助学习者理解这一点。对于许多教师来说,这很可能是无法把控的,他们可能更喜欢比较保险的"规则";然而,类似"将直接引语中的动词在时间上后退一步"这样的"规则"是不准确的。学习者通常被各种杂乱无章的信息狂轰滥炸,那些信息可能比上面的练习要求更苛刻,也更不合适。(学习语法系统各个方面之间的区别是扩展语法学习和掌握的基础。主动语态和被动语态之间的区别,或will和going to的使用,也是这方面的例子。)以下引用Willis(1990: 115),虽是谈论名词短语,但做出的评论适用于其他语法领域:

> ……这些练习大多是增强意识的活动。因为(这种语言的)复杂性和不可预测性使得我们无法提供任何规则。我们所能做的只是提炼这些元素,并鼓励学习者审视他们的语言经验。然而,我们做的这些都是极其重要的。

那么,我们又该如何处理要求学习者产出语言的练习呢?诱导学习者产出间接引语的一个主要困难是,为学习者创建指示参照,这是大多数转换练习都会忽略的一个问题。然而,与其要求学习者产出包含间接引语的话语,不如首先让他们做一些选择练习,如以下练习（Stranks, 2001: 28）：

选择最恰当的动词形式。

1 I invited Jim to the party tonight. He said he _____ (*wants /*
wanted) to come.

2 John's going to live in New York next year. It's odd, because
last year he told me he _____ (*is going / was going*) to
stay in London.

3 Don't worry, Mum. Dad said he _____ (*'ll /'d*) pick me
up from school this afternoon.

4 I don't know why Jim didn't come to the party. Yesterday he
said he _____ (*wants / wanted*) to come (etc.).

这项练习存在一些问题，因为有些例子的答案并不唯一。许多参与
英语教学的人，包括学习者，都很难接受答案没有明显对错之分的练
习。但不幸的是，语言，包括语法，往往不是正确或不正确、可能或不
可能的问题。上面的练习远离了"对/错"综合征，也因此让许多使
用者（尤其是教师）感到不能接受；然而，让学习者考虑哪一个**更可
能**或**更合适**，可以让他们感受到可选项的存在以及各种选择之间存
在的微妙的意义差异。

　　正如前面提到的，产出性练习通常是需要高度控制的。但是，当
有选择余地时，这种控制就非常困难，而且可以说是适得其反。"间
接引语"方面的替代方案包括，要求学习者思考在最近或较远的过
去的某个时刻，他们**实际**听到的难忘的话语；要求他们报告那些言
语行为；然后给予必要的纠正或修改。Doughty 和 Varela（1998）报
告了一项研究，其中显示，在语言形式的不断习得中，纠正交际**过程
中**的语法错误比控制性练习更有效，不过他们的研究并未使用这里
列举的语言练习任务。

语法与意义

有人可能（也）认为，语法材料应该努力为学习者阐明一些语法领域中存在的意义暗示。关于间接引语，我们可以看看诸如 Gerngross 等人（2006: 245）的活动，有三幅画需要与转述性话语进行匹配。图画显示：（1）一名妇女躺在担架上来到医院，陪同她的人与护士交谈；（2）同一名女子，躺在医院的帘子后面，她的同伴正在和医生说话；（3）同一名女子（现已不幸去世），躺在棺材里，有两个人正在谈论她。说话内容为：(a) "She said she hasn't been feeling well."；(b) "She said she hadn't been feeling well."；(c) "She says she hasn't been feeling well."（答案：1c / 2a / 3b）。这鼓励学习者注意"引语动词"和间接引语从句中动词的时态。然而，似乎出现了一些问题：

- 虽然词汇内容的相似性接近100%，那么刻意让学习者只关注动词形式，是否会让学习者感到更加困惑？

- 活动来自教师的参考资料，用作教材材料是否得当？出版社编辑会把它收用在供学习者使用的教材中吗？（笔者的经验表明，他们可能不会，理由是空间有限以及教师能力有待考查。）

- 下一步怎么办？所引用的材料建议让学习者尝试"他们是否能够解释时态的选择"。这样，突然之间，说明性的材料变成了分析性的问题，或者说变成了学术性的/智力性的问题。

随后的材料内容是让学习者回忆和讲述某人误导他们、对他们撒谎或欺骗他们的时刻，这意味着在讲述中出现间接引语的概率很高，当然，在这些表述中，语法的准确性另当别论。

语法材料有时会提供一些相关语言点的过度人为加工的示例，使学习者感到很受挫。为了举例说明"间接引语"的某些用法，Jones（1998: 122）让一个人单独读一本书，然后自言自语道："I don't like this book I'm reading now." ("我不喜欢我读的这本书")。紧接着一位女士向另一个人转述说："He told me he didn't like that book he was reading then." ("他告诉我他不喜欢他当时读的那本书。")。不清楚为什么示例中的"说话者"会使用短语 I'm reading now、that book 和 then，听起来一点儿也不真实。然而，语法材料也会在其他方面让学习者失望。当向学习者提供练习活动或习题来实践某一特定语法时，我们期望练习中产生的话语（a）是可行的语言，（b）与学习者想要表达的语言较为接近。但我们可以毫不费力地找到一些语法练习活动，学习者在这些练习中产出的语言都是些不大可能存在的语言。现从各种已出版的教材中随机选择几例如下：

- Scientists make a lot of clever inventions.

  （练习 a lot of）
- Athletes must train very hard to be champions.

  （练习表示"必须"的情态动词 must）
- Has John heard her latest record?

  （练习现在完成简单式）
- James and Emma can speak French.

  （练习表示能力的情态动词 can）

也经常有这样的例子，像 "An elephant is bigger than an ant." 这一类简单明显的句子。上面所列最后一个句子特别说明了一种普遍的趋势，即不仅随机词汇化，而且鼓励学习者使用实际上并不常见的搭配，如 can 用于表示"可能性"要比表示"能力"频繁得多，尽管（做出这些区分）对材料编者来说可能不方便，但 can 并不与 speaking a language、driving a car 或 riding horses 之类的事情搭配使用。上面的第一个例子实际上包含了一个搭配（make inventions），这对以英语为母语的人来说，似乎是一个根本不会发生的搭配。

　　不可否认的是，要做到编写练习使用的语言始终与学习者相关并不容易（特别是世界上有很多的学习者实际上几乎没有或根本没有使用英语的愿望,短期内肯定不想),要将编写练习的语言控制在他们的语言能力范围内,并忠实于实际的语言使用也并非易事。然而,专业的教材编者肯定会尝试这样做,至少会保持搭配和词汇方面的正常特征。为此,教材编者越发不能依靠直觉(或以前出版的教材中见到的素材)。语料库的存在和可用性以及检索程序,使我们能够了解语言使用者实际**做**了什么,而不是我们认为或希望他们做什么。诸如《朗文口语和书面语语法》(Biber et al., 1999)这样的参考著作,基于4,000多万个单词的语料库,也提供了关于语言使用的颇具启发性的统计证据(例如,有点令人惊讶的是,will 比 going to 更常用,并且情态动词 will、would、can 和 could 比该词汇组其他词更常见)。该书还对语域、语体、搭配等内容进行了评论,对于希望语法教材能够反映实际语言使用的作者来说,这种著作简直是必不可少的工具。

语法与技术

自2003年本章内容最初出版以来,我们已经看到了以技术为基础的英语教学的发展以及在线或 CD-ROM / DVD-ROM 材料的激增。毫无疑问,技术还在进一步地发展。这是否导致了语法教材设计方式的激越发展? 虽然不能声称自己掌握了所有知识,但本文作者认为,技术并没有带来多大的改变。特别是在线材料,似乎只是简单地将语法书页面上的内容转换成 html 网页,具有即时检查答案、配以色彩丰富的视觉效果和/或游戏效果的"优势"(例如,如果你答对了一个问题,那么就会扣篮得三分)。假如搜索"被动语态在线习题",看到的内容实在令人失望。然而,这种技术的存在确实为材料带来了更多的可能性,做到印刷材料做不到的事情,例如,显示动画,而不是传统绘画或用文字描述,并让材料创作者向学习者"说话"。确实已经有人进行了尝试:Puchta 等人(2012)的 CD-ROM 活动向青少年学习者展示了现在进行时和一般现在时在概念上的区别,特别是使用动画来表示"说话时正在发生的事"。活动还采取了诱导学习者走上"歧途"的方法,换句话说,"故意诱导错误,然后显示其影响"(Thornbury, 2011),比如偶尔会给学习者提供两个都是错误的选择,然后一个卡通评论员会告诉学习者这是个恶作剧(学习者还可以点击对应的按钮来显示他们已经看穿这是一个恶作剧)。总体意图是为学习者看到语法选择的实际含义时,产生(或至少可能产生)一个"啊哈,原来是这样!"的效果。不管好坏,一些基于技术的教材试图帮助学习者注意语法并理解语法选择的重要性,这确实是纸质材料理想中想要达到的效果。

　　总之,本文作者认为,即使技术带来了一些可能性,用于语法教学的材料似乎比较适应变化,但语法在大体上仍然被视为一个与语言和语言使用其他方面相隔离的系统。语法可能是必要的——也许对某些人来说是必要的——但理想状态下,应将材料看作语言的一部分,而不是为了学习语法而去学习一个单独的特征。语法材料作者交给教师和学习者的材料应当努力反映Widdowson(1990: 98)所说的语法"在语言使用和学习中的中心协调作用"。

注释

1　本章参考了各种已出版的材料,以便为所提出的观点提供具体的例证,也可以从其他材料中选择实例进行类似的例证。虽然某些活动/练习受到批评,但我并无意暗示所引用的材料毫无教学价值。
2　这些动词常被称为"引语动词",当然常用于报告言语行为。然而,它们也被用于指示现在和将来的言语行为,在这种情况下,它们不是"报告"任何东西,此时名称具有误导性。还有say、tell和ask等动词与进行时一起使用的问题(例如,"John was saying that the show's been cancelled.")——语法教材基本上忽略了这一点。此外,在会话环境中越来越频繁地使用go作为引语动词,这一点也常被忽略。

参考文献

Acevedo, A. and Gower, M. (1996), *High Flyer Intermediate Students' Book*. Harlow: Addison Wesley Longman.

Batstone, R. (1996), 'Key concepts in ELT — noticing', *English Language Teaching Journal,* 50 (3), 273.

Biber, D., Johansson, S., Leech, G., Conrad, S. and Finegan, E. (1999), *Longman Grammar of Spoken and Written English.* Harlow: Pearson Education.

Brazil, D. (1995), *A Grammar of Speech.* Oxford: Oxford University Press.

Carter, R., Hughes, R. and McCarthy, M. (2000), *Exploring Grammar in Context.* Cambridge: Cambridge University Press.

Doughty, C. and Varela, E. (1998), 'Communicative focus on form', in C. Doughty and J. Williams (eds), *Focus on Form in Second Language Acquisition.* Cambridge: Cambridge University Press, pp. 114–138.

Ellis, R. (1995), 'Interpretation tasks for grammar teaching', *TESOL Quarterly,* 29 (1), 87–105.

— (2003), *Task-Based Language Learning and Teaching.* Oxford: Oxford University Press.

Gerngross, G., Puchta, H. and Thornbury, S. (2006), *Teaching Grammar Creatively.* Rum: Helbling Languages.

Graton-Sprenger, J. and Prowse, P. (2005), *Inspiration — Student's Book 2.* Oxford: Macmillan.

Jones, L. (1998), *New Cambridge Advanced English: Student's Book.* Cambridge: Cambridge University Press.

Lewis, M. (1986), *The English Verb.* Hove: Language Teaching Publications.

— (1993), *The Lexical Approach.* Hove: Language Teaching Publications.

Long, M. H. and Robinson, P. (1998), 'Focus on form: theory, research and practice', in C. Doughty and J. Williams (eds), *Focus on Form in Second Language Acquisition.* Cambridge: Cambridge University Press, pp. 15–41.

Puchta, H., Stranks, J. and Lewis-Jones, P. (2012), *Grammar Practice: Beginner.* Rum: Helbling Languages.

Stranks, J. (2001), *The New You & Me: Grammar Practice 4.* München: Langenscheidt Longman.

Swan, M. (1994), 'Design criteria for pedagogic language rules', in M. Bygate, A. Tonkyn and E. Williams (eds), *Grammar and the Language Teacher.* Hemel Hempstead: Prentice Hall International, pp. 45–55.

— (2001), 'If this is the cure, let's have the disease', *English Language Teaching Journal,* 55 (2).

Thornbury, S. (2000), 'Deconstructing grammar', in A. Pulverness (ed.), *IATEFL 2000 Dublin Conference Selections.* Whitstable: IATEFL, pp. 59–67.

— (2011), 'P is for problematizing', at http://scottthornbury.wordpress.com/2011/10/09/p-isfor-problematizing, [accessed January 2013].

Ur, P. and Ribé, R. (2000), *Clearways: Student's Book One.* Cambridge: Cambridge University Press.

Whitney, N. (1998), *Open Doors: Student's Book 1.* Oxford: Oxford University Press/La Nuova Italia.

Widdowson, H. (1990), *Aspects of Language Teaching.* Oxford: Oxford University Press.

Willis, D. (1990), *The Lexical Syllabus.* London: HarperCollins.

Willis, D. and Willis, J. (2007), *Doing Task-Based Teaching.* Oxford: Oxford University Press.

Willis, J. (1996), *A Framework for Task-Based Learning.* Harlow: Addison Wesley Longman.

第十七章　词汇教材研发

Paul Nation

引　言

　　词汇教学的目标是为语言在听、说、读、写能力方面的使用提供支持。如何做到这一点,尤其是在第一语言教学中,一直存在着相当大的争论。争论的核心是刻意的、脱离语境的词汇学习到底扮演何种角色。反对这种学习方式的人通常持以下观点:

1　刻意学习所得只占学习者词汇知识的一小部分。
2　非交际语境中的刻意学习收效甚微。
3　非交际语境中的刻意学习对以后在交际语境中的词汇运用毫无助益。

这些观点很大程度上是错误的,是与第二语言词汇研究的结果相悖的。对于第二语言或外语学习者而言,刻意的词汇训练占词汇学习的很大比例。此外,现在大量证据表明,刻意训练可以积累大量的知识,这些知识可以保留相当长的一段时间。刻意训练并不容易转化为交际应用这一观点可能有些许正确性。关于阅读理解前的词汇教学对阅读理解影响的研究表明,如果要对阅读理解产生积极的影响,这种教学要丰富且合理强化。然而,刻意的词汇学习直接提供了正常使用语言所需的内隐知识(Elgort, 2011),这种学习侧重于将外语中的词形与词义联系起来,虽然学习单词远不止是建立这种联系,但这是学习单词非常重要的第一步。

本章描述了词汇教材研发中非常重要的三个观点。首先,有计划的词汇积累比临时或投机取巧式的词汇处理更有效。其次,有些学习条件可以促进词汇学习,教材研发的一个主要目标就是设计能创造这些条件的材料。第三,这些条件通过四个大致同等的环节来实现,包括以意义为中心的输入学习、以意义为中心的输出学习、以语言为中心的刻意学习以及熟练度训练。本章的主要目的是从这四个方面为词汇教材研发提供指导。

规划词汇学习

词汇统计分布研究结果证实了分级读物设计者多年来的实践结论:有一组数量相对较少的单词(大约3,000个)在极其广泛的语言使用中比其他单词出现更频繁、更有用。这些高频词是所有语言使用的基础,语言教材设计应该对此高度重视。除非学习者有非常特殊的需要,否则在学好大多数高频词之前,关注其他词汇是没有意义的。

我们可以找到这些单词的各种列表,教材研发人员应熟悉这些列表。表17.1呈现的是四种类型的词汇及其对文本的覆盖范围。

表17.1　词汇级别和文本覆盖率

词汇级别	覆盖率(%)
高频(3,000词族)	90
中频(6,000词族)	5
低频(约占十分之一,1,000词族或以上)	1—2
其他(专有名词、感叹词、语义透明复合词、缩写词)	3—4
总计	100

掌握了高频词,且为学术目的而学习词汇的学习者,下一步需要迅速熟悉一般学术词汇,像 derive(派生)、definition(定义)、estimate(估计)、function(功能)等词。对于这些词汇,有个最好的排序表——"学术词汇表"(Academic Word List),包含了 570 个词族,参见 Coxhead(2000)。这些词汇占学术文本的 8.5% 到 10%,对学习者来说是非常重要的补充。如果学习同样数量的最常见低频词,学术文本覆盖率仅约为 2.8%。学术词汇由高频词和中频词汇组成,高频词的选取非常重要,而低频词数量的估算是非常粗略的。

高频词、中频词和专有名词占据了多数文本 98% 以上的词汇。对于那些不想借助外部支持就能进行听读的学习者来说,学习中、高频词非常重要。

因此,在设计词汇材料时,采取成本效益的学习方法非常重要。高频词比低频词使用机会多得多,但是,中频词和低频词往往承载了大量的文本意义,因此,学习者最终还是要学习这些词汇(Nation, 2006)。

学 习 条 件

大量不断增长的关于学习(尤其是词汇学习)的研究,为促进词汇学习所需的心理条件提供了有益的指导。这些条件包括关注、检索和阐释。关注是指关注词具有何种语言特征。在材料设计中,可通过以下方式来让学习者关注单词:排版中用斜体或粗体显示;在口头上或在文本、词汇表中给单词下定义;在黑板上板书或课文开头列出单词;学前词汇教学;让学习者写下单词;让学习者查词典。一般来说,正如 Barcroft(2006)的研究所示,我们学的是我们关注的,排版上凸显往往会稍加增进学习者对单词形式的认识。从关注单词到检索单词,灵活使用单词,再到阐释单词,越往后学习效果越好(Laufer and Hulstijn, 2001)。

一旦关注某个单词并留下了一些印象,就可能通过检索来强化和巩固学习效果。检索可以是接受性的或产出性的,包括当遇到单词的口语形式或书面形式时,想起单词的含义或部分含义(接受性检索),想到单词的口语形式或书面形式来表达某些意思(产出性检索)。如果同时看到单词和它的含义,学习者则不会进行检索。

在教材设计中,可通过以下活动来促进检索:以词意为中心,运用听、说、读、写四种技能;给学习者时间来检索单词;以输入(通常是书面形式)作为输出的基础,进行复述、角色扮演或解决问题等活动(Joe, Nation and Newton, 1996)。

阐释是一个比检索更有效的过程,因为它涉及检索,在丰富词汇记忆的同时也强化了记忆。阐释的例子有:在听力或阅读中遇到已知的单词,但对学习者来说,其意义有了延伸(接受生成性使用);在学习者以前没有使用过的语境中使用已知的单词(产出生成性使用);使用像**关键词技巧**这样的助记技巧,或者对单词学习进行丰富的指导,对了解一个单词所涉及的多个方面予以关注。关键词技巧(Pressley, 1977)指的是,找到一个母语单词(即所谓"关键词"),其发音需与要学的二语单词的开头或全部相似,然后建立图形交互关联,将这个母语关键词的意思与要学的二语单词意思结合在一起。为了学习英语单词funds,泰国学习者可能会使用泰语关键词fun(泰语意思是"牙齿"),然后构想出一个人把自己的牙齿塞进一捆钱的画面。

好的词汇教材设计要最大可能地将上述学习条件与适合学习者水平的词汇融合在一起。Nation 和 Webb(2011, Chapter 1)描述了一种技巧特征分析系统,该系统可预测各种词汇学习活动的潜在有效性。该系统包括动机、关注、检索、生成和保留几种主要分类,每类有三或四个子特征,这些子特征可能出现或不出现在某一特定技巧下。

现在我们来看看,从以意义为中心的输入、以意义为中心的输出、以语言为中心的刻意学习、熟练度训练几个方面来设计词汇材料的方法。

设计促进词汇学习的输入活动

对分级读物词汇出现情况的研究(Nation and Wang, 1999)表明，只要有相当大的输入量（大约每周一本分级读物），就会有足够多的机会对适当词汇进行有间隔的接受性检索。也就是说，由于在创作这类读物时对词汇进行了控制，新词汇得以不断重复出现。现在，中频词汇免费分级读物的集册越来越多，供词汇量为4,000、6,000和8,000的学习者使用（参见 Paul Nation 的网站）。

如果在做听力时，教师能快速给出生词的意思（Elley, 1989），并在黑板上把生词写下来，那么学生学习单词的效果就很好。在各种活动中，如果输入是输出的来源，如听课文回答问题，输入和输出的关系会对词汇学习产生重要影响。如果听力文本后的问题中有目标词汇或在文本中挑出了目标词汇，要求学习者用某种方法来改变其形式或拓展用法，那可能就创造了阐释的条件。以下是一篇课文中关于学生书包过重的简单示例。课本上写着："A study has found that school children are carrying very heavy weights every day, and these might be hurting them. These weights are up to twice the level which is allowed for **adults**. Their school bags are filled with heavy books, **sports equipment**, drinking water, musical equipment and sometimes a computer."。课文后面的问题是："How old are you when you are an adult?" 注意这个问题是如何（1）要求使用目标词 "adult"，（2）要求学习者扩展该词的含义的，以及（3）要求该词在与文本不同的语境中使用的。因此，检索和生成性运用很可能对学习单词有巨大贡献。如果通过阅读来输入，也可以使用此类提问方式。

文中提到在阅读时使用词汇表，与教师在学生做听力时给出单词意思异曲同工。虽然词汇表对阅读理解并不总是有显著贡献，但通常对词汇学习有积极的影响。阅读材料设计者可以选择在文本中、文本一侧、在页面底部、在文本末尾注释单词。在文本中注释需要对文本进行更改，且读者并不总能意识到这是注释。在页面底部或文本结尾注释会对阅读过程造成很大干扰。研究表明，在文本一侧直接对应生词所在位置进行注释是最有效的。Long（引自 Watanabe, 1997）认为，看注释会对单词本身投入大量关注。学习者先看到课文中的某一单词,然后看注释时又看了一遍单词,再回头看文本,便是第三次看这个单词了。

精读通常会对语言特征,包括词汇,进行刻意的、持续的关注,因此,词汇习得会更快些。

包含分级读物的泛读活动可以为词汇学习提供理想的条件,但这些活动的设计要为学习创造最有利的条件。泛读的目标是帮助学习者获得阅读的技能和熟练度,巩固以前学过的词汇和语法,学习新的词汇和语法,从阅读中获得乐趣,并因成功运用语言而鼓励自己学习更多知识。泛读学习在很大程度上是附带习得,也就是说,学习者的注意力集中在故事上,而不是要学习的词汇上。因此,学习收益往往很小,输入量很重要。

分级读物通常包括从300—500词左右到2,000—2,500词左右的一系列级别。**对于词汇学习,学习者应该熟悉98%的行文单词。若要提高熟练度,他们几乎需要百分之百地熟悉课文中的行文单词**(Hu and Nation, 2000; Schmitt, Jiang and Grabe, 2011)。鼓励泛读的可用技巧包括解释泛读的目的、写读书报告、在书中纸条上写书评、展示书籍以及对读者大加奖励。泛读需要以语言为中心的学习、熟练度训练的支持和补充。通过阅读学习词汇可以从以下几个方面得到帮助:在每次阅读之前,学习者先略读,选出五六个要重点关注的单词。阅读后,反思课文中出现的词汇。阅读时收集单词,以便之后进行专门的单词学习。教师可以在阅读前展示即将进行的活动,待阅读后开展如完形填空、信息传递等活动,在班上汇报从课文中发现的单词,回答单词含义和用法拓展的问题,教师还需为学习者提供快速阅读训练。学习者需要系统地浏览分级读本,选择有趣的书,每周至少读一本,每个级别读五本,才能进入下一个级别。他们在下一个级别要读更多的书,每年至少读15—20本。教师和学习者都需要确保在选定的读本中,95%到98%的行文单词都是认识的。

因此,通过输入来学习词汇的材料设计需要包含大量的输入,需要鼓励学习者对词汇加以特别关注,并且生词要少、密度要低。

设计输出活动以助词汇学习

近期关于口语交际活动的研究表明，精心设计这类活动的书面输入对词汇学习有重要影响。材料设计要符合一些相当直观的要求，确保在活动中能使用相应的词汇，并创造最佳学习条件来使用词汇。让我们看一个名为"赞成和反对"的口语活动例子，了解设计要求是什么，以及如何应用它们。

A组的书面输入：

Around the age of 18, children should be **encouraged** to leave home and take care of themselves.

你的小组必须**提出支持**这一点的论据。你不必争论赞成这个想法，但你必须确保在做出**决定**之前，每个人都能理解这些支持它的论据。

第一步：阅读下面的观点，在小组中互相解释，使每个人都能理解。然后根据重要性进行排序，最重要的观点放在最前面。第二步时为每个观点找一个例子，帮助你更好地向他人解释这些观点。

Children will learn to be **responsible** for their own **decisions**.
Children will learn how to **handle** their **finances**.
Children and parents will have a better **relationship** with each other.
The parents can save for their **retirement**.

第二步：现在原小组解散，你和其他小组的一些人一起组队。你们必须一起决定是否支持孩子离家的观点。

B组的书面输入是类似的，但不同的是他们必须先弄清楚反驳孩子离家的观点。他们的第一步涉及以下几条观点：

Children at 18 years old are not **mature** enough to be **responsible** for their own **decisions**.

Children should **support** their parents and help them with the **household** work.

While at home, children can save money to help themselves make a good **financial** start in life.

现在我们来看看这个活动的一些设计要求和特点是如何促进词汇学习的。

1　此次任务的书面输入大约包括 12 个目标单词。

　　在本示例中,这些词都出现在了指令说明和观点陈述中。观点陈述中的单词最可能用于讨论,但学习者在任务每部分思考下一步要做什么时,可能会使用一些指令说明里的单词。任务中包含约 12 个单词,这意味着学习者可大约学会 5—6 个单词。

2　书面输入会尽可能凸显并重复目标词,以增加其被注意和使用的机会。

　　在本示例中,目标词以粗体显示,其中几个词在 A、B 两组的书面输入中都有显现。

3　交际任务有一个明显的效果——鼓励学习者利用书面输入。"赞成和反对"任务的结果要求对该命题达成共识。为了做到这点,必须考虑书面输入的内容,其中出现的词汇就很可能被运用。

4　所有的信息、工作或角色都是分别安排的,确保所有学习者都积极参与。

　　事实上,研究表明(Nation, 2001),学习者不需要通过积极参与活动来学习词汇。活动的密切观察者似乎与积极的参与者学得一样好。然而,如果可以的话,提高参与度则更好。在"赞成和反对"活动中,信息拆分成 A 和 B 两组,完成任务需要整合两组信息。

5 任务应分成一系列步骤,以便在每个步骤中有机会重复使用书面输入中的单词。

在这个例子中,步骤是:(1)在合作小组中进行讨论,以理解陈述;(2)在拆分开来的信息小组中讨论,以达成共识;(3)向班上的其他人汇报最终决定和理由。如果一切顺利,这三个步骤中的每一步都会用到大多数目标词汇。

6 交际任务有利于对目标词汇的理解。

这可以通过使用字典、词汇表、活动前词汇教学或磋商来达成。在"赞成和反对"任务中,第一步合作小组的讨论为在磋商阶段使用这些生词提供了一个很好的机会。

这些相同的设计特征可以应用于各式任务中(Joe, Nation and Newton, 1996)。

在另一种类型的口语活动中,词汇学习得到了更大的关注。在此类活动中,学习者阅读一则简短的文本,然后完成两个或三个简短的口语任务,每个任务围绕一个特定的单词进行。这里有一个例子。

A study has found that school children are carrying very heavy weights every day, and these might be hurting them. These weights are up to twice the level which is allowed for **adults**. Their school bags are filled with heavy books, **sports equipment**, drinking water, musical equipment and sometimes a computer.

1 Which of the following things are sports equipment?

a sports field	knee guards	a football
the players	sports uniform	goal
a bat	score book	sports boots

2 At what age does a child become an adult? How important is age in deciding when someone is an adult?

典型的任务结果包括选择、排序、分类、分析和列举原因。需注意每个任务是如何探索特定单词的含义和用法的。

关于利用写作活动作为一种促进从输出中学习词汇的方法，还没有太多的研究，但是上述口语活动的设计要求也许也适用于写作。

以语言为中心的刻意学习

各种词汇的学习活动涉及了解一个单词的方方面面。表17.2（Nation, 2001）列出了以下几个方面以及以这些方面为中心的词汇练习。

表17.2　词汇学习的系列活动

	口头形式	单词发音 朗读
形　式	书面形式	听写单词和句子 寻找拼写规则
	单词各部分	单词表填空 切分复杂单词并标记单词各部分 构建复杂词汇 选择正确形式
	形式-意义关联	匹配单词和词义 讨论词组的意思 画画、给图画贴标签 同伴互教 猜谜语 用单词卡回顾词的形式和意义

续 表

含 义	概念和指称	找出共同含义
		选择正确词义
		语意特征分析
		回答问题
		单词探寻（汇报阅读中找到的单词）
	联系	寻找替代词
		解释关联
		制作单词联想图表
		单词归类
		寻找反义词
		说明原因或结果
		说明联系
		寻找例子
		完成组词
	语法	句子配对
		连词造句
使 用	搭配	短语搭配
		同类词归类
		寻找搭配
	使用约束	辨别约束
		按照文体类别进行单词分类

这些活动的设计特点将直接影响让学习发生的条件。让我们看一下其中一些最重要的特点。

1　聚焦语言项目。以语言为中心的学习活动针对的是语言特征，而不是信息的交流。对单词的刻意关注加快了学习速度。

2　聚焦语言系统。填写单词表、寻找拼写规则、朗读这样的活动，会让学习者关注语言系统的特点。通过将新词与某种形式结合起来，鼓励学习者对词汇进行细致加工。

3　小组任务。如果这些活动是以小组任务的形式进行的，那么学习者就有机会成为彼此新的输入源,也有机会进行磋商,从而引发阐释。例如,如果寻找词汇搭配是作为一个小组任务完成的,学习者将有很多机会互相学习。

4 收集信息或弥补差距。如果活动要求学习者根据他们以前的经验做出回答,那么就有机会让学习者进行检索。当这个特点与小组活动结合时,一些学习者可能就会对词汇进行阐释。例如,如果学习者必须为给定的单词寻找搭配,某些建议搭配可能来自某些学习者以前的经验,但是也有些搭配对某些学习者来说是新的,因此扩大了他们对特定单词的认知联系范围。

教师在使用词汇活动时要谨慎。首先,有些活动比其他活动效果更好,技巧特点分析(Nation and Webb, 2011)和"投入量"(Laufer and Hulstijn, 2001)这类分析方案是预测活动效果的方法。投入量的多少取决于活动中的以下几方面:需求量(动机因素,该因素取决于谁选择了目标单词——老师还是学习者?)、搜索(学习者需要检索信息,还是信息已提供?)、评估(是否必须由学习者决定单词是否适合语境?)。可以对这三个因素分别以0、1或2分进行打分。其次,大多数词汇活动的即时学习回报相当低,大约只有3/10—4/10的单词能被快速记住。借助单词卡进行个性化的刻意学习,效率更高、效果更好。

熟练度训练

熟练度训练活动的目标是使词汇这样的语言项目能够被随时熟练使用。如果不能熟练地使用词汇,那么词汇学习就毫无目的。提高词汇熟练度的活动与提高其他方面熟练度的活动没有区别。这是因为提高熟练度需要以意义为中心来使用语言,因此无须对语言特征进行任何特别的关注。提高熟练度需要不同的学习条件,包括以词汇意义为中心的输入和输出以及以语言为中心的学习。

如果满足以下条件,熟练度就会提高:

1 学习者参加的活动中，所有的语言项目都是以前学习过的。这意味着学习者可使用已知的词汇和结构来处理大部分熟悉的话题和话语类型。

2 活动以意义为中心。学习者的兴趣在于信息的交流，并受到通常以意义为中心的交流所面对的"实时"压力和要求（Brumfit, 1984: 56-57）。

3 能支持和鼓励学习者高于正常水平发挥。这意味着，如果活动的目标包括提高熟练度，学习者相比正常使用语言，表达和理解的速度应该要更快，更坚定，使用的计划语块更大。

在以提高熟练度为目标的情况下，需要提供大量的使用接受性和产出性语言的机会。无论课堂内外，都必须有足够的持续性机会参与惯常的以意义为中心的任务。

我们该如何利用上述三个条件来设计提高熟练度的活动？熟练度活动依赖几个设计要求和特点来实现其目标。在所有的语言技能中，有很多技巧都有这些要求和特点。通过观察这些要求和特点，我们可以判断一个活动能否有效提高熟练度，也可以设计出其他提高语言熟练度的活动。首先，我们来看看一项已有充分研究的活动。"4/3/2技巧"是由Maurice（1983）设计的，在这一技巧活动中，学习者两人一组，一人扮演说者，另一人扮演听者，说者就一个话题讲四分钟，听者听他/她说。然后重新组队，每位说者在三分钟内为新搭档讲述同样的信息，之后再组队，再在两分钟内完成讲述。

从熟练度的角度来看，这项活动具有以下重要特征：首先，说者需要处理大量的语言。4/3/2活动允许说者不受打扰地发言，且进行三次发言。其次，相对于多数不受控的学习活动，这种活动的需求限制在一个较小的人群中。活动可以通过教师的控制来完成，就像在大多数接受性熟练度的活动中一样，如阅读分级读物或听故事；或者可以通过学习者的选择、规划或重复来完成活动。在4/3/2活动中，说者选择观点和语言项目，并自行规划如何组织讲演。四分钟和三分钟的演讲已经让说者很好地驾驭了观点和组织等方面要求，从而把提高熟练度作为学习目标。要注意,由于听众发生变化,重复演讲时学习者的注意力依旧在传达信息上。第三,通过重复演讲,挑战用更少的时间来传达信息,学习者就能取得更好的表现。还有其他方式能够帮助学习者达到更好的表现,包括活动前的规划和准备。

我们可以区分三种提高熟练度的方法,这些方法都可以成为语言课程的一部分。第一种方法主要依赖于重复,可以被称为提高熟练度的"轻车熟路法"。这包括对同一材料进行反复练习,以便能够流利表达。第二种方法是对一个已知的词汇建立多种联系。学习者可以从多种途径中选择,而不是走一条老路,这可被称为提高熟练度的"丰富多变法",涉及在多种上下文和语境中运用已知单词。第三种是前两种方法的目的和结果。这可以被称为"有序系统法"。之所以能实现流利表达,是因为学习者能驾驭语言系统并能用多种高效的、组织结构合理的、熟练的方式来使用目标词汇。

现在让我们来看看一系列将以上三个条件(要求简单、专注意义、提供高于正常水平表现的机会)付诸实践的活动。我们来详细讨论两个活动,并简要提一提其他活动。

大开本故事书是一种利用听力带领学习者进入阅读并对阅读感到兴奋的有效方法。这些书的页面大约是普通页面的八倍,并且包含了大量的图片。因为它们太大了,可以在老师朗读时展示给全班同学看,所有的学生都能看到单词和图片。这些书可以买,也可以用复印机放大内容来制作。

当学习者看单词和图片时,老师正在给他们读故事。同一个故事在几周内多次阅读,学习者很快对这个故事非常熟悉,并且能够凭先前阅读的记忆说出部分句子。为了提高熟练度,老师每次读故事的速度都会加快一点。

听故事特别适合阅读能力好但听力差的学习者。老师选择一个有趣的故事,可能是一本分级读物,每天给学生朗读一章。学习者只是听故事并享受它。在读故事的时候,老师坐在黑板旁边,写下学习者可能从口头形式中识别不出的单词。生词也可以写出来,但是应该选择生词较少的读本。在阅读第一章的过程中,老师可能会读得很慢,重复读一些句子。随着学习者对故事越来越熟悉,速度会加快,重读句子的次数会减少。学习者对这项活动的兴趣很高,通常会像期待电视连续剧一样期待每天的故事。如果在讲故事时停顿的时间比平时长一点,学习者会思考刚刚听到的内容,并预测接下来会发生什么。这种方式允许学习者以正常速度听,不用担心跟不上。

其他熟练度训练包括听力角(学习者在"听力角"听他们和其他人写的故事录音)、快速阅读训练和无生词文本的泛读、重复阅读(相同的文本重复阅读几次)以及连续写作(重点就熟悉的话题进行大量的写作)。

达到熟练水平需要大量的练习。语言课程中应大约有25%的时间用于熟练度训练活动。此类活动的词汇要求是避免生词。

本章从以意义为中心的输入学习、以意义为中心的输出学习、以语言为中心的刻意学习和熟练度训练这四个方面考察词汇材料研发(Nation, 2007)。本章的观点是,为了达到学习目标,需要创造某些学习条件,这些条件可通过精心设计材料来实现。设计材料的下一步是监测和评估材料,可通过寻找目标学习条件发生的迹象来达成。仔细观察使用中的材料是良好设计的重要一环。

参考文献

Barcroft, J. (2006), 'Can writing a word detract from learning it? More negative effects of forced output during vocabulary learning', *Second Language Research*, 22 (4), 487–497.

Brumfit, C. J. (1984), *Communicative Methodology in Language Teaching: The Roles of Fluency and Accuracy*. Cambridge: Cambridge University Press.

Coxhead, A. (2000), 'A new academic word list', *TESOL Quarterly*, 34 (2), 213–238.

Elgort, I. (2011), 'Deliberate learning and vocabulary acquisition in a second language', *Language Learning*, 61 (2), 367–413.

Elley, W. B. (1989), 'Vocabulary acquisition from listening to stories', *Reading Research Quarterly*, 24 (2), 174–187.

Hu, M. and Nation, I. S. P. (2000), 'Vocabulary density and reading comprehension', *Reading in a Foreign Language*, 13 (1), 403–430.

Joe, A., Nation, P. and Newton, J. (1996), 'Speaking activities and vocabulary learning', *English Teaching Forum*, 34 (1), 2–7.

Laufer, B. and Hulstijn, J. (2001), 'Incidental vocabulary acquisition in a second language: the construct of task-induced involvement', *Applied Linguistics*, 22 (1), 1–26.

Maurice, K. (1983), 'The fluency workshop', *TESOL Newsletter*, 17 (4), 29.

Nation, I. S. P. (2001), *Learning Vocabulary in Another Language*. Cambridge: Cambridge University Press.

— (2006), 'How large a vocabulary is needed for reading and listening?', *Canadian Modern Language Review*, 63 (1), 59–82.

— (2007), 'The four strands', *Innovation in Language Learning and Teaching*, 1 (1), 1–12.

Nation, P. and Wang, K. (1999), 'Graded readers and vocabulary', *Reading in a Foreign Language*, 12, 355–380.

Nation, I. S. P. and Webb, S. (2011), *Researching and Analyzing Vocabulary*. Boston: Heinle Cengage Learning.

Pressley, M. (1977), 'Children's use of the keyword method to learn simple Spanish vocabulary words', *Journal of Educational Psychology*, 69 (5), 465–472.

Schmitt, N., Jiang, X. and Grabe, W. (2011), 'The percentage of words known in a text and reading comprehension', *The Modern Language Journal*, 95 (1), 26–43.

Watanabe, Y. (1997), 'Input, intake and retention: effects of increased processing on incidental learning of foreign vocabulary', *Studies in Second Language Acquisition*, 19, 287–307.

West, M. (1953), *A General Service List of English Words*. London: Longman, Green and Co.

第十八章　阅读教材研发

Hitomi Masuhara

第二语言学习者的阅读行为

当你读到以下来自 Auerbach 和 Paxton（1997）的引文时，你能猜到所提到的第二语言学习者的年龄、水平和国籍吗？

> 许多……学习者……认为只有认识一篇文章中的所有单词，才能理解原文，他们严重依赖词典，无法将积极的母语阅读策略或对翻译的积极感受进行迁移，他们把这些困难归咎于自身英语水平不高。（238–239）

Masuhara（2003）回顾了从 20 世纪 80 年代到 2002 年关于第二语言阅读困难的文献，指出不同读者对不成功阅读行为的描述有着惊人的相似性（例如，Cooper, 1984; Hosenfeld, 1984; Kim 和 Krashen, 1997; Masuhara, 2000; Tomlinson, 2011b）。所有这些研究都表明，第二语言阅读几乎总是意味着一个缓慢而费力的解码过程，往往导致理解力差和自尊心低下。

值得注意的是，Kim 和 Krashen（1997）、Masuhara（2000）和 Tomlinson（2011b）的研究中的学习者都是熟练的母语读者，然而，即使处于第二语言的中级和高级水平，他们似乎也存在许多不成功读者的典型阅读行为。就语言能力而言，他们被归类为远高于入门水平的人群（Alderson, 1984; Clarke, 1988; Cummins and Swain, 1986;

Bernhardt and Kamil, 1995)，因此，母语阅读技能的迁移是可能发生的。

Pang（2008）调查了近20年来关于第二语言流利和不流利读者特征的研究，主要集中在三个维度：语言知识及加工能力、认知能力和元认知策略能力。根据他的文献调查，区分这两个群体的似乎是自动和快速的单词识别能力、自动句法分析能力和语义命题形成的能力。流利的读者拥有1万到10万的词汇量，并有文本类型和语篇组织意识。流利的读者还可以利用先前的知识和母语技能，善于监控理解过程，并在阅读过程中遇到问题时，能有效地有意识地使用各种策略。

Grabe（2009）确定了二语阅读流利性的四个组成部分：自动性、准确性、阅读速度和韵律结构。自动化在语言处理各个方面的重要性似乎与Pang（2008）的调查相呼应。Grabe解释说，流利的阅读不仅意味着快速和自动的处理，而且还意味着以最佳的阅读速度进行准确和适当的意义分配。有趣的是，Grabe（2009: 292）注意到最近的文献中认识到"阅读时文本的韵律短语和轮廓"的重要性。根据Grabe（2009）的观点，好的读者处理文本块的方式与连续散文中的结构单位相匹配。

通过对流利读者与欠流利读者阅读能力之间的鲜明对比，我们不禁想要弄明白是什么原因导致了这些持续存在的二语阅读问题，阅读教学法和阅读材料又该如何解决这些问题。

第二语言阅读教材的主要教学方法综述

基于阅读理解的教学方法

Anderson（2012: 220）指出："阅读教材的一个问题是，ESL/EFL阅读教材都是简短的阅读段落，然后是词汇和理解测试"。Wallace（2001: 26）将传统的阅读教学法描述为强调"以呈现文本的形式进行理解，然后针对文本提出阅读后的问题"。Tomlinson 和 Masuhara

（2013）对2010年至2012年出版的六本面向成人学习者的国际教材进行了回顾,证实了在大多数出版的教材中,阅读理解回答问题仍是它们的主要特色。

《新航线英语教程》（*Headway*, Soars and Soars, 2012）是一个非常受欢迎的系列,目前的版本是第四版,它提供了基于阅读理解的教学方法的经典例子。如果我们认为判断对错题、填空题或匹配题都是用来测试阅读理解的各种活动,那么Tomlinson和Masuhara（2013）回顾的所有最新教材都在不同程度上呈现出基于阅读理解的教学方法的特点。

基于阅读理解的教学方法的目标是什么? 问与答、判断对错、填空或匹配活动都是用来评估理解力的技巧。这些测试技术是如何培养学习者的阅读能力的? 教材没有明确说明这些技巧在第二语言习得方面的目标或价值。

Williams和Moran（1989）确定了三个可能的目标:

a 检查理解

b 促进理解

c 只是为了确保学习者阅读了文本

请注意,以上（a）和（c）项似乎主要有助于教师的班级管理。

教师可能会说,他们希望（a）"检查理解",这样,如果有任何误解,他们可以帮助学习者。从这个意义上说,检查理解可以说是（b）"促进理解",其重点似乎是帮助学习者实现对文本的更高水平的理解。

然而,我们可能会问自己,理解问题是如何帮助学习者更好地理解课文的。未能正确地回答理解性问题可能说明教师和学习者在阅读过程中出现了一些问题,但理解性问题并不能提供有关问题本质的信息。此外,理解问题是在学习者阅读课文后出现的。如果在理解过程中出现问题,那么学习者需要帮助的是阅读之前和/或期间,而不是事后。更糟糕的是,总想着阅读之后要应付那些问题往往培养出一种僵化的阅读学习风格,而不管阅读的文本或目的是什么。

　　基于阅读理解的教学方法的基本假设似乎是一个文本只有一个意义——作者想表达的意义。然而,Grabe(2009)在第二语言阅读研究和教育心理学的大量研究基础上,论证了读者如何根据阅读目的改变阅读过程。从这个意义上说,Widdowson(1979)的观点似乎仍然是中肯的,他认为文本具有潜在的意义,"这将因读者而异,取决于多种因素"。Urquhart(1987)认为,即使是精通母语阅读的读者,鉴于个人经历不同,也不可能对文本的意义达成一致理解,他对把作者的意图作为读者目标的有效性提出了强烈的质疑。根据他的观点,读者能达到的是"阐释",而不是"理解"。他的主张似乎与近年来在认知心理学和神经科学中研究"心理表征"的研究结果相符(Masuhara, 2000; Gazzaniga et al., 2009)。心理表征大致对应于在读者脑海中构建的"文本意义"。读者的心理表征依赖于将通过解码的语言数据获得的信息与读者头脑中已经存在的知识联系起来。由于每个人的知识都是通过不同的经验不断重新形成概念的结果,即使是像"狗"这样的简单词汇知识,对不同的个体来说,也可能指不同的事情。例如,当在一篇文章中读到"一只狗"时,你可能在想象一只与你的宠物相似的狗,而另一个人可能会想到隔壁一只凶猛的狗。在基于阅读理解的教学方法中,考察理解的问题紧跟文本之后,就好像是在向学习者发出信号:他们应该能够立即达到对所有细节的准确理解。然而,阅读研究表明,阅读过程是渐进的,需要读者和文本之间不断地重新协商(Grabe, 2009; Bernhardt, 2011)。

　　在我看来,真正的问题不是能否对作者的意图达成一个理想的理解,而是何时以及为什么我们需要让我们的意思接近作者的意图。在母语中,我们根据我们的阅读目的来确定我们的解释程度。

　　在阅读法律文件或工作规范时,接近读者的预期意义是至关重要的,因为这对我们的生活有潜在的影响。然而,当阅读小说或杂志时,我们可能会放松得多,因为这些小说或杂志可以让我们享受独特的阐释。如果第二语言阅读材料要求有一定的阅读风格并准确地再现作者的意思,而不考虑体裁和阅读目的,就会出现问题。

基于语言的方法

关于第二语言学习者阅读问题的口头报告研究提供了大量的例证，说明了语言处理，特别是词汇处理，是如何阻碍理解的。最近关于二语阅读的文献似乎承认培养学习者的自动语言处理能力对于促进成功阅读至关重要（Pang, 2008; Grabe, 2009; Barnhardt, 2011; Maley and Prowse, 2013）。回顾当前的教材（Tomlinson and Masuhara, 2013）可以发现，词汇和语法练习不仅在普通语言部分，而且在阅读部分都大量存在。许多教材都有两页的阅读部分，其中包括文本和活动。阅读前的词汇活动似乎很受欢迎，阅读部分通常从与文本相关的词汇活动开始，许多阅读单元以主要用于语法教学的短文为特征。

以语言为基础的阅读方法在英语教学中似乎至少获得了两次支持：第一次是在20世纪50年代至60年代，然后是自20世纪80年代至今。20世纪五六十年代的主流观点是，一旦学习者通过学习语法和词汇习得了语言使用的习惯，他们就能够流利地阅读（例如，Fries, 1963）。这种行为主义的观点，通过使用简化的文本和分级读物，把阅读视为一种语言实践的手段。20世纪60年代的可读性研究表明，单词难度和句子长度似乎为预测文本可及性提供了可信的指标（Klare, 1974; Alderson and Urquhart, 1984: xxi-xxv）。正如Alderson和Urquhart（1984: xxii）所指出的，可读性研究实际上证实了外行的观点，"简单的英语是用简短的句子写成的，没有太多的长单词"。值得注意的是，最近对教材的评估（Tomlinson and Masuhara, 2013）发现，在许多当代课程中，有时甚至是在中高水平的课程中，都存在语言简化的文本。

在20世纪70年代，人们明显感觉理解文本的语言意义不等于理解文本意义，基于语言的阅读教学便受到了质疑（Goodman, 1976; Schank and Abelson, 1977; Smith, 1978; Hymes, 1979），我们更加意识到读者在阅读过程中所起的积极作用，例如，在20世纪80年代以后，先验知识和元认知策略开始得到重视和运用。

后来，眼动研究对以语言为基础的阅读方法提供了强有力的支持。Adams（1994: 845）认为，熟练的读者阅读英语文本时"基本上是一个从左到右、逐行逐词的过程"。她解释说：

> 一般而言，熟练的读者在视觉上处理他们所读的每一个单词的每一个字母，并在阅读过程中将印刷品翻译成语音。无论是在阅读孤立的单词还是有意义的连贯的文本，他们都会这样做。不管文本的难易程度如何，不管它的语义、句法或拼写的可预测性如何，他们都会这样做。熟练的读者在阅读时视觉化处理几乎文本中每一个字母和单词，在现代认知心理学中，可能没有比这更广泛或更多样化的发现了。

研究还否定了一种说法，即熟练的读者使用语境指导来预先选择他们要阅读的单词的意思。尽管看上去似乎是语境预先选择了适当的意义，但研究表明，在现实中，意义的选择是在语言处理过程中进行的。解决文本歧义的速度给人一种语境预先选择意义的印象。然而，请注意目前的理解与20世纪70年代的自下而上的处理观点之间的区别：20世纪70年代的自下而上处理的支持者（例如，Gough, 1972）认为该过程是自下而上线性且连续的。然而，20世纪80年代末至90年代对阅读过程的描述假设了自下而上和自上而下的操作同时发生（如Rumelhart et al., 1986; Adams, 1994）。交互阅读的观点仍然被广泛接受，新的见解揭示了阅读过程的复杂性和动态性（Dehaene, 2009; Grabe, 2009; Bernhardt, 2011）。

以语言为基础的阅读方法似乎重新获得了支持，声称为了流利地阅读，学习者需要一般的语言能力，特别是自动单词识别能力。在第二语言阅读研究中，有一些口头报告研究似乎表明，词汇知识在阅读中是首要的，学习者只有在处理好词汇之后才能对文本的其他语言方面给予应有的关注（Davis and Bistodeau, 1993; Laufer and Goldstein, 2004）。词汇研究（例如，Nation, 2006; McCarthy et al., 2009; Schmitt, 2010）似乎也表明，流利的阅读需要：

- 快速自动识别单词
- 丰富的词汇知识
- 根据语境和上下文,将最合适的意义赋予词项的能力

目前的许多教材似乎仍然使用展示、练习、产出(Presentation, Practice, Production, 即 PPP)教学法来教授语法和词汇,并将阅读文本用于语言教学(Tomlinson and Masuhara, 2013)。目前的 PPP 教学法似乎将形式语法教学与交际活动结合起来。首先介绍语法结构或规则,然后以机械的或加以控制的方式开展练习。最后,进行更自由的交际活动(有时包括阅读)。

我们在母语中学习阅读的主要原因可能是为了获得非语言结果:我们阅读是为了在阅读时获得适合我们不同目的的信息,为了获得乐趣和刺激,为了获取社会进步成果等。阅读目的不同,阅读的仔细程度也随之不同。成人阅读母语文本不是为了获得广泛的语言知识,如下位词或同义词,不是为了练习某些句法结构,如简化关系从句,也不是为了分析文本的语篇结构。如果阅读之后立即接受测试,以获得即时、完美的理解或展示新习得的语言知识,我们可能会开始畏惧阅读。然而,在第二语言中,阅读通常被当作一种学习语言的手段。

如果二语阅读教学法的目的是培养阅读能力,那么我认为应该明确区分阅读教学和使用文本的语言教学。大多数阅读材料都试图一举两得(语言和阅读),但似乎两个目标都达不到。

Hedgecock 和 Ferris(2009)总结了一些研究,这些研究调查了阅读中的"入门水平",低于这一水平的读者就不能获得文本的意义。

Tomlinson(2000)建议在语言学习的初始阶段推迟阅读,因为学习者还没有足够的语言来进行体验性的阅读。

有趣的是,在母语中,听说语言习得和阅读习得之间存在着相当明显的区别。当正式的阅读教学在学校开始时,母语儿童已经或多或少地建立了:

- 灵活而广泛的听说词汇

- 英语句法的直觉知识

此外,学龄前儿童可能有相当多的机会获得轻松、有保障的原始阅读体验,比如听睡前故事,在这些故事中,文本中的大部分词汇可能是已知的,而未知的也可以推断出来,或在与家长的互动中以视觉或口头方式被解释,也可能只是暂时忽略,直到学龄前儿童的需求和意愿再次出现。这种环境类似于Krashen(1982)所主张的语言习得的理想条件。

将以上儿童的母语学习方式与二语学习者可能经历的阅读学习相比较,在二语阅读中,阅读教学与二语的语言学习同步进行。或者更准确地说,没有提供阅读指导本身,学习者就基于这样的假设以期能读文本:一旦我们学习了一种语言系统,我们就应该能够很好地阅读。

显然,有一个重要问题是,"语言知识的先期教学是否有助于学习者更好地阅读?"Grabe(2009: 265)总结了调查母语和二语中词汇和阅读之间关系的研究,指出"大多数关于词汇学习的出版物都将阅读和书面形式的词汇学习联系在一起。当然,词汇和阅读之间的这种联系有很好的理由"。Hedgecock和Ferris(2009: 292)也证实了"阅读理解和词汇知识之间非常强的统计关系"。不过,请注意,两者因果关系的细节尚不清楚。Hedgecock和Ferris(同上, 292)一项关于词汇和阅读联系的性质和方向性的文献研究指出,"尽管母语读写能力研究者已就词汇教学对阅读发展的影响提出了问题……但这种关系'很难证明',目前关于第二语言的相关研究还很少"(Grabe, 2004: 49)。

已有学习者的词汇知识与充分阅读能力之间的相关性研究(Hu and Nation, 2000; Nation, 2001)。Nation(2013)提倡:

对于第二语言或外语学习者而言,刻意学习词汇在词汇学习中占很大比例。此外,现在有大量证据表明,刻意学习可以引发大量的学习,而这些学习会在相当长的时间内被保留下来。有一个观点可能有一点道理,即刻意学习并不容易转化为交际用法。关于课前词汇教学对阅读理解影响的研究表明,要想对阅读理解产生积极的影响,就需要将词汇教学进行丰富化和合理的强化。

然而,请注意,Nation(2013)主要关注词汇学习,而在阅读课程中,究竟如何"丰富且合理地强化"词汇预教,还需要仔细考虑阅读过程中涉及的所有因素。毕竟,我们还不能确定学习者如何获得单词识别的自动性,他们是如何创建一个庞大的词汇表,以及他们是如何提高自己灵活地获得与语境和上下文相关的词义知识的能力的。

似乎由于意识到自动获取词汇的重要性,Tomlinson 和 Masuhara(2013)中回顾的许多教材都提供了阅读前词汇练习,以便:

- 显性的阅读前词汇教学可以帮助学习者获得或回忆语言知识,
- 阅读前词汇练习可以帮助学习者更好地理解课文。

但我们可以提出以下问题:

- 我们能假设显性词汇教学会导致词汇习得吗?
- 预选的词汇是否一定是学习者在阅读课文时难以识别的词汇?
- 语言教学是否让学习者阅读时把注意力集中在语言上,从而强化依托文本的二语学习者典型阅读风格?
- 通过在阅读前展示词汇知识,词汇知识有限的学习者是否意识到了这是他们的弱势而不是他们的优势?
- 阅读前的词汇教学是否剥夺了学习者从语境中猜测未知词义的机会?

在句法方面,Alderson 和 Urquhart(1984: 157)指出"实验结果表明,至少对母语读者而言,句法只有在与其他因素相互作用时才成为一个问题"。例如,这种因素可能与词汇过载或缺乏背景知识有关。Davidson 和 Green(1988)在对可读性研究的重新评价中证实,句子结构似乎不会在母语阅读理解中造成重大问题。然而,在二语阅读研究中,关于句法对阅读的意义,研究结果却是喜忧参半。Alderson和Richards(1977)对阅读能力与词汇、句法等因素之间的关系进行了多因素研究,句法与阅读能力的相关性最低。

然而,这些研究似乎缺乏对阅读过程中需要何种句法的理解。许多研究学习者句法能力对阅读的影响的多因素研究倾向于测量语法测试中的一般句法能力,然后将分数与理解测试相关联。

我们是否可以假设,如果一个人能够成功地将主动语态转换为被动语态,那么他/她就有能力理解使用被动语态的段落?或者,如果一个人不能把主动转换成被动,他/她在阅读的时候就不能理解被动。我同意Adams(1980: 18)的观点,即在阅读中,"句法是我们能够确定单词之间预期关系的主要手段……它不仅消除了单词所指的歧义,而且建立了单词之间的新关系"。同样,当Grabe(2009)论证句法分析在阅读过程中所起的作用常常被忽视时,他指的是在意义理解中形成语义命题的关键句法。

以语言为基础的阅读教学法似乎假定在语篇语境之外处理句法操作的能力(即语法测试所测量的能力)和在阅读过程中消除句法模式歧义的能力是两个等同的能力。如果这个通常不受质疑的等式被证明是无效的,那么我们可能会重新考虑显性语法教学在教材阅读部分的价值。

基于技能/策略的方法

Alderson(2000: 110)指出,"尽管缺乏明确的实证依据,但阅读中的技能和亚技能的概念非常普遍和有影响力"。当"技能学习"一词在20世纪70年代被交际法的支持者使用时,这个词经常与知识或概念学习形成对比。例如,在知识学习中,学习者有意识地、口头地学习目标语言中的单词。另一方面,在技能学习中,学习者获得了准确、流畅和恰当地使用语言所必需的感知、运动和认知能力。Williams和Moran(1989: 223)指出,"关于'技能'和'策略'这两个术语……研究文献和教学材料都显示出相当大的术语不一致性。"

在列举了"技能"和"策略"之间的一些变体和混淆之后,他们总结道:"原则上,技能可定义为后天获得的能力,这种能力已经被自动化并在很大程度上潜意识地运作,而策略则是为了解决问题而有意识地执行的程序。"(参见 Olshavsky, 1977)研究人员曾试图确定"技能"的数量、种类和性质(例如, Williams 和 Moran, 1989; Alderson, 2000),但他们的观点之间存在相当大的悬而未决的分歧。材料编者似乎一致认可的技能包括:"猜测未知单词的含义""推断文本中未明确陈述的内容"和"确定主要思想"。Williams 和 Moran(1989: 224)指出了一种倾向,即"虽然没有完全相同的阅读技能清单,但不经意的观察表明,技能可以大致分为'语言相关'技能和'推理相关'技能"。"猜测未知单词的含义"似乎是语言相关技能(低级技能)的典型例子,而"推断"或"确定主要思想"则可以称为推理相关技能(高级技能)。

单独教授阅读技能的价值是有争议的,但教材继续提供旨在培养这些技能的活动。Nuttall(1985: 199)在她对阅读材料的评论中说:"提高阅读技能和策略是可能的……这种想法在很大程度上仍然是一个信念的问题,但大量材料表明,这是一个广泛持有的信念。"

"策略"的概念最初出现在20世纪80年代中期的教材中。在这些教材中,读者被认为是在阅读中引导自己的认知资源的积极主体。读者的认知资源包括阅读过程的知识和各种阅读策略的使用(例如,搜寻特定信息)。

基于技能/策略的阅读方法的共同点是:

- 为了有效阅读,读者需要一系列的技能和策略,
- 意识到不同的读者可能有不同的阅读问题,
- 指导性的练习将帮助学习者学习必要的技能和策略。

教学技能/策略的程序似乎总是包括一个特定技能/策略的显性教学阶段,然后进行更多的实践(例如, Greenall 和 Swan, 1986; Tomlinson 和 Ellis, 1987)。

通过口头报告分析成功和不成功读者的研究，增加了对阅读过程和读者使用有效和无效策略的理解。就像精神分析师试图进入潜意识层面一样，研究人员通过对各种直接性的内省来挖掘读者在操作中的思维。研究表明，成功的读者了解文本的类型和合适的策略类型，并能根据特定的阅读目的去监控和控制自己的策略（Hosenfeld, 1984）。Anderson（2012: 220）评论道：

> 在过去的30年里，我们对如何教授有效的理解策略来提高阅读理解能力有了很多了解。挑战在于，关于阅读理解教学有效性的研究还没有进入课堂教学材料中。

人们对策略教学的有效性进行了大量的研究。这些实验通常包括在一定时间段内提供阅读策略的直接、显性的指导，然后测量其效果。在母语的教学实验中，显示了一致的积极结果（近期研究摘要见Grabe, 2009; Hedgcock 和 Ferris, 2009）。然而，在二语阅读方面，研究发现了相互矛盾的结果。有些研究报告说，策略指导是有效的（如Carrell et al., 1989; Kern, 1989），另有一些报告显示，策略指导没有达到预期的结果（例如，Barnett, 1988; Kimura et al., 1993）。

阅读是一项复杂的操作，可能涉及许多潜在的技能/策略。每种技能或策略都可能涉及许多亚技能和子策略。以一个常见的策略为例："猜测未知单词的含义"。根据 Nation 和 Coady（1988）的观点，可能的策略选择包括：识别单词的词性，分析单词的词形成分，利用附近上下文中任何相关短语或关系从句，分析周围从句和句子之间的关系，等等。这份清单还远远不够完整，所列的只是与词汇有关的策略。此外，学习者可能需要与语法相关的策略、与语篇相关的策略、通过推理解决歧义的策略等。学习者在阅读中面临的困难可能是各种技能/策略的组合。材料编写者必须预测和选择主要的技能/策略，但不能保证他们的选择就是每个人需要的。

技能/策略训练似乎是基于一种假设，即有意识、显性和直接的策略教学可以通过实践最终培养阅读策略的自动执行。然而，

Barnett（1988）指出，了解策略并不能保证读者能够在适当的时候使用有效的技能／策略。

Masuhara 等人（1994）认为，母语策略教学之所以取得持续的积极效果，可能是因为这些不成功的母语读者能够将注意力转移到有效的阅读策略上，因为自下而上的加工过程是自动化的。预先测试的高分者倾向于接受策略训练，而低分者则发现，在阅读过程中，额外的元认知注意会加重他们的语言处理负担。他们怀疑策略训练可能会导致认知超载，并且会干扰二语学习者的阅读过程，而二语学习者仍然需要有意识地注意自下而上的加工。他们观察到，大多数二语学习者同时处理两件事：处理语言和构建内容的意义。而策略训练增加了第三种认知负荷：监控策略的使用和控制。二语学习者的口头报告数据显示，他们更注重元认知加工，而不是整个阅读的意义建构，而后者才是阅读的关键。如果我们考虑到工作记忆的有限容量，那么低分者的反应似乎是可以理解的（Grabe, 2009）。

技能／策略方法的有效性仅依赖于这样一个前提：有意识的训练最终将转变为潜意识技能。如果一个人有意识地学会如何打好网球，他／她会成为一名优秀的网球运动员吗？也许，只要他／她有足够的打网球的经验就好了。大多数操作型技巧，就像大多数认知技能一样，都是下意识学习的。

基于图式的方法

从20世纪70年代末到80年代初，人工智能和认知心理学的研究人员将很大一部分注意力放在了读者知识的性质和组织上（如Minsky, 1975; Rumelhart, 1980; Schank, 1982; 另见 Bartlett, 1932）。他们的兴趣来自他们的发现，即如果计算机不具备对世界的广泛知识，它就不能理解自然语言。尽管相关文献在术语、定义和功能上存在着一些差异，但总之，图式理论是一种关于大脑中的知识的理论：它假设了知识在大脑中是如何组织的以及如何被用于处理新的信息。根据图式学家的说法，当一种新的经验（无论是感官的还是语言的）通过与记忆中保存的类似的模式化经验相比较而理解时，理解就发生了。无论我们是否认同图式理论(批评图式理论的总结可见 Alba和Hasher, 1983; Alderson, 2000),如果不承认知识系统在读者头脑中的重要性,就无法解释阅读过程。

Williams和Moran(1989)指出了图式理论对20世纪80年代EFL教材中普遍存在的阅读前活动的影响。典型的阅读前活动包括:

- 要求学习者以两人或小组的形式讨论他们与课程主题或话题有关的个人经历,
- 要求学习者思考材料的表述、文本标题、插图等。

一些材料试图为学习者提供一系列旨在达到临界质量的文本(Grabe, 1986)(即对某一主题有足够的背景知识,以使读者能够成功地理解)。因此,结合交际法中对情境和语境的强调,按主题对文本进行分组的教材似乎已经很流行,这种做法一直持续到今天(Tomlinson and Masuhara, 2013)。

一些研究者研究了图式在二语阅读过程中的意义(Carrell, 1987; Carrell and Eisterhold, 1988)。不断有研究结果证实,激活内容信息在学习者理解和回顾文本信息中起着重要的作用。例如,Carrell和Eisterhold(1988)就强调缺乏图式激活是二语学习者加工内容困难的一个主要原因。Hudson(1982)认为,高水平的背景知识可以克服语言缺陷。Carrell等人(1989)表明,在图式教学后,第二语言的阅读理解有了显著的提高。尽管有一些研究提醒我们过早地使用图式会产生潜在的负面影响(Steffenson and Joag-dev, 1984),但二语研究者似乎同意,如果学生没有足够的先验知识,他们至少应获得最低限度的背景知识,以便理解文本(Carrell et al., 1989; Dubin and Bycina, 1991)。

根据图式学家的说法,当一种新的经验(无论是感官的还是语言的)通过与记忆中保存的类似的模式化经验相比较而理解时,理解就发生了。例如,法国餐馆的图式可能涉及菜单、服务员、葡萄酒、开胃菜、主菜等子图式。如果某个特定的学生群体不熟悉法国餐厅的图式,材料编写者是否应该为所有缺少的子图式提供阅读前活动? 如果我们从字面上理解图式假说,除非读者有正确和充分的图式,否则任何文本都不会被理解。然而,现实情况是,读者即使没有相应的图式知识,也能理解文本(Alba and Hasher, 1983)。

Cook(1994)认为,真实的文本过于复杂,读者无法轻易地选择和运用适当的图式。图式是一个预先包装好的陈规定型知识体系,这种固定的结构可能无法满足真实文本中不断变化的语境的要求。Alderson(2000: 17)指出,"很多心理学家和心理语言学家现在质疑图式理论作为对理解过程的一种解释,而非为理解过程提供隐喻的有效性"。图式理论不能很好地解释大脑在理解过程中是如何创造、破坏和重组图式的,也不能很好地解释图式是如何从记忆中找回的。问题在于我们如何帮助学习者激活相关的记忆来实现理解。

阅读教材的另一种选择

纵观过去20年来阅读教材中所使用的方法,似乎给我们留下了一些未被回答的二语阅读问题,这些问题在本章的开头就已提及:

1 教材研发者如何帮助二语学习者解决阅读材料中的语言问题?
2 教材研发者如何帮助二语学习者拥有更高的自尊,并开始享受流畅阅读的乐趣?

现在,我想提出一个可供选择的阅读教学方法,它体现了以下原则:

原则1: 阅读材料的首要关注点应该是对读者的情感吸引

Williams(1986: 42)指出,"如果文本很无趣,几乎什么都不可能发生"。我非常支持这种观点,因为在阅读教学法和教材创作方面,文本的质量应该得到更多的重视。在母语中,我们阅读是因为文本是值得阅读的。我们继续阅读,因为这些文本有用、有趣、引人入胜、使人投入、重要且与我们的生活相关。然而,在二语阅读教学材料中,文本的选择往往是因为它们服从教学要点:词汇、句法、语篇结构、技能/策略等。有时,选择某些文本是因为它们简单或者符合单元的主题。

一个更有力的论点来自这样一个事实,即好的文本对学习者的情感起作用,这对深度加工至关重要,并为继续阅读创造理由和动机。在文献中偶尔会提到情感是一个附加的或外围的因素,但我认为在阅读材料的制作中,情感(如兴趣、态度、情绪)的参与应该是最重要的。Mathewson(1994)对教师在情感方面的积极兴趣与研究人员似乎缺乏兴趣之间的鲜明对比进行了有趣的观察,他将教师期刊的内容和标题与研究性出版物的内容和标题进行了比较。例如,1948年至1991年的《阅读教师》(*The Reading Teacher*)期刊中,关于情感的论文居多(调查结果见Dillon et al., 1992)。然而,情感对阅读的影响似乎并没有激发研究者的类似兴趣。

然而,神经科学(即中枢神经系统的研究——大脑研究)提供了证据,表明情感具有比人类认知更长的进化历史,并对认知、学习和记忆产生了根本而强大的影响(Gazzaniga et al., 2009)。我们学会了重复那些伴随着积极情绪的行为,并努力避免不适。充满感情的记忆会给人一个瞬间而强烈的印象,它会在我们的记忆中停留很长一段时间。在阅读中,同一个精通母语的读者可能会在不同的场合对同一个文本进行不同的处理,这取决于他/她的情绪状态以及他/她当时对文本的兴趣和意义。

原则2:先听后读有助于减少语言需求,并鼓励学习者关注意义

Masuhara(2007, 2009)指出,认知心理学和神经科学中关于阅读的既定观点"书写系统实际上是编码的口语"(Masuhara, 2009: 73)似乎在应用语言学和阅读研究文献中被忽视了。Tallal(2003)强调,"书面语言必须站在口头语言的肩膀上"。在同一次采访中,她说,"……大脑根据程序处理感官世界,把感官世界转化成语音表征,把它们转化成音节、单词、短语,并最终允许我们研发出一个书面代码,即与这些声音对应的正字法或字母。"

Masuhara(2009: 73)认为,"……足够的口语能力是二语流利阅

读的先决条件。在母语中,生命的最初五年都花在了听/说语言习得上。即使这样,母语儿童也只能在很大的难度下慢慢地学会阅读"。

在本章的前面,我比较了母语学龄前儿童和二语学习者是如何开始阅读的。在母语阅读中,学龄前儿童首先经历了一个语言习得期,经过多年的听觉−口语交互,然后经历了一个原始阅读期(例如,看护者为儿童朗读),之后才开始自己阅读。在二语阅读中,语言学习和阅读学习是同时开始的。其中一个启示可能是将母语顺序应用于二语情况(Tomlinson, 2000),另一个启示是材料要提供原始的阅读活动(Masuhara, 2007; Walter, 2008; Masuhara, 2009)。一个简单但不常见的活动是教师大声朗读课文,然后再把课文交给学生。这有一个直接的好处,就是防止二语读者受困于文本。此外,它还为学习者提供了在外语环境中经常缺乏的听觉−口语体验,但还有更多的根本原因和理论原因。

对于二语学习者来说,开始阅读的一个主要困难是,阅读要求学习者解码视觉刺激、语块句法和语义单位,从文本中提取意义并将其与相关记忆相结合,从而创造出文本的整体意义。教师向学生朗读课文,可以通过以下方式使学习者易于阅读:

- 同时消除处理文字和声音的认知负荷;
- 将文本分成有意义和可管理的长度,以帮助学习者逐步理解意义;
- 增加韵律特征,如突出标记情景信息语用意义;
- 通过适当的带有情感的阅读影响学生(如幽默、愤怒)。

原则3:阅读理解意味着在读者心中创造多维的心理表征

我希望本章的读者做三个简单的实验:

实验1. 阅读日语单词"sho"的以下定义:"由一组又细又空的竹竿制成的管乐器,用于日本传统音乐中。"想想这个词的定义对你有什么影响。

实验2. 请阅读以下对一种日本水果的定义:"一种生长在树上的

圆形水果,果皮光滑,有红色、黄色或绿色,果肉质硬色白。"

这会是什么水果?

实验3. 想象一个苹果。

你们脑子里想到了什么?

第一个和第二个实验就是我所说的一维处理:你从语言代码中提取意义。对于使用单词"sho"的第一个实验,没有多少读者以前有过该乐器的直接甚至间接经验。缺乏相关的知识,关于乐器可能是什么样子或它可能发出什么样的声音,都可能会给人留下一种非常不安的感觉。

如果把苹果的定义和记忆联系在一起,第二个实验就更具体了。不过,语言定义可能会给你留下一些错误的感觉。

我可以预测,第三个实验中,一个词"苹果"在你的脑海中引发了各种各样的反应:它的颜色、大小和外观,质地、气味、相关的个人记忆,还有认知记忆,如"日食一苹果,疾病莫缠我"。"苹果"这个词在你脑海中引发的这种体验,我称之为多维心理表征。

请注意,一旦你处理了语言标签"苹果",你的多维体验就是非语言的。现在让我们看看当我们阅读文本时会发生什么。请放松,读下面的诗。

Refugee Mother and Child

No Madonna and Child could touch
that picture of a mother's tenderness
for a son she soon will have to forget.

The air was heavy with odours
of diarrhoea of unwashed children
with washed-out ribs and dried-up
bottoms struggling in laboured
steps behind blown empty bellies. Most
mothers there had long ceased

to care but not this one; she held

a ghost smile between her teeth

and in her eyes the ghost of a mother's

pride as she combed the rust-coloured

hair left on his skull and then —

singing in her eyes — began carefully

to part it ... in another life this

would have been a little daily

act of no consequence before his

breakfast and school; now she

did it like putting flowers

on a tiny grave.

(Chinva Achebe, 1994)

读这首诗,你经历了什么样的感受?
你可能:

- 感受到了各种画面(如母亲,她的微笑、孩子的锈色头发),
- 想象环境并有模糊的感觉(如气味、灰尘、声音),
- 感觉到某种情绪,
- 记得你过去的一些个人经历,
- 想了想你所读到的、听到的、看到的关于非洲难民的事情,
- 评价了诗人的技巧。

总的来说,这首诗的读者可能经历了一系列的快照或电影般的动态图像,可能还有声音和气味。你在脑海中创造的是这首诗的"心理表征"。这种心理表征的有趣之处在于,每个读者的心理表征都是动态的和独特的,这取决于个人的心理状态、情绪、经历等。

　　我认为,读者/听者头脑中的意义建构是以多维的方式实现的,它来源于大脑各个部分(即感官、运动、认知和情感系统)的综合神

经交互作用。图式理论受到批评，因为它只是一个似是而非的隐喻，不能代表实际的结构。我认为，多维心理表征有一个由神经网络组成的物理实体，有待于随着未来理论和技术的发展得到充分的解释。

原则4：材料应帮助学习者在关注其语言之前先体验文本

在母语阅读中，我们关注意义。我认为，阅读材料应该提供一些活动，帮助学习者专注于文本的内容，并通过多维表征获得个人体验。通过体验文本，学习者能够：

- 激活他们大脑的感觉、运动、情感和认知区域；
- 在活动中自我投射和自我投入，以实现更深入的处理和更充分的参与；
- 在把言语代码和非言语心理表征进行关联时，有时间犯错并做出调整；
- 有时间用母语与自己交谈；
- 在公开发言或写作之前，有时间发展二语的内部言语。

本章的读者可能已经注意到，上面列出的许多条件都符合二语习得理论中提出的最佳学习环境的特征（Ellis, 2008; Ortega, 2009; Tomlinson, 2011a）。

提供文本体验的最重要的原则是安排活动的顺序，以便学习者在分析文本之前先体验文本。不管我们的发展阶段如何，我们从未停止过对母语的多维处理，但不知何故，二语学习者，从初级到高级，都倾向于以一维、语言的、分析性的方法来学习语言。难怪二语学习者在使用第二语言时，在实现多维心理表征方面并不那么成功。

结　语

在本章的第一部分，我们注意到第二语言学习者在阅读过程中有着相似的受困于文本的低效阅读方式。这些二语学习者无论年龄、水平或国籍，都有一个共同的因素：他们使用的是用本章评估的四种主要方法制作的教材。学习者们已经接受了语言课程、技能/策略课程，了解了激活图式的重要性，并通过理解问题进行了测试。学习者们确实存在语言问题，但他们所需要的并不是广泛的词汇或句法知识，而是缺乏将语言与多维心理表征联系起来的乐趣和参与体验。下面是一个例子，它可以帮助学习者在第二语言中创建多维的心理表征，从而培养阅读的信心和能力。

Little Johnny's Final Letter——另一种教法

级别：中级以上

年龄：12岁以上

时间：60分钟

语言：四种技能

准备：一首诗 "Little Johnny's Final Letter"，作者 Brian Patten

步骤：

1 告诉你的学生他们要听一首诗。

把标题的一部分写在黑板上，问他们认为这首诗是关于什么的。先写 "letter"，然后加为 "final letter"，最后是 "Little Johnny's Final Letter"。

2 让学生分组写以下问题的答案：

（1）你觉得Johnny多大了？

（2）你觉得Johnny在哪里？

（3）你认为Johnny这封信是写给谁的？

（4）你认为Johnny为什么会写这封信？

3 阅读这首诗的摘录：

I won't be home this evening, so Don't worry

Simply gone to get myself classified

I have taken off my short-trousers and put on long ones

Heard your plea on the radio this morning, you sounded sad
and strangely old ...

4 告诉你的学生，如果他们愿意的话，可以回顾上面第2部分的答案。

5 让学生听完整首诗，告诉他们在脑海中想象诗中描述的画面。

Little Johnny's Final Letter

Mother,
I won't be home this evening, so
Don't worry; don't hurry to report me missing
Don't drain the canals to find me,
I've decided to stay alive, don't
search the wood, I'm not hiding,
Simply gone to get myself classified.
Don't leave my Shreddies out,
I've done with security;
Don't circulate my photograph to society
I have disguised myself as a man
and am giving priority to obscurity,
It suits me fine;
I have taken off my short-trousers
and put on long ones, and
now am going out into the city, so
Don't worry; don't hurry to report me missing.
I've rented a room without any curtains
And sit behind the windows growing cold
Heard your plea on the radio this morning
You sounded sad and strangely old ...

(Brian Patten, 1979)

6 告诉你的学生,如果他们愿意的话,可以回顾上面第2部分的答案。

7 让学生分组画出下列场景之一:

(1) Johnny 写信给他母亲的前一天;

(2) Johnny 在他租的房间里;

(3) Johnny 的母亲在广播室恳求 Johnny。

8 把这首诗再大声读一遍。

9 让学生在上面第7部分画出的图片中添加一些细节。

10 分发这首诗,并让学生阅读这首诗,分组在上面第7部分画出的图片中再添加一些细节。

11 让学生分组回答以下问题:

(1) 你认为 Johnny 为什么离家出走?

(2) 你认为 Shreddies 是什么?

(3) 你认为为什么 Johnny 的母亲总是把 Shreddies 放在外面?

(4) Johnny 说脱下短裤穿上长裤是什么意思?

12 向你的学生解释,在他的家信里,Johnny 告诉他的母亲有些事情不要做,并给出了她不该做的理由。让学生分组列出 Johnny 不想让他母亲做的事情以及给出的理由,写在下面的标题之下:

(1) Johnny 不鼓励的事情

(2) Johnny 给出的理由

13 向你的学生解释这首诗是由利物浦的一位诗人 Brian Patten 写的。让各小组回答以下关于诗人意图的问题。

(1) Johnny 用了夸张的词和奇怪的表达。试着用一种更简单、更直接的方式来改写这首诗中的以下短句。

i Simply gone to get myself classfied.

ii I've done with security;

iii Don't circulate my photograph to society

iv and am giving priority to obscurity,

(2) 写下为什么这位诗人在 Johnny 信中使用这些表达的可

能原因。

14 让学生做以下其中一项活动。重要的是,让学生知道他们可以自己完成任务,也可以与合作伙伴或小组一起完成。

(1) 把自己当成 Johnny,学着背诵这首诗。

(2) 画一幅画来说明这首诗。

(3) 把你认为 Johnny 的母亲在收音机上说的话写下来。当你写好后,练习用一个母亲的声音读它,她的声音听起来是 "sad and strangely old"。

(4) 写一段 Johnny 在离家前一天和他母亲的对话。

(5) 想象一下,Johnny 的母亲发现他坐在租来的房间里。写一段 Johnny 和他母亲在他房间里的对话。

(6) 写一首关于一个少年第一次离家的诗或短篇故事。

评论时,请注意:

- 最初的活动都试图激励猜测,并根据自己过去的经验逐步创造心理表征。

- 学生有机会反复调整他们的答案和图画。个体的心理表征逐渐被调整,以更接近诗人在言语中想表达的心理表征。这也是学习者将语言与非语言心理表征联系起来的一个好机会。这也让学生放心,他们没有被测试。

- 活动 10 之前的活动和问题都是以意义为中心的。然后逐步引导学生的注意力集中在一些与整体意义相关的文化词汇上(如 Shreddies,长裤的意义)。在这里可以开展有趣的文化意识活动。

- 活动 12—13 侧重于语言,但它们是为了帮助加深对诗歌的理解。

- 活动 13 还探讨了诗人写诗的意图。它提供了一个很好的机会,让学生了解文学的技巧和效果。

- 活动 14 可以是家庭作业,但应该为你的学生把他们的辛勤工作进行展览或展示提供机会。

参考文献

Achebe, C. (1994), 'Refugee mother and child', in I. Gordon (ed.), *The Earth is Ours: Poems for Secondary Schools*. London and Basingstoke: Macmillan.

Adams, M. J. (1980), 'Failures to comprehend levels of processing', in R. J. Spiro, B. C. Bruce and W. F. Brewer (eds), *Theoretical Issues in Reading Comprehension – Perspectives from Cognitive Psychology, Linguistics, Artificial Intelligence and Education*. Hillsdale, NJ: Lawrence Erlbaum Associates, pp. 11–32.

— (1994), 'Modeling the connections between word recognition and reading', in R. B. Ruddell, M. R. Ruddell and H. Singer (eds), *Theoretical Models and Processes of Reading* (4th edn). New Ark, DE: International Reading Association, pp. 838–863.

Alba, J. W. and Hasher, L. (1983), 'Is memory schematic?', *Psychological Bulletin*, 93, 203–231.

Alderson, J. C. (1984), 'Reading in a foreign language: a reading problem or a language problem?', in J. C. Alderson and A. H. Urquhart (eds), *Reading in a Foreign Language*. London: Longman, pp. 1–24.

— (2000), *Assessing Reading*. Cambridge: Cambridge University Press.

Alderson, J. C. and Richards, S. (1977), 'Difficulties students encounter when reading texts in English' (Mimeo Research and Development Unit Report No. 8). Mexico City: UNAM.

Alderson, J. C. and Urquhart, A. H. (eds) (1984), *Reading in a Foreign Language*. London: Longman.

Anderson, N. J. (2012), 'Reading instruction', in A. Burns, and J. C. Richards (eds), *The Cambridge Guide to Pedagogy and Practice in Second Language Teaching*. Cambridge: Cambridge University Press, pp. 218–225.

Auerbach, E. A. and Paxton, D. (1997), '"It's not the English thing": bringing reading research into the classroom', *TESOL Quarterly*, 31 (2), 237–261.

Barnett, M. A. (1988), 'Reading through context: how real and perceived strategy use affects L2 comprehension', *Modern Language Journal*, 72, 150–162.

Bartlett, F. C. (1932), *Remembering*. Cambridge: Cambridge University Press.

Bernhardt, E. B. (2005), 'Progress and procrastination in second language reading', *Annual Review of Applied Linguistics*, 25, 133–150.

— (2011), *Understanding Advanced Second-Language Reading*. New York: Routledge.

Bernhardt, E. B. and Kamil, M. L. (1995), 'Interpreting relationships between

L1 and L2 reading: consolidating the linguistic threshold and the linguistic interdependence hypotheses', *Applied Linguistics*, 16 (1), 15−34.

Carrell, P. L. (1987), 'Content and formal schemata in ESL reading', *TESOL Quarterly*, 21 (3), 461−481.

Carrell, P. L. and Eisterhold, J. C. (1988), 'Schema theory and ESL reading pedagogy', in P. L. Carrell, J. Devine and D. Eskey (eds), *Interactive Approaches to Second Language Reading*. New York: Cambridge University Press, pp. 73−92.

Carrell, P. L., Pharis, B. G. and Liberto, J. (1989), 'Metacognitive strategy training for ESL reading', *TESOL Quarterly*, 23 (4), 647−678.

Clarke, M. A. (1988), 'The short circuit hypothesis of ESL reading — or when language competence interferes with reading performance', in P. L. Carrell, J. Devine and D. E. Eskey (eds), *Interactive Approaches to Second Language Reading*. Cambridge: Cambridge University Press, pp. 114−124.

Cohen, A. and Macaro, E. (eds) (2007), *Language Learner Strategies: 30 Years of Research and Practice*. Oxford: Oxford University Press.

Cook, G. (1994), *Discourse and Literature*. Oxford: Oxford University Press.

Cooper, M. (1984), 'Linguistic competence for practised and unpractised nonnative readers of English', in J. C. Alderson and A. H. Urquhart (eds), *Reading in a Foreign Language*. London: Longman, pp. 122−135.

Cummins, J. and Swain, M. (1986), *Bilingualism in Education*. London: Longman.

Davidson, A. and Green, G. M. (1988), *Linguistic Complexity and Text Comprehension: Readability Issues Reconsidered*. Hillsdale, NJ: Lawrence Erlbaum Associates Publishers.

Davis, J. N. and Bistodeau, L. (1993), 'How do L1 and L2 reading differ? Evidence from think aloud protocols', *Modern Language Journal*, 77 (4), 459−472.

Dehaene, S. (2009), *Reading in the Brain: The New Science of How We Read*. London: Penguin.

Dillon, D. R., O'Brien, D. G., Hopkins, C. J., Baumann, J. F., Humphrey, J. W., Pickle, J. M., Ridgeway, V. R., Wyatt, M., Wilkinson, C., Murray, B. and Pauler, S. M. (1992), 'Article content and authorship trends in The Reading Teacher 1948−1991', *The Reading Teacher*, 45 (5), 362−365.

Dubin, F. and Bycina, D. (1991), 'Academic reading and the ESL/EFL teacher', in M. Celce-Murcia (ed.), *Interactive Approaches to Second Language Reading*. New York: Newbury House, pp. 260−277.

Ellis, N. (1995), 'Vocabulary acquisition: psychological perspectives and pedagogical implications', *The Language Teacher*, 19 (2), 12−16.

— (2008), *The Study of Second Language Acquisition* (rev. edn). Oxford:

Oxford University Press.

Fries, C. C. (1963), *Linguistics and Reading*. New York: Holt, Rinehart & Winston. Reprinted 1981: New York: Irvington.

Gazzaniga, M. S., Ivry, R. B. and Mangun, G. R. with Steven, M. S. (2009), *Cognitive Neuroscience: The Biology of the Mind*. New York: Norton.

Goodman, K. S. (1976), 'Reading: a psycholinguistic guessing game', in H. Singer and R. Ruddell (eds), *Theoretical Models and Processes of Reading* (2nd edn). Newark, DE: International Reading Association. Originally published in 1967, *Journal of the Reading Specialist*, 6 (1), 126-135.

Gough, P. B. (1972), 'One second of reading', in J. F. Kavanagh and I. G. Mattingly (eds), *Language by Ear and by Eye*. Cambridge, MA: MIT Press.

Grabe, W. (1986), 'The transition from theory to practice in teaching reading', in F. Dubin, D. E. Eskey and W. Grabe (eds), *Teaching Second Language Reading for Academic Purposes*. Reading, MA: Addison Wesley.

— (2004), 'Research on teaching reading', *Annual Review of Applied Linguistics*, 2, 44-69.

— (2009), *Reading in a Second Language — Moving from Theory to Practice*. New York: Cambridge University Press.

Greenall, S. and Swan, M. (1986), *Effective Reading*. Cambridge: Cambridge University Press.

Hedgecock, J. S. and Ferris, D. R. (2009), *Teaching Readers of English*. New York: Routledge.

Hosenfeld, C. (1984), 'Case studies of ninth grade readers', in J. C. Alderson and A. H. Urquhart (eds), *Reading in a Foreign Language*. London: Longman, pp. 231-244.

Hu, M. and Nation, I. S. P. (2000), 'Vocabulary density and reading comprehension', *Reading in a Foreign Language*, 13 (1), 403-430.

Hudson, T. (1982), 'The effects of induced schemata on the "short-circuit" in L2 reading: non-decoding factors in L2 reading performance', *Language Learning*, 32, 1-31.

Hymes, D. (1979), 'On communicative competence', in C. J. Brumfit and K. Johnson (eds), *The Communicative Approach to Language Teaching*. Oxford: Oxford University Press, pp. 5-26.

Kern, R. G. (1989), 'Second language reading strategy', *Modern Language Journal*, 73, 135-149.

Kim, H. and Krashen, S. (1997), 'Why don't language acquirers take advantage of the power of reading?', *TESOL Journal*, Spring, 26-29.

Kimura, T., Masuhara, H., Fukada, A. and Takeuchi, M. (1993), 'Effectiveness of reading strategy training in the comprehension of Japanese college EFL learners', *JACET Bulletin*, 24, 101-120.

Klare, G. R. (1974), 'Assessing readability', *Reading Research Quarterly*, 10, 62−102.

Krashen, S. (1982), *Principles and Practice in Second Language Acquisition*. Oxford: Pergamon.

Laufer, B. and Goldstein, Z. (2004), 'Testing vocabulary knowledge: size, strength, and computer adaptiveness', *Language Learning*, 54 (3), 399−436.

Maley, A. and Prowse, P. (2013), 'Reading', in B. Tomlinson (ed.), *Applied Linguistics and Materials Development*. London: Bloomsbury, pp. 165−182.

Masuhara, H. (2000), 'The multi-dimensional representation model — A neural interpretation of the reading process'. The Proceedings of the AILA'99 Tokyo. Tokyo: Waseda University Press.

— (2003), 'Materials for developing reading skills', in B. Tomlinson (ed.), *Developing Materials for Language Teaching*. London: Continuum, pp. 340−363.

— (2007), 'The role of proto-reading activities in the acquisition and development of effective reading skills', in B. Tomlinson (ed.), *Language Acquisition and Development: Studies of Learners of First and Other Languages*. London: Continuum, pp. 15−45.

— (2009), 'How to prevent L2 reading fluency — are we really helping learners to enjoy reading?', in J. Mukundan (ed.), *Readings on ELT Materials III*. Petaling Jaya: Pearson Longman Malaysia, pp. 72−91.

Masuhara, H., Kimura, T., Fukada, A. and Takeuchi, M. (1994), 'Strategy training or/ and extensive reading?', in T. Hickey and J. Williams (eds), *Language, Education and Society*. Clevedon, Avon: Multilingual Matters.

Mathewson, G. C. (1994), 'Model of attitude infl uence upon reading and learning to read', in R. B. Ruddell, M. R. Ruddell and H. Singer (eds), *Theoretical Models and Processes of Reading*. Newark, DE: International Reading Association, pp. 1131−1161.

McCarthy, M. J., O'Keeffe, A. and Walsh, S. (2009), *The Vocabulary Matrix: Understanding, Learning, Teaching*. Hampshire: Heinle Cengage Learning.

Minsky, M. L. (1975), 'A framework for representing knowledge', in P. Winston (ed.), *The Psychology of Computer Vision*. New York: McGraw-Hill, pp. 211−227.

Nation, I. S. P. (2006), 'How large a vocabulary is needed for reading and listening?', *Canadian Modern Languages Review*, 63, 59−82.

— (2013), 'Materials for teaching vocabulary', in B. Tomlinson (ed.), *Developing Materials for Language Teaching* (2nd edn). London: Bloomsbury.

Nation, J. S. P. (2001), *Learning Vocabulary in Another Language*. Cambridge: Cambridge University Press.

Nation, J. S. P. and Coady, J. (1988), 'Vocabulary and reading', in R. Carter and

M. McCarthy (eds), *Vocabulary and Language Teaching*. Harlow: Longman, pp. 97 – 110.

Nuttall, C. (1985), 'Recent materials for the teaching of reading', *ELT Journal,* 39 (3).

Olshavsky, J. E. (1977), 'Reading as problem solving: an investigation of strategies', *Reading Research Quarterly*, 12 (4).

Ortega, L. (2009), *Understanding Second Language Acquisition*. London: Hodder Education.

Pang, J. (2008), 'Research on good and poor reader characteristics: implications for L2 reading research in China', *Reading in a Foreign Language*, 20 (1), 1 – 18.

Paran, A. (1996), 'Reading in EFL: facts and fictions', *ELT Journal*, 50 (1), 25 – 34.

Patten, B. (1979), *Little Johnny's Confession*. London: HarperCollins.

Rumelhart, D. E. (1980), 'Schemata: the building blocks of cognition', in R. J. Spiro, B. C. Bruce and W. E. Brewer (eds), *Theoretical Issues in Reading Comprehension*. Hillsdale, NJ: Erlbaum.

Rumelhart, D. E., McClelland, J. L. and P. D. P. Research Group (eds) (1986), *Parallel Distributed Processing — Explorations in the Microstructure of Cognition*. Cambridge, MA: MIT Press.

Schank, R. C. (1982), *Dynamic Memory*. New York: Cambridge University Press.

Schank, R. C. and Abelson, R. P. (1977), *Scripts, Plans, Goals, and Understanding*. Hillsdale, NJ: Erlbaum.

Schmitt, N. (2010), *Researching Vocabulary*. London: Palgrave Macmillan.

Smith, F. (1978), *Reading*. Cambridge: Cambridge University Press.

Soars, J. and Soars, L. (2012), *Headway Upper-Intermediate* (4th edn). Oxford: Oxford University Press.

Steffenson, M. S. and Joag-Dev, C. (1984), 'Cultural knowledge and reading', in J. C. Alderson and A. H. Urquhart (eds), *Reading in a Foreign Language*. Harlow: Longman, pp. 48 – 64.

Tallal, P. (2013). Neuroscience, phonology and reading: The oral to written language continuum. Retrieved 2 March 2013, from www.childrenofthecode. org/interviews/tallal.htm

Tomlinson, B. (2000), 'Beginning to read forever', *Reading in a Foreign Language*, 13 (1), 523 – 538.

— (2011a), 'Introduction; principles and procedures of materials development', in B. Tomlinson (ed.), *Materials Development in Language Teaching* (2nd edn). Cambridge: Cambridge University Press, pp. 1 – 34.

— (2011b), 'Seeing what they mean: helping L2 readers to visualise', in B. Tomlinson (ed.), *Materials Development in Language Teaching*. Cambridge:

Cambridge University Press, pp. 357−378.

Tomlinson, B. and Ellis, R. (1987), *Reading Upper Intermediate*. Oxford: Oxford University Press.

Tomlinson, B. and Masuhara, H. (2013), 'Review of adult EFL courses', *ELT Journal*, 67/2, 233−249.

Urquhart, A. H. (1987), 'Comprehension and interpretation', *Reading in a Foreign Language*, 3 (2).

Wallace, C. (2001), 'Reading', in R. Carter and D. Nunan (eds), *The Cambridge Guide to Teaching English to Speakers of Other Languages*. Cambridge: Cambridge University Press.

Walter, C. (2008), 'Phonology in second language reading', *TESOL Quarterly*, 42 (3), 455−474.

Widdowson, H. G. (1979), *Exploration in Applied Linguistics*. Oxford: Oxford University Press.

Williams, E. and Moran, C. (1989), 'State of the art: reading in a foreign language', *Language Teaching*, 22 (4), 217−228.

Williams, R. (1986), '"Top ten" principles for teaching reading', *ELT Journal*, 40, 1.

第十九章　写作教材研发

Ken Hyland

引　言

　　很难想象，离开了某种教学材料，我们该如何帮助学生提高写作技能。如果将教学材料广义地定义为任何有助于语言学习的材料，那么其中不仅包括纸质和电子资源，还包括视听辅助、实物和表演。和教学法一样，教学材料也是教与学之间的衔接点，师生的需求、目标以及教学大纲都通过教学材料得到具体体现。教学材料为学习者的课内学习提供了大量的输入和语言接触机会，是教师激发学习者、为学习者提供写作示范和帮助所不可或缺的。从YouTube视频到研究论文，教师可以获取的教学材料选择几乎是取之不尽的，但这些材料的有效性最终取决于它们在教学过程中所应起的作用以及它们与学生学习需求有多大程度的关联。本章将讨论以上两个问题，并就教材和网络材料的使用以及教学材料研发方法展开进一步探讨。

写作教材的作用

　　教学材料用于激励写作，可以帮助学生有效地理解他们写作的语言，并为教师组织课堂活动提供启发。此外，在许多情况下，语言教学材料可能是学生学习目标文本的唯一机会。表19.1列出了教材的主要作用。

表19.1　教材在写作教学中的作用（Hyland, 2003）

1. **范例**：目标体裁修辞形式和结构的范例文本。
2. **语言支架**：讨论、分析、练习等的语言示例来源。
3. **参考资料**：电子或纸质信息，相关语法、修辞或文体形式的讲解和示例。
4. **刺激物**：激发写作的源头。通常是纸质或网络文本，但也可以包括视频、图片、音频材料或实物。

　　范例用来展示一种体裁的模范样例，并说明其典型特征。我们可以对目标文本中的代表性样本进行分析、比较和运用，以培养学生们对文本的组织方式及其典型语言特征的敏感度。熟悉一些好的范例可以鼓励和引导学习者探索文本的关键词汇、语法和修辞特征，并利用这些知识构建属于自己的体裁范例。因此，使用范例的主要理念是，如果学生能够意识到目标文本是什么样子的，为他们提供足够数量的范例来证明可能的变化，避免盲目模仿，写作教学才会更加成功。

　　通常情况下，学生仔细考查一个特定体裁的几个示例，识别其结构和意义的表达方式，并探索可能的变化。因此，用作范例的材料可以帮助教师在学生走向该体裁独立创作的路上，提高学生在如何组织文本、如何实现最终目的方面的意识。所选的文本应尽可能既与学生**相关**，能代表学生在目标语境中将要写作的体裁，又要**真实**，能在现实环境中使用，而不仅仅是在课堂上使用。因此，例如，化学专业的学生就需要学习真实的实验报告写作，而不是《新科学家》(*New Scientist*)中的文章写作，如此才能最终成功地写出相应体裁的文章。即使是相当初级的学习者，也可以学习真实的文本，并识别重复出现的特征，然后学会如何运用和再现这些特征。使范例与学习者相关的有效方法是，收集以前课程中学生的写作范例，并把它们分发给学生进行分析。

像**支架**一样帮助学习者理解语言的教材，为讨论、指导性写作、分析和运用重要结构和词汇提供了机会。理想情况下，这些材料应该提供各种文本和来源，让学生参与思考、使用语言，帮助他们逐渐掌握特定体裁的写作。帮助学习者写出准确句子和连贯文本的材料包括语法课的常见内容，如补全句子、文本重组、平行写作、填空、拼图文本等。但这并不意味着写作材料只是变相的语法材料。写作教学必然意味着关注语法，但这不是传统的自主语法——一个独立于上下文和使用者的规则系统。写作课上教授的语法应该是自上而下的，从学生学习写作的体裁中衍生出来的。

因此，培养语法理解的写作教材关注的是，意义如何以清晰可识别的方式进行编码，从而将写作从隐性而隐藏的行为转变为有意识且显性的行为。这种方法：

> 首先考虑文本在整体层面上是如何根据其目的、受众和信息进行建构和组织的。然后考虑文本的各个部分，如段落和句子，是如何进行组织和编码的，从而使文本成为有效的书面交流。
>
> （Knapp and Watkins, 1994: 8）

因此，支架式的材料认识到语法是产生文本的一种资源，信奉的原则就是——对文本的认识有助于发展写作能力。必须知道，最有效的语言练习聚焦所关注体裁的特征，能够帮助学生针对特定的读者和上下文创造意义。因此，记叙文不仅要求学生掌握名词和代词，辨清人、动物或事物，还要掌握行为动词、过去时和连词来安排事件。而说明文通常使用一般现在时态，按时间顺序和/或随意安排使用连词和行为动词。

与范例和支架材料不同，**参考材料**涉及的是知识而不是实践。这一类材料包括语法、词典、参考手册和风格指南，但它们都通过解释、例子和建议来促进学习者对写作的理解。这种材料对于那些很少接触课堂的自学者特别有用。在一些大学的在线写作实验室（Online Writing Lab，即OWL）上可以找到大量合理安排且说明清晰的指导信息，特别是关于学术写作惯例的信息。以语料库为指导的词典，如《柯林斯高阶英语词典》（www.mycobuild.com/free-search.aspx），以及常用的拥有400多万篇英文文章的维基百科（如http://en.wikipedia.org/wiki/Main_Page）这样的百科全书，也是很有用的资源。然而，许多参考书中的建议往往有其特殊的、出自直觉或约定俗成的做法，应该谨慎对待（Hyland, 1998）。许多学生严重依赖双语词典或电子翻译器以及辞典、语法检查器和文字处理器的词典组件。这些可能可以很好地为学生提供想要的东西，却不能提供足够的关于语法语境、恰当性和内涵的信息。有关如何使用这些工具的建议和实践会给学习者带来极大好处。

　　最后，**刺激材料**通常通过激发学习者的想法，鼓励他们建立联系，发展话题以使他们能够清晰地表达自己的想法，从而使学习者参与思考、使用语言。这些材料提供了内容纲要和交流的缘由，激发了创造力、规划以及与他人的互动。它们包括各种媒介，互联网也是一个丰富的来源，不过一般来说，材料越详细、明确，就越能为学习者提供支持。因此，讲座录音或流程图相对清晰、结构化，能够刺激语言的使用。相反，可以进行多种解释的材料，如关于一个主题的不同观点的集合、诗歌或者用来象征真实物体的乐高积木，可为学生发挥创造力和想象力留下了空间。刺激写作的主要来源是文本，教师经常选择短篇小说、诗歌、杂志文章、倾诉痛苦的信件等作为引入主题讨论的方式，开展类似主题写作的头脑风暴。

写作教材的选择

　　任何英语教学课程都从两个问题开始："学生的语言水平如何？他们为什么要学习英语？"正是这些问题帮助课程进行聚焦，并使其与学习者建立了联系。第一个问题确保我们从学生的实际水平出发，第二个问题考虑语言课堂之外的因素，可以指导我们的教学方向。因此，虽然教材需要与学生水平相当，但同样重要的是，它们应超越一般的语法和词汇教学，帮助学生应对社会、学术或职场背景下的文章写作。这意味着需要对目前的情况和目标情况进行需求分析（Dudley-Evans and St John, 1998），了解学习者目前的水平和愿景以及在现实中胜任工作所需的语言技能和知识。

正是这第二方面的需求，教师可能不太熟悉。因为它关系到交际需求，而不是学习需求，它迫使语言教师不仅要了解他们的学生，还要了解他们需要写的那些文章。对于较年轻的学习者来说，他们不太容易认识到这些问题，但在可能的情况下，我们要确保为学生提供的写作材料能帮助他们理解目标语境下的写作。这主要意味着要熟悉这些文本的关键特征和创建这些文本所需的技能，然后将其融入适当的材料中。

选择相关的文本是关键，因为教材要能帮助学习者逐渐掌握已定体裁的写作能力。当学生的写作需求与特定目标语境中的特定体裁有关时，教师需要找到这样的文本作为真实的范例。学生通常不必写报纸文章、杂志特写或教材章节，尽管这些体裁的文章可能提供了极好的内容素材，能够激发写作，但它们不是好的目标范例。我们还需要考虑所选文本与其他文本的关联，以便对各种文本类型进行学习顺序规划，为学习者的进步搭建支架，确保新手写作者的写作能从易到难，从已知知识到未知知识进行转变。要实现这一点，我们应确定学生需要学习的文本类型的范围，这样我们就能确定，学生完成不同的写作任务所需要的各种语言技能。了解了其中的不同要求，教师就能知道学生能够做到什么、需要学习什么。

表19.2中的六大文本类型族，改编自澳大利亚的"英语口语和写作证书"ESL课程，可以帮助我们识别所需输入文本的类型。

这些文本类型的例子可以在各种体裁中找到。例如，自组装家具随带的设备手册和文件是很好的程序说明的例子，而在短篇小说、传记、报纸和杂志文章以及文学作品中，可以找到描述和叙述的例子。新闻材料则是说明文和议论文很好的素材来源。

另一个需要考虑的因素是材料的**真实性**：教师应该多大程度使用未经编辑的真实语言材料或经过简化、修改或其他方式的创造的文本,用来举例说明某些特定特征,达到教学目的。显然,选择真实文本作为体裁范例是有重要原因的。学生需要在目标情境下创作的那些文本,不能通过简化处理,让学生轻松模仿,以达到教学目的。改变了真实文本的句法和词汇,就有可能扭曲了衔接、连贯和修辞等特征。然后,学生可能会看不到,文本中的各元素是如何协同工作,形成文本的结构的,也会错过文本承载的大量信息,例如,作者是谁,文本与读者的关系是什么,它们被创作的环境是什么样的。然而,也的确,许多真实的文本并非好的范例选择,它们可能难以获得,或可能需要教师付出相当大的努力,才能在课堂上进行有效的利用。问题是要确保学生获得良好的写作范例,材料不会远远超出他们的能力范围,让他们感到沮丧。

表 19.2　文本类型族

文本类型	主要特征	写作体裁样例
交流型文本	构建联系	电子邮件、网络聊天、信件
表格型文本	印刷品、有作答空间	简单和复杂的格式化文本
程序性文本	完成目标的步骤	说明、程序、协议
信息型文本	提供消息或数据	描述、解释、报告
故事型文本	复述事件、做出回应	讲述、记叙
说服性文本	论证或反驳一个命题	说明、议论、观点性文本

　　学生该如何使用这些真实材料这一问题,又引发出关于真实地使用的问题,因为即使选择了真实的文本,也不能保证它们的使用就达到了最初的交际目的。一旦我们将真实文本用于写作任务,那么诗歌、信件、备忘录、报告、社论等就成了课堂上的“人工制品”,而不是用于交际的资源。因此,许多教师认为使用创作的材料没有本质上的错误,特别是语言水平较低的学生,需要经过把控的输入的指导和支持。事实上,许多写作课程既使用真实的材料,也使用创作的材

料,选择什么材料在很大程度上取决于材料所服务的教学目的。学生如何利用这些材料? 我们想让他们学到什么? 当我们的目光从范例转向能激发写作、练习语言项目、介绍内容和突出目标文本特征的材料时,对真实性的需求就不那么迫切了,这样的材料实际上可能比真实文本更有效。选择材料的底线是我们的材料不能误导学生偏离了写作的本质。

作为写作材料的教材

　　写作课的一个常见材料来源是商业化教材。许多教师严重依赖教材作为课程结构、实践活动和语言范例的来源——即使不用作固定文本,也会深陷其中。教材也可以为新手教师提供支持,保证他们的教学至少涵盖了他人认为的写作要点,并且程序严谨,遵循可信的经过尝试的教学原则。这些都是教材占有的强大优势,但对待教材也需要谨慎:写作教学主要是一项复杂的、本地化的工作,不该被打包成一本教材。

　　教材编写者是受出版商约束的,他们编写的教材面对的是广阔而无定形的市场,所以,期望教材提供的材料正好符合我们的本地化要求,肯定是不合理的。编者不知道我们的学生是谁,他们的困难和目标需求是什么,也不知道我们当地教学环境的特点。仔细检查我书架上十几本被广泛使用的写作教材,可以发现一些共同的缺陷。我们发现了这些写作教材所提供的阅读材料中存在文化和社会偏见、与特定体裁关系不大的特别语法解释、对目标使用者的语言熟练程度或背景含糊其词,对目标需求缺乏明确性,过度依赖于针对个人经验的写作主题,执迷于单一的写作过程以及编造的误导性文本模板。最令人不安的是,编者对当前写作和体裁研究带给教学的启示往往认识不足,因此,教材常常不能反映写作者在现实生活中实际运用语言进行交流的方式(Hyland, 2006)。

　　如果教师选择(或被迫)使用教材,重要的是他们应清楚希望教材做什么，对教材的期待要尽量现实一些。出版商必须以广泛大众为目标才能获取可观收益，迫于这一现实，即使是最好的书，它的价值也会受到损害，但一本教材也不应仅仅因为不能满足我们所有的具体教学需求就被完全否定。为每门课程从零开始准备新材料是一种不切实际的理想做法，利用现有的材料进行一些创造则更省时省力。如果我们补充遗漏或根据我们的特殊情况调整活动，那么教材还是有其可用之处的。思考学生需要什么、教材能提供什么、两者之间需要填补些什么，这样的思考过程，在课程设计和材料研发中可以产生很好的成效。事实上，我们可以确定五种改编材料的方法，然而在实践中，它们相互渗透：

- **添加**：用额外的阅读、任务或练习来补充课本所提供的内容。
- **删减**：省略重复的、无关的、可能无用的或困难的项目。
- **修改**：重写准则、示例、活动或解释，提高材料的相关性、有效性或清晰度。
- **简化**：改写，降低任务、解释或指令的难度。
- **重新排序**：改变单元或活动的顺序，使之更加符合课程目标。

显然，改编教材，使其成为课堂上更有用的材料，是所有写作老师的一项重要技能，因为它不仅可以改善学生的可用资源，也是教师职业发展的表现形式。教学在很大程度上就是将内容知识转换为有效教学形式的过程，当教师在改编和创造材料时，能够同时考虑他们的学习者和他们的职责，这一点就得到了明显印证。

互联网与写作材料

人们认为，互联网为教师提供了许多优势（如 Zhao, 2005），但与写作教师最为相关的可能是，互联网：

1 提供大量真实印刷品、图像和视频资料；

2 为学生提供书面交流的机会（与同学或者其他人）；

3 提供新文体和写作过程的练习；

4 有助于开展合作研究和写作项目；

5 立即生成自动反馈和评价性评语；

6 为学生提供基于计算机的写作过程中的语法和拼写检查；

7 为学生在写作时提供字典、语料库和参考资料；

8 使教师能够管理学习网站，收集活动和阅读资料以及博客、作业等，并跟踪和分析学生的错误和行为；

9 为学生发表作品、拥有更多读者提供了机会。

互联网显然为提高写作技能提供了很好的材料来源，现在教师可能使用互联网要比使用教材还要频繁。诸如 Dave's Internet Café 和 BBC English 等网站为二语学生提供了讨论小组和写作练习。虽然这些网站为练习、作业和讨论提供了各种主意和想法，也为指导学生课外活动提供了场所，但网上的写作材料还是非常稀缺。不过，互联网确实让教师不再仅仅依靠身边同事寻求建议，而是扩大了信息来源，教师（或学生）能够通过简单的注册和发布信息，利用讨论列表和公告栏，交流想法、获取信息、与他人讨论问题。还有两个活跃的写作论坛，它们分别是 Writing Centers' Online Discussion Community 和 WPA-L: Writing Program Administration。

还有许多专门用于写作的网站。例如，有几千个在线写作实验室（On-Line Writing Lab，即 OWL）可以提供语法和技巧练习以及风格、体裁和写作过程的教学技巧和建议。普渡大学的写作实验室是最好的在线写作实验室之一，网站 Angelfire 为教师提供了有关写作步骤的有用资源。网站 Online Resources for Writers 提供了一个有用的网址清单。还有其他网站提供了各种支持写作的方法，如 Using English 网站，它允许学生或教师上传文章，然后获得有关统计数据，其中包括非重复单词的计数、每句话的平均字数、词汇密度以及迷雾指数（Gunning Fog readability index，也被称为可读性指数）。网站

ESL Gold从过程的视角为**教授**创作、组织、修改和编辑论文提供了经验和想法。

　　互联网还是教师管理材料的有效手段,教师将相互关联的阅读材料和活动以连贯的系列呈现给学生,帮助他们提高写作能力。许多教师使用Blackboard或Moodle等课程管理商业系统,创建任务和维基网站,在一个地方展示他们的课程材料、阅读材料和各种信息,接收课程作业,并鼓励学生通过网站相互接触。不过,教师们逐渐认识到支持学生研发和发布自己的网站或管理自己博客的价值,这样可以提高他们的在线文字读写技能(Bloch, 2008)。在这里,互联网提供的学习材料就是其特殊的网络体裁以及网络需要的特别写作技能。

　　学生进行的网络社交写作大多在聊天室、电子邮件和博客中,其中一些类似于书面对话,遵循传统学术写作的不同规定和限制。但在线写作不仅涉及新体裁,而且需要新的加工处理技巧和新的写作合作方式。写作不再是单独一个人创造一个线性的印刷的文本,当学生独自写作时,他们甚至可以通过互联网从他们的老师、同学和远方不相识的人那里寻求帮助。在线拼写检查器、语法检查器和辞典等辅助工具以及对写作错误的性质提供丰富反馈的程序软件,如Correct Grammar、Grammatik和Right Writer,都需要培训和实践才能获得有效帮助。有效搜索、选择可靠来源和使用多媒体词典的图形、声音和视频这些技能也是如此。要想有效地识别这些功能、利用这些工具和掌握这些体裁都需要大量的实践;识别不同符号模式利弊的能力以及有效地将这些模式结合起来的技能,亦需要多加练习。教师可以利用互联网作为培养这些能力的材料。

　　也许最重要的是,互联网是真实文本材料的来源,还有越来越多的免费、可搜索的在线语料库,可用于探索语言和书面体裁的实际运用。真实材料包括音频材料,如从短篇小说到政治评论、广播和戏剧等任何内容的播客;视觉材料,如视频短片、照片、绘画等;以及文本材料,如报纸文章、电影评论、体育报道、讣告专栏、旅游信息小册子等。

　　互联网上有大量优质的免费在线报纸(例如,《卫报》《纽约时报》)以及杂志(例如,《经济学人》《新科学家》《电影杂志》),

它们是文本和视觉刺激材料及体裁范例很好的来源。在World-Newspapers网站上可以找到相当全面的清单。网上还有大量各种类型的报告，从海岸侵蚀到警方案件以及优秀的评论范例。这些来源不仅为范例和分析提供了材料，还能让教师通过各种提高意识的活动，帮助学生注意各类文章的关键特征，这是一种"自上而下"的语言理解方法，让学生将语法特征看作"话语的在线处理组件"（Rutherford, 1987: 104）。

最后，语料库通过提供使用证据，展示某一特定词条通常如何与其他词条共现，可以用作提高学生写作能力的材料，特别是用在高阶水平学生上。当写作过程中出现问题时，可将语料库作为**参考工具**，用来查找例证。WordPilot就是这样一个语料库，它允许学生使用文字处理器写作时，调用一个单词的检索（Hyland, 2009）。另一方面，学生也可以将它们作为**研究工具**进行系统的观察，例如，用于提高对某一体裁的认识，寻找人称代词、模糊措辞或特定的动词形式。研究方法以强烈的动机和对语言的好奇心为先决条件，而这往往是学生缺乏的，因此很有可能看到，有些学生会因过度接触检索行而感到厌烦。那么，教师可以使用搜索任务、填空或其他方法（例如，Flowerdew, 2012; Hyland, 2013），引导学生搜索目标体裁的典型特征。免费在线可搜索语料库有VLC Webconcordancer和Word Neighbours。英国学术书面英语语料库（British Academic Written English Corpus）也是一个优秀的学术论文资源。

很明显，互联网能够为写作教师的工作做出很大贡献，可以提供一系列材料作为写作范例、支架和刺激，并为学生提供语言使用的建议和例子以及发展新技能的机会。

创建写作材料

设计新的写作材料是一项非常让人有成就感的活动。它不仅为学生提供更有针对性的学习体验，而且展示了专业能力，或许还满足了教师的创造性需求。但是,材料研发也是一个典型的高强度、耗时的过程,因为从真实的文本中生成仅一小时的优质学习材料,可以消耗教师至少15小时的时间(Dudley-Evans and St John, 1998)。所以,有理由多依靠现有的材料作为想法的来源。

　　同样,这也是考虑组建和参与材料撰写团队的一个很好的理由,两三位教师分担项目各方面的责任。正如许多人所指出的(例如Tomlinson和Masuhara, 2010; Tomlinson, 2011),这种团队合作可以帮助教师用思想激励彼此,更好地将他们的材料与学习者联系起来,并对彼此的材料提出有用的改进建议。团队写作可以让每个人各自创作不同单元,或合作寻找文本、研发语言和内容练习以及写作任务。这一点特别重要,如果某些体裁描述缺乏文献作为基础,那么就需要进行一些文本分析。团队合作的好处是非常多的,不仅因为专业知识的结合更有潜力创造出更多样化、更高质量的最终产品,还因为协作可以减少过程中投入的精力、时间和挫折感。如果教师正在创建在线材料,情况尤其如此,因为这可能非常耗时,涉及选择、组合、组织、交叉引用,还有文本、视频和音频元素的超链接,都需要一些专业知识。与许多其他互联网文档一样,材料设计中的协作意味着不再有明确的具体作者和文本所有权。

　　创建新材料和修改现有材料的过程非常相似,在这里,Hutchison和Waters(1987)的材料设计框架是有用的教师指南,它包括四个关键组成部分:输入、内容、语言和任务,表19.3显示了如何设计写作材料。

　　该模型反映了第一节讨论的写作材料的教学引导作用,强调了材料设计中关键要素的整合。它还反映了最初由Breen、Candlin和Waters(1979)提出的"内容"材料和"流程"材料的区别,"内容"材料是信息和数据的来源,而"流程"材料是一种框架,学习者可以在此框架下运用他们的交际能力。材料最终指向任务,学生成功完成这项任务所需的语言和内容资源是由输入提供的。输入是至关重要的,因为如果只是扔给学生一个话题,然后就要求他们开始写作,他们不可能学会有效的书面交流。虽然他们需要写一些东西,但他们也需要知道如何产生和起草想法,并有足够的语言和体裁知识来执行任务。学生获得的材料必须能引导他们实现这些,因此,材料的研发,无论是创建新材料还是调整现有资源,都应首先注意这些要素中有没有一个或多个的缺失。

表19.3 材料设计模型*

> - **输入**:通常是写作课堂上使用的纸质或电子文本,但可能是对话、视频、图片或任何实际交流的数据。至少实现以下其中一项:
>   - ❖ 对思考、讨论和写作的刺激
>   - ❖ 新的语言内容或先前内容的重新呈现
>   - ❖ 写作的语境和目的
>   - ❖ 目标文本的体裁模板与范例
>   - ❖ 激发使用写作过程技巧,如写作前、起草、编辑等
>   - ❖ 加工信息的机会
>   - ❖ 为学习者提供使用和发展先前知识的机会
> - **内容重点**:主题、情境和信息,以产生有意义的沟通
> - **语言重点**:应该有机会进行文本分析,并让学生把新知识融入写作任务中。
> - **任务**:材料应该引导学习者完成交际性任务,学习者使用单元中的内容和语言,最终完成写作任务。

* 改编自 Hutchison 和 Waters, 1987: 108–109。

Jolly 和 Bolitho(2011: 112)认为材料设计首先要找到缺口,对材料的需求,可能是因为现有的教材无法达到课程的学习目标,或者因为学生在写作的特定方面需要进一步的练习。他们指出,教师需要探索这一领域,以更好地了解需要的特定技能或特征,也许可以求助参考资料、语料库、同事、专业信息提供者、文本模型或其他来源。然后需要一个合适的输入源,如文本或视频片段,并设计任务,以有意义的方式对这一输入进行利用;要确保设计的活动切合实际,与文本相辅相成,与目标需求和学习者的兴趣相关联,并且解释到位。之后,需要创建出材料供学生使用,这时我们不应低估其外观的重要性。呈现的材料有吸引力,是向学生展示教师投入的兴趣,并且可能具有更大的表面效度,带动学生参与活动。创建材料后,在课堂上使用材料,最后评估它们是否成功地满足了设定的需求。

在选择了合适的输入文本后,教师需要决定如何发挥其最大作

用。例如,一个自然发生的文本,可以作为一个模板,用来突出特定体裁的词汇语法特征和典型结构,可以向学生提问,帮助他们找出以前曾忽略的问题。例如:

- 文本是如何布局的? 是否有标题、图表等?
- 文本是如何开始或者结束的?
- 它主要使用了什么时态?
- 作者提到自己了吗? 作者是怎么做的?
- 典型的主题模式是什么?

或者,教师可能希望学生探索文本发生的情境:

- 这篇文章是写给谁的?
- 为什么要写?
- 语气如何?(正式的还是非正式的? 私人的还是非个人的? 等等)
- 作者和目标读者之间的关系是什么?
- 该文本预设你已经对哪些文本有所了解?

另一方面,通过广泛的阅读和小组讨论,可能可以让输入材料更好地构建内容图式,并促发写作。此时,教师更有可能通过提问,帮助学生理解文章,并反思文章对学生个人的意义。这样做的目的是,鼓励反思和参与,使学生能够看到文本与自己生活的相关之处,并释放他们表达这种相关性的欲望。一些初步问题可能侧重于文本的以下方面:

- 文本是关于什么的?
- 谁会写这样的文本? 写给谁?
- 它预设读者拥有什么知识?
- 你有过类似的个人经历吗?
- 你以前见过这样的文本吗? 在哪里见过? 你写过这样的文本吗?

- 文本中隐含了哪些共识？

虽然挖掘文本很重要，但材料是为语言练习服务的，要给学生提供更多语言信息，或为研究项目提供数据。

在讨论和解构一个典型范本之后，需要搭建材料来促进学生对一种体裁的理解，构建他们自己的文本。在各种任务中，关注文本的特定阶段及特征，材料便为学生提供了教师指导下的某种体裁的练习。有一种常用的方法是给学生提供一组杂乱无章的段落，他们必须通过识别显著的语步结构来重新构建文本。发现问题－解决问题这种模式也是非常好的可选活动，或者可以帮助学生将材料按照从概括到具体的次序进行排列，从而构建文献综述（Flowaldew, 2000）。鼓励学生比较不同文本的材料，通常也有助于提高对语言特征的认识（如 Hyland, 2008）。例如，研究如何在叙述和报告中讨论事件，或者使用学生自己的作品作为混合体裁组合材料，学生收集一门课程中写过的不同体裁的文本，评论各种体裁文本的异同（Johns, 1997）。

结　语

本章介绍了写作课中材料的作用和来源以及设计材料的一些步骤。笔者强调了将材料与学习者的语言熟练程度和目标需求相匹配的重要性以及为学生提供各种来源材料的价值。实质上，材料应有助于学生理解目标体裁（其目的、情境、结构和主要特征），或提供机会练习写作过程的一个或多个方面（写作前、起草、修订和编辑）。换句话说，利用选定的文本设计活动，应该仔细规划，以实现教学大纲的目标。

本章的要点可概括如下：

- 教师需要意识到材料在写作教学中所扮演的不同角色，以便做出最好的选择和使用；

- 选择真实材料作为目标文本的范例是很重要的，但教师在选择材料搭建写作支架时，不应该受到"务必真实"的压制；
- 学习者必须拥有对某一体裁足够的先验知识，才能够有效地写作。材料可以作为先验知识学习的范本和构建支架，特别是在学习新体裁的早期阶段；
- 输入文本的选择既需要考虑它对学习者的语言要求，也需要考虑它在内容和修辞图式上可供发挥的机会；
- 了解语境、学习、目标和学生特征的一般原则，可以帮助我们评估和修改教材，使其为我所用；
- 互联网为开发过程、体裁和结构知识提供了丰富的材料来源，也为学生在各种新的电子环境中实践技能提供了机会。

这一章的中心思想是写作技能的教学绝不能简单地给学生一个话题，就让他们开始写作。材料是写作教学的一个关键要素，材料的选择和设计必须考虑当地教学条件和教师的专业知识。希望这里讨论的原则和建议能够为教师们的写作教学过程提供有用的指导。

参考文献

Bloch, J. (2008). *Technologies in the Second Language Composition Classroom*. Ann Arbor, MI: University of Michigan Press.

Breen, M., Candlin, C. and Waters, A. (1979), 'Communicative materials design: some basic principles', *RELC Journal,* 10, 1–13.

Flowerdew, L. (2000), 'Using a genre-based framework to teach organisational structure in academic writing', *ELT Journal*, 54 (4), 369–375.

— (2012), *Corpora and Language Education.* London: Palgrave.

Hutchison, T. and Waters, A. (1987), *English for Specific Purposes*. Cambridge: Cambridge University Press.

Hyland, K. (2008), 'Genre and academic writing in the disciplines', *Language Teaching,* 41 (4), 543–562.

— (2009), *Teaching and Researching Writing* (2nd edn). Harlow: Pearson.

— (2013), 'Corpora and innovation in English language education', in K. Hyland and L. Wong, (eds), *Innovation and Change in English Language*

Education. New York: Routledge.

Jolly, D. and Bolitho, R. (2011), 'A framework for materials writing', in B. Tomlinson (ed.), *Materials Development in Language Teaching* (2nd edn). Cambridge: Cambridge University Press, pp. 107–134.

Knapp, P. and Watkins, M. (1994), *Context-Text-Grammar: Teaching the Genres and Grammar of School Writing in Infants and Primary Classrooms.* Sydney: Text Productions.

Rutherford, W. (1987), *Second Language Grammar: Learning and Teaching.* London: Longman.

Tomlinson, B. (2011), *Materials Development in Language Teaching* (2nd edn). Cambridge: Cambridge University Press.

Tomlinson, B. and Masuhara, H. (eds) (2010), *Research for Materials Development in Language Learning: Evidence for Best Practice.* London: Continuum.

Zhao, Y. (2005). *Research in Technology and Second Language Education: Developments and Directions.* Greenwich, CT: Information Age Publishing.

第二十章　口语教材研发

Dat Bao

本章首先重点介绍一些流行的方法论流派,这些流派影响并形成了口语教材设计研发中的重要因素。其次,本章将提出一个实用的口语教材设计框架。本章还将呈现有效地研发提高口语技能的教学材料的基本原理,并提出一套评估口语教材的标准,最后提出一些值得进一步研究的方法论问题。

引　言

写在前面:口语技能及相关材料需求

正如Bygate(1987: 5-6)所提出的,口语技能这一概念,可以从两个基本方面来理解:肌肉运动接受性技能和互动性技能。前者涉及对声音和结构的掌握,不一定有特定的情境。后者则涉及在特定的交际场合下决定说什么和如何说,以传达正确的意图或维持关系。通过观察,这一看法可以进一步理解为:这两种技能并非"截然不同"(Littlewood, 1981: 16),或是"两个阶段",而是从一开始的结构教学就必须与相关的使用相结合(Johnson, 1982: 22)。此外,许多关于语言意识的研究也表明,在进行意义交流前,教学程序不必固化,但可以组织内容型活动,让学习者首先对意义进行感知,并对意义做出反应。可以说,当学习者学会从局内人的视角(例如,作为学习者的视角)把控自己的表现,而非不断地被外部操控(例如,被教师操控),口语技能才能真正得到提高。

Tomlinson（2010, 2011）认为，第二语言的教学材料不应仅由教材编写者创建，还应由教师和学习者自己研发，这是一个延伸到真实课堂的创造性过程。Tomlinson的观点与Nunan（1989）的观点完全一致，他们认为教学交际是一个过程，而不是一套产品。这与Breen（1984: 47）所说的"过程教学大纲"联系密切。根据这样的教学大纲，作者编写的教学材料，其实是预先设计好的教学计划，它并不是最终的成品，因此，计划的实施者，如教师和学习者，可以对材料进行重新解读。设计者最初的创作以及使用者对计划的重新解读，可以通过参与者的经验、态度和知识，在一个创造性的过程中结合起来。正是通过这种互动，预先设计的草图才能得到最好的加工，并最终形成促进语言学习的合适材料。换句话说，课堂中的任务执行是共同创造相关材料的实用工具。

如此说法便可以解释为什么许多教材中的活动在真实课堂里用起来往往会有问题，原因就是编者从自己的假设出发，设计活动，却忽略了该教材的使用者。这也解释了为什么需要不断地对教材的内容进行调整，尤其是编者的课堂过程设计不适用于教师的设想、学习者的需求以及当地的情境时，更是如此。理想状态下，如果材料是为提高口语技能而设计的，那么设计者和使用者之间的互动过程应该通过口语活动来进行，因为对于参与者来说，他们不可能仅仅坐在那里，默默地想象书面文字稿如何在谈话中发挥作用。本章第四节将会探讨这个问题，并为评估口语教学材料的质量提出建议。

口语教材的发展趋势

可以说，教材设计的发展与方法论的发展是同步进行的。这一点，不足为奇，因为教材中的活动正是理论和实践相结合的产物。事实上，过去50年里出版的教材已经清楚地印证了交际教学法的主要原则是如何被纳入口语活动中的。虽然本章仅讨论口语，但目前似乎不可能将口语教材的发展趋势与其他基本技能教材的发展趋势分开来谈，因为关于这类教材的讨论都属于同类问题。

如果20世纪60年代中期,对语言系统的学习被认为是掌握第二语言的主要方法(Johnson, 1982),20世纪70年代则见证了一场"交际革命"(McDonough, 1993: 20),"有意义的活动"(Mockridge-Fong, 1979: 91)取代了机械的语言练习。然而,许多教师和学习者根本不认为这是一场有益的革命,因为学习者过去通过他们所认为的系统而充分的语法学习所获得的信心受到了严重打击。鉴于此,20世纪80年代,人们尝试调整交际法的极端做法,不过分强调语言使用,而忽视了学习者对语言知识的需求(Morrow, 1983; Scott, 1983; Swan, 1983, 1985; Dubin and Olshtain, 1986)。对于强式交际法的反对有批评为例,认为这一新方法试图取代结构法(Dubin and Olshtain, 1986),也有批评认为新方法并未使语法知识的学习变得更容易(Swan, 1985),还有人呼吁不能否认结构框架性知识在促进规则使用方面的积极作用(Scott, 1983)。考虑到在第二语言教学中,形式和运用不应相互排斥,在争论的同时,学者们致力于研究如何协调两种对立的倾向。

出于这种折中的观点,20世纪90年代初,多维教学大纲的想法渐渐变得清晰、系统起来,诸如功能和概念、角色和技能、主题和情境等一系列更全面的教学维度得以涵盖。正如McDonough和Shaw(1993: 50)所指出的,这种教学大纲的主要目的是"建立一套交际法的标准,同时承认提供针对语言形式属性的系统练习的必要性"。

过去几十年的教材研发反映出了对学习者差异的认识以及对学习中出现分歧反应的重视。教育工作者和教材编写者都表现出一种倾向,他们反对那些用"对"或"错"来回答的讨论活动,原因是此类活动降低了学习的复杂性(例如,参见Turner和Patrick, 2004; Meyer和Turner, 2006; Patrick et al., 2007; Graff, 2009)。学习的复杂性也在现今的英语教材中也得到了体现,教学材料不再是单一的教材,而是多维的材料组合(Littlejohn, 1998; McKay and Tom, 1999; Lyons, 2003),这种拓展了的观念反映了教育理念的发展(Murray, 2003),也是所有先进技术应用于教育行业后的反映,仅仅依赖一本教材的做法似乎已成为历史。"教材"这一概念可能暗含着教师在能力和知识方面存在某种程度的"不足",因此只能依靠教材作为他们知识的主要来源。教材可以成为课堂的"暴君"（Williams, 1983），不允许有任何偏离或个性化学习的空间。

由于课堂环境往往不是异质的，而是在某种程度上掺杂着语言水平、人际交往技能、年龄、学术背景、性别、个性、语言能力、学习风格等其他各种因素（例如，参见 Woodward, 2001），因此，语言教材需要关注的主要问题之一是如何"适应大多数语言课堂中存在的多样化需求"（Nunan, 1991: 209）。语言教学充满了各种选择和可能性（Dougill, 1987; Graves, 2001），没有人能完全确定哪种方法是正确的。为说明这一趋势，我们从1978、1991和1999年出版的三本英语教材中分别选取了三个活动案例，它们主题相同，都是关于物体的描述。

《流线英语》（*Streamline English*, Hartley and Viney, 1978, 1996）这本书的第六课"一间舒适的公寓"（A nice flat, 见图20.1），要求学生按照所给图片对一个房间进行描述。在这项任务中没有选择的自由，也几乎没有任何同伴的互动，因为所有的信息都直接来自同一个视觉材料，每个学习者都扮演同样的角色。

图20.1 一间舒适的公寓

　　《交汇——国际交流英语教程》(*Interchange — English for International Communication*, Richards, Hull and Proctor, 1991)这套教材的第三册第12单元的活动"相同或不同?"(Same or Different?)为学生提供了几组不同物体的图片,并邀请他们通过相互提问来发现这些物体的不同之处。这项活动利用空缺信息的解码和编码来鼓励学生交换事实数据。虽然仍没有选择的自由,但学习者至少有机会为某一目的进行互动。他们有两个不同的角色要执行:信息寻求者和信息提供者。

　　《语言使用初级教程》(*Language in Use Pre-Intermediate*, Doff and Jones, 2002)第三单元的活动"聊聊这些地方"(Talking about places, 见图20.2)让学习者看一张图,图上有五扇不同的门,学习者可以想象它们后面房间的样子。因为答案没有对错之分,学习者可从自己的经验和观点出发来处理意义。除了提供选择的自由,这种材料还带领学习者超越信息差,进入两个新的领域:推理差(通过推理和感知获得数据)和观点差(鼓励个人感受和态度)。

　　近些年来,许多类似例子都可以在教材中找到。它们展示了从语言结构的机械重复到更互动地交换事实信息的转变以及从互动地交换事实信息到更动态地处理个人观点的转变。然而,必须承认,课程材料的变化并不总是代表着从过时到最新的变化,也可能是反向发生的。例如,Tomlinson(1998)观察到,有时一本教材成功销售不是因为它有新的东西可以提供,而是因为它回归了旧的东西。

　　总的来说,几十年来,课程作者为了改进做出的许多有意识的努力,使得材料设计朝着越来越精细复杂的水平发展。有时,这种进化会让实践者担心如何在教学中有效地处理所有的复杂问题。例如,在20世纪80年代,一些理论家认为教学大纲越复杂,在课堂上实施就越困难(Eskey, 1984)。然而,近年来教材的研发往往证明了相反的一面:随着课程设计变得更加深思熟虑,它也试图通过减少教师准备(例如,通过改进教师手册)来使课堂上的语言教学更容易。

　　研究出版商几十年中的出版主张是认识材料发展变化的另一种方式。它向我们展示了在语法和交际教学中,从全然交际的重点

Talking about places

1 Behind the door

> There is/are • has got

1 Look at these two doors. What rooms do you think are behind them?

Read the sentences in the box. Which room do they describe? Could any sentences describe both rooms?

a There's a map on the wall.
b There's an ashtray.
c There's a video in the corner.
d There are two phones.
e There are flowers by the window.
f The room has got a blackboard.
g The room has got a thick carpet.

What else do you think there is in each room?

2 Now look at these doors. Where do you think they are?

3 Choose one of the other doors, and imagine what's behind it. Write a few sentences about it. You can use these ideas, and add ideas of your own.

bed	menu	table	chair	television
picture	sofa	clock	lift	phone
fax machine	magazine	shower	computer	reception desk

4 Show your sentences to another student. Did you imagine the same things?

图 20.2 聊聊这些地方

逐渐转向更加平衡的观点,语法和交际都教授,原因是形式和使用不一定是两个对立的领域。例如,在20世纪60年代末和70年代初,类似"现实生活语境""基于功能的""有意义和有效的交际"等表达被视为满足出版商的要求;然后,自20世纪90年代初以来,关键概念包括"与其他三种技能实践相结合的系统发展""核心语法结构"和"不同的学习风格和教学情况"(McDonough and Shaw, 1993: 22, 25, 46)。在当今时代背景下,教材除了具有交际性外,还倾向于把重点放在具有全球意义且无害的主题上,以适应尽可能多的背景。他们会注意不要触及对任何一套文化价值观可能造成损害的、敏感而有争议的跨文化话题(例如Sampedro 和Hillyard, 2004)。然而,为了避免文化上的伤害和挑衅,材料往往会去除那些容易让人激动的因素(Leather, 2003),并将世界美化(Banegas, 2010),还会加上些励志的语言,而不是真实地反映各种现实生活中的口语风格(Gray, 2002, 2010)。

研发口语教材的建议框架

　　本部分提出了一种包含五项建议的方法,用来指导如何为口语技能研发教材,即(1)将学习者需求概念化;(2)确定主题和交际情境;(3)确定言语交际策略;(4)利用现实生活中的语言资源;(5)设计技能习得活动。

将学习者需求概念化

　　教材设计应从学习者的身份出发,将语言学习与学习者的未来使用以及他们当前的接受能力联系起来。正如Brindley(1989: 70)所指出的,既要考虑学习者的主观需求,也要考虑学习者的客观需求。前者包括学习者的口语能力和困难以及课堂外的实际会话情况,所有这些都将有助于教师决定教什么。后者包括个性、学习风格、文化偏好和对课程的期望等方面,这些都将有助于教师决定如何教学。这里有一个关于需求的例子，对韩国和日本英语材料的研究表明，许多韩国学习者喜欢学习英语，为的是表达自己，而许多日本学习者学习英语，为的是理解和讨论外国文化（Yuasa, 2010）。正如Graves（1996）所建议的那样，需求评估应被视为一种贯穿于课程之前、期间和之后的持续过程。说到底，寻求了解学习者的需求，意不在对学习者进行描述，重要的是，让学习者真正参与到材料研发的过程中，并给予他们在材料中的发言权。

将需求转换为主题和交际情境

对学习者需求的了解，是教学材料中体验性内容的选择基础。当学习者说出他们想用目标语言做什么时，他们也直接或间接地暗示了语言使用的环境类型。现在重要的是，还要探索这种环境的背景，了解他们的社会要求一个有效的发言者要有什么样技能。学习者对他们的需求陈述得越具体，就越能有的放矢地进行主题创建，进而设置一系列恰当的话题、情境、功能、策略、语域和关键结构，寻找构建所有这些要素所需的材料来源。

一般而言，这一步是对目标材料的教学内容进行概述的初步工作。更难找的材料可能是沟通策略以及构成自然语言特征的真实材料。为了完成上述工作，以下各节将讨论一些有用的技巧，帮助完成以上任务。

确定言语交际策略

Tay（1988）汇报了一项有趣的英语口语实验，在这项研究中，将十位新加坡大学生真实、自发的言语样本播放给100位英国听众听（他们来自伦敦，以前从未去过新加坡），并对他们的可理解性进行打分。五位发言者的得分超过80分（满分100分），两位发言者的得分超过70分；最高为89.1分，最低为56.4分。后对影响可理解性的因素进行了研究和分析，结果表明，主要障碍并非发音问题。相反，更突出的问题在于互动策略、文体和语域。在口语交际材料的设计中，应对这些启示给予充分考虑。

会话策略是服务于意义交流的重要工具,必须纳入教学材料中。做到这一点的一个方法是,为学习者设计一些任务,让他们根据对话者的讲话采取行动,而不是仅仅专注于自己的言语。例如,可以帮助学习者练习会话与会话之间的衔接与递进,学习处理互动压力,如悄悄占有和维持话轮,处理未经排练的话语,控制他们的交际手段和礼貌水平,选择何时转移到一个新的话题,使对话收尾,识别同伴想结束对话的信号,等等。研究表明,当学习者意识到口语策略的使用时,他们将大大提高口语技能(Huang, 2006)。

因此,必须在材料中提供许多实用的策略,以帮助促进口语产出,并克服在时间压力下产生的沟通困难。Bygate(1987: 14)提出了以下五条建议:(1)使用不太复杂的句法;(2)利用短语和不完整的句子进行应对;(3)使用固定的会话短语;(4)增加填充词以获得说话时间;(5)纠正或改进已经说过的话。这些技巧对教学材料有重要的意义,因为它们帮助材料设计者更多地意识到言语产生的正常过程是什么样的。它们还帮助学习者认识到口语是多么的短暂和灵活以及如何在互动过程中容忍不完美。

利用现实生活中的语言资源

在许多情况下,准备材料可能只是工作的1/3,这是为学习提供机会。实施和完善材料是让最初计划达到最终效果的桥梁。要完善材料,除了杂志文章或图片这样的印刷材料作为交流的出发点外,课程研发人员还可以利用许多来自现实生活和课堂上的口头互动。

正如Tay(1988)所建议的,寻求实用教学理念的一种方法是记录学习者在目标语言中的同伴群体交互,并对其进行分析。正是通过这种类型的练习,典型的会话困难或障碍可以被识别出来,并转化为基于问题的言语交际教学策略。可以说,这是一种让学习者参与材料设计过程的现实方法。

　　另一种方法是,寻找机会将自然发生的对话与设计者处理同一主题的版本进行比较。研究人员提供的证据表明,许多由作者自己的假设组成的口语对话并不总是反映实际的使用环境,特别是当他们可能跳过了许多现实生活中交际环境所需要的基本策略。(参见以下对话脚本案例: Cunningsworth, 1995: 26; Carter、Hughes 和 McCarthy, 1998: 68-69)

　　记日记可能也是设计口语活动时,收集资料的一种现实方法。这些资源可以来自公共场所无意中听到的谈话、广播或电视采访、戏剧或电影,甚至来自我们与目标语言中本族语者的互动。任何此类数据,只要与教学主题相关,总是可以回收利用,并研发成课堂教学材料。

设计技能习得任务

　　一旦交际内容被勾勒出来,并选定了其组成部分,决定性的一步就是创建相关的任务,在三个基本方面帮助学习者: 习得新的语言,学习互动规则和体验意义交流,但不一定是按照这一顺序。

　　(1) 为了掌握新的语言,应先帮助学习者将新语言内化,然后再进行话题讨论。新语言教学不仅包括呈现语言结构,还包括帮助学习者自我发现语言的形式和功能。为了实现内化,新语言必须被进一步推进到一个体验过程中,通过引入一系列小的定向任务,引导学习者在内容和语言上为稍后将要到来的交际主题做好准备。这类任务可以是排名练习、关键词和表达的头脑风暴、围绕主题产生看法等等。

　　(2) 为了学习互动规则,可以为学习者提供条件,帮助他们了解基本技能,并在目标主题中发展语言策略。要实现这一目标,可以让学习者阅读主题下的几个对话,让他们听老师或磁带上读的对话,吸引学习者的注意力并鼓励他们讨论口头交流的特点。

　　(3) 为了体验意义的交流,学习者需要处理意义的条件和使用语言的目的。更具体地说,他们需要基于内容的活动来让他们自己与同伴互动。这可以通过以下方式实现:让学习者扮演角色,指定要完成的社交任务,给他们提供有动力和吸引力的交流理由,利用学习者知识、经验或态度上的差距促进真诚的交流,创造冲突从而引发相互辩论,创造需要修复的误解情形,制造棘手情况并设法摆脱等等。

正是通过这个课堂过程,材料使用者有机会在任务设计中成为积极的贡献者。它可以帮助设计者了解材料哪个地方起作用,哪个地方不起作用,从而找到有待改进之处。这一过程还有助于教师利用实际情况,研发出一套可在每次授课时加以调整的活动。这样一套灵活的活动,也可以让教师个人有机会逐渐发现自己在使用某些类型材料方面的优势。

一个有效的口语教材建议框架

根据相关的学术话语和第二语言课堂上的个人经验,本节推荐一种口语教材设计的基本原理。这一基本原理强调学习者能力的一系列维度,这些维度如果得到充分拓展,将有助于促进和最大限度地提高语言表现。有效的口语交际教材应能使学习者积极地(1)分享和加工信息,(2)控制意义,(3)选择如何参与,(4)利用情感,(5)利用个人知识,(6)意识到口语中的省略,以及(7)超越启动-回应-反馈模式。

注重信息的共享和加工

口语任务不仅应该组织学习者在互动过程中共享信息,还应该使他们有能力加工信息。共享信息意味着从一个或多个同伴那里了解信息,进而发现一个人知识短板中缺少的信息。加工信息意味着允许学习者使用自己的背景和个性,通过交换属于学习者个体的信息来进行交流。

后者包括表达反应和偏好、证明观点的合理性、提出解决方案、做出个人判断和决定以及提取对话同伴的个人回应等技能。只有当一个任务设法把属于学习者个性的东西带出来时，它才能从学习者身上引出最真实的反应，从而使互动最有意义。此外，践行以前没有实践过的新语言功能，将弥合学习者现有能力和更高级能力之间的差距。二语习得中的讨论和研究都承认，正是通过这种积极参与协商的互动，才促进了第二语言的更大发展（Long, 1996; Mackay, 1999; Fluente, 2002）。

尊重学习者对意义的控制

正如本章前面提到的，当学习者最终学会从自己的角度控制自己的表现，而不是等待老师的指导时，交流技能才能得到最好的发展。如果一个任务能够创造这种条件，它将成功地反映出现实生活中的交流，其中的口头话语是跟随说话者的个人决定自动产生的。

为此，材料应有助于"自主学习"（Tomlinson, 2010: 90），并尊重学习者的个人决定。这可以通过邀请学习者提供他们自己感兴趣的主题、提出问题、谈论他们自己的经历、把他们希望与他人分享的故事带入课堂来实现。也可以通过能为学习者的独立思考和创造力留出空间的任务来实现，激发个体的态度和信念，并鼓励学习者尝试自己的交互策略以达到交际目的。为学习者创造这些机会的意义在于允许他们参与材料的研发过程。

给学习者多种选择的空间

在我看来，好的教材允许学习者选择，这可以通过许多不同的方式来实现。这些方法可以包括允许学习者在多人合作的项目中选择角色、在活动中有子任务可选，或提供一组建议的话题，从中选择其一。

在可能的情况下，教材应给学习者一个机会对主题的某些方面进行调整。换句话说，应该允许学习者从所提供的内容中评估和决定他们需要什么、不需要什么（Breen and Candlin, 1987）。此外，好的教材不会总是通过把学习者聚集在一起来组织互动，从而剥夺了他们的选择权,而是为了反映现实生活中的交流,也鼓励学习者时不时地自己寻找搭档,自己决定他们想要、需要交流的人。

　　所有这些做法的意义在于训练学习者发展积极的参与感、责任感、自主性和更广泛的个人参与,这些都代表了现实生活交际的重要特征。不仅是教什么(内容)能使互动走向现实世界,而且如何教(策略)也有助于学习者培养真实交际所需的积极的学习态度。

　　尽管如此,应该指出的是,给予学习者太多的自由可能会引起误解。学习者可能会感觉教师没有能力做出决定,因此可能开始对教师的主导作用失去信心。为了解决这一问题,Littlewood(1992)建议,组织学习者在一个仍由教师控制的结构化环境或框架内进行低水平的选择,以使教师地位在学习者中保持一定程度的充分性和安全性。随着时间的推移,当学习者已经足够自信地支撑下去并支持他们自己的框架时,学习者的选择水平可能会提高。

关注学习者的情感

　　学习者往往会发现,当他们感觉到情感上的参与和享受正在发生的事情时,他们更容易表达自己的想法。因此,好的教材必须具有足够的激励性,以激发和提高学习者的兴趣、需求和能力(Brumfit and Robert, 1993)以及情感参与(Breen and Candlin, 1987)。"毕竟,学习一门语言最好的动力,莫过于有强烈的意愿想用那门语言表达一个观点,或就真心关切的话题发表看法"(Eskey, 1984: 67)。此外,好的材料应该是用户友好型的,学习过程应是有趣的(Tomlinson, 1991; Fontana, 1994),只要所使用的幽默不会冒犯学习者的文化就可以。

　　此外,情感参与也可以通过在任务中制造一定程度的争议来激发学习者交流不同的思想,分享他们不同的价值观,并表达对比态度,而不是沉迷于相似和一致的活动。好的材料还应该为教师提供一些方法,让教学过程能适应广泛的学习者群体(Hunter and Hofbauer, 1989),避免迎合了一个学习者群体,却使另一个群体感到沮丧。

个人知识的利用

如果给学生一个不熟悉的主题去写作,他们可以先花一些时间进行阅读或研究。但是,如果他们给一个不熟悉的话题进行口头讨论,迫于口头交流固有的时间压力,他们很可能会放弃。鉴于此,口语任务的内容对学习者来说不应该太陌生,不能让他们完全不理解(Hutchison and Waters, 1980; Hunter and Hofbauer, 1989)或不知道如何进行讨论。比如,让泰国学生谈论在山上滑雪的经历,而他们的国家其实不下雪,这就是个不可用的例子。相反,学习者不应该对口语话题太熟悉,以至于没有什么可供学习者思考的,也不应该在信息价值方面太新,以至于学习者不具备可以联系的相关知识(Hutchison and Waters, 1980)。例如,让来自同一个国家的两个人描述一个他们都已经很熟悉的文化节日,或者描述一个他们都看得同样透彻的图片。

口语语篇特征的演练

懂得色彩并不能使一个人成为一个好的艺术家,这是因为知识必须通过行动才能转化为技能。因此,口语技能的材料必须鼓励并帮助学习者学会言语加工,这要通过体验语言的使用、在时间压力下快速做出决定以及利用有限的词汇完成交际任务来实现。当学习者接受这些挑战时,他们可能无法造出完美的句子,但如果我们看看任何一种语言的本族语者自然发生的对话,我们就会发现他们的句子也不完美。

根据 Brown 和 Yule(1983)、Carter 等人(1998)、Luoma(2004)、Richard(2008)、Burns 和 Hill(2013)以及 Timmis(2013)的观点,言语包括动词性省略、连词短语、有计划和无计划的言语、填充词和犹豫、模糊和重新表述的言语、重复、共同构建的信息以及表示角色和关系的语域变体等特征。此外,好的口语材料不仅要在文本中体现上述特征,而且还能提供一些活动,使学习者在一起学习时能够运用这些特征。例如,这样的任务应该帮助学习者进行闲聊、讨论个人经历、轮流进行积极的角色扮演、提供想法反馈、证明立场、进行比较、说服朋友、向权威寻求帮助、解释困难情况、提出问题和维持话题等。它们应包括交换意见、观点和态度以及分享知识和解决问题。为了达到上述目的，教师手册可能会建议教师如何为需要帮助的学生提供语言支持和示范活动。有效的材料还应确定要使用的资源类型，并指导教师对学生的表现进行评估和反馈，以发现真正学到了什么，而不是让学生仅仅"说很多话""玩得开心"。

超越 IRF 模式

"启动－回应－反馈"（Initiation-Response-Feedback, 即 IRF）模式是大多数课堂中最常见的互动模式，它允许教师邀请学生输出并对其进行评估。然而，这种结构不足以使学习者产出的数量和质量最大化。有效教材的设计应使课堂讨论超出反馈阶段，例如，将反馈变成一个问题或一个激励性的陈述，邀请学习者进行进一步的讨论，从而使输出达到最大可能。换句话说，教师将提供更多的互动机会，而不是提供评价性的评论。如果材料能为学习者提供多角度的反馈，课堂互动将不受限制，会出现更多语块，学习者将练习更多的语言技能。事实上，IRF 模式的局限性已经在今天的二语习得论述中受到了批评（例如，参见 Ohta, 2001; Hall 和 Walsh, 2002; Walsh, 2002）。此外，有意义的互动不仅仅是产出的数量。基于主题内容的持续推进，推动谈话继续发展，将有助于减少沟通障碍（Tuan and Nhu, 2010），让学习者参与更深层次的思考过程（Myhill and Dunkin, 2005），并帮助学习者完善他们的语言（Lightbrown and Spada, 2006）。这将促进更多的意义协商，促进语言习得。

口语教材评估

下面的问题是为了帮助教育工作者权衡教材对口语技能的影响，并确保教材不仅提供语言支持，而且还提供表达意义的机会，并为学习者的文化和情感价值观在学习过程中发挥作用提供空间。然而，这种影响不能仅仅依靠一份清单来预测，而是需要通过实际教学实践和材料修改对具体任务的微观评价来进行经验性评价（Nunan, 1988; Richard and Lockhart, 1994; Ellis, 1997）。

语言支持——材料是否提供适当和充分的语言输入？这些材料是否有助于学生熟悉口语的特点？材料中是否提供了足够的词汇，或者说教师和学生是否需要自己生成词汇表？如果是，是否有一个建议程序能实现这个目标？

基于内容和情感的支持——这些材料是否能让学习者在灵感、想象力、创造力和文化感情方面感到满意？这些材料是否包含启发和支持语言学习的视觉材料？如果是这样，这是如何发生的？口语活动是否能让学生利用他们的文化和个人知识？这些材料是否为无限制的即兴创作提供了条件？文化内容是否与学习者的文化敏感性相关？话题是否具有足够的争议性，足以引发辩论，但又不会因文化上的不当而伤害学习者的情感？

技能支持——口语活动是否为学生提供了分享和加工信息的机会？语言的表达和组织是否能有效地促进语言块式的口头讨论？这些活动是否能使学习者运用广泛的交际功能和策略？口语活动是否鼓励各种形式的人际交流，如独白、对话和小组讨论？口语技能是单独提升，还是与其他技能相结合？如果是与其他技能相结合，这种结合是否足够自然地反映现实世界的交流？

多样性和灵活性——材料是否足够灵活，以满足多种类型的学习风格、熟练程度、成熟程度和兴趣？例如，是否有补充材料既支持能力较差的学习者，又满足更有抱负的学习者？活动是否涵盖各种水平？这些材料是否提供了各种口语活动（例如，面向过程的任务与面向成品的任务、关注意义的任务与增强意识的练习、涉及的任务与参与的任务）？

利用研究趋势——材料中隐含的方法论观点是什么？它如何反映最近关于口语技能发展的二语习得理论？（参见 Burns 和 Hill, 2013; Timmis, 2013）。是否有条件进行有意义的输入、二语数据加工的语言操演活动、产出语言输出的机会和学习的形成性评估?

更多值得学术关注的方面

本讨论突出了两个重要的领域,但在当前的很多口语材料里似乎忽略了这两点,即考虑学习者的身份和文化本地化的问题。考虑到许多课程活动过于依赖编者自己的假设,而忽视了学习者的实际语境,因此,课程材料的这些特点很重要。

反思学习者身份的必要性

正如Bassano和Christison(1987)所强调的,高质量材料的显著特征就是让学习者有机会在新语言中保持自我,因为正如Johnson(2011)所指出的那样,能够保持自我,会让学习者在学习中感到舒适。保持自我可能包括一些方面,如学习者表现出他们在新语言中的成熟程度,而不是由于二语水平较低而仍显幼稚(Tay, 1988; Allwright and Bailey, 1991; Masuhara et al., 2008);能自由地使用个性化的语言独自进行语言学习(Anton et al., 2003);受到启发后开展学习,而不是一直听任教师摆布(Block, 2007; van Lier, 2008);被赋予灵活自主和自由选择的条件(Tomlinson, 2012);鼓励使用与其他学习者不同的资源(Bolitho et al., 2003);有发展自己世界观的自由(Johnson, 2011);以及利用个人经验来解释社会(Murphy, 2008)。

鉴于这些需求,材料设计者需要有意识地努力为每个学习者提供一些工具,可能在一定程度上体现他们是什么样的人以及他们喜欢用目标语言表达什么。这在很大程度上与语言水平关系不大,而与服务每个学习者兴趣主题所需的语言类型以及训练他们进行主题讨论的策略类型有关。

材料的文化本土化需求

尽管似乎在全球范围内,交际语言教学的价值都得到了承认,但在许多国家,这种争论仍在惊人地持续着(Xiao, 2000; McDonough et al., 2013),而且世界上许多地方仍在对这种方法的兼容性和不相容性进行研究。在许多情况下,不是方法本身引起了问题,而是伴随它的任务引起了学习者的抵制。例如,当主题在当地的学习环境中与文化不适应时,学习者和教师不仅从内容上,而且从方法上都会不接受。我们带了一个炉子来帮忙做饭,但假设我们提供的食物不被接受,那么不管炉子多有效,人们都可能会拒绝食用。同样,我们引入了一种方法来帮助教学,但假设我们提供的内容不被接受,那么无论这种方法多么有效,学生都可能拒绝学习。

从建构主义的观点来看,交际法在面对许多地方教育系统、地方教师和学生的传统学习习惯时,都遭遇了语境制约的挑战。然而,从课程的角度来看,缺乏灵活性的课程材料忽视了语言任务本地化的重要性,并剥夺了学习者对语境的使用。由 Tomlinson 等人(2001)进行的关于八种语言课程的评估项目表明,很少有材料能使其全球课程适应具体情况。即使提供了培养跨文化意识的活动,他们却采用了以英语为本族语者的观点,把非西方文化之外的度假地点描绘成具有异国情调、甚至有些奇异的地方。

来自世界各地的教师和学习者会不时地抱怨国际教材的生疏内容。例如,这样的内容包括,在学习者的国家中不存在的停车收费表、自动售货机、雪、冰、寒冷的早晨、蓄水池和酒庄(例如,参见 Jolly 和 Bolitho, 1998)。由于很多课程教材早已编写好,之后才到达距离编者千里之外的课堂之上。因此,当地使用者有时会意识到他们的文化已被边缘化,在材料中几乎没有或根本没有提供任何可操作空间。在许多全球性课程材料中,本地化的条件往往是作为一种事后想法添加到许多口语活动中,而不是作为一个主要组成部分融入整个课程中。检查这些材料在文化上是否合适和有效的一种方法是问自己以下问题:学习者是否能够以有意义和感兴趣的方式将材料的内容与他们自己的情况和经历联系起来?在学习者生活的社会中,最重要的问题是什么?他们日常生活中最重要的价值观和信仰是什么?

　　学者们提出了解决上述问题的学术见解。Lin 和 Warden（1998）建议研究人员调查影响学生学习的当地环境。Maley（2011）建议不要把许多独特的不同的教学情境看成是一样的。Sridhar（1994）呼吁重新思考一个更具文化真实性的理论。Breen 和 Candlin（1987）建议，材料应该留下空间让学习者表达对他们重要的价值观。Langley 和 Maingay（1984）强调需要在课程内容中创建更多的跨文化比较。Tomlinson（2005）以及 Lin 和 Warden（1998）讨论了亚洲的英语教学，他们认为文化差异应该对语言教学问题的讨论起到很大的推动作用。Tomlinson（2005）还建议让学习者接触周围各种各样的英语，以此来培养实用的交际技能，而不是盲目地遵循本族语者的各种口音。

结　语

　　本章试图探讨方法论如何影响口语材料设计的几个主要趋势以及这种设计实践将我们引向何方。本章提出并较详细地探讨了服务口语材料研发的框架和基本原理；还推荐了口语交际活动中值得给予更重要地位的领域，对其他技能的培养也许具有一定的启发意义。

　　材料研发者在试图复制真实交流时遇到的主要障碍是真实交际所固有的不可预测性和相对复杂性，这两者都必须被视为口语的固有特征，并且必须转移到教学材料中（Cunningsworth, 1995）。许多当前的课程材料所再现的口语交流，其本质往往远不如生活复杂，这可能是因为简化的语言很容易被设计成易于教学的活动。然而，形成一种重新思考所写内容的习惯，应该是材料编者永无止境的责任。编写二语材料是一个持续的、长期的过程，其中涉及在编者办公室制定策略，应用于课堂活动以及根据实际经验和实际使用环境进行修改。无论材料计划得多么周到，它都应该在一定程度上对作者和用户交互开放，以便进一步修改。这可以通过不断观察现实生活中的情况，并将它们与我们所写的材料稿进行对比来实现，从而突出学习者在不可预测的交流中更有效地操作所需的新特征和新技能。

没有一本教材能适用所有情况（Canniveng and Martinez, 2003），但应该帮助教师培养反思、分析和评估的能力，以便在任何特定情况下为所有学生、需求和个性创造成功的课程。课堂中的创造力可以通过课堂中的意外事件（O'Neill, 1982）产生，也可以通过教师与教材和学生的创造性对话（Islam and Mares, 2003）产生，这两种对话都利用了教师对材料的个性化改编。因此，二语材料应该被看作激发教师和学习者创造性潜力的思想库（Cunningsworth, 1984）。没有两个受众是一样的：学生在能力、年龄和兴趣方面各不相同，可能有不同的文化和学习背景；班级在规模、布局和形式上各不相同；教师有不同的教学风格；学习者可能对他们需要学习什么和如何学习有很不相同的想法。在现实世界中，言语交际是动态和不可预测的，给说话者的课程材料应该通过提供开放式的活动来适应这种变化，这样学生就可以找到自己的水平，能力弱和能力强的学生都能有所贡献。教材应鼓励学生提出自己的想法，并利用自己的知识、经验、学习风格、班级文化和个人兴趣。

随着商业教材的增加，对自制教材的需求比以往任何时候都更加迫切，因为越来越多的教师意识到，"增加教材的多样性并不能解决他们的特殊情况"（Alderson, 1980: 134）。毕竟，应该有更多的项目，让教师有工具、有机会设计自己的课程。这将使教师能够编写出与学生的愿望和需求相协调的适当材料，并集中精力于当地的使用环境，而不必为取悦特定出版商或匿名市场而分心。

参考文献

Alderson, J. C. (1980), 'A process approach to reading at the University of Mexico', in *Project in Materials Design*. London: The British Council.

Allwright, D. and Bailey, K. M. (1991), *Focus on the Language Classroom: An Introduction to Classroom Research for Language Teachers*. Cambridge: Cambridge University Press.

Anton, M., DiCamilla, F. and Lantoff, J. (2003), 'Sociocultural perspectives: sociocultural theory and the acquisition of Spanish as a second language', in

B. Lafford and R. Salaberry (eds), *Spanish Second Language Acquisition: State of the Science*. Washington, DC: Georgetown University Press, pp. 262–284.

Banegas, D. L. (2010), 'Teaching more than English in secondary education', *ELT Journal*, 85 (1), 80–82.

Bassano, S. and Christison, M. A. (1987), *Look Who's Talking!: Activities for Group Interaction* (2nd edition). Hayward, California: Alemany Press.

Block, D. (2007), 'The rise of identity in SLA research, post Firth and Wagner (1997)', *Modern Language Journal*, 91 (5), 863–876.

Bolitho, R., Carter, R., Hughes, R., Ivanic, R., Masuhara, H. and Tomlinson, T. (2003), 'Ten questions about language awareness', *ELT Journal*, 57 (3), 251–259.

Breen, M. P. (1984), 'Process syllabuses for the language classroom', in C. J. Brumfit (ed.), *General English Syllabus Design. Curriculum and Syllabus Design for the General English Classroom. ELT Documents 118*. Oxford: Pergamon Press and the British Council.

Breen, M. P. and Candlin, C. N. (1987), 'Which materials?: a consumer's and designer's guide', in L. E. Sheldon (ed.), *ELT Textbooks and Materials: Problems in Evaluation and Development. ELT Document 126*. Oxford: Modern English Publications in Association with the British Council.

Brindley, G. (1989), *Assessing Achievement in the Learner-Centred Curriculum*. Sydney: Macquarie University, National Centre for English Language Teaching and Research.

Brown, G. and Yule, G. (1983), *Teaching the Spoken Language*. Cambridge: Cambridge University Press.

Brumfit, C. J. and Robert, J. T. (1993), *A Short Introduction to Language and Language Teaching*. London: Batsford.

Burns, A. and Hill, D. A. (2013), 'Teaching speaking in a second language', in B. Tomlinson (ed.), *Applied Linguistics and Materials Development*. London: Bloomsbury, pp. 231–248.

Bygate, M. (1987), *Speaking*. Oxford: Oxford University Press.

Canniveng, C. and Martinez, M. (2003), 'Materials development and teacher training', in B. Tomlinson (ed.), *Developing Materials for Language Teaching*. London: Continuum, pp. 479–489.

Carter, R., Hughes, R. and McCarthy, M. (1998), 'Telling tails: grammar, the spoken language and materials development', in B. Tomlinson (ed.), *Materials Development in Language Teaching*. Cambridge: Cambridge University Press.

Cunningsworth, A. (1984), *Evaluating and Selecting EFL Teaching Materials*. London: Heinemann Educational Books.

— (1995), *Choosing Your Coursebook*. Oxford: Heinemann.

Doff, A. and Jones, C. (1999), *Language in Use. Classroom Book. Pre-Intermediate.* Cambridge: Cambridge University Press.

Dougill, J. (1987), 'Not so obvious', in L. Sheldon (ed.), *ELT Textbooks and Materials: Problems in Evaluation and Development.* Oxford: Modern English Publications, pp. 29–36.

Dubin, F. and Olshtain, E. (1986), *Course Design.* Cambridge: Cambridge University Press.

Ellis, M. and Ellis, P. (1987), 'Learning by design: some design criteria for EFL coursebooks', in L. E. Sheldon (ed.), *ELT Textbooks and Materials: Problems in Evaluation and Development. ELT Document 126.* Oxford: Modern English Publications in Association with the British Council.

Ellis, R. (1997), 'The empirical evaluation of English language teaching materials', *ELT Journal,* 51 (1), 36–42.

Eskey, D. E. (1984), 'Content — the missing third dimension in syllabus design', in J. A. S. Read (ed.), *Case Studies in Syllabus and Course Design.* Singapore: SEAMEO Regional Language Centre.

Fluente, M. J. (2002), 'Negotiation and oral acquisition of L2 vocabulary: the roles of input and output in the receptive and productive acquisition of words', *SSLA,* 24, 81–112.

Fontana, D. (1994), *Managing Classroom Behaviour.* Leicester: The British Psychological Society.

Graff, N. (2009), 'Classroom talk: co-constructing a "difficult student"', *Educational Research,* 5 (4), 439–454.

Graves, K. (1996), *Teachers as Course Developers.* Cambridge: Cambridge University Press.

— (2001), 'A framework of course development processes', in D. A. Hall and A. Hewings (eds), *Innovation in English Language Teaching: A Reader.* New York: Routledge, pp. 178–196.

Gray, J. (2002), 'The global coursebook in English language teaching', in D. Block and D. Cameron (eds), *Globalization and Language Teaching.* London: Routledge, pp. 151–167.

— (2010), *The Construction of English: Culture, Consumerism and Promotion in the ELT Coursebook.* Basingstoke: Palgrave Macmillan.

Hall, J. K. and Walsh, M. (2002), 'Teacher-student Interaction and Language Learning'. *Annual Review of Applied Linguistics,* 22, 186–203.

Hartley, B. and Viney, P. (1996), *Streamline English — Departure* (38th edn). Oxford: Oxford University Press.

Huang, L. S. (2006), 'Heightening advanced adult second-language learners' awareness of strategy use in speaking: A little can go a long way'. ERIC Document Production Services ED503037.

Hunter, L. and Hofbauer, C. S. (1989), *Adventures in Conversations. Exercises in Achieving Oral Fluency and Developing Vocabulary in English.* New Jersey: Prentice Hall Regents.

Hutchinson, T. and Waters, A. (1980), 'Communication in the technical classroom. "You just shove this little chappie in here like that"', *Projects in Materials Design.* London: The British Council.

Islam, C. and Mares, C. (2003). 'Adapting classroom materials', in B. Tomlinson (ed.), *Developing Materials for Language Teaching.* London: Continuum, pp. 86−100.

Johnson, K. (1982), *Communicative Syllabus Design and Methodology.* Oxford: Pergamon Press.

Johnson, T. R. (2011), *Foreign Language Learner Identity: A Sociocultural Perspective.* Unpublished MA thesis: University of Texas at Austin.

Jolly, D. and Brolitho, R. (1998), 'A framework for materials writing', in B. Tomlinson (ed.), *Materials Development in Language Teaching.* Cambridge: Cambridge University Press, pp. 90−115.

Langley, G. and Maingay, S. (1984), 'Communicative English for Chinese learners: the implementation of a design', in J. A. S. Read (ed.), *Case Studies in Syllabus and Course Design.* Singapore: SEAMEO Regional Language Centre.

Leather, S. (2003), 'Taboo issues', *ELT Journal,* 57 (2), 205−206.

Lightbrown, P. M. and Spada, N. (2006), *How Languages are Learned* (3rd edn). Oxford: Oxford University Press.

Lin, H. and Warden, C. A. (1998), 'Different attitudes among Non-English major EFL students', *The Internet TESL Journal,* October 1998.

Littlejohn, A. (1998), 'The analysis of language teaching materials: inside the Trojan horse', in B. Tomlinson (ed.), *Materials Development in Language Teaching.* Cambridge: Cambridge University Press, pp. 190−216.

Littlewood, W. (1981), *Communicative Language Teaching. An Introduction.* Cambridge: Cambridge University Press.

— (1992), *Teaching Oral Communication. A Methodological Framework.* Oxford UK and Cambridge USA: Blackwell.

Long, M. H. (1996), 'The role of linguistic environment in second language acquisition', in W. C. Ritchie and T. K. Bhatia (eds), *Handbook of Second Language Acquisition.* New York: Academic Press, pp. 413−68.

Luoma, S. (2004), *Assessing Speaking.* Cambridge: Cambridge University Press.

Lyons, P. (2003), 'A practical experience of institutional textbook writing: product/process implications for materials development', in B. Tomlinson (ed.), *Developing Materials for Language Teaching.* London: Continuum, pp.

490−504.

MacKay, A. (1999), 'Input, interaction and second language development: an empirical study of question formation in ESL', *SSLA,* 21, 557−587.

Maley, A. (2011), 'Squaring the circle — reconciling materials as constraint with materials as empowerment', in B. Tomlinson (ed.), *Materials Development in Language Teaching* (2nd edn). Cambridge: Cambridge University Press, pp. 379−402.

Masuhara, H., Hann, M., Yi, Y. and Tomlinson, B. (2008), 'Adult EFL courses', *ELT Journal*, 62 (3), 294−312.

McDonough, J., Shaw, C. and Masuhara, H. (2013), *Materials and Methods in ELT* (3rd edn). New York: Wiley.

McKay, H. and Tom, A. (1999), *Teaching Adult Second Language Learners*. Cambridge: Cambridge University Press.

Meyer, D. K. and Turner, J. C. (2006), 'Re-conceptualizing emotion and motivation to learn in classroom contexts', *Educational Psychology Review,* 18, 377−390.

Mockridge-Fong, S. (1979), 'Teaching the speaking skill', in M. Celce-Murcia and L. McIntosh (eds), *Teaching English as a Second or Foreign Language.* Singapore: Harper and Row, pp. 90−101.

Morrow, K. (1983), 'Principles of communicative methodology', in K. Johnson and K. Morrow (eds), *Communication in the Classroom.* Essex: Longman, pp. 59−69.

Murphy, P. (2008), 'Gender and subject cultures in practice', in P. Murphy and K. Hall (eds), *Learning and Practice: Agency and Identity*. Thousand Oaks, CA: SAGE, 161−172.

Murray, D. E. (2003), 'Materials for new technologies: learning from research and practice', in W. A. Renandya (ed.), *Methodology and Materials Design in Language Teaching*. Singapore: SEAMEO Regional Language Centre, pp. 30−43.

Myhill, D. and Dunkin, F. (2005), 'Questioning learning', *Language and Education*, 19 (5), 415−427.

Nunan, D. (1988a), *The Learner-Centred Curriculum*. Cambridge: Cambridge University Press.

— (1988b), 'Principles of communicative task design', in B. K. Das (ed.), *Materials for Language Learning and Teaching. Anthology Series 22.* Singapore: SEAMEO Regional Language Centre, pp. 16−29.

— (1989), *Syllabus Design.* Oxford: Oxford University Press.

— (1991), *Language Teaching Methodology: A Textbook for Teachers*. Hertfordshire: Prentice Hall International.

Ohta, A. S. (2001), *Second Language Acquisition Processes in the Classroom:*

Learning Japanese. New Jersey: Lawrence Erlbaum Associates.

O'Neill, R. (1982), 'Why use textbooks?', *ELT Journal*, 36 (2), 104−111.

Patrick, H., Ryan, R. M. and Kaplan, A. (2007), 'Early adolescents' perception of classroom social environment, motivational beliefs, and engagement', *Journal of Educational Psychology*, 99 (1), 83−98.

Richard, J. (2008), *Teaching Listening and Speaking*. Cambridge: Cambridge University Press.

Richards, J. and Lockhart, C. (1994), *Reflective Teaching in Second Language Classrooms*. Cambridge: Cambridge University Press.

Richards, J. C. (1990), *The Language Teaching Matrix*. Cambridge: Cambridge University Press.

Richards, J. C. with Hull, J. and Proctor, S. (1989), *Interchange. English for International Communication*. Cambridge: Cambridge University Press.

Sampedro, R. and Hillyard, H. (2004), *Global Issues*. Oxford: Oxford University Press.

Scott, R. (1983), 'Speaking', in K. Johnson and K. Morrow (eds), *Communication in the Classroom*. Essex: Longman.

Sridhar, S. N. (1994), 'A reality check for SLA theories', *TESOL Quarterly*, 28 (4), 800−805.

Swan, M. (1983), 'False beginners', in K. Johnson and K. Morrow (eds), *Communication in the Classroom*. Essex: Longman.

— (1985), 'A critical look at the communicative approach', *ELT Journal*, 39 (2), 76−87.

Tay, M. W. J. (1988), 'Teaching spoken English in the non-native context: considerations for the material writer', in B. K. Das (ed.), *Materials for Language Learning and Teaching. Anthology Series 22*. Singapore: SEAMEO Regional Language Centre, pp. 30−40.

Timmis, I. (2013), 'Spoken language research: the applied linguistics challenge', in B. Tomlinson (ed.), *Applied Linguistics and Materials Development*. London: Bloomsbury, pp. 79−94.

Tomlinson, B. (1991), 'English education in Japanese universities', in *Kobe Miscellany*, 17, pp. 85−99.

— (2005), 'The future of ELT materials in Asia', *Electronic Journal of Foreign Language Teaching*, 2 (2), 5−13.

— (2010), 'Principles of effective materials development', in N. Harwood (ed.), *English Language Teaching Materials: Theory and Practice*. Cambridge: Cambridge University Press, pp. 80−108.

Tomlinson, B. (ed.) (2011), *Materials Development in Language Teaching*. Cambridge: Cambridge University Press.

Tomlinson, B. (2012), 'Materials development for language teaching and learning', *Language Teaching*, 45 (2), 143−179.

Tomlinson, B., Dat, B., Masuhara, H. and Rubdy, R. (2001), 'EFL courses for adults', *ELT Journal*, 55 (1), 80−101.

Tuan, L. T. and Nhu, N. T. K. (2010), 'Theoretical review of oral interaction in EFL classrooms', *Studies in Literature and Language*, 1 (4), 29−48.

Turner, J. C. and Patrick, H. (2004), 'Motivational infl uences on student participation in classroom learning activities', *Teachers College Record*, 106 (9), 1759−1785.

van Lier, L. (2008), 'Agency in the classroom', in J. Lantoff and M. Poehner (eds), *Sociocultural Theory and the Teaching of Second Languages*. London: Equinnox, pp. 163−186.

Walsh, S. (2002), 'Construction or obstruction: teacher talk and learner involvement in the EFL classroom', *Language Teaching Research*, 6, 3−23.

Williams, D. (1983), 'Developing criteria for textbook evaluation', *ELT Journal,* 37 (3), 251−255.

Woodward, T. (2001), *Planning Lessons and Courses*. Cambridge: Cambridge University Press.

Xiao, Q. L. (2000), 'How communicative language teaching became acceptable in secondary school in China', *The Internet TESL Journal,* 6 (10), October 2000.

Yuasa, K. (2010), 'English textbooks in Japan and Korea', *Journal of Pan-Pacific Association of Applied Linguistics*, 14 (1), 147−158.

第二十一章 教材的听力活动

David A. Hill and Brian Tomlinson

虽然在过去的25年内,有各种出版物描述说明了培养外语学习者听力技能的系统方法(例如Anderson 和 Lynch, 1988; Rost, 1990, 1991, 2001, 2002, 2005; Field, 1998, 2008; White, 1998; Buck, 2001; Flowerdew 和 Miller, 2005; Vandergrift, 2007; Wilson, 2008; Ableeva 和 Stranks, 2013; McDonough et al., 2013),但在这一时期内,大多数广泛使用的教材提供的听力活动类型几乎没有变化。

根据Field(1998: 110)的说法,典型教材中的听力任务常分为以下几个阶段:

- 听前(听力任务的语境和动机)
- 泛听
- 提问,建立情境
- 预设问题或预设任务
- 精听
- 回顾问题或任务
- 推断新词汇/检查功能性语言

Field感叹说,教材使用的模型是成品模型,与过程模型相反,成品模型中"听力任务是否顺利完成是通过对问题和任务的正确回应来衡量的"。而在过程模型中,教师会"跟进错误答案,以便查明理解的失败之处并纠正错误"。14年后,Field(2012)仍然以非常相似的方式描述了典型的听力课程(208),他依然在批评这样的方法以成品为中心而不是以过程为导向。Field提倡一种子技能方法,在这种方法中,教师"教授"学生"很难的音系特征"(210),如词汇分割、识别重复出现的语块和话轮转换信号,以及一种基于任务的策略方法,其中学习者被"鼓励在常规的理解课中进行策略性操作"(211)。

Buck(2001)评论说,大多数在课堂上完成的听力技能练习是"自下而上"而不是"自上而下"的。他的意思是,在听力过程中,学生只专注于了解传入音流最微小的要素,比如音素或单个单词,却牺牲了对更广泛问题的认知,如对世界的一般知识或经验。Buck总结道:

> 研究和日常经验都表明,(语言理解中涉及的)不同类型知识的加工不是以固定的顺序发生的,相反,不同类型的加工可能同时发生,或以任何便于加工的顺序发生。因此,句法知识可能用来帮助识别单词,对会话主题的了解可能会影响对句法的处理,对语境的了解有助于解释意义。(Buck, 2001: 2)

Field和Buck的提议以及Rost(1991)和White(1998)在他们的听力活动"秘诀"书中的论证指出,我们可以系统地教授听力技能,制定需要练习的听力子技能清单,并找到适当的教学方式练习这些技能。

学习者除了要发展听力策略和技能外,还要接触使用中的语言,以促进语言习得(Tomlinson, 2013)。获得语言接触最好的方法之一就是泛听,而这种练习却常被教材和教师忽视。Rost(2005)和McDonough等人(2013)都强调听力作为"习得第二语言主要手段"的重要作用(Rost, 2005: 503)。Renandya和Farrell(2011)指出,即使在低水平阶段,有趣的泛听练习也存在潜在的语义习得价值。McDonough等人同样支持Field(2008, 2012)的呼吁,更加关注在课程中帮助学习者在处理声音的同时(即通过教授"子技能")也理解意义(即通过"教授"策略)。我们支持做出这些改变,也呼吁材料研发人员从测试听力理解的活动转向有助于开发听力子技能和有效策略使用的活动。

教材提供了什么?

为了更清楚地了解教材通过听力活动提供了什么,我们考察了五本中级水平的学生课本:

L. Soars 和 J. Soars 的《新航线英语教程》(*New Headway English Course*, Oxford University Press, 1996),S. Cunningham 和 P. Moor 的《当代英语教程》(*Cutting Edge*, Longman, 1998),S. Kay 和 V. Jones 的《流畅英语口语教程》(*Inside Out*, Macmillan Heinemann, 2000),H. Dellar 和 A. Walkley 的《成果》(*Outcomes*, Heinle, 2010),以及 B. Goldstein 的《全局英语教程》(*The Big Picture*, Richmond, 2012)。

我们对每本书的前50页进行了研究,以查明这些书目为录音材料提供了哪些相关练习活动。在五本书中,有155个此类习题,可以分解如下:

- 听取具体信息(71/155)
- 听录音并核对(35/155)
- 发音练习(24/155)
- 完形填空(8/155)
- 听录音回答问题(21/155)
- 阅读文本,并听录音(3/155)
- 其他(8/155)

由上可见,大部分活动都是传统的听力理解活动,即让学生根据听到的口语文本,提取一些事实信息。从某种意义上说,出现频率第二高的活动类型——听录音并核对——与第一种活动类型相关,即学生完成一项书写任务,然后听录音,寻找正确答案——因此,这也属于听取和他们的答案相关的具体信息的活动。涉及发音的活动多种多样，如弱读、句子重音和单词重音等关于发音的各个方面。完形填空的习题多见于《当代英语教程》这本教材（6/7），听录音回答问题的活动（4/6）也是如此，学生针对录音中提出的问题或给出的陈述进行书面作答。在一些情况下，学生只是被要求看着书本，听一段磁带录音。可能最有趣的活动类型出现在"其他"类别中，《新航线英语教程》让学生判断写在课本上的那光秃秃的Yes/No（"是/否"）答案的效果，其依据是录音中用"Yes, I do./No, I don't."来回答的问题，进行的是礼貌方面的练习。这本书还要求学生听完录音判断结尾的s（例如，it's）是it is还是it has，这需要理解上下文才能进行判断。《流畅英语口语教程》要求学生听不同的音乐，并将它们与不同体裁的电影进行匹配，从而提高学生对世界的认识。此书还提供打乱了顺序的单词，要求学生用给出的单词写一首童谣，然后标出重读的音节。《成果》与其他教材明显不同，除了标准的寻找信息练习外，它有时会询问学习者对所说内容的看法或感受。《新航线英语教程》的一个例子中，录音文本似乎还出现了新的语言。几乎所有情况下，用于听取特定信息的较长录音文本都是独白或采访式的对话，几乎所有的活动都关注听的结果，而不是过程。

很明显，在基于教材的课堂中，任何一本教材中的听力活动都只能反映部分的潜在听力锻炼机会。其他机会是由简单的课堂语言提供的，例如，遵循教师的指示，或学生参与通常被称为"口语活动"的信息交流（活动中的听与说分量相当，内容要么由教材本身规定，要么由教师添加的补充材料提供）。然而，教材作者提供的听力活动如此有限，这表明了对听力技能的培养还缺乏一种系统的方法。

教材可以提供什么？

Rost（1991）将听力活动分为以下四大类：

名称	活动范例
专听	学习者必须对实时互动中的说话者做出简短的口头和非口头反应。
精听	学习者特别关注语言系统的特定方面，以提高语言如何影响意义的认识。
选听	学习者特别关注特定的信息片段，学会有选择地关注他们听到的东西。
互动式倾听	帮助学习者组成对子或小组，进行积极的听力练习和活动，练习形式以抓捕空缺信息、解决问题等为主。

White（1998）将听力技能划分为五大类：

名称	活动范例
感知技能	如识别单个声音、识别简略形式、识别语调模式等技能。
语言技能	如识别单词和词组，并为它们建立意义等技能。
对世界的知识利用	将单词与非语言特征相联系，以获得意义线索，使用主题知识。
对信息的加工	理解要点含义，对没有具体说明的信息进行推理。
与说话者的互动	应对说话人的变化，如语速和口音，识别说话人的意图或情绪。

　　两位作者接着提供了很多活动方案，可以通过对文本和/或任务进行分级，设计出适用于各个层次的活动。Buck（2001）引用了一些听力技能分类，可以对这些分类加以利用或进行合并，以提供一个有原则的听力技能教学大纲。如果听力教材的编写能够使用这种系统的方法，它们将很好地服务语言学习和教学！

对听力教材研发补充方法的建议

输入来源

在大多数教材中,口语输入的主要来源是盒式磁带或CD-ROM,流利的本族语者按照脚本对话或独白进行朗读。然而,在现实生活中,大多数外语使用者的口语输入主要来源于与该语言的其他非母语使用者面对面的接触。显然,在课堂上,学习者多数时间在与他们的老师进行面对面的互动(尽管几乎总是由老师发起和控制交流活动),在有些课堂上,学习者相互之间进行面对面的互动。然而,这种面对面的接触往往是教材附带的内容(甚至是脱离教科书的),并且通常发生在以发展口语技能为主要教学目标的活动中。很少有教材包含以与教师和/或其他学习者互动为特征的听力活动。此外,也很少有教材会设计一些来自磁带/CD-ROM和教室之外的说话者的听力活动。然而,在大多数学习情况下,邀请说话者/参与者进入课堂或安排学习者参加课外听力活动是非常容易做到的。例如,在剑桥的一所语言学校,来自三个不同班级的教师在听力课开始时在所有三个班级前面进行现场互动,然后学习者会回到自己的教室进行后续活动。在雅加达的一所学校里,学生们在电话簿上找到了看起来像英语的名字,然后打电话邀请他们到班级去,就他们热衷专长的话题进行演讲。在日本的一所学校里,学生们被带到电影院、机场、剧院和火车上听英语广播作为听力课。此外,在日本,一位大学英语教师邀请他的学生组建一个社团,规定所有成员无论何时何地,见面的时候必须用英语交谈(Barker, 2011),这与亚的斯亚贝巴(埃塞俄比亚首都)一所大学的一群农学专业学生做法一样。

若要进一步补充教材中的听力活动并不难,可利用下列输入来源进行补充:

- 教师

- 其他教师
- 课堂上的其他学生
- 其他班级的学生（剑桥的一所语言学校曾经鼓励学生在低于自己年级的课堂上进行演讲）
- 邀请外来发言者
- 学员打电话邀请的人
- 公众场合的官方发言人
- 接受学习者访谈的人
- 校外的讨论小组
- 课程视频和网络视频（参见Field, 2012; Suarez和Pujola, 2012）

一些资源丰富的机构设有自助中心，向学生提供上述许多服务。我们所知道的最有效的一个方法是在日本的神田大学，在那里，学生不仅可以在自己的课外时间利用上述所有资源，而且在课堂上也会利用这些资源开展活动，对课本上的听力活动进行补充。

输入类型

在"现实生活"中，我们很少不得不听别人的谈话，或听磁带上的陌生人向我们讲述自己的爱好、计划或抱负；我们也不曾需要或想用外语做这些事。然而，在大多数教材中，听别人的对话和听陌生人的简短独白是最常见的口语输入来源。我们希望在材料研发中更多地考虑说外语的人可能需要或想参加的各种听力活动，并更多地考虑说外语的人可能在这些活动中发挥的作用。只有这样，我们才能帮助学习者培养有用的听力技能。我们还希望看到更多时间投入有潜力促进语言习得的输入来源。这意味着，比如，投入更多精力寻找或开发与学习者相关的听力文本，这些文本应具有情感吸引力，并有可能促使学习者在认知和情感上的参与（见本书第一章）。它还意味着，让学习者作为一个互动者或作为一个有需求和目的的倾听者积极参与听力活动。

相关输入的其他类型

　　以下是一些说外语的人可能需要或想参加的听力活动,但这些活动通常在教材中都找不到。例如,下面的听力活动都不曾出现在《流畅英语口语教程(中高级)》(2001)、《成果》(2010)或《全局英语教程》(2012)中:

- 由他人教授去做需要或想做的事情;
- 由他人教授去做有用或有趣的事情;
- 教别人做某事,倾听他们的问题并要求澄清;
- 教别人一些东西,倾听他们的问题并要求澄清;
- 与朋友就感兴趣和关切的问题进行讨论;
- 参加交际性谈话(即,以创建社会联系而不是交流信息或思想为主要目的的闲聊场合);
- 听取关于他们需要或想要什么的问题(如在银行、在售票处、在旅行社);
- 收听广播(如在机场、在车站、在体育赛事上),收听信息(如电话咨询的火车信息、天气预报、道路通行信息录音);
- 收听广告(区分信息性语言与说服性语言);
- 收听广播节目以获得乐趣和/或信息;
- 享受音乐;
- 观看电视和电影进行放松;
- 听讲座和演讲;
- 听故事和笑话。

由于多数英语学习者“英语讲话生涯”的大部分时间会花在倾听其他非英语本族者并与之进行互动上,如果训练他们通过上述事件活动,倾听非本族语讲话者并与之进行互动,将会非常有益。

促进吸收的活动

　　理想情况下，学习者需要倾听的是在"文本"中使用的目标语言，这些语言在情感和认知上能够促进语言的吸收（Tomlinson，2013）。有助于丰富的语言吸收的听力活动可以包括：

- 听教师朗读诗歌、短篇小说、小说摘录等（每节课开始时可用五分钟开展活动）；
- 听一组教师表演戏剧中的一个场景；
- 听教师讲笑话和趣事；
- 听其他学习者读诗、讲笑话和逸事等（但前提是他们已做准备和练习）；
- 听其他学习者朗读他们喜欢的"文本"；
- 听其他学习者就他们真正感兴趣的事情做一个事先准备好的演讲（如果听众可以选择演讲者的话更好）；
- 观看用目标语言进行评论的体育赛事、新闻、纪录片等；
- 听取与学习者相关的、主题具有一定争议性的演讲/讨论/辩论；
- 就有争议的话题与同伴进行讨论。

促进吸收的方法

　　和我们用母语阅读时一样，我们也用多维的方式倾听母语（Masuhara，本书；Tomlinson，2001，2013）。也就是说，我们不仅解码单词；我们还使用感官成像（特别是视觉成像）来呈现话语，我们使用内部言语来重复我们听到的一些话语，并对我们听到的内容进行自我对话，我们将听到的内容与我们的生活和对世界的了解联系起来，并做出情感回应（Tomlinson and Avila，2007；Tomlinson，2011）。换句话说，我们针对听到的东西创造了我们自己的多维心理表征，这种表征在口语文本的字面意义上与其他母语听者的表征相一致，但在我们自己的需求、愿望、经验和态度上有所不同。通过这种方式，我们最大限度地获取丰富和相关的吸收，并保留对我们显著的输入特征。显然,在第二语言中要达到同样有效的表征是不可能的,但帮助学习者尝试做到这一点可以让他们更有机会成为有效的听者,并最大限度地发挥听力情景对语言习得的潜力。

帮助学习者实现其所听内容的多维表征的方法包括:

- 不使用听力文本来测试对文本微观特征的理解(这鼓励了对听力文本的一维处理);
- 不把注意力集中在较低级别的简短听力文本上(这鼓励了微处理的习惯);
- 通过全身反应教学法(TPR)帮助初学者树立听力信心(Asher, 1977; Tomlinson, 1994),其中学习者对教师所说的指令做出身体反应;
- 树立听力信心,不测试较低水平学习者不理解的内容,而要给他们机会利用他们所理解的内容(例如,向未听过某一故事的人复述故事);
- 让学习者分析他们在母语中体验倾听时所做的事情,然后鼓励他们在二语中以同样的方式适时地进行体验式的倾听;
- 从最早阶段就开始泛听有潜在吸引力的文本,并克制用问题检验理解的冲动;
- 通过在阅读过程中提供鼓励感官成像、内部言语使用、个人联系和情感反应的任务,促进体验式听力(例如,要求学习者在听故事时想象主角的形象;自言自语地谈论一则公告与自己的关系;在听到一个青少年遇到的问题时,思考自己生活中的类似情况;关注他们对极具争议言论的感受,等等);
- 在进行听力任务之前,就如何进行体验式倾听进行指导;例如,在听有关贝图(Betu,一虚拟非洲国家)的描述时,一定要尝试想象那些画面,并联想它让你想起的地方;
- 鼓励教师和学习者讲述他们自己在课程主题方面的相关经历;
- 布置家庭作业任务,让学习者体验性地(现场或录音)聆听他们感兴趣的文本(日本一个班级的学生被鼓励为班级录制尽可能有趣的文本，很快就有上千盒磁带供学生选择用于家庭作业听力）。

培养听力技能的方法

帮助学习者发展听力技能的最好办法是确保学习者接触到各种各样的听力文本体裁和文本类型，并提供类似于上述建议的听力过程中的任务，促进吸收。此外，结合使用以下方法是有益的：

- 向学习者传授特定的听力子技能（例如，听取要点、听取特定信息、倾听以推断说话者的态度），然后提供可以使用这些子技能的活动；
- 让学习者带着特定目的，执行一个听力任务，然后关注那些对他们有帮助的策略，之后再进行另一个类似的听力任务；
- 让学习者带着特定目的，执行一个听力任务，然后要求他们思考和谈论所使用的技能，之后再提供进一步的类似活动；
- 给学习者一个具有特定目的的听力任务，活动开始之前，让他们思考和谈论他们将使用什么技能和策略；
- 给学习者一个具有特定目的的听力任务，让他们思考和谈论对活动的疑问，然后再给予指导，之后再进行另一个类似的活动。

多维听力技能课程示范

第一课

1 老师向全班讲述她第一天上学的趣事。
2 老师让学生思考和想象他们在学校的第一天。
3 老师大声朗读 Roger McGough 的诗《上学第一天》（"First Day at School"）。
4 被邀请的演讲者（来自另一个班的老师或嘉宾）向全班讲述

他/她第一次参加某项活动的经历(如登山、登台、开车)。

5 学习者就这段经历向演讲者提问。

6 老师告诉全班同学,他们要去访问一个叫贝图的非洲国家。由于这是他们第一次访问贝图,老师将播放一段有关这个国家信息的录音。他们需要听录音并记下他们认为有用或有趣的东西。他们被告知,他们将一起前往贝图,但第二天,他们将分成小组,前往该国的不同地区。

7 老师让学生观看课本上贝图不同地区的照片(或是海滩,或是山脉,或是游戏乐园)。

8 老师播放录音。

9 学习者决定他们想去贝图的什么地方、想做些什么。

10 学习者在教室中走动,互相讲述他们关于上面第9条的决定。

11 学习者与想去同一个地方、做类似事情的人组成小组。

12 各小组使用教材中提供的标题(例如,要穿的衣服、要带的其他东西、健康预防措施、旅行前要做的其他事情、在贝图要做的事情、在贝图要注意的事情、在贝图的行程)来计划他们的贝图之旅。

13 老师再次播放录音。

14 各小组对第12条列出的计划进行修订。

15 老师告诉全班同学,每个人的家庭作业就是想象一下在贝图的旅行。老师提醒学生,录音中的一些信息并不完全可靠。

16 老师又读了一遍《上学第一天》这首诗,并告诉全班同学在课本上的什么地方可以找到这首诗,这样他们就可以在课后进行阅读。

第二课

1 学生与第一节课的小组同伴坐在一起,互相讲述他们想象中的旅行。

2 每个小组确定自己的旅行计划(理想的是有很多有趣的和

　　意想不到的事件),并准备一个旅行介绍演讲。

3 每个小组在班上做关于他们旅行的演讲(或在一个非常大的班级里,向去不同地方的小组做演讲)。

4 组成新的小组,每个小组的任务是编写一个更可靠、更有用的介绍贝图的稿子。

5 老师再放一次关于贝图的录音,这样每个小组就能发现录音文本的所有不足之处。

6 小组编写他们的文稿(如果可能,可以做成录音)。

7 每个小组读(或播放)他们的贝图介绍,要求其他小组仔细听,然后进行评价。

8 每次演讲后,邀请一个小组对其进行建设性的评价,所有小组对其打分,满分为20分。

9 所有演讲结束后,汇总分数,宣布获胜者。

10 要求每个小组回顾上面第一课和第二课的活动,列出他们在这些活动中需要使用的所有听力技能。

11 教师在黑板上列出听力技能(根据上面第10条来自各小组的集体反馈)。

12 为每个小组分配与技能清单中不同的听力技能,并要求他们在接下来的一周准备一个关于该技能的汇报,汇报内容包括:
- 描述该技能,
- 举例说明该技能何时有用,
- 就如何发展和使用该技能给出建议,
- 给其他学习者布置一个听力任务,要求使用该技能。

(教师可以为学生提供一段准备时间,在这段时间内,她可以帮助各小组准备演讲。)

　　注意:

1 这些课程的要点是让学习者从不同的输入来源中获得很多不同类型的听力体验。

2 教材在这些课程中的主要作用是提供：

- 与主题相关的、有刺激作用的插图，
- 录音输入，
- 辅助材料（例如,建议标题、文本的印刷版本），
- 教师手册中的教学计划和建议。

结　语

关于培养听力技能的材料,要点是学习者只有在进行大量听力练习的情况下才能提高这些技能。因此,他们应该在听力课上花相当多的时间去真正地倾听。教学和发现活动也能促进听力技能的发展,但如果听力课的大部分时间都花在听完一篇课文后回答理解问题上（在许多教材中这仍然是常规做法）,对听力信心和技能的发展没什么有益的影响。

我们需要减少检测学习者对听力文本各分散特征的记忆和理解（这是一项许多本族语人士都无法完成的任务）,而需要花更多的时间来帮助我们的学习者享受听力的乐趣。

参考文献

Ableeva, R. and Stranks, J. (2013), 'Listening in another language: research and materials', in B. Tomlinson (ed.), *Applied Linguistics and Materials Development*. London: Bloomsbury, pp. 199−212.

Anderson, A. and Lynch, T. (1988), *Listening*. Oxford: Oxford University Press.

Asher, J. (1977), *Learning Another Language through Actions: The Complete Teacher's Guidebook*. Los Gatos, CA: Sky Oak Productions.

Barker, D. (2011), 'The role of unstructured learner interaction in the study of a foreign language', in S. Menon and J. Lourdunathan (eds), *Readings on ELT Materials IV*. Petaling Jaya: Pearson Longman, pp. 50−71.

Buck, G. (2001), *Assessing Listening*. Cambridge: Cambridge University Press.

Cunningham, S. and Moor, P. (1998), *Cutting Edge*. Harlow: Longman.

Dellar, H. and Walkley, A. (2010), *Outcomes Intermediate*. Andover: Heinle.

Field, J. (1998), 'Skills and strategies: towards a new methodology for listening', *English Language Teaching Journal*, 52 (2), 110–118.

— (2008), *Listening in the Language Classroom*. Cambridge: Cambridge University Press.

— (2012), 'Listening instruction', in A. Burns and J. Richards (eds), *The Cambridge Guide to Pedagogy and Practice in Second Language Teaching*. Cambridge: Cambridge University Press, pp. 207–217.

Flowedew, J. and Miller, L. (2005), *Second Language Listening: Theory and Practice*. Cambridge: Cambridge University Press.

Goldstein, B. (2012), *The Big Picture*. Oxford: Richmond.

Kay, S. and Jones, V. (2000), *Inside Out Intermediate*. Oxford: Macmillan Heinemann.

— (2001), *Inside Out Upper Intermediate*. Oxford: Macmillan Heinemann.

McDonough, J., Shaw, C. and Masuhara, H. (2013), *Materials and Methods in ELT: A Teacher's Guide*. New York: Wiley.

Renyanda, W. A. and Farrell, T. S. C. (2011), '"Teacher the tape is too fast", Extensive listening in ELT', *ELT Journal,* 65 (1), 52–59.

Rost, M. (1990), *Listening in Language Learning*. Harlow: Longman.

— (1991), *Listening in Action*. Hemel Hempstead: Prentice-Hall International.

— (2001), 'Listening', in R. Carter and D. Nunan (eds), *The Cambridge Guide to Teaching English to Speakers of Other Languages*. Cambridge: Cambridge University Press.

— (2002), *Teaching and Researching Listening*. Harlow: Pearson Education.

— (2005), 'L2 listening', in E. Hinkel (ed.), *Handbook of Research in Second Language Teaching and Learning*. Mahwah, NJ: Lawrence Erlbaum, pp. 503–528.

Soars, L. and Soars, J. (1996), *New Headway English Course*. Oxford: Oxford University Press.

Suarez, M. and Pujola, J. (2012), 'From listening to audovisual comprehension', in M. Eisenmann and T. Summer (eds), *Basic Issues in EFL Teaching and Listening*. Heidleberg: Universitatsverlag Winter, pp. 84–91.

Tomlinson, B. (1994), 'TPR materials', *Folio*, 1 (2), 8–10.

— (2001), 'Connecting the mind: a multi-dimensional approach to teaching language through literature', *The English Teacher*, 104–115.

— (2013), 'Second language acquisition and materials development', in B. Tomlinson (ed.), *Applied Linguistics and Materials Development*. London: Bloomsbury, pp. 11–30.

Vandergrift, L. (2007), 'Recent developments in second and foreign language listening comprehension research', *Language Teaching*, 40, 191–210.

White, G. (1998), *Listening*. Oxford: Oxford University Press.

Wilson, J. J. (2008), *How to Teach Listening*. Harlow: Pearson Education.

第二十二章　文化意识相关材料研发

Alan Pulverness & Brian Tomlinson

引　言

自20世纪70年代末以来,英语教学所采用的"交际转向"的后果之一是,出版教材中的特定文化内容被边缘化,有时甚至被完全排除在外。EFL的教学之所以转向了功能主义教学法,是受到了需求分析及可预测的绩效目标这些理念的驱动,而这一转向又恰好发生在英语作为国际语言的角色日益受到重视这个时期。在这种环境下,文化特性要么被奉为奢侈之物,要么被贬作繁枝末节,这属实不足为奇。

Cunningsworth(1984)反对"文化特色教材"的观点,显然仍能引起主要英语教材出版商的共鸣:

> "文化特色教材"的局限性在于,它只作用于深谙它所处的文化背景的学生……
>
> 事实上……对英国人生活的深刻写照,到头来对学习者可能只是绊脚石,而不是垫脚石。(学习者的)时间最好是花在语言学习上,而不是花在构建他们无法完全归属的社会世界上。(1984: 61-62)

出版行业不遗余力地试图满足全球客户提出的需求,这种营销要令与英语教学行业不愿被污名化为新帝国主义的倾向相互呼应(参见 Phillipson, 1992; Holliday, 1994, 2005, 2011; Pennycook, 1994; Canagarajah, 1999; Gray, 2010）。文化与语言教学和学习之间有问题的关系变得愈发复杂，原因是语言教学中的文化概念充斥着过时方法的内涵，这种方法直接传递一种暗含优越性的"目标"文化中的事实和信息。因此，在20世纪90年代成长起来的语言和文化融合式教学的概念（Byram et al., 1994; Byram, 1997），迄今为止对英语教材发展的影响相对较小。参见 Byram 和 Masuhara（2013）对最近出版的两本全球教材中，对跨文化意识培养机会的评估以及 Tomlinson 和 Masuhara（2013）对当前全球教材的评价，其标准之一是：它们是否能促进跨文化意识的发展。然而，也有学术出版物力荐在外语教学中更多地纳入文化维度（例如，Corbett, 2003; Risager, 2007; Kramsch 和 Whiteside, 2008; Kramsch, 2009），还有出版著作鼓励学习者反思自己的语言和文化，并与其他国家进行对比（Corbett, 2010），此外 Byram 和 Masuhara（2013）曾经强烈主张，在语言学习材料中，尤其是在 EFL 教材中，更加注重跨文化语言教育。

　　本章从一个强有力的假设出发，即语言教学和学习总是会触及社会文化意义的问题，忽视语言文化层面的方法从根本上是有缺陷的。若英语被视为一种通用语言（Jenkins et al., 2011）或世界各种英语的集大成者（Kirkpatrick, 2010），那么将其置于特定文化背景下必然不妥，而这一假设也将受到质疑。这一论点以跨文化外语教育模式为基础，在这一模式下，学习者在外语学习过程中会像比较民族志学者那样进行学习（Byram, 1989; Roberts et al., 2001; Corbett, 2003; Byram and Feng, 2005）。

　　学习一门外语意味着一种认知上的改变，这种改变不仅对学习者作为一个社会和文化性存在的身份有影响，而且提出了对材料的需求，让学习者能够在文化"第三场所"中充分发挥自身不可或缺的作用（Kramsch, 1993: 233-259）。要想在培养语言意识的同时培养文化意识，材料需要提供的不仅仅是对文化身份的象征性认可（"现在动笔描述一下你的国家"），还要更为深刻地剖析外语学习经历之下的文化适应。提高学习者这种意识的一种有力手段，是借助那些模仿或直观展示文化隔阂相关体验的文学文本。参见 Tomlinson 和 Masuhara（2004）关于如何使用文本驱动的方法以辅助语言学习者培养跨文化语言意识的建议和样例。

然而，这个关于教育学含义的讨论远不只是内容上的争议：如果文化被视为信仰和价值观的表现，而语言被视为文化身份的体现，那么语言教育方法就须将语言表达文化含义的方式纳入考量范围内。教授语言和文化、关注系统的语言和文化信息，这样的综合教学法，将特别侧重于语言的文化意义以及让学习者理解文化差异的必需技能。能考虑到文化特性、经过改善的语言教学大纲将涉及语言一些通常被忽视的或充其量也只在教材中属于次要地位的方面：含义、习语、风格和语调的构造、修辞结构、批判性语言意识以及翻译。这套熟悉的语言技能将在培养跨文化意识的民族志及研究技能中得到加强（Corbett, 2003, 2010）。

对英语教学文化议程的异议往往来自私营企业的民族中心观（无论是在第二语言还是第一语言环境中），在那种观念下，语言教学很大程度上只被作为培训项目。但重要的是，用于语言和文化教学的最新材料来自国家层面的教育大背景，这些国家的教学文化传统源远流长，经久不衰。从国家概况到"新文化研究"（Delanoy, 1994）的转变对非本族语教师来说比较易于理解，但他们的本族语同行可能仅认为它是"英国生活和制度"的更新版。Mason（2010b）介绍了他在突尼斯的一所大学中尝试将传统的"英国生活和制度"课程转变为提高跨文化语用能力的一门课程。

近来出版的教材中也不乏振奋人心的发现，即英语文化具有更为显著的文化相对主义、更多元化的表现形式，如《全球英语》（*Global*, Clandfield and Robb-Benne, 2011）、《无限英语》（*English Unlimited*, Tilbury and Hendra, 2011）。但只要课程继续面向全球市场，并仅限于语言培训，那么这些发展在很大程度上仍将是浮于表面。本章将提到最近的几个项目，它们说明了语言与文化综合教材的未来道路在于对接特定国家的合资出版企业以及机构内部针对具体材料的研发项目。

第五技能?

从信息通信技术素养到自主学习,对于令人垂涎的"第五技能"的冠名,已经不胜枚举,但可以说,它们都只是在给四种基本语言技能锦上添花。Kramsch(1993: 1)则坚持文化在其中的至高地位:

> 语言学习中的文化不是附加于说、听、读、写教学的可有可无的第五项技能。从第一天开始,它就潜伏在语言学习的背景中,随时准备对不关注它的优秀的语言学习者进行出其不意的发难,让他们来之不易的交际能力暴露出局限性,挑战他们理解周围世界的能力。

这暗示着语言和文化乃是不可分割的一体。按照大多数主流语言课程的模式,把语言作为一种价值中立的代码来对待,很可能会剥夺学习者理解意义这一关键维度的能力,使他们无法获得必要的资源来识别和适当地回应所运用语言的文化潜台词。在口头或书面交流中,即使双方都不是本族语者,他们所使用的语言也是社会和历史环境的产物,这就是共鸣和意义产生的基础。把充满文化差异的语言当作纯粹的交流工具来教授,则是忽视了使语言意味深远的共同参照体系。从这个意义上说,文化意识不是第五项而应是第一项技能,"从第一天起"就为语言学习过程的每一步提供信息。交际语言教学强调真实的文本和真正的互动,它把意义凌驾于形式之上,但往往排斥文化意义,就此形成一种仅限于交互功能和参考用途的语言模式。然而,无时无刻地,在任何一个语言课堂上,无论是否能认清这一事实,教师和教材都在不断地展现着语言的文化基础。

正如Williams(1983: 87)所指出的,文化是"英语中为数不多最复杂的词语之一"。它源于农业耕作的概念,且在18世纪时为"文明"的同义词。"有文化",其比喻说法就是"有教养的",就是指开化的,文化作为"高雅文化"的概念不仅可见于文化部的名称和报纸的"文化"副刊里,还存在于诸如"文化狂热分子"之类的搭配中。自19世纪末以来,社会人类学(参见 Geertz, 1973)将文化定义为"整个生活方式",其涵盖了社会的所有行为、符号、信仰和价值体系,正是这一宽泛的定义为当前关于文化在英语教学中的作用的许多思考给予了启示(例如,参见 Tomalin 和 Stempleski, 1993; Tomlinson 和 Masuhara, 2004)。然而,由于文化与"文明"相关联,便出现了对占主导地位的、单一的欧洲文化的抵制,这可以追溯至18世纪末的德国,当时 J. G. Herder(1791)坚持认为,有必要考虑将单数的"文化"(culture)变成复数的"文化"(cultures)。这种对文化的另类、多元的思考,后在研究亚文化的社会学家和研究小众群体,所谓小文化中人类行为功能的社会心理学家那里得到了发展。

通过"生活和制度"的理念方法传播文化知识,作为语言教学的补充,这是借鉴了文化即"文明"的传统。一种更为中立的观点认为,文化是一套"完整的生活方式",这种观点已经渗透到部分英语教材中。其中,英国特色的旅游手册配图被更能代表当代英国多元文化生活的材料所取代。然而,由于语言训练仍然是首要任务,这些文本和视觉材料主要是作为语言任务的背景语境,就文化理解而言它们仍收效甚微。此外,由于大多数教材的设计目的是尽可能在复杂多样的市场中占据一席之地,因此材料设计很少能够将学习者的文化身份作为学习过程的一部分。学习者最多会被要求在极易观察的行为层面上对表面差异进行评价。课程材料会有大量附带的文化信息,但大体上看它只是一种任意的选择。更为关键的是,信息仍旧只是信息,并没有要求学习者根据自己的经历对其做出反应,或将其纳入思想和感观的新体系中去。语言学习者的亚文化和课堂上的"小文化"往往不会被提及。不过,可以参考 Gottheim(2010)、Mason(2010b)和 Troncoso(2010)对于巴西、突尼斯和哥伦比亚机构项目的描述,这些项目的主要目标是促进大学生对目标语言文化体验做出个人回应,并将其融入思想和感观的新体系中。

在另一个国家，人们做事的方式大相径庭

　　学习另一种语言的经历，不仅仅是为了获得一种新的表达方式，它包含一段文化适应的过程，类似于旅客需要付出努力以适应迥然不同的社会结构、假设和期望。就着这个比喻，当旅行者回到家时，他/她对熟悉环境的看法会产生特征性的更改。语言学习者同样也会出走并"回归"，对以前被认为是理所当然的东西，即语言和它如何产生意义，有所改观。

　　这种通过外国语言和文化的媒介，审视自己的语言和文化的感觉，反映了俄罗斯形式主义批评家维克托·史克洛夫斯基（1917）论述的托尔斯泰的文学技巧，即"陌生化"或"使熟悉的事物显得陌生"。

> 在几次看见同一个物品后，我们就认识了它。倘若这个物体就在面前并且我们也了解它，但肉眼无法捕捉到它，我们就此物便说不出什么有意义的事……托尔斯泰让熟知的事物变得陌生……他描述一个物体就仿佛是初次看见，叙述一件事情就如同它是初次发生。（Shklovsky, 1917，参见 Lodge, 1988: 21）

对于大多数第一次接触外语的学习者来说，他们对自己的文化过于熟悉，对他们来说是一种给定事实，于是对其视而不见。他们的文化赋予了他们一种看待世界的视角，而他们的语言给予了他们一种表达这种看法的渠道。Byram（1990: 19）将外语学习中的陌生化经历描述为"单一文化意识的修正"，这表明教材应对本国文化和"激发性"文化一视同仁，关注这种修正对学习者的影响，这些方面仍有很大的发掘潜力。我们有意地避免使用"目标文化"这一词，因为这个词暗示了一个会被同化的客观知识体系，而且很有可能会被测试。"激发性文化"（stimulus culture）是由 Lavery（1993）提出的，强调了

所要培养的意识不仅仅是文化的,而是跨文化的。

　　能使学习者对这一过程敏感的一种方法是,利用一系列趣味盎然的文学文本,这些作品采用刻意的陌生化手段,引领读者踏上探索之旅,或仅仅让他们重新审视自己的日常环境。通常能让将读者以这种方式置身事外的体裁包括历史小说、科幻小说和乌托邦或反乌托邦式奇幻小说。

　　通过选择一种讽刺或幻想的形式,作家几乎不可避免地将自己置于某种陌生化的情境当中。想象中的世界——小人国、仙境和中土世界——总是构架在现有的世界之上;构建另类现实的未来主义小说或作品常是对现实的外推;无论是有多么狂野或怪诞的讽刺文学,也总是萌芽于对现世之忧中。奇幻小说家、科幻小说家和讽刺作家可能带我们游离于世界之外,但最终的目的也只是想让我们重新拥抱世界。这类作品对语言和文化学习者的价值在于,它可以鼓励他们不是简单地观察他者文化的不同之处,而是少一些民族中心主义,多一些文化相对主义,通过全新的眼光来审视自己的文化环境。克雷格·雷恩的诗《一个火星人寄了张明信片回家》("A Martian sends a postcard home"),写的是与作品同名的一位来自外太空的访客对书籍、汽车、电话和厕所的功能产生了误解,这就是一位作家利用多丽丝·莱辛所说的"那个对活跃我们的感知器官大有用处的异世界的来访者"(Phillips, 1997: 123)来审视自己文化的杰出范例。在彼得·阿克罗伊德的小说《柏拉图论文集》(*The Plato Papers*)中,一位23世纪的历史学家同样曲解了20世纪文明的古代史(Chatto and Windus, 1999)。一旦学生有了"陌生化"的奇思妙想,他们就可以尝试写他们自己的火星人类学或者未来主义考古笔记。这也是一本适用于挪威青少年英语学习者的教材《搜索10》(*Searching 10*, Fenner and Nordal-Pedersen, 2010)采取的方式。其中一个以幻想为主题的很长的单元(98–123)通过艾萨克·阿西莫夫、C. S. 刘易斯和詹姆斯·瑟伯等作家的作品摘录,先让学习者体会奇幻小说,之后再指导他们写自己的科幻故事。今天的许多学生已经习惯了在看《哈利·波特》或托尔金的《霍比特人》系列小说改编电影时脱离自己原本的世界，但令人失望的是，全球性的课科书没有充分利用这一点。

　　另一种推翻文化确信假设的文学体裁是那些层出不穷的英文作品，它们直接或间接地涉及移民或具有双重文化经历的第二代以及日益文化多元的文化社会。如韩裔美国作家李昌来、华裔美国作家任碧莲、波兰裔美国作家Karolina Waclawiak、英裔亚洲作家Monica Ali、Hari Kunzru和Hanif Kureishi，或英裔非洲作家Diran Adebayo的作品，都是加拿大人口中的文化马赛克，它们不仅可以被解读为对文化冲突或文化冲击的描述，还可以是在Kramsch"第三场所"下对寻求新的文化身份的记录。这种内文化的文本可运用于语言课堂上，为学习者与文化他者的邂逅做好准备，同时形成更加强烈的跨文化意识。为了在课堂上搭建从文化第三场所的文学作品到学习者的跨文化体验之间的桥梁，学生可按要求进行多种文本干预（Pope, 1995）和模仿的实验。鼓励他们从东道社区的角度来重新讲述移民的故事（Pulverness, 2001），去想象原文中没有的、两种文化代表之间的对白，也可以设想自己是所属社会中的移民等。

语言的文化与文化的语言

　　语言教学大纲的内容往往是约定俗成的，它在很大程度上框定了课程材料。除了20世纪70年代末的一次短暂摇摆，当时严格按照功能教学法而精心编写的短语手册差点完全取代了语法教学的地位，尽管多管齐下的教学大纲也有所发展，但结构化的、逐步增长的语法教学大纲仍然是绝大多数教材的主轴（Tomlinson et al., 2001; Masuhara et al., 2008; Tomlinson and Masuhara, 2013）。语言教学大纲的首要目标是促进对语言的掌握，使之成为一套系统的资源。但大部分教材的重点仍然是这些资源的内容，而不是说话者（和写作者）在社交互动中所做的选择。语言的文化维度涵盖一些通常被归类为"本族语者直觉"的元素，而这只有最出类拔萃的学生才能实现。作为以英语为母语的人，我们能在自己的言语社区中如鱼得水，不仅仅是因为能机械地利用众多语言项目，更是因为我们通过运用语用意识能从其中做出适当且相关的选择。这种意识可能不是完全由文化因素决定的，但它确实存在以文化为条件。它囊括了称呼的形式、礼貌的表达、话语惯例和对会话行为的情景约束等因素。Grice 的"合作原则"（1975）和 Lakoff 的"礼貌原则"（1973）对 EFL 教材的影响迄今为止是微乎其微。正是由于缺乏对这种语境和语用限制的认识从而导致了语用失误（参见 Nguyen, 2011; Cohen 和 Ishihara, 2013）。虽然教师可能会顺便提及其中的一些特征，但在出版的材料中，很少有人试图系统性地解决环境、情境、地位和目的限制下语言选择的问题。像很多教材一样，需要口头交流的任务往往处于中立的、不受文化制约的环境中，而在那里学习者只需"传达信息"即可。然而，可以参考 Cohen 和 Ishihara（2013）关于语用意识活动的建议以及参考 Felix-brasdefer（2006）、Huth 和 Taleghani-Nikazm（2006）、Barraja-Rohan（2011）以及 Houk 和 Tatsuki（2011）中的此类活动。

近来对语法作为教学大纲组织原则中心地位的一个挑战来自"词汇教学法"（Lewis, 1993, 1997），它坚持语言是"语法化的词汇"，而不是传统上认为的"词汇化的语法"。受 Lewis 著作启发的教材，例如，Dellar 和 Hocking 的《创新》（*Innovation*, 2000）、Dellar 和 Walkley 的《成果》（*Outcomes*, 2011），强调搭配和词汇短语的重要性，将其部分归入"口语语法"的类别，而传统结构的关键元素仍保留在较为宽泛的"传统语法"条目之下。关注词汇如何在使用中组合在一起，并构成更大意群，为那些欲把文化学习和语言学习相结合的教材提供了一个重要的设计原则。

Porto（2001）用一个强有力的理由来说明，词汇短语是语言学习之初培养社会文化意识的基础：

假设词汇短语是与语境相关联的，并姑且认为语境是具有文化特性的，那么词汇短语与某些使用语境的反复关联，将确保在适当的语境下使用这些短语的社会语言学能力会得到培养。（Porto, 2001: 52–53）

认知与跨文化语义研究为材料编写者打开了又一个大有可为的词汇领域（Wierzbicka, 1991, 1992, 1997, 2007）。Wierzbicka的研究方法，无论是在单词或短语层面上，还是在处理笼统的语义范畴、冗长的文本和交流时，都能为EFL教材的编者所改编利用。她的剖析以广泛的数据收集为基础，并且举例说明了特定词语在多种语境中的使用，之后她便开始从核心概念的文化特殊性和语义局限性得出自己的结论。

在较小范围内，这种严格归纳的方法可能对那些在任何情况下都不断追求这种意义探索的学习者有特别的吸引力，尽管这种探索相对来说缺乏结构性。价格合理的语料检索工具的日益普及，将在不久之后使教材中词汇活动的处理变得开放，并向学习者补充提供进一步探索的工具。

接触另一种语言的文化最具挑战性的一面是对不同修辞结构的调整。学习者不仅要接受性且产出性地消化词语层面和句子层面的差异，还要处理不同的语篇组织模式。尽管修辞学和语篇语言学的对比研究（如Kaplan, 1966, 1987）已经探讨了跨文化的语篇与话语的复杂本质，但仍有大量的语言教学仍驻足于句子层面。一般来说，只有在学术英语写作的课程中，文本结构才会受到实质性的关注。然而，有时关于口语和书面语篇结构截然不同的假设，会营造一种文化和语言上的隔阂感。所有的学习者都必须努力在没有教材可以借鉴的情况下与这种感觉达成和解。近来的部分教材已经试验性地涵盖了一些简单的翻译任务，但一般只停留在单词或句子层面。

丰富的翻译活动可以提高学习者的意识，使他们认识到思想在语篇层面的组织中有多么大相径庭。例如，翻译源文本，然后将其结构与同一题材和同一体裁的第一语言平行文本进行比较，或使用"双重翻译"的步骤，即先将文本转化为译者的母语，然后再翻译回第二语言，将第二版本的译文与其原文进行对比，具体步骤的例子参见Dellar和Walkley（2011）。由于篇幅的限制，在教材中通常难以进行对长篇文章的学习。但在这里，教材其实可以作为一本手册，向学习者提供策略和过程指导，为课本之外的学习摸索奠定基础。文化

"第三场所"的建构本质上是一项批判性活动,因为它迫使学习者意识到语言是如何由社会和文化所决定的。语言意识早已成为一种空洞的标签,一般或多或少都会与关于语言工作原理的陈述性知识有重合之处(例如,在许多职前培训课程中)。Van Lier(1995: xi)的定义则更为全面,它告诫我们语言总是承载着思想,且文本并不可靠。

> 语言意识指的是对人类语言官能及其在思考、学习和社会生活中的作用的理解。它包括通过语言来认识权力和控制以及理解语言和文化之间错综复杂的关系。

批判性语言意识(Critical Language Awareness, 即CLA)源于一种观念,即语言总是主观的,文本也不可能做到中立。在教材以外的世界里,语言通常被用来行使"权力和控制",加强主导意识形态,规避责任以及达成共识。

作为读者,我们应该始终对文本持"怀疑"态度,并随时准备挑战或质询它们。然而,课文在外语课堂上通常被视为毫无问题,似乎它们的权威永远无须被质疑。学习者可能在母语中是相当有批判意识的读者,但在大量课程材料和教学方法之下,他们往往在文本面前变得幼稚了。

CLA方法意味着"一种探讨意识形态假设和命题意义的文本解读方法"(Wallace, 1992),这将要求学生发展对社会语言学和民族志学的研究技能,以便善于观察、分析和评价他们周围世界的语言应用。这将诱导他们提出和解答关于文章的关键问题:是谁创作的?它又是为谁创作的?它是在什么背景下出版的?这将启发他们注意词汇选择、被动性或前景化等特征,这些特征既揭示了作者的位置,也揭示了读者在文中如何被定位。这使他们能够有机会创造性地干预文本,修改文本,或产生自己的"对抗文本"(详见 Kramsch, 1993; Pope, 1995)。它将使学生能够成为意义协商的主动参与者,而不是成为"权威"文本的被动接受者。简言之,它会将语言训练转变为语言教育。

若想要进一步了解语言意识作为一种辅助学习者研究语言使用如何受语境和文化因素影响的方法，参见Tomlinson（1994）和Bolitho等人（2003）。有关材料分析和评估的CLA方法，详见Gray（2010）。

小 即 是 美

到目前为止，我们主要关注的是如何完善"国际"教材，以一种更完整的方式吸收文化学习的元素。全球出版固有的局限性显然不会对其放任自流。然而，近年来，出现了一些特定国家或地区的联合出版企业，其出发点是让跨文化意识和外语教育并驾齐驱。英国文化委员会与中东欧（CEE）一些国家当地的出版商合作，编写了教材——罗马尼亚的《跨越文化》（*Crossing Cultures*, 1998）；捷克共和国的《生活方式》（*Lifestyles*, 2000）；匈牙利的《放大》（*Zoom In*, 2001），以及文化研究教学大纲——保加利亚的《扩展》（*Branching Out*, 1998）和教师资源材料——2000年的《波兰英语教师英国研究材料》（*British Studies Materials for English Teachers in Poland*）。所有这些出版物的与众不同之处在于，它们是在满足教师需求的项目中初步成型，并由教师在顾问的支持和指导下联合编写，或是顾问在教师的指导下共同编撰。缓解大规模出版的经济利益与小规模市场的实际需求之间的紧张关系的另一种方法，源自一家独立的英国出版商，他们专门为中东欧国家设计了一套多层次的语言和文化系列教材《交叉》（*Criss Cross*, 1998–2001）。

该丛书通过一个特殊方案来回应出版的当务之急和教师及学习者的教学之需：以市面上流通的核心学生教材为主，辅之以当地出版的练习册。这样，因过小而无法负担优质国别教材费用的市场，就可以从集中出版的课程中受益，同时通过有针对性的练习材料，使课程更加贴合当地的具体需要。

最近出现了一项运动，它不再关注文化意识，即具有知识、反应、态度和共情等心理特征,开始注重跨文化能力,即能够实现跨文化的社会语用能力,或如 Deardoff(2006: 247-248)所说,"基于自己的跨文化知识、技能和态度,在跨文化情境下高效和得体地进行沟通的能力"。Byram 和 Feng(2005)、Kotthoff 和 Spencer-Oatey(2007)、Deardoff(2009)、Mason(2010a)以及 Byram 和 Masuhara(2013)都集中讨论了这一点,它也是 Gottheim(2010)、Mason(2010b)和 Troncoso(2010)报告材料中的目标。Gottheim(2010)叙述了她如何用巴西葡萄牙语开设大学课程,其目的是帮助巴西的移民和游客了解巴西复杂的历史文化,并能够畅通无阻地进行交流。为了做到这一点,她采用了"主题-文本驱动的方法"(234),其重点是引入关于巴西文化的真实经历,并鼓励学习者对其做出反应且加以利用。Mason(2010b)介绍了突尼斯苏塞大学的一个材料研发项目。在该项目中,他用文本驱动活动、DVD 驱动活动、研究任务和课堂辩论的连贯搭配,取代了"当代英国身份"这一课程中的正式授课。与此同时,他不再将传授知识作为主要目标,而是促进培养跨文化能力,特别是培养好奇心、开放性与外交才能。Troncoso(2010)报告了一个旨在帮助学生实现跨文化能力的材料研发项目。他采用了文本驱动的方式,为利兹都市大学学习西班牙语的学生编写教材,并利用特定语境的文章,帮助他们认识到西班牙文化与他们本文化之间的异同,并能根据使用语境和交流的预期效果适当和有效地运用语言。值得注意的是,上述的三个项目都是针对大学生而研发的,与本章提及的几乎所有其他跨文化和语用能力材料一样。而 McCullagh(2010)却给出了一个截然不同的项目。其作者描述了她是如何为一本教材编写、测试和评估手稿的,这本教材旨在帮助医疗从业者培养能应用在使用英语的医院中高效得体的沟通技能(McCullagh and Wright, 2008)。她运用了文本型和任务型相结合的方法,大力推进学生对语境适用型语言的掌握。这同时也是 Hann 在本书第十五章中所提及的针对 ESOL 学习者教材研发的重中之重。

鉴于大型出版商一直专注于对"一体适用"全球性教材的推广,如上所述的地方和地区上的尝试似乎为研发和出版教材提供了希望,让语言和文化教学成为现实。这些材料中的相当一部分是跨文化协同编写的成果,这有助于确保创作过程立足于跨文化语言交流和民族及课堂文化,并将其直接反映在教材中。当然,这样的做法在特定国家或机构的材料上会较为得心应手,但在全球教材上试行也未尝不可。

结　语

我们必须承认的是,上节所述的创新项目仍旧只是例外。事实上,英语教学总体上依旧是被大众市场和"国际"教程所左右。但在这里,教师既充当着跨文化中间人的角色,也同时向学生输送教材中所缺失的一些文化坐标,且在这两个层面上起着举足轻重的作用。

我们作为顾问或编写者参与了上述的几个项目。在匈牙利时,我们中的一员有幸在全国各地观摩了多种课程。所有被观摩的课程无一例外都在使用教材:《新航线英语教程》(*Headway*)初级、中级和高级,《走近英语: 前进》(*Access to English: Getting On*),《蓝图》(*Blueprint*)第二册,《新蓝图》(*New Blueprint*)中级,《词中意》(*Meanings into Words*)第二册。所有的教师都有充足的经验,他们有信心能够将课本单元中的主题作为展示语言项目或发展语言技能的工具,并将其作为探索文化层面上话题或主题的基础。教材提供了宝贵的资源(话题、文本、视觉材料、语言),使教师和学生能够组织学习,但它们同时也有难以避免的局限性。意识到这一点的教师很容易因难以获得适当的补充资源而气馁,但令人印象深刻的是,所有我们观察的教师都能利用合适的额外材料,从而使其能够跳出课本的框架,用目前流行的商业隐喻来说,其实就是为教材"增值"。例如,一位教师拍摄的匈牙利和英国的房屋照片,埃文·威尔什的电影《猜火车》(*Trainspotting*)的剧本文字和视频摘录,基特·赖特的诗《邻居》("Neighbours"),英国读者社会经济类别调查表(Edgington and Montgomery, 1996),学生的全家福和圣诞卡,两本对比鲜明的"背景"书的杂选,学生利用在英国游学期间收集的材料制成的海报。这些材料要么弥补了课本中完全缺失的文化层面,要么能使学生的探索不只是止步于象征性的单元结尾——"现在将其与你的国家的建筑/节日/职业等进行比较"。

有些教师会从课本单元中选取主题,将其作为课程的跳板,强调对内容的关注而不是一味地学习语言点。这并不代表着语言学习就是缺失的或甚至是次要的,但其主要目标显然是培养对文化问题的批判性思维和抵制教材仅仅只是用内容来使语言项目的展示和实践契合语境的倾向。举例来说,课本上一个单元的主题明明是无家可归,但实际上它讲的更多的是关于数量的表达。然而,这节课的主线其实是无家可归,再利用教材顺理成章地穿插着一些关于数量表达的实践。

由语言训练计划推动的课程与由文化学习目标指导的课程之间有着至关重要的区别。

当然,我们仍有必要去开设以语言学习为重点的课程,但在这里,文化学习也应被视为语言教育不可或缺的一部分,而不是仅限于"文化研究课"。有一门写作课程就是这种结合的范例,教师让学生对一系列英语和匈牙利语的真实文本(教师收到的)进行详细的对比分析,主要目标是加深学生对用英语书写明信片和非正式信件的惯例和结构规范的认识。因此,本来很容易变成一门纯英语语言的课程,通过接触和反思不同文化背景下的等效语言行为的典型案例,实现了其教学目标。

如上所说的匈牙利学校的情况与我们当中的一员近来在伊斯坦布尔的学校中观察到的情况非常类似。所观察到的不少教师用真实的照片和文本(主要是叙述性文本)对教材进行补充,丰富了学生对语言和文化的接触,其任务也能引发他们深刻的讨论和对他国和本国文化之间行为的对比。我们的一位成员目前正在一个项目中为这些教师提供咨询,该项目旨在帮助他们自主研发文本驱动的教材,以便能在其他机构的课堂中派上用场。而最近在剑桥、都柏林、鲁汶、里斯本和卢森堡也都开展了类似的项目。

在任何一场关于文化行为的讨论中,尤其是在课堂上,教师受时间和其他干扰因素的影响,很容易轻易做出概括,将一些特定例子当作"典型"。而绕开这种陷阱的方法就是利用好那些明显具有个人色彩的、甚至是特殊的材料(如第一人称的叙述)。其他更有难度的对策是,在适当的时机,提醒学生不应将特例过分普遍化,或者挑战学生这么做的自然冲动。匈牙利的一节关于"无家可归"的课就上得很有趣,当时老师鼓励学生们对课文中的普遍化提出质疑,他们得出的结论是:"英国人各不相同"!这种事还曾出现在 Mason(2010b)所描述的课堂上以及我的同事在日本的课堂上,当学生在观看《我美丽的洗衣店》(*My Beautiful Laundrette*)这部电影时,他们看到伦敦也有穷人,感到无比惊讶。另一个范例是在匈牙利的一节写作课上,其间老师提醒学生,他们正在读的是非正式写作中的个案,因此不一定要当作典型案例。这种对文化体验的合理引导在全球教材中很罕见,但在一些地方出版的教材中却有所体现,例如,纳米比亚的《目标追击》(*On Target*, 1995)和挪威的《搜索10》,这两本教材都通过对其他文化的描述来拓宽视野,鼓励文化对比,并未加深刻板印象。

我们在匈牙利和土耳其所观摩的课程既不是传达些许文化信息的语言课程,也不是将语言学习作为一种副产品的文化课程。它们都以不同的方式成功地将语言学习和文化学习结合起来。因此,虽然在某些时候,重点可能会向某一方倾斜,但总体效果是,学生的语言和文化知识作为相互关联的内容得到了共同发展。

参考文献

Andrews, M. and Colleagues (2001), *Zoom In: Looking into Britain through Hungarian Eyes*. The British Council, Hungary/Callander: Swan Communication.

Bandura, E. and Colleagues (2000), *British Studies Materials for English Teachers in Poland*. The British Council, Poland.

Barraja-Rohan, A.-M. (2011), 'Using conversation analysis in the second language classroom to teach interactional competence', *Language Teaching Research*, 15 (4), 479–507.

Bolitho, R., Carter, R., Hughes, R., Ivanic, R., Masuhara, H. and Tomlinson, B. (2003), 'Ten questions about language awareness', *ELT Journal,* 57 (2), 251–259.

Byram, M. (1989), *Cultural Studies in Foreign Language Education.* Clevedon: Multilingual Matters.

— (1990), 'Teaching culture and language towards an integrated model', in D. Buttjes and M. Byram (eds), *Mediating Languages and Cultures.* Clevedon: Multilingual Matters.

Byram, M. and Feng, A. (2005), 'Teaching and researching intercultural competence', in E. Hiinkel (ed.), *Handbook of Research in Second Language Teaching and Learning.* Mahwah, NJ: Erlbaum, pp. 911–930.

Byram, M. and Masuhara, H. (2013), 'Intercultural competence', in B. Tomlinson (ed.), *Applied Linguistics and Materials Development.* London: Bloomsbury, pp. 143–160.

Byram, M., Morgan, C. and Colleagues (1994), *Teaching-and-Learning Language-and-Culture.* Clevedon: Multilingual Matters.

Canagarajah, A. S. (1999), *Resisting Linguistic Imperialism in English Teaching.* Oxford: Oxford University Press.

Cichirdan, A, King, A. and Bursuc, C. (1998), *Crossing Cultures: British Cultural Studies for 12th Grade Romanian Students.* The British Council, Romania/Cavallioti Publishers.

Clandfi eld, L. and Robb-Benne, R. (2011), *Global Intermediate.* Oxford: Macmillan.

Cohen, A. D. and Ishihara, N. (2013), 'Pragmatics', in B. Tomlinson (ed.), *Applied Linguistics and Materials Development.* London: Bloomsbury, pp. 113–126.

Collie, J. (2000), *Lifestyles.* The British Council, Czech Republic/Oxford: Macmillan.

Corbett, J. (2003), *An Intercultural Approach to English Language Teaching.* Clevedon: Multilingual Matters.

— (2010), *Intercultural Language Activities.* Cambridge: Cambridge University Press.

Cunningsworth, A. (1984), *Evaluating and Selecting EFL Materials.* London: Heinemann.

Davecheva, L., Reid-Thomas, H. and Pulverness, A. (1999), 'Cultural studies syllabus and materials: a writing partnership', in C. Kennedy (ed.), *Innovation and Best Practice.* Harlow: Longman, in association with the British Council.

Deardorff, D. (ed.) (2009), *The Sage Handbook of Intercultural Competence.* Los Angeles: Sage.

Delanoy, W. (1994), 'Cultural learning in the FL-classroom: from "Landeskunde" to "New Cultural Studies"', *ELT News*, 22. Vienna: The British Council.

Dellar, H. and Hocking, D. (2000), *Innovations*. Hove: Language Teaching Publications.

Dellar, H. and Walkley, A. (2011), *Outcomes*. Andover: Heinle.

Edgington, B. and Montgomery, M. (1996), *The Media*. London: The British Council.

Ellis, M. and Colleagues (1998–2001), *Criss Cross*. Callander: Swan Communication/ Ismaning: Hueber Verlag.

Félix-Brasdefer, J. C. (2006), 'Teaching the negotiation of multi-turn speech acts: using conversation-analytic tools to teach pragmatics in the FL classroom', in K. Bardovi- Harlig, J. C. Félix-Brasdefer and A. S. Omar (eds), *Pragmatics and Language Learning* (vol. 11). Honolulu: University of Hawai'i Press, pp. 167–197.

Fenner, A. and Nordal-Pedersen, G. (2010), *Searching 10*. Oslo: Gyldendal.

Geertz, C. (1973), *The Interpretation of Cultures*. New York: Basic Books.

Gottheim, L. (2010), 'Composing textbooks as a non-expert', in B. Tomlinson and H. Masuhara (eds), *Research for Materials Development in Language Learning — Evidence for Best Practice*. London: Continuum, pp. 224–236.

Gray, J. (2010), *The Construction of English: Culture, Consumerism and Promotion in the ELT Global Coursebook*. Basingstoke: Palgrave Macmillan.

Grice, H. P. (1975), 'Logic and conversation', in P. Cole and J. L. Morgan (eds), *Syntax and Semantics Vol 3: Speech Acts*. New York: Academic Press.

Herder, J. G. (1791), *On World History. An Anthology*. H. Adler and E. A. Menze (eds). Armonk, NY: M. E. Sharpe, 1996.

Holliday, A. (1994), *Appropriate Methodology and Social Context*. Cambridge: Cambridge University Press.

— (2005), *The Struggle to Teach English as an International Language*. Oxford: Oxford University Press.

— (2011), *Intercultural Communication and Ideology*. London: Sage.

Houck, N. and Tatsuki, D. (eds) (2011), *Pragmatics: Teaching Natural Conversation*. Alexandria, VA: Teachers of English to Speakers of Other Languages.

Huth, T. and Taleghani-Nikazm, C. (2006), 'How can insights from conversation analysis be directly applied to teaching L2 pragmatics?', *Language Teaching Research*, 10 (1), 53–79.

Jenkins, J., Cogo, A. and Dewey, M. (2011): 'Review of developments in research into English as a lingua franca', *Language Teaching*, 44 (3), 281–315.

Kaplan, R. B. (1966), 'Cultural thought patterns in intercultural education', *Language Learning*, 16, 1–20.

— (1987), 'Cultural thought patterns revisited', in U. Connor and R. B.

Kaplan (eds), *Writing Across Languages: Analysis of L2 Text*. Reading, MA: Addison-Wesley.

Kirkpatrick, A. (ed.) (2010), *The Routledge Handbook of World Englishes*. Abingdon: Routledge.

Kotthoff, H. and Spencer-Oatey, H. (eds) (2007), *Handbook of Intercultural Communication*. Berlin: de Gruyter.

Kramsch, C. (1993), *Context and Culture in Language Teaching*. Oxford: Oxford University Press.

— (2009), 'Discourse, the symbolic dimension of intercultural competence', in A. Hu and M. Byram (eds), *Interkulturelle Kompetenz und fremdsprachliches Lernen. Modelle, Empirie, Evaluation*. Tübingen: Gunter Narr, pp. 107–122.

Kramsch, C. and Whiteside, A. (2008), 'Language ecology in multilingual settings. Towards a theory of symbolic competence', *Applied Linguistics,* 29 (4), 645–671.

Lakoff, R. (1973), 'The logic of politeness: minding your p's and q's', in *Papers from the 9th Regional Meeting*, Chicago Linguistics Society, pp. 292–305.

Lavery, C. (1993), *Focus on Britain Today*. Basingstoke: Macmillan.

Lessing, D. (1997), 'In defence of the underground', in C. Phillips (ed.), *Extravagant Strangers: A Literature of Belonging*. London: Faber and Faber.

Lewis, M. (1993), *The Lexical Approach: The State of ELT and a Way Forward*. Hove: Language Teaching Publications.

— (1997), *Implementing the Lexical Approach: Putting Theory into Practice*. Hove: Language Teaching Publications.

Lier, L. Van (1995), *Introducing Language Awareness*. London: Penguin.

Mason, J. (2010a), 'Using ethnography to develop intercultural competence', in F. Mishan and A. Chambers (eds), *Perspectives on Language Learning Materials Development*. Oxford: Peter Lang, pp. 201–222.

— (2010b), 'The effect of different types of in-house materials for university students', in B. Tomlinson and H. Masuhara (eds), *Research for Materials Development in Language Learning — Evidence for Best Practice*. London: Continuum, pp. 67–82.

Masuhara, H., Hann, M., Yi, Y. and Tomlinson, B. (2008), 'Adult EFL courses', *ELT Journal,* 62 (3), 294–312.

McCullagh, M. (2010), 'An initial evaluation of the effectiveness of a set of published materials for medical English', in B. Tomlinson and H. Masuhara (eds), *Research for Materials Development in Language Learning — Evidence for Best Practice*. London: Continuum, pp. 381–393.

McCullagh, M. and Wright, R. (2008), *Good Practice: Communication Skills in English for the Medical Practitioner*. Cambridge: Cambridge University Press.

Nguyen, M. T. T. (2011), 'Learning to communicate in a globalized world: to what extent do school textbooks facilitate the development of intercultural pragmatic competence?', *RELC Journal,* 42 (1), 17-30.

On Target (1995), *Ministry of Basic Education and Culture.* Windhoek: Gamsburg Macmillan.

Pennycook, A. (1994), *The Cultural Politics of English as an International Language.* Harlow: Longman.

Phillipson, R. (1992), *Linguistic Imperialism.* Oxford: Oxford University Press.

Pope, R. (1995), *Textual Intervention: Critical and Creative Stategies for Literary Studies.* London: Routledge.

Porto, M. (2001), *The Significance of Identity: An Approach to the Teaching of Language and Culture.* La Plata, Argentina: Ediciones Al Margen/Editorial de la Universidad de La Plata.

Pulverness, A. (2001), *Changing Skies: The European Course for Advanced Level Learners.* Callander: Swan Communication.

Risager, K. (2007), *Language and Culture Pedagogy.* Clevedon: Multilingual Matters.

Shklovsky, V. (1917), 'Art as technique', in D. Lodge (ed.) (1988), *Modern Criticism and Theory: A Reader.* London: Longman.

Sixty teachers of English in Bulgaria (1988), *Branching Out: A Cultural Studies Syllabus.* The British Council, Bulgaria/Tilia Ltd.

Tilbury, A. and Hendra, L. A. (2011), *English Unlimited Upper Intermediate.* Cambridge: Cambridge University Press.

Tomalin, B. and Stempleski, S. (1993), *Cultural Awareness.* Oxford: Oxford University Press.

Tomlinson, B. (1994), 'Pragmatic awareness activities', *Language Awareness,* 3 (3 and 4), 119-129.

Tomlinson, B. and Masuhara, H. (2004b), 'Developing cultural awareness — integrating culture into a language course', *Modern English Teacher*, 13 (1), 5-11.

— (2013), 'Review of adult coursebooks', *ELT Journal,* 67 (2), 233-249.

Tomlinson, B., Dat, B., Masuhara, H. and Rubdy, R. (2001), 'ELT courses for adults', *ELT Journal*, 55 (1), 80-101.

Troncoso, C. R. (2010), 'The effects of language materials on the development of intercultural competence', in B. Tomlinson and H. Masuhara (eds), *Research for Materials Development in Language Learning — Evidence for Best Practice.* London: Continuum, pp. 83-102.

Wallace, C. (1992), 'Critical literacy awareness in the EFL classroom', in N. Fairclough (ed.), *Critical Language Awareness.* London: Longman.

Wierbicka, A. (1991), *Cross-Cultural Pragmatics: The Semantics of Human Interaction.* New York: Mouton de Gruyer.

— (1992), *Semantics, Culture and Cognition: Universal Human Concepts in Culture-Specific Configurations*. Oxford: Oxford University Press.

— (1997), *Understanding Cultures through Their Key Words: English, Russian, Polish, German and Japanese*. Oxford: Oxford University Press.

— (2007), *English: Meaning and Culture*. Oxford: Oxford University Press.

Williams, R. (1983) (revised and expanded), *Keywords: A Vocabulary of Culture and Society*. London: HarperCollins.

第二十三章　语料库与教材：走向协作关系

Ivor Timmis

引　言

人们或许认为，通过数据库和软件充分了解语言中的常用词汇、短语和结构是研究者们研发语言教学材料时的一大乐事。然而，这种数据库和软件（如语料库）虽出现已久，但仍未得到语言教学工作者们的普遍接受甚至认可。确实已有人大力提倡把语料库更好地融入语言教学：例如，Sinclair（1991）将语料库对语言学的影响比作望远镜对天文学的影响，而 Owen（1993: 164）则以同样的方式将语料库语言学描述为"一种新的语法描述方法，渗透到其他语法无法达到的语言部分"。另一方面，一些有影响力的评论家严重质疑将语料库语言学的研究成果应用于语言教学可行性和可取性（例如，Prodromou, 1997a, 1997b, 1998; Cook, 1998; Widdowson, 1998）。就语料库研究对英语教学材料的实际影响而言，Burton（2012）论文的标题《语料库和教材：注定永远是陌生人？》（"Corpora and Coursebooks: Destined to be Strangers Forever?"）暗示了语料库研究和教材研发之间遥不可及又令人不安的关系。Burton（2012: 91）对教材编者语料库使用情况的调查证实了这种相当疏远的关系，他在调查中提到，"虽然一些教材作者已经在编写中使用了语料库，但还有很多作者并没有使用"。有趣的是，Römer（2006: 124）甚至大谈特谈学习者和实践者们对语料库的"抵触"：

> 尽管在教学环境中使用语料库有公认的明显优势,例如,语料库
> 突出了语言中常用的词汇和固定搭配,并为我们提供了大量自
> 然语言例证……但学生、教师和教材作者对语料库似乎仍然有
> 很强的抵触心理。

我们应该注意到,Römer(2006: 124)上面提到了"在教学环境中使用语料库有公认的明显优势",同时提到了与教学密切相关的人员对语料库的抵触:这样的表述似乎在表达,对于在语言教学实际业务中起重要作用的人来说,语料库的优势还不明显。实际上,尽管语料库在实践中已经显示了它在语言教师教学和教材研发方面的潜力,但似乎教材中的语言教学大纲主要还是由"作者的直觉、传闻的证据和语法书中应该包含什么内容的传统思想"来决定的(Biber and Conrad, 2010)。

本章首先总体回顾语料库研究中对教材作者有潜在价值的成果。然后按照词汇、语法、词汇与语法关系、语篇这一顺序,分别介绍语料库在具体领域的研究发现。随后简单探讨语料库的深入研究对英语教学方法的启示,另将讨论有关语料库在教材研发中所起作用的异议。最后,本章进行了一些反思:我们如何采取审慎的态度对待语料库所能提供给教材研发人员的东西,让语料库和教材研发之间不稳定的关系变得更加和谐。

语料库研究与教材:概述

语言学家对语料库的诸多疑问都与词频有关。我们可以直接从通用语料库,如英国国家语料库(BNC)中获取词频列表。鉴于BNC拥有口语和书面语两个板块,可以分别生成口语和书面语词频列表,并进行对比。特定领域的语料库生成的当然是特定领域的词频列表:例如,Coxhead(2000)已经制作了一个"学术词汇表"。正如Harwood(2002: 141)所指出的,词频信息并不是简单的单词数量

计算:"语料库可以为我们即时提供相对词频、搭配和词汇的典型语法结构,且跨越了多种体裁"。我们应该注意到,语料库中已经有了固定搭配(Shin and Nation, 2008)和词汇短语(Martinez and Schmitt, 2012)的词频列表。对固定搭配和词汇短语分别进行定义,其标准是复杂的,但这两个列表的编制都与教学方面的考量相关。

Keck(2004: 89)也总结了与语言教学材料相关的语料库研究成果,他指出,"在语言特征的出现频率、语言结构和意义之间的关系以及不同语域中的语言变体方面的研究成果,都可以为语言教学研究人员所用"。当然,能为语言教学研究人员所用的成果,也能为材料研发人员所用:例如,像《朗文英语口语和书面语语法》(*Longman Grammar of Spoken and Written English*)这样基于语料库的参考书,就提供了语法结构的使用频率信息。但是我们也应注意到语料库自动生成的频率数据的局限性。例如,自动生成的语料库分析**无法**告诉我们,tip一词的各种含义中哪一种使用频率最高,现在完成时的各种用法中哪一种出现频率最高,或者marvellous一词用于表达讽刺到底有多高的频率。我们仍需要人为定性地阅读语料库数据来获取这类信息。

语料库研究成果与语言教材

语料库、词汇与语言教材

在词汇方面,Koprowski(2005)指出,语料库研究对教材产生了一些影响,现在许多编者比以前更多地关注多词项。然而,他质疑这种关注是否对学习者有系统性,是否提供最佳的帮助:"当代英国教材通常提供大量不同的多词词条……但是,虽然设计者们一直热衷于在教学大纲中添加语块,但词项的选择过程是高度主观的,并且没有参考语料库数据。"(Koprowski, 2005: 322)他认为,用这种主观和内省的方法选择多词项的结果是,"近四分之一的多词词汇项可能对学习者的教学价值有限"。虽然Koprowski(2005)似乎承认直觉和经验在选择多词项中的作用，但他具体指出了他深入研究的三本教材中的两个不足之处：

1 过于注重某一种类型的多词项。他指出三本教材的重点更多放在简单搭配上，而不是动词词组、双名词组或较长的固定表达；

2 教学大纲中的多词项似乎是围绕着结构性条目进行安排的。例如，他指出在一本教材中动词词组是根据小品词，如out或up，进行分组的。

语料库的研究成果似乎对词汇选择的影响也非常有限。McCarten和McCarthy（2010）举出了以下教材的例子，其中词汇的选择是受到了语料库成果的影响：

- *The COBUILD English Course*（Willis and Willis, 1988）
- *face2face*（Redston and Cunningham, 2005）

我们还可以加上*Touchstone*（McCarthy, McCarten and Sandiford, 2005），但由于能找到的类似教材实在太少，这也凸显了语料库研究对材料的词汇选择影响有限。

语料库、语法和语言教学材料

一些评论家提到了教材中呈现的语法描述（或惯例）与基于语料库证据的语法描述之间的差异。例如，Mindt（1996: 232，引自McEnery和Xiao, 2011）谈到了"一种外语课堂之外似乎并不存在的学校英语"。同样，Römer（2006: 125–126）提到"自然使用的英语和作为教学描述样板的英语之间存在着相当大的错位"。更具体地说，Römer（2004）在一项针对ELT教材的调查中发现，动词进行时形式的呈现比语料库证明的使用频率更为突出。Römer（2006）还引用了一项研究，研究表明，语料库验证下的情态动词、if条件从句和现在

完成时的使用与教材中呈现的这些结构的用法有显著不同。Cullen
和Kuo（2007：361）对24本流行的ELT教材进行了调查，特别侧重于
其中的口语语法，得出的结论是：

> ……对口语语法特征的介绍信息质量参差不齐，往往强调其词
> 汇语法特征，而会话特有的常见句法结构要么被忽略，要么被限
> 制在高级水平上，只作为有趣的附加内容。

语料库与词汇和语法的整合

到目前为止，我们遵循惯例，将语法和词汇作为不同的领域区
别处理。然而，我们需要注意的是，语料库研究中贯彻始终的主题
是语法和词汇的联系，这两者的联系比我们以前想象的要紧密得多
（Sinclair，1991）。Sinclair和Renouf（1988）认为，将重点放在一种语
言中的高频词上势必会引出相应的高频结构。为说明语法和词汇之
间的关系，Biber和Conrad（2010：4）分析了动词后带to的不定式，认
为"英语中最常见的动词＋不定式的组合可以大致分为以下几种一
般意义类别"：

- want/need 动词：hope、like、need、want、want NP、wish
- effort 动词：attempt、fail、manage、try
- begin/continue 动词：begin、continue、start
- "seem" 动词：appear、seem、tend

有趣的是，Stranks（2003）对教材中讲解结构时的"随机词汇化"感
到惋惜，即似乎很少有教材用某种结构中最常用的词汇来呈现和练
习该结构。同样，Tan（2003：2）也抱怨"教材设计者甚至教师总是坚
持将语法和词汇视为语言教学的不同领域"。

语料库、语篇与语言教学材料

在教材的语篇层面，有两种批评的观点：一是教材没有说明词

汇和结构在语篇中的使用方式，二是教材曲解了真实语篇的本质。Conrad（2004: 73）引用了教材中对 though 的处理，来举例说明教材没有展现单词在语篇中的使用方法：

> 四本（ESL 教材）中，只有一本涵盖了 though 作为连接性状语的用法，而这本书只列出了 though 表示对比，而非让步的意思。这些书中没有一个例子说明 though 可以用来缓和分歧。

Timmis（2012）还指出，though 在对话中的互动用法要比由一个说话人用来连接两个分句的用法更常见。下面是来自 BNC 的例子，说明了这种互动用法：

> S1: It's not nice.
> S2: It's funny though.

值得注意的是，though 在 BNC 的会话板块中，是位于前 300 位的常用单词。McCarten 和 McCarthy（2010）提供了类似的证据，表明会话中关注语篇的重要性：

- absolutely 和 basically 是会话中排名前 1,000 位的常见词。
- anyway 在日常谈话中的使用频率是报纸文本的 15 倍。
- I mean 和 I guess 比数字 1 到 10，颜色词，house 和 car 的使用频率还要高。

在话语顺序方面，Scotton 和 Bernsten（1988: 373）详细比较了教材中和现实生活中的方向指示类对话，发现：

> 大多数教材中指示方向的对话只包含三个部分：请求指示方向，作为回应的方向指示以及来自求助方的感谢。而真正的方向指示类对话包含更多的部分，具有一定独特的语篇特征，至少

给出的指路回应不会只有几个单词。

他们认为,教材中的对话不足以满足现实生活中方向指示类对话的认知和互动需求(Scotton and Bernsten, 1988)。

也有人从更广泛的语篇角度对教材进行了分析:例如,Gray(2000, 2010)认为教材是"文化人工制品","不仅是语法、词汇和语言实践活动的来源,而且像李维斯牛仔裤和可口可乐一样,是充满文化期许的商品"(Gray, 2000: 274)。对教材中社会文化方面的关注,也许不是直接源于语料库语言学的研究,但我认为,语料库语言学与英语教学社会文化研究之间的关系和教材内容与现实之间的关系有着共通之处。Carter(1998)、Tan(2003)和Mukundan(2007)都对教材中的现实提出了普遍批评,他们都将矛头指向教材中所描绘的那个无所不能的社会,其中的共识及合作多到极不符合实际的程度。Cook(2003)更具体地指出,在寻求帮助问路的过程中,通常非母语说话人处于不利地位。

语料库与语言教学法

虽然本章的重点是语料库研究成果与语言教材内容的相关性,但必须顺便指出的是,语料库对教学法也极具启示。虽然McCarten和McCarthy(2010)认为,不同的语言观可能会使教师感到不适,所以应当沿用原来熟悉的教学方法;但有人认为,不同的语言观要求教师在教学方法上转变思维方式。这些论点的总基调是,增强意识比注重结果的办法更可取。McCarthy和Carter(1995)主张采用这种提高认识的方法,他们提出了一个示例-归纳-互动框架(Illustration-Induction-Interaction, 即I-I-I)。Timmis(2005)进一步完善了这一框架,例如,他提出了让学习者把对语言使用的期望与语言在现实中的使用进行对比这样的任务。这两个框架的重点都是强调增强意识,而很少或根本不强调产出结果。然而,Jones(2007)提出了产出性实践,理由是对语言进行尝试本身就能增进对语言的理解。Cullen 和 Kuo(2007: 379)指出,当在教材中讨论口语时,方法似乎受到了 McCarthy 和 Carter(1995)I-I-I 框架的影响,也许也受到 Timmis(2005)框架的影响:

> 在完成了对文本整体理解情况的检查任务后,学习者会注意到口语语法的目标特征⋯⋯它的交际目的和在听力文本中的用法要么得到了解释,要么通过一些通常比较简短的讨论问题得到探讨。然后通常会有一个简短的练习活动,学习者需要在一个控制得当的情境中应用这个特征。

实际上,只有将文本教学法在语言教学中贯以用之,才能将这种教学框架与更传统的语法教学范式区分开来。

　　也有人倡导数据驱动学习(Data-driven Learning, 即 DDL),即在课堂上使用语料库生成的“原始”数据(例如,Johns, 1991)。虽然如何直接利用语料库数据不是本章的重点,但简单概述这一方法还是比较有用的,因为它可以成为那些不是主要基于这种方法的材料的补充。例如,在 DDL 中,学习者可以得到一个词语索引的打印资料,其中包含某个特定单词或短语的许多例证,并附有简短的上下文;然后学习者需要根据面前的证据,观察这些单词或短语的意义、用法和语法特征。由此可以看出,DDL 非常重视学习者探索语言,有时甚至达到质疑学习者和教师原有观念的程度。

关于语料库与语言教学材料的异议

　　那么,现在我们需要考虑在思想和实践教学方面对语料库潜在影响存在的异议(尽管有时很难将两者分开)。在思想上,反对语料库在语言教学方面影响的理由主要是,如果说语料库反映了现实世界的话,它们所反映的现实世界仅仅是本族语者的现实世界。鉴于英语的使用日益国际化,将英语本族语者的说话模式作为英语的标准模式受到了质疑(例如,Prodromou, 1997a, 1997b, 1998; Jenkins, 1998),原因是这种模式使英语母语使用者在英语教学中拥有永久的霸权地位。Prodromou(1998: 266)对这一论点的阐述或许最令人印象深刻:"对英语本族语者来说真实的东西,也许对在英国学习的学习者也是真实的,但对在希腊的EFL学习者来说,语料库中的语料也许并不真实,而对在加尔各答的ESL学习者来说,甚至会让他们感到离奇。"对此争议的范围和激烈程度我们无法准确描述,但Timmis(2003, 2005)曾对语料库研究成果的社会文化实用性发表过评论。我们也应发现,Gavioli和Aston(2001)以及Timmis(2003, 2005)认为存在一个折中的方案,那就是把母语使用者语言的"真实性"作为学习者的重要参考,但不要求他们必须遵守本族语者的语言使用规范。

关于语料库研究对教材的潜在影响,尚有对实用性的重大异议:即使是最大的语料库,也只能呈现出实际语言的一小部分,尽管语料库创建者努力实现语料库的通用性和人口代表性方面的平衡,但语料库永远都不可能真正代表特定社会群体所使用的语言(Cook, 1998)。进一步的具体异议是,词频可能是一个具有误导性的判断标准。正如Hunston(2002: 194)所说:

> 反对(词频)的观点认为,英语中的有些词汇虽不常用但很重要,这些词汇可能包含大量信息,或是能引起某个文化群体甚至某个人的心理共鸣。

McCarten和McCarthy(2010)也举出了一些例子,表明优先考虑词汇的使用频率而非教学便利和心理现实的做法是荒谬的。这些例子中,反映了词频信息与教学常识之间潜在冲突的例子如下:

- 一周中只有四天出现在谈话常用1,000词中。
- 在北美英语中,red出现的频率是orange的六倍。

大概没有人会主张一周七天应该按照使用频率的高低分开来教。

关于语料库频率数据直接应用于教学材料的另一个反对意见是,频率无法反映典型性。有人认为,典型的例子对学习者最有用:

> ……词汇和结构可被看作"教学"的核心和中心,鉴于它们涉及范围广,又有促进语言生成的价值,在特定的学习阶段会将它们作为典型的教学内容,因为无论在实际使用时它们出现的频率如何,词汇和结构都是激活学习过程的催化剂。(Widdowson, 1991, 引自 Kaltenböck 和 Mehlmauer-Larcher, 2006)

Dellar(2004)提出了类似的观点,但与对话有关,他认为从语料库中提取的任何一段对话都不大可能反映语言的典型性,并且可能在文化层面让学生觉得晦涩难懂。McCarten 和 McCarthy(2010)总结了在语言和编辑方面对使用原始语料库对话的一些潜在反对意见。在语言问题上,他们关注了双关语、笑话以及方言、口语和非标准形式的语言。而在编辑相关的问题上,他们列举了诸如识别语料库对话边界存在的困难、出版商的字数限制和不均匀的话轮长度等问题。McCarten 和 McCarthy(2010: 29)提供了一个非常有用的总结,指出了教材研发人员尝试利用语料库数据时所面临的挑战:

> (这些挑战中)最重要的问题是所需语料库的规模和类型以及语料库中收集的数据类型与终端用户的需求和愿望之间的关系。

McCarten 还讨论了另一个问题(2010: 417):

> 在一些使用英语的地区,人们对语法结构的教学顺序有着强烈的期望。例如,许多教师认为,应该先教授现在进行时,然后再教授一般过去时,尽管在一般的口语语料库中,现在进行时出现的次数要少得多。

语料库研究和教材：走向未来

在概述语料库与语言教材之间到底是何种关系之前，必须认真考虑语料库研究如何能更好地为未来的语言教学服务。许多语言教学都是为了培养交际能力，因此听到希望创建更多口语语料库的呼声也就不足为奇了（Römer, 2006），尽管口语语料库比书面语料库更难汇编。也有人认为，需要更多地研究学习者英语语料库，而不能只关注本族语者英语语料库（Meunier, 2002）：

> ……把握好使用频率、难度和教学相关性之间的平衡至关重要。这正是学习者语料库研究发挥作用的地方，它有助于权衡以上各因素在教学中的重要性。（Meunier, 2002: 123, 引自 McEnery 和 Xiao, 2011）

此外，还有人呼吁提供由学习者语料库指引的英语语法（例如，Granger, 2012），考虑特定学习者群体所面临的典型语法困难。教材本身可以被制成语料库，这样就能将"教材英语"与"真正的英语"进行对比（Römer, 2006）。Willis（2003）提出了一个关于"教学语料库"的有趣建议：教学语料库由学习者在课堂上已经使用过的文本组成，目的是用于研究特定的语言特征。Willis（2003）认为，这种语料库的优势在于，学习者已经熟悉了所要学习的语言特征的上下文语境。除了可供教材编者和学习者使用的各种语料库之外，我们还需要考虑随附软件的用户友好性。正如 Römer（2006: 126-127）所指出的：

> ……如果只点一两下鼠标就可以获取某种高级的词语索引结构（不仅仅是按字母顺序排列上下文），以确保快速查阅典型搭配的相关例句，或提取常用模式，突出某个多义词的不同含义等，将会非常有用。

转向语料库参照的方法

McCarten 和 McCarthy（2010: 13）提到了在以下三种不同指导方法下编写的教材：语料库驱动（corpus-driven）的方法、基于语料库（corpus-based）的方法和语料库指导（corpus-informed）的方法。在语料库驱动的方法指导下，语料库证据构成了教材语言描述的基础；在基于语料库的方法中，语料库中的例子用于支持已有的语言描述；在基于语料库指导的方法中，语料库证据用来指导语言描述，说明性例证用于支持语言描述，但允许对语料库中的数据进行一些操作处理。虽然我无意在应用语言学范畴内，在这几个互相竞争的术语上再有所增加，但我认为"语料库**参照**下的教材"（corpus-*referred* materials）可能会是一个有用的术语，尽管在实际中，它与语料库指导的方法几乎没有什么不同。这反映了一些评论家的建议（参见 Gavioli 和 Aston, 2001; O'Keeffe et al., 2007）：语料库可用于 Dushku 和 Thompson（2012）所说的，"验证与证实"教师的直觉以及"确认"词汇语法教学大纲的选择。然而，在我看来，"验证""确认"甚至"指导"等术语仍然将语料库视为教学内容的"裁定者"而非"贡献者"。而我认为，语料库参照的方法则在确定教学大纲内容和教学顺序方面，明确地为直觉、经验、本地化需求、文化适当性和教学便利提供了体面的地位。

然而，无论我们使用什么术语（尽管我希望我提出的术语能够得到广泛认可），很明显，一些评论者们已经提出了折中的解决方案，以解决语料库和语言教学材料之间颇有问题的关系。Gavioli 和 Aston（2001）提出了这样一个方案，认为语料库的一个重要作用是检验我们的直觉，但同时又迫使我们对教学大纲的有关决定进行证明。比如，这一方案允许我们忽略语料库提供的词频信息，但我们这样做必须有明确的理由。Biber 和 Conrad（2010）也指出了忽略语料库词频信息的必要性，他们认为语法结构的教学顺序不能仅由使用频率来决定，因为有些语法结构是其他语法结构的"基石"，而有些语法结构又比其他语法结构更难。

也有人对教材的对话提出了折中的解决办法。例如，Gavioli 和 Aston（2001: 240）认为，不需要直接从语料库中提取语料库对话，因为没有一段单独的对话可以代表一种体裁，但语料库对话可以作为有趣的参考：

> 找出一个完整的语料库文本，始终展示"典型"用法的可能性微乎其微。所以如果我们想找一个发生在理发店里的对话样本，我们自行编写的对话几乎一定会比从语料库中提取出来的对话更合适，尽管在呈现给学生们之前，我们可能会将自行编写的对话与语料库中提取出来的对话进行比较。（Gavioli and Aston, 2001: 240）

McCarten 和 McCarthy（2010: 20）为构建我们可能称为"语料库指导下的对话"提供了一些具体的指导原则。这些原则包括：

- 除了叙述以外，保持对话讨论大体简短。在一个说话人"长篇大论"时，只会导致听众形成衬托型反馈和非极小值回应。
- 允许说话人对前一个说话人做出回应；
- 不要让话语负荷过度密集的信息；确保平衡好交互关联的语言与适当词汇密度之间的关系；
- 对话中允许存在一些重复、改写、断句及其他语言特征，但要保持意义清晰；
- 要让说话人保持"礼貌"，不要造成对抗或面子威胁。

我对以上最后一条持怀疑态度（我相信此书编辑对最后一点也不是特别确定），但总的来说，它们似乎是教材作者再现一定程度真实性的实用指南。

然而必须指出，即使对语料库指导下或语料库参照下的材料研发给出的建议极端保守,除非教材作者愿意相信这种方法的价值,否则也不会产生什么效果。鉴于大多数教材作者都是从教师开始做起(或者说应该从教师开始做起),进行教师培训是非常必要的。Conrad(2000: 556)着重强调了这一点:

> 最强大的变革力量可能就是新一代的英语作为第二语言的教师们,他们的培训项目中引入了基于语料库的研究,他们重视这一领域的工作,尝试开展自己的语料库调查,并以语料库研究为基础,进行教材设计。

如果说Conrad(2000)是在强调教师培训的必要性,Römer(2006: 126)则积极热情地呼吁在英语教师培训课程中加入必修的语料库部分,并将其视为"使命性工作"。同样有趣的是,Römer(2006)指出有必要让学习者也相信使用语料库指导下的教材的必要性。正如Carter(1998)所说,语料库提供的证据往往指向概率性的语法规则,而不是一些学习者(和教师)乐于接受的固定规则。

结　语

最后我想指出,使用语料库参照的方法进行教材编写时,有的方面可以协商,有的则不能。可协商方面指的是,从语料库中获得的具体描述性启示。这些启示可以使我们反思和证明我们对教学大纲选择的合理性(Gavioli and Aston, 2001),甚至可能帮助我们把以前忽视的内容加入教学大纲,或删除以前误以为重要的内容,但这些启示不会成为我们做决定的唯一因素。还有其他因素需要考虑,如材料对特定学习者群体的实用性和难度。不可协商的一面指的是,语料库反映出来的语言和语言产出的实质:如果有证据表明,词汇在语言产出中是首要的,语法是次要的,而且词汇和语法之间的联系比以前想象的更加紧密,那么忽略这一点就是不明智的。语料库无法告诉我们要教些什么，更不能告诉我们怎么教，但它确实能告诉我们所教语言的实质。只要能做到这一点，就是值得庆贺的进步。

参考文献

Biber, D. and Conrad, S. (2010), 'Corpus linguistics and grammar teaching'. Available at: www.longmanhomeusa.com/content/pl_biber_conrad_monograph_lo_3.pdf.

Burton, G. (2012), 'Corpora and coursebooks: destined to be strangers forever?', *Corpora*, 7, 91–108.

Carter, R. (1998), 'Orders of reality: CANCODE, communication and culture', *ELT Journal*, 52 (1), 43–56.

Clear, J. (2000), 'Do you believe in grammar?', in L. Burnard and T. McEnery (eds), *Rethinking Language Pedagogy from a Corpus Perspective*. New York: Peter Lang, pp. 19–30.

Conrad, S. (2000), 'Will corpus linguistics revolutionize grammar teaching in the 21st century?', *TESOL Quarterly*, 34 (3), 548–560.

— (2004), 'Corpus linguistics, language variation, and language teaching', in J. Sinclair (ed.), *How to Use Corpora in Language Teaching*. Amsterdam: John Benjamins, pp. 67–85.

Cook, G. (1998), '"The uses of reality": a reply to Ron Carter', *ELT Journal*, 52 (1), 57–63.

Cook, V. (2003), 'Materials for adult beginners from an L2 user perspective', in B. Tomlinson (ed.), *Developing Materials for Language Teaching*. London: Continuum, pp. 275–291.

Coxhead, A. (2000), 'The Academic Word List: a corpus-based word list for academic purposes', in B. Kettemann and G. Marko (eds), *Teaching and Learning by Doing Corpus Analysis: Proceedings of the Fourth International Conference on Teaching and Language Corpora*. New York: Rodopi, pp. 73–90.

Cullen, R. and Kuo, I-Chun (2007), 'Spoken grammar and ELT course materials: a missing link?', *TESOL Quarterly*, 41 (2), 361–386.

Dellar, H. (2004), 'What have corpora ever done for us?'. Available at: www.developingteachers.com/articles_tchtraining/corporapf_hugh.htm.

Dushku, S. and Thompson, P (2012), 'An example of corpus-informed materials development: "Campus Talk" — advanced oral communication textbook for international students'. *Paper Presented at the TESOL Convention*, Philadelphia.

Francis, G., Hunston, S. and Manning, E. (eds) (1996), *Grammar Patterns 1: Verbs*. London: HarperCollins.

Gavioli, L. and Aston, G. (2001), 'Enriching reality in language pedagogy', *ELT Journal,* 55 (3), 238–246.

Gilmore, A. (2004), 'A comparison of textbook and authentic interactions', *ELT Journal,* 58 (4), 363–374.

Granger, S. (2012), 'Learner corpora and their applications: a review of recent developments'. *Paper Presented at the 6th IVACS Conference*, Leeds, UK.

Gray, J. (2000), 'The ELT coursebook as cultural artefact: how teachers censor and adapt', *ELT Journal,* 54 (3), 274–283.

— (2010), *The Construction of English: Culture, Consumerism and Promotion in the ELT Global Coursebook*. Basingstoke: Palgrave Macmillan.

Harwood, N. (2002), 'Taking a lexical approach to teaching: principles and problems', *International Journal of Applied Linguistics,* 12 (2), 139–155.

Hunston, S. (2002), *Corpora in Applied Linguistics*. Cambridge: Cambridge University Press.

Johns, T. (1991), 'Should you be persuaded: two samples of data-driven learning materials', in T. Johns and P. King (eds), *Classroom Concordancing. ELR Journal*, 1–16.

Jones, M. and Durrant, P. (2010), 'What can a corpus tell us about vocabulary teaching materials?', in A. O'Keeffe and M. McCarthy (eds), *The Routledge Handbook of Corpus Linguistics*, pp. 387–401.

Kaltenböck, G. and Mehlmauer-Larcher, B. (2006), 'Computer corpora and the language classroom: on the potential and limitations of computer corpora in language teaching', *ReCALL,* 17 (1), 65–84.

Keck, C. (2004), 'Book review: corpus linguistics and language teaching research: bridging the gap', *Language Teaching Research,* 8 (1), 83–109.

Koprowski, M. (2005), 'Investigating the usefulness of lexical phrases in contemporary coursebooks', *ELT Journal,* 59 (4), 322–332.

Martinez, R. and Schmitt, N. (2012), 'A phrasal expressions list', *Applied Linguistics*, 33 (3), 299–320.

McCarten and McCarthy (2010), 'Bridging the gap between corpus and course book: the case of conversation strategies', in A. Chambers and F. Mishan (eds), *Perspectives on Language Learning Materials Development*. Bern: Peter Lang. pp. 11–32.

McCarten, J. (2010), 'Corpus-informed coursebook design', in A. O'Keeffe and M. McCarthy (eds), *The Routledge Handbook of Corpus Linguistics*, pp. 413–428.

McCarthy (2004), 'Touchstone. From corpus to coursebook'. Available at: http://salsoc. com/downloads.php?action=show&id=13 [accessed 31/8/11].

McCarthy, M. and Carter, R. (1995), 'Spoken grammar: what is it and how should we teach it?', *ELT Journal*, 4 (3), 207−17.

McCarthy, M., McCarten, J. and Sandiford, H. (2006), *Touchstone*. New York: Cambridge University Press.

McEnery, T. and Xiao, R. (2011), 'What corpora can offer in language teaching and learning', in E. Hinkel (ed.), *Handbook of Research in Second Language Teaching and Learning* (vol. 2). Routledge, pp. 364−381.

Meunier, F. (2002), 'The pedagogical value of native and learner corpora in EFL grammar teaching', in S. Granger, J. Hung and S. Petch-Tyson (eds), *Computer Learner Corpora, Second Language Acquisition and Foreign Language Teaching*. Amsterdam: John Benjamins, pp. 119−142.

Mindt, D. (2000), 'A corpus-based grammar for ELT', in B. Kettemann and G. Marko (eds), *Teaching and Learning by Doing Corpus Analysis: Proceedings of the Fourth International Conference on Teaching and Language Corpora*. New York: Rodopi, pp. 91−104.

Mukundan, J. (2008), 'Agendas of the state in developing world English language textbooks', *Folio*, 12 (2), 17−19.

O'Keeffe, A., McCarthy, M. and Carter, R. (2007), *From Corpus to Classroom*. Cambridge: Cambridge University Press.

Owen, C. (1993), 'Corpus-based grammar and the Heineken effect: lexico-grammatical description for language learners', *Applied Linguistics*, 14/2, 167−187.

Prodromou, L. (1997a), 'Global English and the octopus', *IATEFL Newsletter*, 135, 12−15.

— (1997b), 'From corpus to octopus', *IATEFL Newsletter*, 137, 18−22.

— (1998), 'ELTJ correspondence', *ELT Journal*, 52 (3), 266−267.

Reinhardt, J. (2010), 'The potential of corpus-informed L2 pedagogy', *Studies in Hispanic and Lusophone Linguistics*, 3 (1), 239−251.

Römer, U. (2004), 'Comparing real and ideal language learner input: the use of an EFL textbook corpus in corpus linguistics and language teaching', in G. Aston, S. Bernardini and D. Stewart (eds), *Corpora and Language Learners*. Amsterdam: John Benjamins, pp. 151−168.

— (2006), 'Pedagogical applications of corpora: some reflections on the current scope and a wish list for future developments', *ZAA (Zeitschrift fur Anglistik und Amerikanistik)*, 54 (2), 121−134.

Scotton, C, and Bernsten, J. (1988), 'Natural conversations as a model for textbook dialogue', *Applied Linguistics*, 9 (4), 372−384.

Shin, D. and Nation, P. (2008), 'Beyond single words: the most frequent collocations in spoken English', *ELT Journal*, 62 (4), 339−348.

Sinclair, J. (1991), *Corpus, Concordance and Collocation*. Oxford: Oxford

University Press.

Sinclair, J. and Renouf, A. (1988), 'A lexical syllabus for language learning', in R. Carter and M. McCarthy (eds), *Vocabulary and Language Teaching.* Harlow: Longman, pp. 140-160.

Stranks, J. (2003), 'Materials for the teaching of grammar', in B. Tomlinson (ed.), *Developing Materials for Language Teaching.* London: Continuum, pp. 329-340.

Tan, M. (2003), 'Language corpora for language teachers', *Journal of Language and Learning,* 1 (2). Available at: www.jllonline.co.uk/journal/jllearn/1_2/tan1.html.

Timmis, I. (2003), *Corpora, Context and Classroom: The Place of Spoken Grammar in ELT.* Unpublished PhD thesis, University of Nottingham. Available at: http://etheses. nottingham.ac.uk/2246/1/397578.pdf.

— (2005), 'Towards a framework for teaching spoken grammar', *ELT Journal,* 59 (2), 117-125.

— (2012), 'Spoken language research and ELT; where are we now?', *ELT Journal,* 66 (4), 514-522.

Widdowson, H. (1991), 'The description and prescription of language', in J. Alatis (ed.), *Georgetown University Round Table on Languages and Linguistics.* Washington, DC: Georgetown University Press, pp. 11-24.

— (1998), 'Context, community and authentic language', *TESOL Quarterly,* 32 (4), 705-716.

Willis, D. (2003), *Rules, Patterns and Words: Grammar and Lexis in ELT.* Cambridge: Cambridge University Press.

对第四部分的评论

Brian Tomlinson

外显学习和体验式学习

第四部分的大多数作者似乎都同意，对于外语学习者来说，外显学习和体验式学习都是必要的，但两者都不充分。外显学习提倡注意和凸显，并促进有意识学习和检索。体验式学习有助于阐述、关联和评价，促进的是潜意识学习和自动检索。最大的问题是，外显学习和体验式学习，两者中谁应优先于谁。我个人的观点是，如果"了解"先于"理解"，这将有助于持久学习，尤其是在某个语境中，一个语言特征在以意义为中心的体验之后，紧接着就有一些活动，要求学习者注意这个语言特征在所体验的这个语境和其他使用语境中的特点（Kolb et al., 2000; Moon, 2004）。这种培养语言意识的探索式方法同样适用于语法学习、词汇学习以及语篇的惯用、文体和语用特征的学习（Tomlinson, 1994, 2007）。它也适用于交际能力的培养。这对材料研发的启示是，在让学习者有意识地注意所使用语言的特征之前及以后，学习者都需要有动机、有意义地接触使用中的语言。

泛听和泛读

几乎这部分的所有章节都隐含着一个重要的观点，那就是通过泛听和泛读，可以为体验式学习提供极好的机会。通过长时间地倾听或阅读相关的、激励人的和吸引人的文本,可以习得语言并培养技能(Tomlinson, 2001; Maley, 2008)。为了帮助学习者做到这一点,需要提供有潜在吸引力的文本供学习者选择(或帮助学习者自己提供文本)。这也意味着要激发学习者想要广泛倾听和阅读的意愿,帮助他们培养听力和阅读的信心,并确保他们有足够的时间去听、去读。

现　实　性

　　本部分的多数作者似乎也都同意,学习材料应该是现实的,应当反映学习者在课程之外和课后将会遇到的语言使用的现实。这意味着应让学习者接触到真实的材料(即不是为了教语言而是为了告知、逗乐、激发、刺激、激励、娱乐等而写的材料);当然,这也意味着,如果一门课程的材料只包含过于简单的、删减的、集中的语言,根本不像"真实"使用的语言,那么这门课程在任何层面都是不充分的。这还可能意味着,学习者会接触到一些为模拟真实性而编写的材料以及一些类似于"真实"使用的语言材料,只不过这些材料中有特别多的具有特定语言特征的例子,或者他们将某些语言特征进行了凸显(例如,通过使用粗体字、独特的字体或下划线)。除此以外,这也可能意味着,学习者需要参与一些教学任务,这些任务表面上不像"现实世界"的任务,但实际上为学习者提供了有用的机会,发展课外和课后对他们来说都很重要的技能。举个例子,这类任务可能是一个游戏:多个小组比赛组装一个乐高模型,组装成果要和老师准备好的模型一样。大家都看不到老师藏起来的模型,但每组有一个"跑腿人",他/她可以观察老师的模型,并负责向其组员描述老师的模型。这不是学习者在"现实世界"中可能会参与的任务,但它可以让学习者情感投入地参与其中,并有助于培养"现实世界"的技能,如可视化、精确描述和尝试澄清。主要的一点是,教材应该帮助学习者为现实世界中的语言使用做好准备,但是为了达到这一目标,首先应该认识到学习者自身的局限性和课堂的约束性,并且能够利用教师资源、学习者自身资源以及学习辅助资源。

情　　感

第四部分和本书其他部分的另一个共同主题是，无论什么内容的教材，都应能够在情感上吸引学习者。如果学习者只接触平淡、中性或琐碎的文本，而这些文本不能刺激认知或情感反应，那么他们的听力或阅读技能就无法得到培养。如果他们没有被鼓励说出他们认为值得说的话，那么他们的口语和写作技能也同样无法得到培养。

倘若学习者在学习语法或词汇时感到无聊，他们就不会去学习语法或词汇。理想情况下，材料应帮助学习者获得自尊，让他们对学习体验形成积极的态度，并能够在认知和情感上积极参与学习活动，以此促进学习。换句话说，学习者若想成功地使用一门语言，他们就需要享受语言学习的乐趣。

多 维 学 习

在我看来，第四部分最重要的观点是，材料应该确保语言学习是一种多维度的体验。Hitomi Masuhara 在第 18 章中清楚明白地提出了这一点，第四部分中大多数其他作者也有间接的表述。如果学习者能够在语言学和非语言学两个层面上进行学习，能够运用视觉、听觉、触觉、动觉来学习，能够既有意识又潜意识地学习，能够以认知和情感两种方式去学习，能够促进他们所说的语言在大脑中的多维心理表征而不仅仅是一种语言处理，他们才有可能进行长期的学习。越来越多的研究表明，丰富、多样、多方面的语言使用体验具有重要的价值。

然而，越来越多的教材关注点越来越狭隘，它们只关注语言的编码和解码，而不是为体验、参与和效果提供丰富的机会。

参考文献

Kolb, D. A., Boyatzis, R. E. and Mainemelis, C. (2000), 'Experiential learning theory: previous research and new directions', in R. J. Sternberg and L. F. Zhang (eds), *Perspectives on Cognitive, Learning, and Thinking Styles.* New Jersey: Lawrence Erlbaum.

Maley, A. (2008), 'Extensive reading: maid in waiting', in B. Tomlinson (ed.), *English Language Learning Materials: A Critical Review.* London: Continuum, pp. 133−156.

Moon, J. (2004), *A Handbook of Reflective and Experiential Learning: Theory and Practice.* London: RoutledgeFalmer.

Tomlinson, B. (1994), 'Pragmatic awareness activities', *Language Awareness,* (3/4), 119−29.

— (2001), 'Beginning to read forever', *Reading in a Foreign Language*, 13 (1), 523−538.

— (2007), 'Teachers' responses to form-focused discovery approaches', in S. Fotos and H. Nassaji (eds), *Form Focused Instruction and Teacher Education: Studies in Honour of Rod Ellis.* Oxford: Oxford University Press, pp. 179−194.

第五部分

教材研发与教师培训

第二十四章 教材研发课程

Brain Tomlinson

引　言

　　20世纪90年代以前,教材研发在教师培训或教师教育课程中很少得到重视,培训人们研发教材的专门课程也很少。在教师初级培训课程上,人们认为受训教师没有足够的经验或专门知识来编写自己课程的材料;在在职进修课程上,往往是培训教师使用某指定教材;在教师教育课程上,教材的研发往往被认为缺乏理论性,不能在语言学课程上获得一席之地。例如,我在伦敦大学教育学院的英语作为第二语言(ESL)的教育学研究生证书(PGCE)课程以及在班戈大学的ESL文学硕士学位课程都没有包含教材研发的内容。教材研发是留给专家去从事的一项实践流程。

　　教材研发"被视为方法论的一个小节,其中教材通常被介绍为行动方法的示例,而不是探索教材研发原理和流程的手段"(Tomlinson, 2001a: 66)。有些研究生课程包含"方法和教材"模块,有些方法论著作在每一节或单独在书的末尾纳入教材示例(例如, Dubin 和 Olshtain, 1986; Richards 和 Rodgers, 1986; Stevick, 1986, 1989; Nunan, 1988; Richards, 1990)。也有一些著作和文章关注教材评估(例如, Candlin 和 Breen, 1979; Williams, 1983; Cunningsworth, 1984; Sheldon, 1987, 1988)。然而,极少有关于教材研发原理或过程的著作或文章,关于教材研发流程的著作或文章更是少之又少。如果没有著作和文章,谈何课程?

20世纪90年代起，人们的态度有所转变。人们意识到教材研发不仅是所有教师都需要的重要技能，而且通过参与教材研发，教师本身既可以"理解和应用语言学习理论"，又可以"实现个人及专业发展"（Tomlinson, 2001a: 67）。为满足特定学习者的需求与愿望，教师需要能评估、选择、改编和补充教材。若想行之有效，就需要帮助教师培养成功研发教材所需的意识和技能。培养教材研发意识和技能时，教师同样可培养相关能力，理论化实践行为（Schon, 1987），对教材研发流程提出质疑，核验假说，探寻有关语言学习和教学过程问题的答案。基于对教材研发价值和影响力的认识，产生了许多关注教材研发原理和流程的著作与文章（例如，McDonough 和 Shaw, 1993; Hidalgo et al., 1995; Byrd, 1995; Tomlinson, 1998; Richards, 2001）。若干协会开始发布教材研发时事通讯，例如，国际英语教师协会（TESOL）、日本语言教学协会（JALT）。1993年，我成立了教材研发协会（MATSDA），组织教材研发会议与研讨会，并推出了致力于教材研发的期刊 *Folio*。与此同时，教师培训、教师教育和教师发展课程均将教材研发内容纳入其中，教师培训机构开始为教师和机构提供短期教材研发课程，各部门开始为自身教师组织教材研发研讨会。例如，过去20年间，我在埃塞克斯大学、天普大学东京校区、新加坡国立大学、安卡拉比尔肯特大学和纽约新学院大学开设了教材研发文学硕士课程；在卢顿大学提供第二语言教材研发文学硕士专业，在利兹都市大学开设了语言教学材料研发文学硕士专业，并在洛杉矶阿纳海姆大学开设了教材研发教育学博士课程。我还在神户语言资源中心的英国皇家艺术学会/剑桥大学考试委员会认证的成人英语教学证书（CELTA）课程中讲授教材研发相关内容，并在比利时、博茨瓦纳、卢森堡、马来西亚、毛里求斯、阿曼、塞舌尔群岛、土耳其和越南等地，为其教育部和大学举办教材研发研讨会，为诺维奇语言教育学院的教师提供短期教材研发课程，同时为利兹都市大学的教师开设教材研发课程。但在20世纪90年代前，我基本没有进行教材研发课程的相关工作。

教材研发课程的目标

这一节中,我会对教材研发课程潜在目标提出自己的看法。其中部分目标为全球性目标,指向我所参与的任一课程。另一部分目标则需依情况而定,仅在与当地课程相匹配时才会被选择。此外,显而易见,列表中并未包含要因情境而异的本土目标(例如,为瓦努阿图的小学毕业生准备新交际考试的老师)。

理论性

我发现教材研发课程可为教师或接受培训的教师(甚至是参加职前培训的教师)提供帮助,提高他们对语言习得过程和促进语言习得最优方式的理论认知。具体表现为:

- 为反思性观察和概念化提供基础性具体经验(Tomlinson and Masuhara, 2000),
- 提出、调查和回答与语言使用相关的问题,
- 提出、调查和回答与语言习得相关的问题,
- 提出、调查和回答与语言教学法相关的问题,
- 提供与语言学习和教学相关的行动研究机会,
- 帮助参与者深入了解语言学习教材使用者的需求,
- 帮助参与者阐明和发展自身关于语言学习与教学的隐性理论。

以上均为应用语言学课程的重要目标。我认为与传统的应用语言学课程相比,内容连贯的动手实践类教材研发课程更易达到上述目标。传统的应用语言学课程内容分散,与特定实践目标并无关联。对编写有效教材的需求是培养语言和学习理论知识及意识的强烈诱因,这些理论有助于教材研发人员编写优质教材。通过教材研发帮助参与者提高理论意识的方法包括:

- 从系列性教材研发任务中展开课程,在此期间,参与者写下其对语言学习和教学所提出的问题(例如,"接触使用中的真实语料是否有助于语言习得?");
- 在将他们的陈述转化为研发和评估教材的标准之前,让参与者明确表达他们对促进语言习得的信念(例如,"学习者可从与目标语精通者的沟通交流中获益");
- 要求参与者从研究文献中寻求支持或质疑课本代表性习题的证据(例如,重复练习、句子转换、填空、对话重复)。

发展性

我的教材研发课程(无论为期一天还是一年)都旨在帮助参与者更好地发展:

- 对语言教学的目标、原则和流程的了解,
- 对教材研发的目标、原则和流程的了解,
- 对适用于教师的原则性选项的了解,
- 对适用于教材研发人员的原则性选项的了解,
- 作为语言教材评估员、改编员、编辑和制作人员的技能,
- 对学习者和教师需求与愿望的敏感性,
- 作为语言教师的能力,
- 作为教材研发人员和教师的自信与独立,
- 团队协作和积极主动的能力,
- 自尊。

显然教材研发程度取决于动机、课程时间、课程强度、课程跟进情况及培训师专业技能等变量,但我发现通过短期课程、一年制文学硕士课程,甚至是一天制研讨会,均可实现上述目标。于我而言,或许实现上述目标最有效的课程为在职和实地培训课程。此课程属于印度尼西亚PKG英语项目,在印度尼西亚27省中均已开设(Tomlinson,1990)。在两期在职培训课程中,课程通过帮助中学教师编写教材,

向他们介绍语言交际方法,然后在两期实地培训中进行相关试验。培训师为那些通过教材研发类研讨会已培养起相应意识、专业知识、自信心和自尊心的教师。

参与者汇报个人和专业发展的其他短期课程包括为比利时、爱尔兰、卢森堡、阿曼(参见 Al-Busaidi 和 Tindle, 2010)、土耳其和越南等地的大学和学校教师提供的为期3—5天的课程。这些机构对使用全球性教材达到的效果并不满意,希望各自的教师能够编写具备当地特点的教材。教师不仅成功编写出有原则又有趣的教材,同时也培养了自身意识、信心和能力。关于教材研发中个人和专业发展潜力的深入讨论,参见 Tomlinson(2003b)。

实践性

我在教材研发课程中关注的实践目标如下:

- 帮助参与者建立原则框架以助其在课外及课后评估、改编和编写教材;
- 帮助参与者研发用于自身授课符合原则的本地化教材;
- 帮助参与者编写符合原则的本地化教材,可以此为模型,促进并对自身及同事日后的教材研发产生影响;
- 编写合乎逻辑与原则的教材,为特定机构或区域的课程奠定基础。

虽然这些实践目标非常重要,但重要的是不要把它们看得比上述理论和发展目标更重要。若课程中编写教材的质量不高,则很容易判定为一门课程的失败。参与者仍有可能因受到激励和鼓励,而在课程结束后继续编写高质量教材。尽管编写的教材尚未达到高质量标准,但参与者仍可能培养出助其成为更优质教师和教师培训师所需的知识、意识、技能和信心。我在印度尼西亚开设课程时,也出现过此类事件。当时的课程受到了教师培训机构学术专家的监督管理。参与者认为课程很有成效,因为他们在短时间内就培养了教材研发的相关意识、技能和信心。但学术专家认为课程以失败告终，因为并非所有教材都达到可立即投入课堂使用的高质量标准。你觉得我会如何看待此事？

教材研发课程流程

学习

　　阅读教材研发类文章非常重要，但无论视其为实践任务还是学术领域，仅靠阅读并不足以满足需求。关于教材研发尚没有前期研究储备，当然也没有用于教材研发的读后即用的神奇程序。在我看来，教材研发课程真正的优势并非是通过学习获取更多知识，而是在教材研发监管过程中获取更好的意识和技能。

　　然而，学习是不可或缺的。在我看来，学习应在体验和反思后进行，不应主次颠倒。按此顺序进行学习，既可巩固已获得的认识，又可进一步扩展延伸。若先进行此类学习，会将方法强加于学习者之上，而后的学习经验难以令人如愿，并会所缩小和限制学习过程。因而，在我的教材研发课程中，我只提供课后阅读清单，而不提供课前阅读清单。不过我常会建议参与者在课程学习中进行阅读，以帮助他们回答自身在课程体验阶段所提出的问题。Tomlinson 和 Masuhara（2004）编写的指南中也提到过这种方法，从而为东南亚地区在职课程中经验不足和资质欠缺的教师提供支持与帮助。遗憾的是，尽管此书已被译成中文、韩文和葡萄牙文，但这本书经常被作为手册提供给教师，供他们遵循，而不是作为建议，供他们思考、评估和以自己的方式应用。

　　近期课程中，我推荐了 McGrath（2002）、McDonough 等人（2003, 2013）、Tomlinson（2013a, 2008, 2011, 2013）、Harwood（2010）及 Tomlinson 和 Masuhara（2010）的著作。同时，我也推荐教材研发协会的期刊 *Folio*（致力于教材研发）中的文章，以及 *ELT Journal*、*English Teaching Professional*、*JALT Journal*、*Modern English Teacher*

和 *RELC Journal* 等期刊上有关教材研发的文章。

演示

我发现,开始教材研发课程的最有价值的方法是演示那些以原则性的方式呈现出创新性、激进性、差异性和潜在趣味性的材料。其主要目的并非提供仿真模型,而是激发好奇心,为参与者提供作为的"学习者"的潜在趣味性体验以及供其思考讨论新原理和流程的具体示例。此种开课方式不具备威胁性(接受评估的是"培训师"而非参与者),也是展开语言学习理论和语言教学原理讨论的有效方式。只有培训师对演示方法深信不疑,且论证无须强辩,课程才算成功。

我发现以下为以演示方式展开课程的最有效方式:

1　向参与者概括并解释流程;
2　要求参与者承担学习者身份;
3　向"学习者"讲授教材一个单元的大部分内容;
4　要求"学习者"再次参与课程并在头脑中重构课程;
5　要求参与者分组列出本课的主要阶段;
6　要求小组成员明确每个阶段的目标,并讨论他们认为各阶段所依据的学习原则;
7　举行全体讨论,各小组在讨论中就每个阶段的目标和原则交换意见;
8　要求每一组学生描述一组学生在演示课中的语言水平;
9　要求每一组学生通过预测他们描述过的学习者小组每个阶段的学习效果来评估教材;
10　进行全体讨论,让各小组分享他们的评价,培训师指出各组尚未注意到的意图或原则。

该流程常和其他教材演示环节(取决于课程时长)一起反复进行,尽管演示的创新教材各不相同,但仍然共享某些目标、原则和流程。通常第一次演示耗时较长,但随着参与者逐渐熟悉分析和评估流程,后续演示耗时多会缩短。

之后,可以由那些有足够自信研发原则性教材并与同龄人分享的参与者承担课程中此类演示的研发和示范。

对陈述的讨论

可通过要求小组参与者对已分类并会引发争论的陈述进行回应,使课程展示中涉及的非正式或某种程度上临时性的思考与讨论正式化。针对每一论述,参与者需说出其同意与否的原因;若尚未对某一论述达成共识,为使参与者认同,需对论述进行改写。先以小组为单位进行此项活动,而后进行全体成员讨论,活动的主要目的并非达成共识,而是探讨问题。每位参与者需以书面形式对每一项陈述做出回复并保留相应回复。课程结束时,分组的参与者讨论各自观点发生的变化。

以"教学重点"标题下的论述为例,"不应要求学习者理解尚未讲解的结构"。以"课本"标题下的论述为例,"应只为初级学习者提供简短的阅读和收听文本"。以"活动"标题下的论述为例,"初级学习者应尝试具有挑战性但可以实现的任务以帮助他们培养高水平技能"。从示例中可知,论述要能引发讨论,并用绝对的措辞陈述,以便激发参与者的反应和修正。

以下为近日为伊斯坦布尔私立学校教师进行的为期三天的教材课程中使用的论述范例:

语言学习类教材研发中的问题

你在多大程度上同意以下论述? 若不认同,请改写成你认可的表述:

1 第二语言的流利程度远比准确性重要;
2 教授第二语言学习者最重要的目标是帮助他们建立自信和自尊;
3 接触使用中的语言是必要条件,但不是充分条件;
4 语法教学应该使用"展示、练习和产出"(PPP)的教学法,因

为这可以防止学习者分心,帮助他们专注于教学要点;

5 文本和任务应该始终是真实的,因为它们代表了目标语言的典型使用方式;

6 直接教学会阻碍语言习得,反应式教学更宜促进语言习得;

7 应帮助学习者挖掘语言知识,而非总是通过教师和教材了解语言点;

8 只要学习体验正面积极,青少年学习者学习何种语言并不重要;

9 教材应鼓励学习者在课外体验和使用英语;

10 我们应认识到大多数学习者需通过英语与其他非本族语者进行交流。

评估

我发现,在要求参与者编写自己的材料之前,帮助他们培养一种系统的、有原则性地评价他人编写教材的能力是很重要的。这不仅可以帮助它们制定评价标准,这些标准最终可以作为他们研发自己教材的标准;此外,因为他们会认识到出版的教材并不是完美的,这可以帮助他们建立自信,并且他们能更加了解可有效促进学习的教材应具备的品质。

在这一阶段的课程中,我会让参与者制定使用前、使用中和使用后评估的目标和流程,同时研发、试用并完善评估标准库。这些集合构成了研发特定语境标准的基础,这些标准用于基于问题的学习活动以评估与用户需求相关的教材(Wilkerson and Gijselaers, 1996; Tomlinson and Masuhara, 2000, 2004; McDonough et al., 2013;本书第一章)。根据我的经验,那些习惯于凭印象对材料做出快速评判的教师认为评价标准库严谨的研发过程和严格的评估标准要求非常高。但最终他们认为这是非常有益的,因为通过帮助教师系统评估教材,使其深入了解编写有效教材的先决条件,可帮助他们进一步发展自己的语言学习理论。

关于评估目标和流程的完整讨论,参见本书第一章内容。

改编

　　几乎每节课,教师都会调整他们所使用的教材以进一步满足学习者的需求和愿望。教师改编通常是自发的、基于直觉的。尽管他们经常改进正在使用的教材,但他们可能会给授课教师和学习者带来未曾预料的问题。在教材研发课程上,我通常花时间帮助参与者制定教材系统性改编的流程。正式流程常包括以下几步:

- 概述上课班级,
- 分析一套教材,
- 评估教材,
- 删除对目标学习者不适用/无效的内容,
- 减少目标学习者不感兴趣的内容,
- 用可能更适合/有效的新教材替换部分教材内容,
- 扩展教材中可能适合/有效的部分内容,
- 修改教材内容以增加其适用/有效的可能性,
- 增加可能提高"单位"模块有效性的部分新教材内容。

按此要求进行几次严格而正式的练习后,参与者可依据其经验对教材进行非正式、直观且快速的调整。我还发现,当他们被要求制作整套原版教材时,该过程可帮助参与者培养他们自己为课程各阶段备课编写有效教材所需的技能。关于改编原则和流程的深入讨论,参见Tomlinson和Masuhara(2004)、McDonough等人(2013)、本书第二章及第三章。

批判模式

　　教材研发课程(尤其是针对职前实习教师的课程)的常见流程之一为示例教材建模。例如,为参与者提供教材单元模型,以此为模板,建立包含不同教学要点的相似单元模块。根据我在课程中的经验,这一流程可为教材写作(尤其是编写说明和问题等基本技能)提供实用性指导，但也可能导致人们不加思考地采纳教材的呈现方式。授课时，教师便会认识到这一模型的局限性，却没有信心对其进行修正，这种方法的局限性对受挫的教师便显而易见了，尤其是PPP教学法之类的常规方法及对话练习、听音跟读、替换练习和角色扮演之类的常见技巧。

我不愿参与者不加思索地模仿模型，而希望向他们展示多种教材种类和框架，使参与者在依据示例研发教材前能有所评估和修正。参与者应批判性地理解各种方法的目标与原则，并在进入（或返回）课堂前建立灵活的模型和标准库。也就是说参与者应对变量需求保持敏感，以此根据不同学习环境的要求修改模型。

关于教材研发弹性架构的深入讨论，请参阅本卷第四章。

经验

归根结底，教材研发课程重要的是它在编写教材时所提供的经验的质量。有效教材研发人员所需的技能并非是从指南中获取的，而是高质量、实践的和监测下的经验共同作用逐步发展而成的。在我看来，只有所提供的经验具备以下几点，才能培养技能：

- 由自己作为教材研发人员而赢得信誉的导师进行谨慎而积极的监督；
- 提供反思和修改的机会；
- 与其他参与者共享这种经验，参与者们汇集资源，互益互惠；
- 鼓励实验和冒险，同时提供安全和保障（见本书第二十五章关于模拟实验如何实现此类效果的讨论）；
- 分阶段按顺序进行，以便立即利用所获得的认识和技能，促进获得进一步的认识和技能；
- 尊重为进程带来大量相关知识、意识和技能的参与者的个人身份；
- 使参加者感到既刺激又愉快。

我发现，提供教材研发经验最有效的方法是通过一系列任务推动参与者逐步前进，这些任务关注并监察教材研发中涉及的各种技能，同时让参与者参与到教材各版块内容编写中来。

流程发展示例如下：

1　决定语态（例如，决定用正式的、权威的语态还是非正式的、闲聊的语态与学习者交谈）
2　书写说明
3　书写问题
4　给予解释
5　给予示例
6　选择课文
7　书写课文
8　开发测试
9　运用插图
10　布局设计
11　书写教师笔记
12　书写教材单元

理想的情况是，如果时间允许，还将向学员提供编写不同类型学习材料的高质量经验，例如：

- 综合技巧教材
- 听力技能教材
- 阅读技能教材
- 写作技能教材
- 口语技能教材
- 泛读泛听教材
- 语法教材
- 词汇教材

- 语音教材
- 交际教材
- 课本教材
- 自学教材
- 影像资料
- 计算机辅助学习资料
- 多媒体资料

我发现,重要的是要鼓励参与者根据一系列原则性标准展开工作,通过一系列草案推动进程。这些草案在产生"最终"版本之前需要经过自我监督、同行监督和导师监督。同样重要的是,比如通过向其他参与者展示、开放"最终"版本,并由制作者和课程负责人保持高质量的制作,对此"最终"版本进行评估。

反思

反思是研发的关键,我鼓励参加我的课程或研讨会的参与者在课程的所有阶段、课外及课后对自己的观点、理论及教材进行反思。例如,在课程开始阶段回应所接触到的展示或论述时,在课程中各阶段评估、改编或编写教材时以及在课程结束后评估自己及其他参与者编写的教材时,我们要求参与者思考并讲出自己对于语言学习及教材作用的看法。每晚我们都要求参与者(非正式地或通过日志、日记)回顾当日"学到"的有关自身或教材研发的知识。课程结束后,鼓励参与者通过阅读、参加会议、建立非正式讨论小组及继续每天或每周对自身发展及教材使用进行反思来保持反思过程的活跃和有见地。

优秀的教材研发人员是会思考的,他们对自己的能力及教材有信心,但又时刻准备好重新思考、修正自己的原则和观点以对进一步的刺激或信息做出反应。

理想的情况是,课程导师应符合这样的定义。课程的主要目的应为协助参与者成为符合此定义的教材研发人员。

汇报

　　我认为对参与者来说有四种展示汇报方式在帮助其批判性反思教材、提出有用建议及进一步提高自信心方面是非常有益的。第一种是在教材编写的起草阶段向另一组进行非正式展示汇报。若鼓励评分小组要求汇报小组根据其目的和原则来解释编写过程，并在汇报结束后提出教材研发建议，那么此类方法非常有效。如果这是一个互利过程，双方彼此清楚可相互学习，那么其作用将发挥到最优。另一有效方式是向课程或研讨会的其他参与者对教材终稿进行口头展示汇报。我现在在每一个课程/讲习班上都这样做，不论时间长短，而且它可以提供非常积极的结论，因为参与者意识到在课程期间取得了多大的进展，并期待在课程结束后获得进一步发展（通常在学员建立的非正式咖啡小组或电子邮件小组的帮助下）。

　　第三种方式为会议展示汇报。我在相对较长的课程中开设了此类内容，但也应鼓励、推动该形式在较短课程中的应用。例如，在利兹都市大学第二语言教材研发硕士学位课程中，要求参与者在面向教师、研究生的内部会议上进行小组展示汇报，并在利兹都市大学举办的英国大学研究学生会议上进行个人展示汇报。Mitomi Masuhara 和我为参与者开设了一门教"做口头汇报"的小型课程，我们还开设了教程来讨论参与者的材料和他们的汇报方案。许多参与者都存有疑虑，但教材和展示文稿的质量很高，在课后反馈中，参与者认为这部分课程最为实用。我在世界各地开设短期课程和研讨会时，通过鼓励项目参与者在我所组织的教材研发协会会议以及当地会议上做报告，他们同样也获得了专业知识和信心。

　　第四种展示类型是文章写作。我课程中很多任务和作业都涉及为特定的学刊撰写文章或述评。参与者应明确相应期刊的要求，按此方式撰写文章，被选中出版机会较多。任务或作业被退回时会附有详细反馈，鼓励参与者向期刊提交修改版文章。当然并非所有参与者都会提交文章，也并非所有投稿者都能通过。但提交的话，审稿人会给出有用的反馈以提升参与者的自尊。例如，一位印度尼西亚学员参加了新加坡国立大学的课程,其文章被 *ELT Journal* 和 *RELC Journal* 收录时,自尊心得以提升。试想一下,当我想到这本书的七位撰稿人都是我开设的教材研发课程的学生时,我会有多强烈的职业满足感啊!

研究

传统的教材研发课程实践性较强,参与者应学会编写教材。根据我的经验来看,若不思考自己真正做的是什么,就很难培养出成为一名有效教材研发人员应具有的能力;若没有经验、理论及信息来刺激、影响反思过程,也很难进行有效思考。一种解决办法是,在课程前、中、后进行应用型及行动型研究。显然,对于短期课程来说,此类项目为迷你项目,样本小,目的有限。而对于像PGCE课程或硕士学位这样的长期课程来说,则可开展大范围研究项目,这对参与者及其同行都极具价值。例如,在利兹都市大学第二语言教材研发硕士课程中,参与者都必须进行为期三个月的研究项目,期间需要在会议中报告,并应用其编写的完整课程教材及理论基础完成一篇投稿期刊的文章。最近,我指导了六个与教材专业相关的在读博士,他们都是我开设的教材研发课程的参与者。

教材研发研究项目的领域包括:

- 学习者对教材的需求的愿望;
- 教师对教材的需求的愿望(Masuhara, 2011);
- 不同类型作者声音的相对效应(Beck et al., 1995);
- 教材中加入情感对持久学习的影响;
- 不同方式尝试实现相同学习目标的相对效应;
- 既能创造市场需求,又能满足学习者、教师、管理人员要求的原则性教材编写方法;
- 在教材同一单元内满足不同学习方式喜好的编写方法;
- 发现式教学法与直接教学法的效果比较;
- 不同教材编写方式(如单一作者与双作者、作者小组、作者大组之间）的相对效应；

- 确保教材评估系统、严谨的方法；
- 了解教师在课堂上对教材的实际操作以及他们这样做的原因；
- 确定不同类型教材（如印刷品、音频、视频和多媒体）的特殊价值；
- 使用某一教材促进教师发展的方法；
- 通过教材研发促进教师发展的方法。

教材研发课程示例

众多种类的教材研发课程均有各自的目标和限制，例如：

- 为教师举办的旨在培养参与者意识、技能和动机的短期激励课程；
- 为各院校举办的旨在培养一些教师教材编写技能的短期课程；
- 为各机构和部委开办的旨在培训教师成为某一特定项目教材编写者的课程；
- 旨在培养课程制定者意识和技能的专业培训课程；
- 涉及教材研发内容的职前教师培训课程；
- 涉及教材研发内容的在职教师发展课程；
- 致力（或包含）教材研发内容的教师教育/发展课程。

过去20年间，我曾参与世界各地研发上述所有类型课程的活动中。在每一门课程中，我都需要考虑参与者共性特点、发起人/参与者要求、限制因素（时间、资源等），明确目标，然后恰当地运用表24.1中列举出的弹性架构。

这一框架帮助我为土耳其比尔肯特大学参与新教材编写的教师开设了为期八天的研讨会，为利兹都市大学的教师提供了为期两周的教材研发课程，为诺维奇语言教育学院（NILE）教材研发部门提供了

为期两周的文学硕士课程,并在利兹都市大学开设了一年制语言教学
教材研发文学硕士学位。研讨会涉及模块1、2、3、6、7、8及11,注重编写
教材初稿。面向教师和文学硕士模式的短期课程涉及模块1、2、3、4、6、
7、8和11,重点在于对不同类型教材的编写实施监管。语言教学材料研
发硕士学位涵盖上述框架中的全部内容以及语言习得、语言系统、语
言意识和语言教学法等课程。文学硕士课程旨在保证编写完整课程
教材(外加理论原理)的连贯性,课程将采取考试形式而非毕业论文写
作,同时鼓励参与者向出版商提交出版方案。虽然利兹都市大学不再
开设此类课程,但首尔的国际英语研究生院(IGSE)仍开设相关课程。

表24.1　教材研发课程弹性架构

阶段	亚阶		目标	
1 演示	i	创新性教材展示	i	影响力
	ii	教材分阶分析	ii	接触新方法
	iii	目标与原则分析	iii	激发思考与讨论
	iv	流程评估	iv	语言学习个人理论阐述与发展
2 争端讨论	i	个人反思	i	激发思考与讨论
	ii	小组讨论	ii	语言学习个人理论阐述与发展
	iii	全体讨论	iii	1、2部分论述规范化
	iv	个人决策		
3 教材评估	i	评估标准发展	i	个人语言学习理论优化
	ii	评估标准展示与监管	ii	培养教材研发目标、原则与流程意识
	iii	系列教材评估标准运用	iii	为未来运用与发展制定标准库
	iv	标准修正		
4 教材改编	i	目标学习者概述	i	培养教材研发目标、原则与流程意识
	ii	与学习者特征相关的教材评估	ii	培养教材与需求和愿望相辅相成的原则与流程意识
	iii	改编教材,以满足学习者需求	iii	培养教材研发技能

续　表

阶段	亚阶	目标
5 教材编辑	i 教材委托 ii 评估委托教材 iii 提供书面反馈 iv 提供面对面反馈	i 培养做出原则性妥协的意识和技巧 ii 培养提供敏锐及建设性反馈的能力
6 教材写作练习 A	i 评估教材研发特定模块的示例（如写作指南） ii 特定模块练习	i 培养教材研发意识与技能 ii 培养自信 iii 制定用于制作的标准
7 教材写作练习 B	i 评估特定类别教材研发示例（如听力教材） ii 练习编写特定类别教材	i 培养教材研发意识与技能 ii 培养自信 iii 制定用于制作的标准
8 教材制作 A	i 制定特定学习语境教材单元模块 ii 自我、同行与导师监察 iii 教材修订	i 培养教材研发意识与技能 ii 培养自信
9 阅读与讨论*	i 批判性阅读教材研发类文章与书籍 ii 阅读讨论与评估	i 培养教材研发目标、原则与流程意识 ii 语言学习个人理论阐述与发展 iii 回答上述第8步中教材研发模拟练习遇到的部分问题
10 研究**	i 教材研发研究项目发展 ii 实施研究 iii 展示第ii点中的研究结果 iv 应用第iii点中的研究结果	i 语言学习个人理论阐述与发展 ii 回答上述第8步中教材研发模拟练习遇到的部分问题 iii 培养研究与汇报技能

阶段	亚阶	目标
11 汇报	制作的教材与/或实施的研究的相关汇报 i 面向其他组别参与者 ii 面向内部会议 iii 面向外部会议 iv 作为投给期刊的文章 v 作为给出版商阅读的章节 vi 作为给出版商阅读的出版计划	i 观念阐释 ii 教材改进 iii 培养汇报技能 iv 培养自信
12 对陈述的讨论	i 小组讨论第2步中的陈述 ii 小组讨论有争议陈述 iii 个人决策	i 激发思考与讨论 ii 语言学习个人理论阐述与发展 iii 课程修订
13 教材制作B	i 为制作特定语境教材课程制定理论依据 ii 制定特定语境课程教材	i 深入培养教材研发意识与技能 ii 深入培养自信 iii 为个人理论和观念提供有效性证据以及将其应用于原则性学习教材制作的能力

*当然,每一学习阶段末期都会布置阅读任务以巩固、培养理论及信念。
**理想的状况是研究项目持续进行且与其他阶段有交叉,而非按照线性排序分散进行。

结　语

　　经过20年教材研发课程的忙碌工作,我深信把重点放在教材研发上是开设应用语言学课程最有效的方法,因为通过参考语言教学和学习过程中处于核心的实际流程,理论可以变得切合实际且富有意义。同时在帮助语言教育专家阐明和发展自己的语言学习理论、培养将相关理论用于实践的所需技能方面，这也是最为有效的方法。我还深信，开设教材研发课程（无论其具体目标如何）的最有效方法是向参与者提供作为反思性观察和概念化的基础的具体经验。这样的教材研发课程开设得越多，语言教学就越有可能得到改善，教材研发水平就越有可能得到提升。

参考文献

Al-Busaidi, S. and Tindle, K. (2010), 'Evaluating the effect of in-house materials on language learning', in B. Tomlinson and H. Masuhara (eds), *Research for Materials Development in Language Learning: Evidence for Best Practice*. London: Continuum, pp. 137–149.

Beck, I. L., McKeown, M. G. and Worthy, J. (1995), 'Giving a text voice can improve students' understanding', *Research Reading Quarterly*, 30 (2).

Byrd, P. (1995), *Material Writer's Guide*. New York: Heinle and Heinle.

Candlin, C. N. and Breen, M. P. (1979), *Practical Papers in English Language Education, Vol. 2: Evaluating and Designing Language Teaching Materials*. Lancaster: Institute for English Language Education, University of Lancaster.

Cunningsworth, A. (1984), *Evaluating and Selecting EFL Teaching Material*. London: Heinemann.

Dubin, F. and Olshtain, E. (1986), *Course Design*. New York: Cambridge University Press.

Harwood, N. (ed.) (2010), *English Language Teaching Materials: Theory and Practice*. Cambridge: Cambridge University Press.

Hidalgo, A. C., Hall, D. and Jacobs, G. M. (eds) (1995), *Getting Started: Materials Writers on Materials Writing*. Singapore: RELC.

Masuhara, H. (1998), 'Factors influencing the reading difficulties of advanced learners of English as a foreign language when reading authentic texts'. Unpublished PhD thesis, University of Luton.

McDonough, J. and Shaw, C. (1993), *Materials and Methods in ELT: A Teacher's Guide*. London: Blackwell.

McDonough, J., Shaw, C. and Masuhara, H. (2013), *Materials and Methods in ELT: A Teacher's Guide* (3rd edn). London: Blackwell.

McGrath, I. (2002), *Materials Evaluation and Design for Language Teaching*. Edinburgh: Edinburgh University Press.

Nunan, D. (1988), *The Learner-Centred Curriculum*. Cambridge: Cambridge

University Press.

Richards, J. C. (1990), *The Language Teaching Matrix*. Cambridge: Cambridge University Press.

— (2001), *Curriculum Development in Language Education*. Cambridge: Cambridge University Press.

Richards, J. C. and Rodgers, T. (1986), *Approaches and Methods in Language Teaching*. Cambridge: Cambridge University Press.

Schon, D. (1987), *Educating the Reflective Practitioner*. San Francisco: Jossey-Bass.

Sheldon, L. E. (1987), *ELT Textbooks and Materials: Problems in Evaluation and Development. ELT Documents 126*. London: Modern English Publications/The British Council.

— (1988), 'Evaluating ELT textbooks and materials', *ELT Journal*, 42 (4), 237–246.

Stevick, E. (1986), *Images and Options in the Language Classroom*. Cambridge: Cambridge University Press.

— (1989), *Success with Foreign Languages*. London: Prentice Hall.

Tomlinson, B. (1990), 'Managing change in Indonesian high schools', *ELT Journal*, 44 (1), 25–37.

Tomlinson, B. (ed.) (1998), *Materials Development in Language Teaching*. Cambridge: Cambridge University Press.

Tomlinson, B. (2001a), 'Materials development', in R. Carter and D. Nunan (eds), *Teaching English to Speakers of Other Languages*. Cambridge: Cambridge University Press, pp. 66–72.

— (2001b), 'Teaching materials evaluation', *The Information*. BIELT.

— (2003a), *Developing Materials for Language Teaching*. London: Continuum.

— (2003b), 'Developing materials to develop yourself', *Humanising Language Teaching*. www.hltmag.co.uk, Year 5, Issue 4, July 2003.

Tomlinson, B. (ed.) (2008), *English Language Learning Materials: A Critical Review*. London: Continuum.

— (ed.) (2011), *Materials Development in Language Teaching* (2nd edn). Cambridge: Cambridge University Press.

— (ed.) (2013), *Applied Linguistics and Materials Development*. Cambridge: Cambridge University Press.

Tomlinson, B. and Masuhara, H. (2000), 'Using simulations on materials development courses', *Simulation and Gaming: An Interdisciplinary Journal of Theory, Practice and Research*, 31 (2), 152–168.

— (2004), *Developing Language Course Materials*. Singapore: RELC.

Tomlinson, B. and Masuhara, H. (eds) (2010), *Research for Materials Development in Language Learning: Evidence for Best Practice*. London:

Continuum.

Wilkerson, L. and Gijselaers, W. H. (1996), *Bringing Problem-Based Learning to Higher Education: Theory and Practice.* San Francisco: Jossey-Bass.

Williams, D. (1983), 'Developing criteria for textbooks evaluation', *ELT Journal*, 37 (3), 251–255.

第二十五章　教材研发中的模拟任务

Brian Tomlinson & Hitomi Masuhara

引　言

　　在过去15年中,我们应邀为比利时、博茨瓦纳、香港、卢森堡、土耳其、越南和诺维奇语言教育学院(NILE)的英语教师以及毛里求斯和塞舌尔国家通用教材项目的课程研发人员开办了短期教材研发课程。我们也在卢顿大学、利兹都市大学合作开设了二语材料研发的硕士学位,在安卡拉的比尔肯特大学和NILE合作开展了教材研发硕士课程。在这些课程中,我们致力于帮助学员了解评估、改编、研发教材的原则,并培养他们在研发有效教材时运用这些原则的能力。我们采用的是一种体验式教学法,主张在人与环境之间的互动中进行学习(Kolb, 1984: 34)、在"经验转化、创造知识"的过程中开展学习(同上,38)。

> 直接或**具体的经验**是观察和反思的基础。将反思吸收后,提炼出抽象的概念,从这些抽象概念中发现新的实践启示。通过积极地检验,这些启示又为新的经验提供指导……(Kolb and Kolb, 2009: 299)

我们的一些体验任务是与参与者工作环境相关的真实任务(例如,修订他们所写的某本书、为他们所在机构编写教辅材料),但是更多体验任务是模拟进行的,比如为特定学员班级改编某本书的某一单元,或者选择并改编某本教材供某个国家使用。

模拟任务相对于真实任务的优势

相对于真实任务，我们发现模拟任务有很多优势。像Raser（1969: 15-19）所说的一样，我们发现模拟任务更简练。模拟任务"通过使某类现象更易于观察和测量来提高可视性"，它们允许模拟系统在多方面进行变化，"从而探讨出系统如何更好地运行"。模拟任务还使参与者从其日常工作环境中解脱出来，所思所想不受约束，置身于以前从未经历的情境中。也因此，我们发现，与毛里求斯的一组课程研发人员合作时，在研发英语教学的创新材料时，英语学科专家受到了他们常规程序的限制，而其他学科专家（如生物学、家政学和体育教育学）在面对此类任务时，思想反而开放得多，也更具实验性。他们正在做未曾涉猎的事情，这意味着他们必须把过往经验与新信息联系起来，以解决他们遇到的新问题。2012年，我们要求NILE硕士课程的参与者们评估一些教材，从中挑出一本来供他们所创造的某所机构使用，这次任务也证实了上述观点。

将工作坊的参与者置于新的环境中还意味着：

- 他们需要发挥想象力，想象自己置身于所要求的场景（例如，在东京为日本成年英语学习者开设的英语课堂中；在非洲教育部顾问会议上）；
- 他们需要想出合适的问题来询问信息提供者（例如，日本的英语学习者通常可接触到的英语环境）；
- 他们处于一个"试错成本相对较低"（Crookall et al., 1987）的安全环境中，可以多冒险、多创新；
- 他们可以开放思想，考虑各种可能的相关建议。例如，使用他们在自己的教学环境中通常不用（可能也不被接受）的方法，如全身反应教学法（TPR）或暗示教学法（Suggestopedia）；

- 他们能够开发一系列技能,这些技能有潜力迁移到以后现实生活中可能遇到的各种情况(例如,故事写作技能、编辑和建议技能、说服技能);
- 他们对模拟实践的潜在价值和设计原则有了一定的了解,这使得他们能够用自己设计的模拟活动来丰富语言教学材料(Crookall, 1991)。

最重要的是,我们能够从"一个更大的系统"中进行抽象提取,从而对"需要强调和需要消除的因素"进行选择(Greenblat, 1981: 22)。我们能够加入明知会有问题、可为后续讨论引发问题和争论的因素。我们还能够简化、减少和控制一些产生问题的环境,让参与者更专注。控制环境能够抑制两种倾向:一是过往经验带来的偏见以及对学习过程不利影响的倾向(例如,Rogers, 1969; Laing, 1995),二是用新经验强化而非质疑原有信念的倾向(例如,Skinner, 1971)。因此,许多参与者能够研发出与新环境相适应的原创理念和材料,并在之后根据自己的工作环境进行调整和发展。许多参与者还称,与课程初相比,他们在工作上多了自信和自尊,也能更好地做好应对意外事件的准备。例如,卢顿大学二语材料研发硕士课程的两名课程研发人员汇报说,他们不仅增强了自信、自尊、意识、专业知识,还更坚定地表示会去帮助他们同事的发展——他们称在回到埃塞俄比亚后,将把类似的体验式方法引入材料研发培训中。

研发模拟任务

根据我们在材料研发课程模拟任务研发方面的经验,我们推荐以下步骤。很明显,这是一个互动的程序,无须严格按照顺序进行。比如,根据我们的经验,要开发一个可能有用的程序,我们经常会回过头来修改最初目标。

研发模拟任务的推荐步骤如下:

1 设定目标，

2 考虑学习原则，

3 起草模拟任务，

4 对照目标评估模拟任务，

5 修改模拟任务，

6 实施模拟任务，

7 评估模拟任务，

8 修正模拟任务。

以下示例（例1）是为卢顿大学二语材料研发硕士项目的一组参与者开发的模拟草案。他们的课程中很早就出现了模拟任务，目的是让他们置身于一种从未遇到过的情境中，以帮助他们研发和使用评估材料的标准。模拟任务背后的主要学习原则是，通过挑战学员合作解决一个十分真实的新问题，有效培养新的意识和技能。主要的游戏原则是：模拟任务要实现生态、心理和过程的有效性，同时，兼具抽象、缩略和简化的特点，使学员能在专注且清晰的体验中获益。

例1

出版还是不出版？

想象一下，你是一家领先出版社的读者，收到了一本教材的提案，邀请你对其进行评估，以决定出版的可能性。

a 小组阅读提案，

b 建立评估提案的标准，

c 根据标准来评估提案，

d 给发送提案的责任编辑写一份读者报告，

e 将你们的报告与其他小组的报告进行对比，

f 将你们的报告与出版商的真实材料报告进行对比。

在起草模拟任务之后，很明显，如果参与者在制定标准之前阅读提案,他们可能会根据初印象来制定标准。因此,我们对草案进行了修订,要求参与者在制定标准之前只能阅读提案的第一页。第一页提供了教材的目标、目标读者和目录等信息,但是没有提供任何关于材料的例子。

在对一组参与者进行模拟任务之后,我们意识到:

- 我们应该加入三个步骤:(1)让各小组互相对比所制定的标准,再修改自己的标准;(2)首次运用本组标准后,修改标准;(3)与其他小组的报告进行对比后,修改自己的报告;
- 我们应该告诉他们,提案的作者会看到他们的报告,这样"读者"需要为他们的评论提供理由;
- 我们忽略了一个事后汇报阶段,该阶段可以让参与者清楚地表达他们对模拟任务的想法以及他们从这次模拟任务中学到了什么;
- 我们没有提示他们应该向任务推动者咨询反馈和建议。

基于模拟任务的用后评价结果,我们制作了如下修订版:

出版还是不出版?

想象一下,你是一家领先出版社的读者,收到了一本教材的提案,邀请你对其进行评估,以决定出版的可能性。
- 小组阅读提案的第一页;
- 建立提案的评估标准;
- 阅读完整的提案,根据评估标准来评估提案;
- 修改你们的评估标准;
- 给发送提案的责任编辑写一份读者报告;
- 将你们的报告与其他小组的报告进行对比;
- 修改你们的报告;
- 将你们的报告与一位读者的真实材料报告进行对比;

- 你刚刚参加了一项模拟任务,谈谈在模拟任务中进行学习的价值;
- 列出你认为自己从模拟任务中学到了什么。

注意:在任何时候,你都可以向任务推动者咨询反馈或建议。

我们根据研发模拟任务的实际经验,不断更新,开发了上面的推荐步骤。关于研发模拟任务步骤的其他建议可以参见 Greenblat 和 Duke (1981)、Herz 和 Merz (1998)、Jones (1985, 1995)、Halleck (2000)、Fischer 和 Barnabe (2009)、Lainema (2009)。

目 标 设 定

我们为教材研发课程设计模拟任务的一般目标包括:

- 提供材料研发情境中要素选择的经验,使参与者能够培养新的意识、增长新的知识,能够改善现有技能并发展新技能;
- 提供将理论应用于实践的机会,并从实践中发展理论;
- 帮助参与者研发评估、改编和研发教材的原则、标准和技能;
- 帮助参与者对教材研发的新方法形成独到见解;
- 提高参与者的自尊和自信;
- 激励参与者成为充满热情和有创意的材料研发人员。

显然,我们还设定了特定的课程目标,这些目标考虑了参与者的兴趣、需求、能力和以往的经验以及赞助者的要求。这些目标包括"提高书写清晰指令的能力""能够做出并解释本地化合理调整的决定"和"为英语受训教师开发语言意识活动"。典型本地化且具体的课程目标例子包括"能够改编教育部教材,使其适用于具有动觉学习风格偏好的学员""能够研发材料,帮助当地英语教师利用其他学科教材"。

学习原则考量

在课程中,我们的模拟任务基于以下学习原则:

- 学习者在学习过程中保持积极心态,投入精力,集中精神而有所发现,让自己在这个过程中获益(Tomlinson, 1994, 2007; Bolitho et al., 2003)。比如,小组人员发现,一旦他们开始应用本地化的评估标准,就会发现自己根据印象为某个特定环境而选择的教材并不像他们认为的那样适用(Tomlinson, 1999)。

- 从经验中学习是驱动人类发展的主要动力(Dewey, 1938; Lewin, 1951; Piaget, 1971; Kolb, 1984; Kolb and Kolb, 2009)。比如博茨瓦纳的教师们,他们通过观摩同行的材料教学,学习了如何把复杂的课文通过TPR教学法而变得简单易懂。

- 学习者需要"通过直接理解即时、具体的经验"和"通过间接理解经验的符号表征"来获得经验(Kolb, 1984)。这是通过多组教师完成全部模拟材料研发任务后,分析经验和经验的产物来实现的。

- 有效又持久的学习包括创造及不断修改学习经验的多维心理表征(Masuhara, 1998; Tomlinson, 2000a, 2001a, 2013)。这可以通过可视化和其他感官成像(Sadoski and Paivio, 1994; Tomlinson, 1996, 1997, 1998d, 2011b; Arnold, 1998; Masuhara, 1998; Tomlinson and Avila, 2007)、情感投入(Masuhara, 1998; Schumann, 1998; Tomlinson, 1998d, 2011b)、内部言语使用(Sokolov, 1972; Tomlinson, 2000b, 2001b; Tomlinson and Avila, 2007)以及与其他参与者分析讨论问题和争论来实现;也可以通过使用神经语言程序设计(例如,参见Molden, 1996)和暗示教学法(例如,参见Lozanov, 1978)等方法来实现。为了

在研讨会中实现多维表征,我们设计了模拟任务,目的是,例如,最初给参与者一定的时间,展开想象,并就情境和任务进行自我对话,这样他们就可以在轻松愉快的环境中接受模拟任务的挑战并参与其中,因此他们将花部分时间进行单独思考,之后再花大量时间进行小组讨论、规划和反思。

- 合作学习(Nunan, 1992)不仅扩大了资源的汇集,还激发了创造性和批判性思维,也为学员日后在真实环境中与团队一起工作和学习做好了准备。参与者的表现往往可以证明这一点(卢顿大学硕士课程的一名年轻日本女性在全体会议上一直很沉默且被动,但她在小组模拟任务中却能突然活跃起来)。

- 基于任务型学习,不仅以"做"助学,还能判断出参与者该学什么,并为他们创造学习的条件(Tomlinson, 1994, 1998c; Willis, 1997; Van den Branden, 2006; Willis and Willis, 2007; Ellis, 2011)。例如,在要求参与者评估教材来为特定课程挑选课本的任务中,参与者常会发现,他们往往根据自己的印象来做出判断,而非依照原则性的标准来选择。那时,他们便愿意学习如何制定评估标准(Tomlinson, 1999;本书第一章)。

- 不同的参与者有不同学习风格偏好(Kolb, 1984; Kolb et al., 1986; Oxford, 1990; Reid, 1997; Kolb and Kolb, 2009)。无论何种学习经验,分析性和体验性活动都是不可或缺的,且必须适用于视觉、听觉和动觉风格,使学习者不仅受益于自己偏爱的风格,且能培养他们通过其他风格来学习的能力。因此,我们设计了模拟任务,包括听力、阅读、分析、行动、解决问题、创造、形象化、内部言语运用、无计划和有计划发言、绘画、剪贴和写作等。

- 重要的是,我们不仅要帮助参与者获取新知识和发展特定技能,还要帮助他们发展多元智力,以便他们在日后面对真实任务时能成功地将它们结合起来(Gardner, 1993; Christison, 1998)。因此,材料研发模拟任务应有助于开发身体动觉、内心、人际、语言、逻辑数学、空间等方面的智力。为了实现这个目标,我们需保证以下几点:参与者必须独立思考,必须与其他小组成员互动,必须访问其他小组,必须做一些诸如支援他人的体力工作,必须设计、布置、图解和书写自己的材料。

- 自主学习是教学的主要目标,但自主学习并不意味着孤立学习。相反,自主学习包括独立决定学习内容和学习方式以及之后利用所有可用资源(包括同伴和老师)的能力。因此,我们确保任务设计中包含自我监督、同伴监督、导师监督,但最终决策是由参与者自己做出的。

- 大多数学习者在以下状态中学习效果最好:被激发但很放松、有挑战但不畏惧、自信但不自满(Tomlinson, 1998b: 5−22, 2011a: 6−23)。有了这种状态,再加上好奇心和内在动力,就创造了一种积极的"学习压力"(Burns and Gentry, 1998)。为了创造这样的环境,我们开展模拟前的活动来营造积极、受鼓励的氛围:保证我们的"工作室"具有尽可能大的吸引力和舒适感(例如,由参与者来摆设家具);设定可实现的挑战;开展任务外的放松活动。在博茨瓦纳,每当老师们开始出现紧张情绪时,他们就放声歌唱五分钟,这帮助我们营造了良好的环境。

游戏原则考量

好的模拟任务具有心理真实性、结构效度、过程效度和预测效度(Raser, 1969)。换言之,在一个好的模拟活动中,参与者认为模拟活动是真实的,因为结构、过程和结果与真实情况相符。为了设计这样一个有效的模拟活动,我们需要保持一致、连贯的环境规范。我们还需要提供足够细致的描述内容,又留出足够多的推理空白,帮助参与者实现环境的建设性可视化。最重要的是,我们需要给环境注入充足的活力,鼓励参与者打消怀疑,使其成功融入环境中。因此,重要的是模拟的真实性不会因推动者打断活动或参与者离开角色而被打破。一种方法是让推动者在整个模拟过程中扮演角色并保持角色。

除了模拟现实,我们还需帮助参与者关注现实中并不总是出现的情况。要做到这一点,我们在过程中应该秉持简化、抽象化和符号化的原则(Peters et al., 1998: 27)。

换句话说,我们应该选择关注参考系统中的突出元素,简化这些元素,将这些元素塑造成"一个新的符号结构"。

在简化的环境中,有效的学习模拟任务应包含习得知识和技能所需的学习要素,这样才能对复杂的参考系统形成自己的见解(Peters et al., 1998)。我们需要牢记,在设计学习模拟任务时,这种模拟活动应该"通过对学习者行为的直接反馈来加强学员对模拟环境中互动理论的理解",从而"给学员提供动态的问题场景"(Yeo and Tan, 1999)。为实现这一点,可在设计中鼓励参与者制定和阐明原则,以在模拟过程中指导和评估他们的行为。此外,模拟设计中需要包括模拟期间持续的以及模拟后的反馈机会。这种反馈应包括自我反馈、其他参与者的反馈和推动者的反馈。除了对参与者的表现进行反馈之外,还可设置一个事后汇报阶段。在这个阶段中,参与者汇报他们对模拟任务的反应,并讨论他们从模拟任务中学到了什么。模拟的"目的是检验和分析在体验中产生的主观知识"(Lederman, 1992: 154),也正是在事后汇报阶段,"规则的意义得以阐释;所学经验得以强化;学生已知的和未来所需的联系得以建立"(Van Ments, 1983: 127)。这个汇报阶段要求从模拟活动中抽离出来,因为"角色扮演和分析是不相容的行为。前者要求完全沉浸在问题中,后者要求刻意从问题中撤离出来"(同上,130)。

起草模拟程序

对于起草模拟程序,我们推荐采用以下灵活框架,此框架来源于我们为达成主要目标而进行的有原则的试错过程。在课程中,我们采用了以下概述的情境最适用的框架类型。

灵活框架1——简单模拟任务

这种类型的模拟很简单，只有一个主要任务。这一任务是由参考系统中相似的典型任务简化而来。

对于仅持续一堂课的模拟任务，我们通常采用或修改下面框架1的步骤来进行：

1 环境设置（纸上简单说明，推动者口头详细说明）；
2 问题或任务的说明（纸上简单说明，推动者口头详细说明）；
3 参与者分组讨论任务（如有邀请，推动者也可参与）；
4 由小组（有时也由推动者）执行任务；
5 将本组成果与其他组的成果以及真实场景中的等效产物进行比较；
6 推动者带领小组、全体成员对程序和成果进行反馈；
7 举办汇报会——参与者汇报对模拟任务的反应，并说明从模拟任务中学到了什么。

下面的例2是在四小时研讨会期间完成的类型1模拟示例。

例2

你将在伦敦的一所语言学校教一个水平参差不齐的多语种青年班级。这个班是"中级班"，但是校长已提醒过你，学员实际水平范围包括中等偏下到中等偏上。你被录用是因为中级班老师突然跳槽。你还没有见过这个班，但从下周一开始，你每周教他们三个晚上。校长给了你一本书，要求班上的学生购买，并告诉你从第四单元开始授课。

你还没有拿到班级名单，但已经从校长处了解到：

• 班上学生人数通常为15名左右；

- 他们中的大多数人白天在餐馆、酒吧和酒店工作，或是来打工的互惠生；
- 你将在周一、周三和周五晚上七点到九点授课；
- 学生经常迟到，又累又饿；
- 最小的学生是16岁，最大的是25岁；
- 大多数学生来自意大利和西班牙，但有两名学生来自泰国，三名来自韩国，一名来自中国。大多数学生想提高他们英语实操能力，这样他们回到家乡就可以找到好工作。

1 阅读"第四单元　旅行"，结合你所要授课班级的情况，针对教学内容进行评估；
2 描述并说明你计划如何改编这个单元，让它对学生发挥最大作用；
3 完成该单元的改编版本。

灵活框架2——复杂模拟

框架2模拟任务比较复杂，因为它们涉及两个或多个相关任务，并且这些任务处在的环境虽是参考系统相关等效物的简化版本，但相比框架1模拟任务更详细具体（用斜体标注的步骤提示为附加说明）。对于这种旨在整合和发展多种技能的长时间模拟任务，我们采用基于以下灵活框架的步骤：

1 环境设置（纸上简单说明，推动者口头详细说明）；
2 问题或任务的说明（纸上简单说明，推动者口头详细说明）；
3 参与者分组讨论任务（如有邀请，推动者也可参与）；
4 研究任务的目的是找出更多关于环境的信息，并发现有助于执行任务的资源；
5 执行任务（由小组完成，有时也由推动者完成）。这通常包括选择现有资源，决定需要开发的资源和确定"问题"的解决方案；

6 产出小组、监测小组和推动者对任务成果进行监测；

7 任务成果的修订；

8 成果展示；

9 将成果与其他组的成果以及真实场景中的等效产物进行比较；

10 推动者带领小组、全体成员对程序和成果进行反馈；

11 举办汇报会——参与者汇报对模拟的反应，并说明从模拟任务中学到了什么。

例3是一个典型的框架2模拟任务，在同一天开展了两次两小时的研讨会。

例3
我应该用哪本书？

你刚刚以兼职英语教师的身份加入伦敦苏豪高等教育学院（Soho College of Higher Education in London），你被告知必须决定给接手的班级使用什么样的课本，你可以使用201室员工图书馆里的任何一本教材。

1 去参加新英语教职员工的学期前会议，和苏豪学院的英语系主任（Tomlinson先生）谈谈。试着从他那里找到你需要知道的与你的教学情况相关的所有信息，以便做出决定；

2 写一篇你的教学情况概述；

3 建立标准来帮助你评估可选教材；

4 从201室的可用书籍中列出可能符合标准的书籍短清单；

5 根据标准评估入围书籍，并决定使用哪一本或哪几本；

6 在教职员工会议上，告诉你的系主任和其他老师你选择了哪本（些）书，并说明理由。

根据我们的经验，在激发思维、培养意识和技能上最成功的模拟任务是框架2的扩展模拟。它让参与者选择相关任务，且模拟时间长达一周。比如例4,让二语材料研发硕士项目的参与者在长达八小时的研讨会期间始终积极思考、提问和研发。我们称这一活动为场景而非模拟任务,因为它涉及计划、展示、建议和监测,这是 Di Pietro 场景方法的特点(Di Pietro, 1987)。

例4

场景1——给贝图(Betu)的书

你刚刚被任命为贝图(非洲中部一个小国)教育部的英语语言顾问。在你来到贝图的几个月前,政府决定把高中外语学习从法语改为英语,并且把英语定为一门学科,将采用更具交际性的教学方法。教育部在上个月决定将与一家英国出版商签订合同,改编一门成功的英语课程用于贝图本土教学,而不是推出适用于贝图的新课程。上周,他们与牛津大学出版社签署了合同,要求出版社改编《新航线英语教程》(*Headway*)作为贝图从新学年开始(十个月后)的基础课程教材。

作为顾问,你的第一项任务是给一个专为与牛津大学出版社联络而成立的教育部英语教材小组委员会提建议。小组委员会主席请你在小组委员会下周的会议上汇报以下内容:

1 建议从《新航线英语教程》哪一个级别开始改编;
2 在明年把这本书引入贝图的学校之前,对这本书的大致修改建议;
3 通过一个示例单元,展示你认为贝图版本的《新航线英语教程》应该是什么样的。

你的小组将准备上面的1、2和3,然后选出一位成员作为小组委员会会议的顾问。

你已掌握以下信息:

学生情况

学生年龄:15—16岁

班级规模：40—50人

学生性别：60%为男性；40%女性

每周课时：5

英语学习经历：3年，每周4小时，法语编写的语法/翻译书

学习动机：城镇学生的工具性学习动机强烈，想在城镇找工作的农村学生工具性学习动机强烈

母语：15种本地方言之一

第二语言：法语

教师情况

英语水平：整体英语知识良好，但几乎没有使用英语进行交流的经验

培训情况：在当地和法国高校教育部门接受理论培训，接受的是"老式"教材"照本宣科式"的教学

教学时长：每周35课时

贝图

人口情况：175万

独立历史：1962年从比利时独立

出口产品：椰干、棕榈油、香蕉

工业发展：轻工业，丰田汽车的组装工业

政府体制：民主制，但有一个终身制总统

如果你仍需任何其他关于贝图的信息，你可以咨询该职位的前任员工Brian Tomlinson，他会在这里停留一周时间帮助你适应。（请注意，在模拟会议过程中，你可以随时喊"暂停"，向你的顾问提意见，以及/或你可以随时更换顾问人选。）

4 为以下其他情景中小组分配到的角色做好准备。场景2是担任坦纳西亚（Tannesia）（一东南亚大国）教育部的英语教材顾问，并需推荐一系列可改编适用于坦纳西亚初中和高中的英国英语教材。场景3是担任朗文的出版编辑，并负责为

日本大一学生改编《中级英语》(*Intermediate Matters*)。在所有三个场景中,参与者在某一场景中需要解决问题、研发和展示,在另一场景中需要响应和监测(在模拟会议中,一个小组展示时,其他每个组均成为接收组)。在所有三个场景中,推动者需要在模拟环境中扮演信息提供者的角色(例如,在场景2中,有一位名叫 Brian Tomlinson 的英语语言顾问;而在场景3中,有一位来自早稻田大学的 Masuhara 教授,她当天拜访了朗文出版社,讨论其关于阅读策略教学的新书)。让推动者扮演这些角色,推动者就无须因为不参与其中而感到无聊和内疚,也避免了推动者因频繁干预而破坏了模拟任务的"真实性"。

此类扩展模拟的初反馈通常包括因不得不做某项任务而产生的烦恼,这种任务要求很高,且显然与参与者以前的经验和专业知识无关。然而,最终反馈几乎都是非常正面的,参与者强调自己逐渐获得专业意识和自尊,并且培养了其他可迁移的技能。

程序草案评估

评估程序草案显然应按标准进行,这些标准是参照模拟任务的目标以及学习和游戏原则,在起草程序前就已建立的。我们发现,最好的方法是先回答这样一个问题——"这些程序在多大程度上能完成规定的目标?"在对规定的程序做出任何调整后,下一步是将原则转化为具体的、可回答的问题,然后参照程序的第二稿回答每一个问题。例如,学习原则1可转化为"参与者需要独立思考吗?"以及"参与者需要自己探索发现吗?";学习原则3可以转化为"模拟活动是否需要参与者整合资源?"以及"模拟活动需要参与者在一个团队中工作吗?"对于规定的游戏原则,采取的程序都是类似的。比如,评估第二稿时,我们就可能会问这些问题:

"我们从参考系统中提取出显著的因素了吗?"以及"模拟活动能否达到心理效度?"

使用和评估模拟方案

我们认为,推动者在使用模拟方案时应该凭直觉对其进行评估,但他们不应该过多干预,对方案进行修改,因为这样做会打破现实,而且引发的问题往往比解决的问题还多。使用时的直觉评估应为参照标准进行的使用后评估提供参考,使用后评估可包含参与者的反馈、对观察到的创建环境和操作程序有效性的评估,以及对所有模拟成果的评估。

结　语

在一份评估模拟任务在经济学教学中所起价值的对照实验报告中,Herz和Merz(1998)提供了支持Kolb(1984)体验式学习模型的实证结果,并指出"模拟/游戏研讨会在学习周期的各方面都优于传统研讨会"(248)。我们还没有经验证据来支持我们的主张,但是我们在材料研发课程中多次使用模拟任务,并从中积累了丰富的经验,我们的结论是——与多数其他类型的学习情况一样,培训材料研发人员最有效的方法似乎就是体验法,而最有效的体验活动之一似乎就是模拟任务,它是一个丰富而又经济的输入源,且可以创造最佳条件促进有效和持久的学习。当然,只有模拟任务基于原则进行系统设计且根据反馈予以修正(Peters et al., 1998: 27-29)时,上述说法才成立。这就是我们多年来在材料研发课程上得到了积极反馈的做法,也是我们在Tomlinson和Masuhara(2000)中已描述的内容,同时也是我们希望其他材料研发课程的推动者也正在做的事情。

参考文献

Arnold, J. (1998), 'Visualization: language learning with the mind's eye', in J. Arnold (ed.), *Affect in Language Learning*. Cambridge: Cambridge University Press, pp. 260–278.

Bolitho, R., Carter, R., Hughes, R., Ivanic, R., Masuhara, H. and Tomlinson, B. (2003), 'Ten questions about language awareness', *ELT Journal,* 57 (2), 251–259.

Burns, A. C. and Gentry, J. W. (1998), 'Motivating students to engage in experiential learning: a tension-to learn-theory', *Simulation and Gaming: An Interdisciplinary Journal of Theory, Practice and Research*, 29 (2), 133–151.

Christison, M. A. (1998), 'Applying multiple intelligence theory in pre-service and in-service TEFL education programs', *English Teaching Forum*, 36 (2), 2–13.

Crookall, D. (1991), 'Experiential teacher education: a case study in TESOL', *Simulation/ Games for Learning*, 21 (1), 7–30.

Crookall, D., Oxford, R. and Saunders, D. (1987), 'Towards a reconceptualization of simulation: from representation to reality', *Simulation/Games for Learning*, 17 (4), 147–171.

Dewey, J. (1938), *Experience and Education.* London: Collier Books.

Di Pietro, R. J. (1987), *Strategic Interaction.* Cambridge: Cambridge University Press.

Ellis, R. (2011), 'Macro- and micro-evaluations of task-based teaching', in B. Tomlinson (ed.), *Materials Development in Language Teaching*. Cambridge: Cambridge University Press, pp. 212–235.

Fischer, M. M. and Barnabe, F. (2009), 'Microworld development: transforming tacit knowledge into action', *Simulation and Gaming: An Interdisciplinary Journal of Theory, Practice and Research,* 40 (1), 84–97.

Gardner, H. (1993), *Multiple Intelligence: The Theory and Practice.* New York: Basic Books.

Greenblat, C. T. (1981), 'Basic concepts and linkages', in C. T. Greenblat and R. D. Duke (eds), *Principles and Practises of Gaming-Simulation*. Beverley Hills, CA: Sage, pp. 19–24.

Greenblat, C. T. and Duke, R. D. (1981), *Principles and Practises of Gaming-Simulation.* Beverley Hills, CA: Sage.

Halleck, G. B. (2000), 'From ISAGA '94 to AILA '99', *Simulation and Gaming: An Interdisciplinary Journal of Theory, Practice and Research,* 31 (1), 86–92.

Herz, B. and Merz, W. (1998), 'Experiential learning and the effectiveness of economic simulation games', *Simulation and Gaming: An Interdisciplinary Journal of Theory, Practice and Research*, 29 (2), 238–250.

Jones, K. (1985), *Designing Your Own Simulations*. London: Methuen.

— (1995), *Simulations: A Handbook for Teachers and Trainers* (3rd edn). London: Kogan Page.

Kolb, A. Y. and Kolb, D. A. (2009), 'The learning way: meta-cognitive aspects of experiential learning', *Simulation and Gaming: An Interdisciplinary Journal of Theory, Practice and Research,* 40 (3), 297–327.

Kolb, D. (1984), *Experiential Learning: Experience as the Source of Learning and Development*. Englewood Cliffs, NJ: Prentice Hall.

Kolb, D., Rubin, I. M. and McIntyre, D. J. (1986), *Organizational Psychology*. Englewood Cliffs, NJ: Prentice Hall.

Lainema, T. (2009), 'Perspective making: constructivism as a meaning-making structure for simulation gaming', *Simulation and Gaming: An Interdisciplinary Journal of Theory, Practice and Research,* 40 (1), 48–67.

Laing, R. D. (1995), *The Politics of Experience*. Englewood Cliffs, NJ: Prentice Hall.

Lederman, L. C. (1984), 'Debriefing: a critical examination of the post-experience analytic process with implications for its effective use', *Simulations and Games*, 15, 415–431.

— (1992), 'Debriefing: towards a systematic assessment of theory and practice', *Simulation and Gaming: An Interdisciplinary Journal of Theory, Practice and Research*, 23 (2), 145–160.

Lewin, K. (1951), *Field Theory in Social Sciences*. New York: Harper and Row.

Lozanov, G. (1978), *Suggestology and Outlines of Suggestopedy*. London: Gordon and Breach.

Masuhara, H. (1998), *Factors Influencing the Reading Difficulties of Advanced Learners of English as a Foreign Language when Reading Authentic Texts*. Unpublished PhD thesis, University of Luton.

Molden, D. (1996), *Managing with the Power of NLP: Neuro-linguistic Programing for Personal Competitive Advantage*. New York: Prentice Hall.

Nunan, D. (1992), *Collaborative Language Learning and Teaching*. Cambridge: Cambridge University Press.

Oxford, R. L. (1990), *Language Learning Strategies: What Every Teacher Should Know*. New York: Newbury House.

Peters, V., Vissers, G. and Heijne, G. (1998), 'The validity of games', *Simulation and Gaming: An Interdisciplinary Journal of Theory, Practice and Research*, 29 (1), 20–30.

Piaget, J. (1971), *Psychology and Epistemology*. Middlesex: Penguin.

Raser, J. R. (1969), *Simulation and Society: An Exploration of Scientific*

Gaming. Boston: Allyn and Bacon.

Reid, J. (1997), *Understanding Learning Styles in the Second Language Classroom*. Englewood Cliffs, NJ: Prentice Hall/Regents.

Rogers, C. R. (1969), *Freedom to Learn*. Columbus, OH: Merrill.

Sadoski, M. and Paivio, A. (1994), 'A dual coding view of imagery and verbal processes in reading comprehension', in R. B. Ruddell, M. R. Ruddell and H. Singer (eds), *Theoretical Models and Processes of Reading* (4th edn). Newark, DE: International Reading Association, pp. 582−601.

Schumann, J. H. (1998), 'A neurobiological perspective on affect and methodology in second language learning', in J. Arnold (ed.), *Affect in Language Learning*. Cambridge: Cambridge University Press, pp. 260−278.

Skinner, B. F. (1971), *Contingences of Reinforcement*. New York: Appleton-Century-Crofts.

Sokolov, A. N. (1972), *Inner Speech and Thought*. New York: Plenum Press.

Tomlinson, B. (1994), 'Pragmatic awareness activities', *Language Awareness*, 3 (3 and 4), 119−129.

— (1996), 'Helping L2 readers to see', in T. Hickey and J. Williams (eds), *Language, Education and Society in a Changing World*. Clevedon, Avon: Multilingual Matters, pp. 252−263.

— (1997), *The Role of Literature in the Reading of Literature in a Foreign Language*. Unpublished PhD thesis, University of Nottingham.

— (1998a), 'Affect and the coursebook', *IATEFL Issues*, 145, 20−21.

Tomlinson, B. (ed.) (1998b), *Materials Development in Language Teaching*. Cambridge: Cambridge University Press.

Tomlinson, B. (1998c), 'Review of a framework for task-based learning (Willis, J.)', *ELT Journal*, 52 (3), 257−259.

— (1998d), 'Seeing what they mean: helping L2 learners to visualise', in B. Tomlinson (ed.), *Materials Development in Language Teaching*. Cambridge: Cambridge University Press, pp. 265−278.

— (1999), 'Developing criteria for materials evaluation', *IATEFL Issues*, 147, 10−13.

— (2000a), 'A multi-dimensional approach', *The Language Teacher Online*, 24 July.

— (2000b), 'Talking to yourself: the role of the inner voice in language learning', *Applied Language Learning*, 11 (1), 123−154.

— (2001a), 'Connecting the mind: a multi-dimensional approach to teaching language through literature', *The English Teacher*, 4 (2), 104−115.

— (2001b) 'Creating meaning with the inner voice', *Journal of Imagination in Language Learning*, 6, 26−33.

— (2007), 'Teachers' responses to form-focused discovery approaches', in S. Fotos and H. Nassaji (eds), *Form Focused Instruction and Teacher Education: Studies in Honour of Rod Ellis.* Oxford: Oxford University Press, pp. 179−194.

— (2011a), 'Introduction; principles and procedures of materials development', in B. Tomlinson (ed.), *Materials Development in Language Teaching.* Cambridge: Cambridge University Press, pp. 1−34.

— (2011b), 'Seeing what they mean: helping L2 readers to visualise', in B. Tomlinson (ed.), *Materials Development in Language Teaching.* Cambridge: Cambridge University Press, pp. 357−378.

— (2013), 'Second language acquisition and materials development', in B. Tomlinson (ed.), *Applied Linguistics and Materials Development.* London: Bloomsbury, pp. 11−30.

Tomlinson, B. and Avila, J. (2007), 'Applications of the research into the roles of audiovisual mental aids for language teaching pedagogy', in B. Tomlinson (ed.), *Language Acquisition and Development: Studies of First and Other Language Learners.* London: Continuum, pp. 82−89.

Tomlinson, B. and Masuhara, H. (2000), 'Using simulations on materials development courses', *Simulation and Gaming: An Interdisciplinary Journal of Theory, Practice and Research,* 31 (2), 152−168.

Van den Branden, K. (2006), *Task-Based Language Education: From Theory to Practice.* Cambridge: Cambridge University Press.

Van Ments, M. (1983), *The Effective Use of Role Play: A Handbook for Teachers and Trainers.* London: Kogan Page.

Weil, S. W. and McGill, I. (1989), *Making Sense of Experiential Learning. Diversity in Theory and Practice.* Buckingham: Society for Research into Higher Education and Open University Press.

Williams, L. (1984), *Teaching for the Two-Sided Mind.* New York: Touchstone.

Willis, J. (1997), *A Framework for Task-Based Learning.* Harlow: Longman.

Willis, D. and Willis, J. (2007), *Doing Task-Based Teaching.* Oxford: Oxford University Press.

Yeo, G. K. and Tan, S. T. (1999), 'Toward a multilingual, experiential environment for learning decision technology', *Simulation and Gaming: An Interdisciplinary Journal of Theory, Practice and Research,* 30 (1), 70−82.

第二十六章 与受训教师共同设计学校课程中的语言支持材料

Helen Emery

基于内容的学科语境中的语言教学

自1995年起，内容与语言融合式学习（Content and Language Integrated Learning，即CLIL）得到欧盟认可，并开始在一系列政策文件中得以推广，现在已经成为世界各国语言学习和教学圈内的热门话题，尤其是在欧洲地区（Ioannou Georgiou, 2012）。然而，并非所有的支持者能就CLIL的具体构成内容达成一致。为本研究之目的，我采纳了Coyle、Marsh和Hood（2010: 1）提出的观点，即CLIL "不是一种新的语言教育形式，亦非一种新的学科教育形式，而是两者的创新融合"。Iaonnou Georgiou（2012: 495）进一步阐述了这一观点，他指出CLIL是"一种双聚焦的学习和教学方法，即通过外语教授非语言学科，既聚焦于学科知识和能力的习得，又聚焦于外语技能和能力的习得"。因此，CLIL似乎与跨课程语言（Language Across the Curriculum，即LAC）有许多共同之处：长久以来，LAC一直被视为是双语社区英语作为第二语言发展的一个重要方面（Straight, 1998），在双语社区中，语言教师利用统一的语言媒介来支持其他学科的教学任务。

有些教师可能会质疑，语言教师是否能够做到将诸如科学之类的以内容为基础的学科元素融入他们的语言课程之中，有些人在面对这样的期待时也会感到焦虑。然而，Davies（2011: 6）认为：

科学已经成为我们文化中占主导地位的内容,因此无论我们是否继续在更高的水平上学习科学或从事与科学相关的职业,作为公民参与社会生活,我们都需要对"科学是怎么一回事"有些基本认知。我们要能够解读媒体上的科学信息,以便做出影响生活的日常决定——诸如是否给孩子接种疫苗,买哪种牙膏等。

语言教师在诸如科学等领域协助学科教师,被看作天经地义的事情,为的是让学习者最大限度地理解学科知识,以便像Davies说的那样,作为公民充分地参与社区事务。本章所报告的研究——在文莱的一项旨在将英语教学和学习与环境科学相融合的材料研发项目,概述了英语教师积极参与语言和科学等学科融合的必要性,这既是向LAC(或CLIL)当前目标迈进的积极举措,也有助于实现关于公民权的更高目标。

项 目 背 景

学生和教师都认同,用第二语言学习诸如科学之类的科目是一项艰巨的任务。但在许多情况下,课程规定某些科目必须使用第二语言来教学(通常为英语)。文莱是一个小国(人口33万),位于马来西亚的两个大州沙巴(Sabah)和砂拉越(Sarawak)之间,婆罗洲岛(Borneo)之上。文莱和马来西亚在文化、民族和语言上有许多相似之处,两国都采用马来语作为通用语。1984年,文莱达鲁萨兰国独立之时,制定了一项双语政策:学校使用马来语和英语作为学校教学媒介,数学、地理和科学等关键科目从小学四年级开始用英语授课。而此前的制度是让学生选择就读英语班或马来语班(Martin, 1996)。出台这一新政策的基本原理是"掌握英语对学生在海外高等教育中取得成功,以及对国家在国际商业、经济和政治舞台上拥有发言权至关重要"(Burns and Charleston, 1997: 290)。用英语授课的课程目的是为学生参加剑桥普通教育证书的"普通水平考试"(O Level)和

"高级水平考试"（A Level）做准备，分别使用第五卷和第六卷考试。这些考试都是国际认可的考试，通过"高级水平考试"通常被认为是大学入学的标准。然而，这些考试是为英语为母语的人设计的，而不是为英语为二语的人设计的，因此，文莱的学生在学习这些考试科目、努力用英语表达自己时常常感到压力巨大。

文莱学校的科学课程教学

从小学四年级开始，授课语言从马来语转为英语，这一做法被批评为"过于突兀，不够循序渐进"（Romaizah, 2005: 122），结果只会给学生的理解造成困难。Romaizah 称，这样的做法假设四年级的学生有足够的能力开始用英语学习以学科为基础的科目，但事实上，英语可能是他们的第二甚至第三语言。那么，如果学生不具备所需的语言能力，他们的学业就会开始落后，情况也会一年比一年严重。对教师而言，这显然是一个令人担忧的情况。

包括小学教材在内的科学书籍中出现的许多词汇，使用的频率非常低，小学生很可能全然不知。教师该如何应对这种情况呢？Romaizah 在文莱的两所小学对小学四年级的科学课程进行了一系列非结构化的课堂观察，发现老师们常常倍感压力，因为学生总想把英语翻译成马来语。她给出了以下几个例子：

- Boleh ku cakap melayu cikgu?（我能说马来语吗？）
- Apakan kita cakap ani?（你在说什么？）
- Inda saya faham cikgu!（我听不懂你在说什么！）
- Boleh cikgu terangkan dalam bahasa melayu?（你能用马来语解释一遍吗？）

Romaizah 指出，文莱的小学教师用了两种方法，尝试解决学生科学课上遇到的理解问题：语码转换和翻译不认识的单词。语码转换是说话者在说话时使用一种以上语言的过程。语码转换时，一个句子通常以一种语言开始，而以另一种语言结束。Martin（1996）收集了文莱小学四年级和五年级科学课程的相关数据，发现了三种不同语码的使用实例：英语、马来语和文莱马来语口语。在文莱，学习者在学习科学等学科时似乎接触到各种语言系统，这很可能会使他们对这些学科的理解变得复杂化。

教师把不认识的单词从英语翻译成马来语，实则是在剥夺学生宝贵的学习机会。学生会变得越来越依赖教师的翻译，因为第一次见到这些生词时没有真正学习，再次见到这些生词时也会认不出来。根据Romaizah（127），更为严重的问题是，"马来语缺乏丰富的科学术语……翻译可能会改变科学概念的含义"。显而易见，老师屈服于学生的要求而使用马来语，实际上是在伤害学生，影响他们的学习效果。

解决科学教材中的语言难题

教师如何帮助学生学习课本中经常出现的复杂科学词汇？一旦学生理解了语言，他们理解主题的能力无疑会提高很多，从而提高考试通过率。跨课程语言（LAC）长期以来一直被视为是提高学生母语教学之外的学科领域语言能力的一种手段。LAC的目标之一是克服现有课程和学科的界限，创造一个综合的学习环境，并"以全新的方式为学科学习注入活力"（布朗大学的语言课程）。LAC在双语国家的教育体系中发挥着至关重要的作用，因为它有助于实现教学的双重目标，即开展科学、地理和数学等学科教学的同时，提高学生的第二语言技能。实施LAC意味着语言教师能够帮助学科教师，利用他们的专业知识帮助学生学习涉及多个学科的复杂语言。这样一来，英语语言课程往往能从学生那里赢得更多的信任，学生们也会认为英语课程具有明确的学习目标，即帮助他们理解其他核心课程。由此可见，LAC（或CLIL）在教育机构中具有双重用途。

教师培训和材料设计

在过去，最初的教师培训课程往往很少关注教材研发的问题，可能如Tomlinson（2003）所述，是由于人们认为教师缺乏必要的经验或专业知识来为自己设计教材。然而最近，教师教育的关注点已经从"教学和相关主题的知识"（Mann, 2005: 106）转向了一种新理念，即教师教育涉及"理论知识和经验知识之间的持续交汇融合。"Mann还认为，材料知识是这一新理念中不可或缺的一部分。当今，许多本科和硕士课程都积极鼓励受训教师尝试材料研发，但教师如何进行准备，或者在教学实践后如何对教材进行评估（若有评估的话），都尚不明晰。

Canniveng和Martinez（2003）认为，在要求教师为教学实践设计材料时，往往没有充分重视教师以往的经验和认知，大多数在职教师培训（INSETT）课程直接要求教师首先反思材料设计理论，然后布置一个简单的实践任务。Tomlinson（2003: 448）认为这样做是错误的，"真正使教师受益的……并非理论学习中获得的大量知识，而是通过监控材料研发过程获得的意识和技能。"换而言之，从受训教师的角度来看，材料设计最重要的方面是设计和使用材料后的反思以及设计过程本身。

许多英语教师培训手册都只关注教学法和教师对英语语法系统的认识等问题，很少关注教材研发的问题。（但也有例外，例如，McDonough、Shaw和Masuhara, 2013非常关注教师对教材的评估、改编、研发和使用。）多数情况下，即使提供了教材研发建议的书籍（通常是为了补充教材中缺乏的实践部分），往往强调的也只是比较机械的方面，如设计的布局和视觉外观等方面。Ur（1991）列出了受训教师在设计"活页练习题"之前应该考虑的材料设计方面的要素，其中包括诸如"整洁、干净、书写整齐的水平行距、清晰的页边距、多样的组成部分、间隔合理"等建议（193）。虽然这些建议确实有所益处，但它并没有解决材料设计中涉及的其他问题，如创造力和任务的语言学习以及认知需求（Emery, 2010）。婆罗洲项目的目的之一是培养受训教师对各种任务类型深远需求的理解以及突出优秀教材研发的美学特征。Johnson（2008）提到了对新的语言点进行良好呈现应当具备的两点特征：清晰性和可记忆性。他强调在教授新的语言点时，必须清晰，并且要有利于记忆，这样学习者才不容易忘记。教师可以通过创新的课程设计和使用辅助性材料来实现可记忆性。

婆罗洲教材研发项目

材料研发项目分为两个部分：40名小学受训教师组成一个部分，32名英语和科学专业的初中教师参加中学组部分。小学教师需通读《与科学同行》(*Go With Science*)第六册第五章，这本教材是文莱政府公立小学通用的科学教材。本章的重点内容是环境保护，虽然他们非常喜欢这一章的内容，但部分受训教师对这章出现的大量新单词深感担忧。他们分组分析了课文，列出他们认为六年级学生可能很难理解的词汇（见表26.1）。我们很快注意到，其中一些单词可以借助翻译来解释，如recreation一词在结构上与马来语recreasi非常相似，因此最好的教学方法似乎是通过母语进行讲授。然而，下列短语又该如何着手进行教学：conserving the environment（保护环境），conditions of the environment（环境条件），以及non-renewable energy resources（不可再生能源）？翻译的确是一种选择，但如上所述，这一定能保证学生们记住这些短语以备将来使用吗？

表26.1　受训教师所列六年级小学生可能不认识的单词表
（来自《与科学同行》第六册第五章）

Ash	Property	Muddy (water)	Conserving the environment
Deforestation	Dumping	exist	Conserve
Drought	Donate	Breeding grounds	The earth's surface
Earthquake	Pests	endangered	Non-renewable energy resources

Environment	Habitat	Becoming extinct	Natural processes
Extinction	Littering	Soil erosion/eroded soil	Limited
Floods	Recycle	Polluted rivers	Human activities
Industries	Cause	tonnes	Solar energy
Lightning	Protect	agriculture	Natural resources
Material	Destroyed	estate	(to) pile up
Organism	Micro-organisms	surrounds	Conditions of the environment
substances	Expel	heaps	Disposal
Sewage treatment	Recreation	Air pollution	Water pollution

注：以上单词由受训教师随机排列。

　　Chitravelu、Sithamparam 和 Teh（1995）在其马来西亚教师培训手册中指出，通过主动使用学到的单词比仅仅听到或读到的单词更容易被记住，他们还提倡对单词的使用进行有规律的重复和练习，以帮助记忆过程。因此，学习第五单元出现的大量单词对孩子们来说将是一项长期而困难的任务，除非我们能想出一些颇具乐趣的、令人兴奋的、能吸引孩子兴趣的活动，这就是我给小学受训教师组布置的任务。

　　中学教师的项目是基于《文莱达鲁萨兰国初中科学》（*Lower Secondary Science for Brunei Darussalam*）教材的第三卷第13单元："生物及其生态系统"开展的。本单元讲的是婆罗洲红树林、泥滩、海洋环境和雨林中的动植物，向学生介绍生态系统的环境以及生活于此的不同物种名称，还有水、氧气、食物链、土壤的组成，最后介绍关于环境破坏的研究：森林砍伐、物种灭绝和气候变化。

　　对于中学项目，我认为最好使用补充材料作为词汇拓展活动的基础。这样做主要出于两个方面的考虑。首先，我认为有些话题可以通过补充材料得到进一步的拓展——因为科学课本涵盖的内容比较浅显，而在第三卷，学生应能针对这些话题进行更深入的学习。其次，如果选择含有相似词汇的材料进行补充，那么通过新材料的教学，将有助于加深学生对课本单词在使用和意义上的理解。我们决定使用世界自然基金会（马来西亚）《海洋教育资料包》中《红树林》单元的相关内容作为补充材料。这套教材广泛应用于马来西亚环保组织的教育活动，内容包括活页练习题、海报、游戏和资料，帮助儿童了解生态环境。由于文莱和马来西亚面临着许多共同的环境问题，这些材料只有新的语言学习，但不向学习者介绍任何外国概念。

　　本项目中，我们要求这些中学老师找出他们认为与主题相关的重要单词以及他们觉得学生可能不知道的单词，然后要求他们设计一些有趣的、发人深省的活动来帮助学生学习这些单词。

词汇拓展任务设计

　　根据Cameron（2001）的观点，当为语言教学设计任务时，教师应该注意他/她对学生有什么样的认知和语言要求。Cameron将**认知要求**定义为"与概念、与对世界和他人的理解有关的要求"，**语言要求**则是"与外语的使用、与母语在外语学习中的运用相关的要求"。面对年轻的学习者时，极其重要的是，任务应在他们的认知能力范围内，不仅能让他们明白该如何去做，而且设计得有趣而具有启发性。

　　首先，我们要求教师列出他们认为为年轻学习者设计的材料应具备的重要特征。以下是他们列出的清单：

- 融合多种风格的彩色图像，如漫画、线条画、照片；
- 简单的说明文字；
- 一项任务中的生词不超过十个；
- 涉及某种动作协调方面的任务，如绘图、裁剪或着色；

- 涉及认知需求的任务,如寻找可能隐藏的东西;
- 涉及竞争元素的任务;
- 涉及笑话或趣事的任务。

上文列出的所有特性并不需要包含在同一任务中,但是有些重要特征,例如,使用简单的说明文字或一项词汇任务中不超过十个生词等,应被视为通用规则,必须始终坚持。而对于涉及某种动作协调方面的任务,不应要求学习者花费过多的时间去完成与语言学习没有直接联系的任务,否则就变成了**制作与执行**类的任务,尽管这类任务能够吸引身体动觉学习者,也十分重要(Gardner, 1983)。

结　果

本项目共设计了214个独立的书面任务,用于与环境科学主题相关的词汇教学。我们根据这些材料的任务类型进行了分类:

1　打乱字母
2　词汇分类
3　填字游戏
4　填写所缺字母
5　单词搜索方格
6　标记任务
7　蛛网图
8　判断对错
9　匹配任务
10　单词定义
11　多项选择任务
12　完形填空
13　其他类型任务

有些任务类型比其他任务类型更受欢迎,而有些任务似乎在设计上比其他任务更容易引起问题,下一节将对所遇到的问题进行总结。我们鼓励教师研发包含一种以上任务类型的材料,尤其是既涉及语言发展又涉及认知元素的材料。此处将简要提及一些教师开发的较受欢迎的材料;值得注意的是,其中一些涉及多达三种不同的任务类型。

打乱字母和填写所缺字母

这个任务可以让学习者参与到几个与认知和语言相关的任务:首先,学习者必须识别图片中的动物,然后回忆它名字的拼写。动物名称的所有字母都呈现给学习者,这意味着学习者有机会"检查自己的拼写",也就是说,如果他的拼写没有用到给出的所有字母,或者如果他使用了材料中没有出现的其他的字母,那么学习者就会知道自己的拼写是不正确的。图26.1即为打乱字母的任务,除了将字母调整为

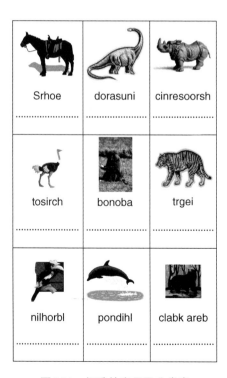

图26.1　打乱的字母及分类表

正确顺序外,还有另一项任务:将动物按照已灭绝、濒危或暂时安全进行分类,这就要求学生精读科学教材,找出每种动物属于哪一类。

图26.2是一项经典的拼写拓展活动,该活动将学习者的注意力集中于如何以正确的顺序拼写出一个单词的所有字母,目的是培养良好的视觉拼写能力。本任务中提供的定义相对简单,更适合作为小学高年级学生的材料。

Activity 1 - Gap-fill

Fill in the blanks with the correct letters. Each word is provided with the meaning (clues).

1. H _ z _ - smoke, dust or mist in the air.

2. D_ _ u _ ht - a long period of dry weather when there is not enough water.

3. _ g _ _ c _ _ _ _ re - the work of growing crops and keeping animals on farms for food.

4. L _ t _ _ r - pieces of waste paper etc that people leave on the ground.

5. Ha _ _ _ at - the natural environment in which a plant or animal lives.

6. R _ ff _ _sia - the largest flower in the world which cam be found in Sabah.

7. Pol _ _ ti _ n - damage caused to the environment by harmful chemicals and waste.

图26.2 填写所缺字母

在之前的一篇文章(Emery, 2008)中,笔者曾就打乱字面或填写所缺字母这样的材料设计,为教师们提供了一些建议:

- 倘若直接给出首字母,任务就会变得容易。例如:CCOLIRODE (crocodile鳄鱼)或C_ _ c _ d _ le。这是因为单词在大脑词库中是依据词头的音素(或代表性的字素)进行储存的,省略首字母会使学习者更难识别这个单词。

- 识别一个缺少元音的单词比识别一个缺少辅音的单词更容易,所以尽量避免删除太多的元音。
- 不要连续省略两个以上的字母。
- 给出单词的相关线索提示,可以是一张图片,一个简单的定义,或者将单词置于句子情境中。
- 尽量避免这样的任务设计:将正确的单词拼写和几个错误的拼写一起列出,要求学习者圈出正确的拼写方式。这种类型的活动很容易强化大脑词库中的错误拼写。最好坚持提供单词的所有字母,但以乱序排列这样的任务,或是要求学生在空白横线处填写所缺字母。

蛛网图

蛛网图或思维导图似乎在中学的受训教师中很受欢迎,我们的项目也产出了一些蛛网图。图26.3展示了一个蛛网图式的词汇拓展

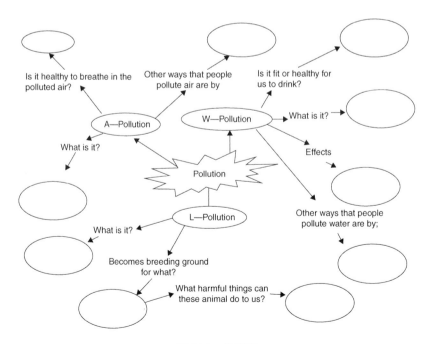

图26.3　蛛网图

活动,它要求学生将相关的概念联系在一起,以此强化术语的含义。在这个例子中,答案并不是唯一的,这项任务并不针对特定单词。

单词搜索方格

单词搜索方格通常用一个包含了很多字母的大方格来呈现,要求学习者在字母方格中找到特定的单词;有时也会用其他形状代替方格,比如动物的轮廓。学习者必须有意识地按顺序回忆一个单词中的所有字母,才能在方格中找出这个单词。这种活动充分挖掘了学习者的词汇和拼写知识,并加强了对单词形式的记忆。

在图26.4所示的单词搜索方格中,学习者要完成三个任务:首先,他们要识别图片中的动物并在下面写上其名称,然后他们要找到隐藏在方格中的单词(并检查他们的拼写是否正确),最后要求他们找出四种其他非丛林动物的名称。这项任务在一定程度上涉及学习者的认

w	q	m	h	j	e	e	i	k	m
l	i	z	a	r	d	d	s	l	a
k	e	l	d	z	v	n	f	y	c
n	s	h	d	o	n	k	e	y	a
f	h	c	k	b	e	a	r	l	q
o	e	f	o	d	o	g	u	c	u
x	e	w	n	o	e	a	g	l	e
a	p	d	e	i	v	u	r	a	f
c	r	o	c	o	d	i	l	e	k
k	i	n	g	f	i	s	h	e	r

There are four other animals which DO NOT belong in the Borneo jungle. Can you find them?

1.......................... 2.............................. 3............................... 4............................

图26.4 单词搜索方格

知技能,因为学习者必须将最后四种动物的搜寻范围限制在非婆罗洲丛林动物内。Bourke(2006)将单词搜索、打乱字母和填写所缺字母任务称为**使能任务**,因为它们为学习者提供了必要的语言工具,以使他们有能力完成交际任务。本章给出的例子还包含认知要求的元素,教师们设计的材料还有另一个重要的作用:突出婆罗洲热带雨林当今的生态困境。迄今为止,文莱公立中小学使用的英语教材中没有任何单元是侧重于雨林保护的,而这一主题恰恰与学生息息相关。

其他类型材料

有些教师很有创造力,他们制作的材料很难归为哪一类,但很容易用于词汇教学。其中一种采用了"虚张声势"的形式,即一个单词配有三个可能的定义,学习者需要从中选择正确的一项,例如:

Different species of mangrove plants have *adapted* in different ways to the changes in the environment.

Choice of definition:

a To adapt means to change behaviour and attitudes in order to get used to a new situation

b To adapt means to find an appropriate living place which you like

c To adapt means to choose something from a wide range of choices

然而,有时这类形式会引起争议,有人认为单词的定义比单词本身难度还要大,这类问题常见于使用了单词定义的任务——具体请参见下一节的列表,以了解材料设计中遇到的问题。

受训教师词汇活动设计中的常见问题

虽然本项目所创作的材料中不乏优秀之作,但并非所有材料都

具有足够高的水准能够用于教学实践,常见的问题如下:

- 指令说明文字欠佳。这通常是由受训教师自身的英语水平不高造成的,这会导致教学活动变得不甚明确,学习者将无所适从。在本项目中,材料设计任务开始之前,受训教师们没有接受如何撰写指令的明确训练——这是未来的教师岗前培训课程必须解决的问题。
- 测试词汇选择不佳。有时材料和活动的设计非常优秀,但它们的侧重点却是介词或动词这样的日常语法,而不是环境科学的词汇教学。
- 活动中使用的词汇太少,而受训教师收到的指令要求每个活动应使用8—10个单词。
- 在"单词搜索方格"中,包含了太多没用的多余字母,这使得识别一个正确的单词变得非常困难。
- 活动没有促进词汇学习,而是集中在语法和阅读理解等领域。
- 在"单词定义"任务中,有时定义本身比被测的单词更难理解。
- 布局缺乏吸引力。这一点仅针对小学的教材。在小学这个层次,吸引人的布局能起到重要的作用。相反,罗列一大堆困难的单词和枯燥的定义并不会吸引学习者,最终结果将会导致无法达到学习目标。

结语: 为何本项目至关重要

该项目表明,小学和中学的英语受训教师,只要稍加培训,就可以设计出有助于复杂的科学语言教学的材料。笔者认为他们设计的活动在认知上是有启发性的,在每个任务中都寻求发展不止一种技能,而且对学习者而言,这些任务完成起来都十分有趣。这样的任务才是教师应该追求的目标,而不是靠母语翻译或语码转换来教授困难的单词或概念。该项目突出了教师培训的若干重要问题,其中一

些问题是地域性的,而另一些问题则更有全球适用性:

- 该项目强调必须提高对环保问题的认识,特别是在目前教学大纲上缺乏环境教育方案的国家。
- 该项目有助于受训教师学习如何设计词汇拓展活动,以及如何设计培养某项特定技能的最有效的活动。
- 该项目有助于为培训导师和课程导师提供反馈,以了解学生的优势和劣势所在:受训教师哪些方面做得好,哪些方面做得不好,以及我们需要在日后的培训方案中更加关注的方面。

一些研究者提到了教师反思在材料设计中的作用(例如, Canniveng 和 Martinez, 2003; Tomlinson, 2003)。遗憾的是,在本项目中,当受训教师完成了教学实践并在课堂上试用了这些材料之后,我们无法收集到他们的正式反馈。后续项目可能会询问教师对他们所设计材料的反馈:这些材料是否有助于跨课程词汇的教学,他们在试用这些材料后可能会做哪些修改,以及哪些类型的任务对学生最有帮助、帮助有多大。笔者在指导实习生进行教学实践时,通过谈话,得到的反馈是,英语和科学的教学大纲要求太高,尤其是在中学阶段,常常很难抽出时间来学习补充材料。教材本身要求就很高,学校又要求教学要覆盖教材的全部内容。这就引发出另一个问题,培训师在与受训教师共同探讨材料研发时,必须考虑到:实际教学安排中是否能留出空间供教师展示自己编写的材料? 倘若没有,补充材料是否可行? 解决这一问题,可能需要教学机构与师资培训院校之间进行进一步沟通。材料研发是教师教育不可分割的一部分。因此,师资培训的教学安排中,必须允许教师使用自己的材料进行教学补充。

参考文献

Bourke, J. (2006), 'Designing a topic based syllabus for young learners', *ELT Journal*, 60 (3), 279–286.

Burns, R. and Charleston, R. (1997), 'The readability of English medium curriculum texts in Brunei primary schools', *Australian Journal of Language and Literacy*, 20 (4), 290–302.

Cameron, L. (2001), *Teaching Languages to Young Learners*. Cambridge: Cambridge University Press.

Canniveng, C. and Martinez, M. (2003), 'Materials development and teacher training', in B. Tomlinson (ed.), *Developing Materials for Language Teaching*. London: Continuum, pp. 479–489.

Chitravelu, N., Sithamparam, S. and Teh, S. C. (1995), *ELT Methodology: Principles and Practice*. Selangor, Malaysia: Oxford University Press.

Coyle, D., Hood, P. and Marsh, D. (2010), *CLIL: Content and Language Integrated Learning*. Cambridge: Cambridge University Press.

Davies, D. (2011), *Teaching Science Creatively*. Abingdon: Routledge.

Emery, H. (2008), 'Eyes and ears: getting students to engage cognitively with English spelling', *English Teaching Professional*, 55, 17–19.

— (2010), 'Materials development for young learners', in H. P. Widodo and L. Savova (eds), *Materials Design and Development in English Language Teaching: Theory and Practice*. Munich: Lincom Europa, pp. 103–116.

Gardner, H. (1983), *Frames of Mind: The Theory of Multiple Intelligences*. New York: Basic Books.

Go With Science, Primary 6 (2005), Curriculum Development Department, Brunei Darussalam. Singapore: Pearson Education South Asia.

Iaonnou Georgiou, S. (2012), 'Reviewing the puzzle of CLIL', *ELT Journal*, 66 (4), 495–503.

Johnson, K. (2008), *An Introduction to Foreign Language Learning and Teaching* (2nd edn). Harlow: Pearson Longman.

Language at Brown University. Language Across the Curriculum, Brown University, Providence, Rhode Island, USA. www.language.brown.edu.

Lower Secondary Science for Brunei Darussalam: Menengah 3 (2000), Curriculum Development Department, Brunei Darussalam. Singapore: Pearson Education South Asia.

Mann, S. (2005), 'The language teacher's development', *Language Teaching*, 38, 103–118.

Marine Education Kit (1997), Department of Fisheries & Curriculum Development Centre, Ministry of Education. Kuala Lumpur: World Wide Fund for Nature (Malaysia).

Martin, P. (1996), 'Code-switching in the primary classroom: one response to the planned and the unplanned language environment in Brunei', *Journal of Multilingual and Multicultural Development*, 17 (2–4), 128–144.

McDonough, J., Shaw, C. and Masuhara, H. (2013), *Materials and Methods in*

ELT (3rd edn) Malden, MA: Wiley-Blackwell.

Romaizah, M. S. (2005), 'Undesirable academic performance in science: is it because of language?' in H. S. Dhindsa, I. J. Kyeleve, O. Chukwu and J. S. H. Q. Perera (eds), *Future Directions in Science, Mathematical and Technical Education*. Brunei Darussalam: UBD Press, pp. 120−133.

Straight, H. S. (1998), 'Languages across the curriculum', *ERIC Clearinghouse on Languages and Linguistics*. http://ericdigests.org/1999−3.htm.

Tomlinson, B. (2003), 'Materials development courses', in B. Tomlinson (ed.), *Developing Materials for Language Teaching*. London: Continuum, pp. 445−461.

Ur, P. (1991), *A Course in Language Teaching*. Cambridge: Cambridge University Press.

对第五部分的评论

Brian Tomlinson

从过程中受益

本部分所有章节都表明了一个主要观点：材料研发的过程与研发的成果具有同等价值。这一观点并不适用于单独一个作者按照别人设定的步骤机械地编写材料这种情况，却特别适用于一群人在一起汇集他们的经验和专业知识创编国际教程、国家级或校级课程，或一份课程作业，甚至只是下周要用的补充材料。如果这一团队拥有一定的自由和资源，可以自行决定工作方法和框架（如有专家的指导和反馈则更加理想），其成员就可以在语言学习和教学的各个方面得到巨大收获：他们可以获得对日后极为有益的技能，最重要的是，他们可以收获所有专业人士都必需的自信和自尊。在我看来，如果一个团队能遵循以下所有步骤，这对其成员个人以及职业的发展都有极大裨益：

- 目标使用者需求分析
- 确定教学方法
- 确定材料研发的框架
- 确定教学大纲
- 起草样章
- 试用样章
- 修改教学大纲、教学方法和教学框架

- 查找和/或编写文本
- 编写教学材料
- 监控教学材料
- 试用教学材料
- 修改教学材料
- 编辑教学材料

这样做的好处是,团队成员在这一研发过程中实现的个人和职业发展越多,研发成果的质量就会越高。这一重要观点似乎在许多机构和项目编写自己的专门材料时已经得到了认可,但对于商业出版商来说,这一点尤其值得思考,他们可以聚集材料研发团队,从集体的能量、热情、自信和意识中获益,从而提高他们的产品质量。

积极情感助力个人发展、职业发展以及材料研发

从本部分各章节的观点和笔者上面的评论中可以明显看出,积极情感不仅是成功学习语言的先决条件,也是成功研发材料的先决条件。要想成功,一个材料研发项目不仅要创作出高质量的成品,还要为研发人员提供高质量的学习体验。根据我的经验,这需要研发人员确信项目的价值、成为项目的利益相关者,他们要对材料研发充满热情、精力充沛,要有创造力和想象力,懂得团结合作,并把项目看作一个可实现的挑战,相信自己有能力为项目作出贡献,并有实施项目的专业方法。认真挑选参与者有助于实现这种积极情感,但成功的关键是项目推动者的信誉、专业知识、个性和态度。如果推动者受到尊重、信任,富有热情,且推动者以积极的方式提供激励、支持和反馈,那么研发人员就很可能十分享受这种经历,项目就会获得成功。

人文材料只能通过人文性的研发过程进行研发。

教材研发是一个交互的过程

本部分的所有章节都强调有效的材料不能孤立地进行研发。为了使研发过程和成果富有成效,教材研发人员必须与以下因素产生互动:

- 他们的语言学习和教学经验
- 他们与目标学习者中典型群体的接触经验
- 他们先前在材料和材料研发方面的经验
- 他们的语言和语言学习理论
- 专家的语言和语言学习理论
- 其他材料研发人员
- 学习者、教师和管理人员

教材与以下内容也应该保持动态的互动:

- 教学大纲
- 目标考试
- 材料使用者的需求和愿望
- 语言使用的语料库
- 真实世界

教材研发是获得理论和实践认知的最好方式之一

即使团队成员永远都不会从事教材研发工作,或他们的成果永远都不会被使用,帮助教师和受训教师合作研发学习材料,是促使他们阐明并发展自己的理论知识和认识最有效的方法之一,并将这些知识用于帮助学习者掌握语言。即使他们只是为课文设计活动，他们也必须：

- 阐述、发展和运用他们的母语和二语阅读过程理论；
- 阐述、发展和运用他们的学习理论；
- 阐述、发展和运用他们的语言学习理论；
- 考虑学习者的年龄、水平、动机、学习风格、需求、愿望和目标等变量；
- 考虑教师的年龄、培训、信心、个性、教学风格和个人准备等变量；
- 考虑管理者的教学大纲要求、考试要求、可用时间、标准化、责任以及成本等变量。

当然，如果他们要研发一本教材，那么研发过程中，他们可以参加整个应用语言学课程的学习。

教材研发专业知识只能通过研发教材来获取

"这是陈词滥调"，但也是非常重要的一点——光靠知识传授，无法成为一个好的教材研发者，只有亲自体验，才能从中有所收获。这似乎是本部分所有章节都着重强调的一点。

根据我的经验和观点，这意味着我们需要设置真实的（或至少现实的）教材研发情境；明确目标和限制；要能提供必要的信息、激励和支持；提供形成性和总结性的反馈，为学习和发展提供机会，而不是用来评估。同时，还应提供激励措施。

结　语

Brian Tomlinson

这本书几乎所有的章节都表达了对当前教材研发状况的某种不满。人们意识到了材料研发者(尤其是那些为商业出版商工作的人)所面临的制约因素,但还有一点令人失望:目前正在研发的教材往往与将要使用它们的学习者的需求和愿望不符。同时,当前的教材与我们通过二语习得研究和课堂观察所得知的促进语言习得和发展的结论不符。这种失望在Tomlinson等人(2001)、Masuhara等人(2008),以及最近Tomlinson(2013a, 2013b, 2013c)、Tomlinson和Masuhara(2013)中都有所表达。以上文献都表明,正是经济法则(以及许多其他因素)导致了出版商选择克隆先前畅销教材,而不是冒险投资更具原则性的创新教材。以上论著还让人们关注到那些一直占主导地位的各类活动,尽管这些活动类型在促进有效和持久的习得方面的有效性还没有得到任何研究(甚至是轶事证据)的证明。

本书作者对以下方面持有特别的保留意见:

- 当前大多数教材主要关注有意识的语言学习(尤其是语法学习);
- 学习者参与的许多学习过程都是单一维度的;
- 在主题内容和任务方面有低估学习者的倾向;
- 许多商业教材中主题内容的琐碎而平淡;
- 许多教材缺乏情感吸引的潜力;
- 许多教材缺乏灵活性,无论是在可改编性、本地化或个性化方面,还是在为学习者和教师提供选择方面;

- 许多教材与第二语言习得研究和课堂观察所揭示的语言学习和教学过程相关结论不匹配；
- 许多教材与教师所知道的可以促进课堂语言习得的知识不匹配。

然而，本书的大多数作者对语言学习教材研发的未来仍然相当乐观，他们认为我们可以通过研发具有以下特征的教材来帮助语言学习者：

- 有情感吸引的潜力；
- 让学习者参与符合我们所发现的大脑呈现方式和持续学习规律的多维学习过程；
- 考虑学习者的兴趣和热情；
- 有助于改编、本地化和个性化；
- 迎合不同的学习和教学风格；
- 能让学习者和教师都乐在其中。

我个人也认为——如 Kirkpatrick（2010）和 Jenkins（2007, 2012），教学材料应该帮助学习者为他们可能需要参与的互动做好准备（即与当地的英语使用者以及来自不同地区的二语使用者交流，而不仅仅是与以标准英语为母语的人交流）。我还认为，课堂材料的设计应该鼓励学生体验和使用课堂之外的英语。这样，不断增加的英语学习时间才能有机会促成有效的语言习得，另见 Barker（2011）鼓励学习者课外互动的建议，以及 Fukuda 和 Yoshida（2013）的课外"学习时间"。最近，笔者正着手编写一本教材《寻找英语》(*Looking Out for English*)，其中每个单元的每一部分都包含一些活动，要求学习者到课堂之外接触英语。本教材的创新之处还在于它以语言习得的三个基本原则为指导，帮助学习者通过英语使用经验（experience）、英语使用探索（discovery）以及利用（use）英语进行交流的机会来实现英语教育（education）。商业出版商是否准备冒险脱离语言项目展示、练习和产出的PPP教学法的规范,还有待观察。

让我们期待,不仅会有商业出版商同意出版《寻找英语》,而且很快将会开展更多的应用和行动研究,探讨如何让语言学习教材更有效(参见Tomlinson和Masuhara, 2010; Tomlinson, 2013a)。同时,让我们期待出版商和课程研发者有勇气、有资源将我们的研究所得应用到他们所研发的项目中去。

参考文献

Barker, D. (2011), 'The role of unstructured learner interaction in the study of a foreign language', in S. Menon and J. Lourdanathan (eds), *Readings on ELT Materials IV*. Petaling Jaya: Pearson Longman, pp. 50−71.

Fukuda, S. T. and Yoshida, H. (2013), 'Time is of the essence: factors encouraging out-of-class study time', *ELT Journal*, 67 (1), 31−40.

Jenkins, J. (2007), *English as a Lingua Franca: Attitude and Identity*. Oxford: Oxford University Press.

— (2012), 'English as a lingua franca from the classroom to the classroom', *ELT Journal,* 66 (4), 486−494.

Kirkpatrick, A. (2010), 'Introduction', in A. Kirkpatrick (ed.), *The Routledge Handbook of World Englishes*. Abingdon: Routledge, pp. 1−14.

Masuhara, H., Hann, M., Yi, Y. and Tomlinson, B. (2008), 'Adult EFL courses', *ELT Journal*, 62 (3), 294−312.

Tomlinson, B. (ed.) (2013a), *Applied Linguistics and Materials Development*. Cambridge: Cambridge University Press.

Tomlinson, B. (2013b), 'Second language acquisition and materials development', in B. Tomlinson (ed.), *Applied Linguistics and Materials Development*. Cambridge: Cambridge University Press, pp. 11−30.

— (2013c), 'Classroom research of language classes', in B. Tomlinson (ed.), *Applied Linguistics and Materials Development*. Cambridge: Cambridge University Press, pp. 43−60.

Tomlinson, B. and Masuhara, H. (2010), *Research for Materials Development in Language Teaching: Evidence for Best Practice*. London: Continuum.

— (2013), 'Review of adult EFL published courses', *ELT Journal*, 67 (2), 233−49.

Tomlinson, B., Dat, B., Masuhara, H. and Rubdy, R. (2001), 'EFL courses for adults', *ELT Journal*, 55 (1), 80−101.

术语汇总

Augmented Reality	AR	增强现实技术
Blended Language Learning	BLL	混合语言学习
Blended Learning	BL	混合学习
Brainstorm and Ranking	BS&R	头脑风暴及排序
Bring Your Own Device	BYOD	自带设备
British National Corpus	BNC	英国国家语料库
Certificate in Advanced English	CAE	高级英语证书
Certificate in English Language Teaching to Adults	CELTA	成人英语教学证书
Common European Framework of Reference for Languages	CEFR	欧洲语言共同参考框架
Community Language Learning	CLL	社群语言学习
Computer Assistant Language Learning	CALL	计算机辅助语言学习
Content and Language Integrated Learning	CLIL	内容与语言融合式学习
Critical Language Awareness	CLA	批判性语言意识
Data-driven Learning	DDL	数据驱动学习
English as a Foreign Language	EFL	作为外语的英语
English as a Lingua Franca	ELF	作为共同语言的英语
English as a Second Language	ESL	作为第二语言的英语
English as an International Language	EIL	作为国际语言的英语
English for Speakers of Other Languages	ESOL	母语非英语人士的英语
English Language Teaching	ELT	英语语言教学
Enquiry-based Learning	EBL	探究式学习

Flipped Classroom	/	翻转课堂
Focus on Form	FonF	形式聚焦教学法
Hybrid Instruction	/	混合式教学
Illustration-Induction-Interaction mramework	I–I–I mramework	"示例-归纳-互动"框架
Information and Communication Technology	ICT	信息与通信技术
Initiation-Response-Feedback model	I–R–F model	"启动-回应-反馈"模式
Interactive White Board	IWB	互动式电子白板
International Association of Teachers of English as a Foreign Language	IATEFL	国际英语教师联合会
Japan Association of Language Teaching	JALT	日本语言教学协会
Language Across the Curriculum	LAC	跨课程的语言
Language Learning Strategy	LLS	语言学习策略
Learning Management System	LMS	学习管理系统
Massive Open Online Sources	MOOC	慕课、大规模开放式网络课程
Materials Development Association	MATSDA	教材研发协会
Online Writing Lab	OWL	在线写作实验室
Open Education Resources	OER	开放教育资源
Present, Practice, Produce model	PPP model	"展示-练习-产出"模式
Problem-based Learning	PBL	基于问题的学习
Second Language Acquisition	SLA	第二语言习得
Strategies for Learner Involvement	SLI	学习者参与策略
Task-based Language Teaching	TBLT	任务型语言教学
Teaching English to Speakers of Other Language	TESOL	教授母语非英语人士英语、国际英语教师协会
Total Physical Response	TPR	全身反应教学法
University of Cambridge Local Examinations Syndicate	UCLES	剑桥大学考试委员会
Virtual Learning Environment	VLE	虚拟学习环境